만능문장으로 끝내는

# 토익스피킹
# 실전모의고사 25회

**5일 완성**

토익스피킹
**베스트
셀러**

시계토끼

ⓒ시계토끼 All rights reserved.

| | |
|---|---|
| **지은이** | 시계토끼제니쌤(차지영) |
| **펴낸곳** | 시계토끼 |
| **ISBN** | 979-11-988438-2-1 |
| **개정판 3쇄 발행** | 2025. 07. 30 |

| | |
|---|---|
| **홈페이지** | www.rabbitjenny.com |
| **교재 구입문의** | jennycha_english@naver.com |

이 책은 저작권 법에 따라 보호받는 저작물이므로 이 책에 실린 내용의 무단복제와 무단전재를 금합니다.
이 책의 전부 또는 일부를 이용하려면 반드시 저작권자 차지영의 서면 동의를 받아야 합니다.

만능문장으로 끝내는
토익스피킹 실전모의고사 25회
5일 완성

# 목차

- 교재활용 가이드 & 특장점 ... 6
- 스터디 플랜 ... 8
- 토익스피킹 시험 소개 ... 12

## CHAPTER 01  파트별 핵심 이론

- PART 1 핵심 이론 ... 16
- PART 2 핵심 이론 ... 21
- PART 3 핵심 이론 ... 27
- PART 4 핵심 이론 ... 42
- PART 5 핵심 이론 ... 57

## CHAPTER 02  실전모의고사 모범 답안

- 실전모의고사 1회 모범 답안 ... 70
- 실전모의고사 2회 모범 답안 ... 84
- 실전모의고사 3회 모범 답안 ... 98
- 실전모의고사 4회 모범 답안 ... 112
- 실전모의고사 5회 모범 답안 ... 126
- 실전모의고사 6회 모범 답안 ... 142
- 실전모의고사 7회 모범 답안 ... 157
- 실전모의고사 8회 모범 답안 ... 171
- 실전모의고사 9회 모범 답안 ... 186
- 실전모의고사 10회 모범 답안 ... 198
- 실전모의고사 11회 모범 답안 ... 211
- 실전모의고사 12회 모범 답안 ... 225
- 실전모의고사 13회 모범 답안 ... 240
- 실전모의고사 14회 모범 답안 ... 253
- 실전모의고사 15회 모범 답안 ... 267
- 실전모의고사 16회 모범 답안 ... 280
- 실전모의고사 17회 모범 답안 ... 293
- 실전모의고사 18회 모범 답안 ... 306
- 실전모의고사 19회 모범 답안 ... 320
- 실전모의고사 20회 모범 답안 ... 336
- 실전모의고사 21회 모범 답안 ... 351
- 실전모의고사 22회 모범 답안 ... 365
- 실전모의고사 23회 모범 답안 ... 379
- 실전모의고사 24회 모범 답안 ... 393
- 실전모의고사 25회 모범 답안 ... 407

### 책속의 책  실전모의고사 문제집
- 실전모의고사 1~25회

### 포켓북
- PART별 템플릿/만능문장

# 머리말

## 토익스피킹 AL+,
## 학원 없이도 가능할까요?

영어, 특히 말하기는 늘 어렵게 느껴집니다.
혼자서는 연습조차 불가능하다는 생각,
AL 이상의 점수는 해외 경험자나 원래 영어를 잘하는 사람만이 받을 수 있다는 편견이 있죠.

하지만 저는 믿습니다.
누구나, 올바른 방향만 제시된다면 가능합니다.
영어 말하기가 처음인 분들도요.

그래서 이 교재를 만들었습니다.
영어가 두렵고, 말문이 쉽게 트이지 않는 분들을 위해
**더 쉽고, 더 빠르며, 실전에서 바로 활용할 수 있는 방식**으로 구성했습니다.

저는 지난 10년간 수많은 학생들을 직접 가르치며 깨달았습니다.
대부분의 학습자들이 말하기 경험이 턱없이 부족하고,
시험을 위한 실전 연습 또한 절대적으로 부족하다는 사실을요.

그리고 그 과정에서 한 가지 분명해졌습니다.
**불필요하게 복잡한 표현이나, 원어민처럼 유창하게 말하는 것이 정답은 아니라는 것.**
시험에서 고득점을 받기 위해 정말 필요한 것은
**쉽고 명확하면서도 채점 기준에 정확히 맞춘 '실전형 모범 답안'**입니다.

그래서 이 교재에는
**영어 초보자도 쉽게 이해하고, 그대로 따라 말해도 AL 이상을 받을 수 있는 답변 예시들**을 담았습니다.
또 실제 시험처럼 연습할 수 있도록
**2025년 최신 기출을 반영한 실전모의고사 25회분도** 함께 수록했습니다.

시계토끼 채널에 남겨진 수천 개의 후기가 증명하듯,
이미 많은 분들이 자신의 가능성을 입증해주셨습니다.

그리고 이제, 당신의 차례입니다.
**시계토끼 만능문장 교재와**
**영어 말하기의 시작을 가장 잘 아는 제니쌤의 강의로**
**AL 너머, 그 이상을 향해 껑충! 뛰어오르세요.**

시계토끼 제니쌤
# Jenny Cha

# 교재활용 가이드 & 특장점

## STEP 1 파트별 핵심 정리

 **목표** 시험 흐름과 전략, 빠르게 점검하기

파트별 핵심 강의 영상

### 고득점 전략을 가장 빠르게 익히는 출발점

각 파트별로 시험에 꼭 나오는 핵심 전략과 표현만 정리했습니다.
QR코드를 통해 유튜브 강의를 보며 이론과 전략을 함께 정리하세요.

**공부법 가이드**

1. rabbitjenny.com 접속 → 교재용 MP3&자료 메뉴에서 해당 파트의 **핵심 강의 영상**을 시청
2. 영상과 함께 책 내용을 보며 **고득점 전략과 표현 정리**

👤 **실제 후기**   영어 기초가 부족했던 대학생 C씨 – 핵심 강의로 입 트기

"영어 말문이 너무 막혀서 시작도 못했는데, 영상으로 **파트별 전략을 반복 시청**하고 말로 따라 하면서 기본기를 잡았어요. 처음엔 입도 못 뗐는데, 10회차쯤 되니 말이 조금씩 나오더라고요!"

## STEP 2 실전모의고사 25회

 **목표** 시험장에서 실력을 발휘할 수 있게 실전 감각 기르기

### 실제 시험과 동일한 흐름으로 훈련하는 실전 파트

모든 회차는 유튜브 실전 영상과 함께 구성되어 있어 실제 시험처럼 문제를 풀 수 있습니다.

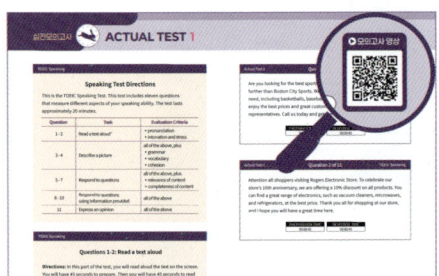

**공부법 가이드**

1. 책속의 책 문제집의 각 모의고사 회차 상단의 **QR코드로 모의고사 영상**을 틀고, 실제 시험처럼 문제 풀기
2. **모범 답안 보기 전**, 먼저 내 아이디어 정리
   - 어떤 내용을 말할 수 있을지 미리 생각해보기
   - 포켓북을 펴두고 어떤 만능문장을 활용할 수 있을지 떠올리기

👤 **실제 후기**   직장인 A씨 – 퇴근 후 5일 벼락치기로 AL 달성

"시간이 없어도 매일 퇴근 후 영상 틀고 모의고사 한 세트씩 풀었어요. 답 보기 전에 내가 말할 수 있는 내용을 먼저 적어보고, 모범답안 보고 다시 정리한 게 진짜 도움이 됐어요!"

# STEP 3 모범 답안 & 해설

 목표: 정답을 내 것으로 만들어 실전에서 말할 수 있게 준비하기

 해설 강의 영상

## 내 답변과 모범 답안을 비교·분석하며 반복 훈련하기

제니쌤의 해설과 전략 TIP을 통해 고득점 공식을 익히는 단계입니다. 21~25회 해설 강의는 무료로 제공되며, 1~20회 비공개 해설은 유료 강의에서 확인할 수 있습니다.

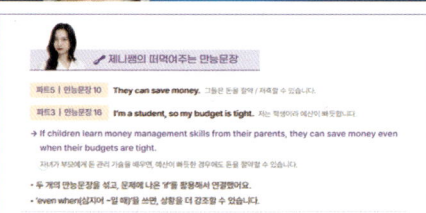

### 공부법 가이드

1. 모범 답안 확인 & 해설 정독
   → 어떤 표현을 썼는지, 왜 AL 수준인지 분석
2. 제니쌤의 전략 TIP 살펴보기
   → 만능문장이 어떻게 적용되었는지 확인
3. 내 답변과 비교 후, 더 나은 버전으로 다시 말하기
   → "내가 말했던 방식보다 더 좋은 접근은 뭘까?" 고민하며 반복 연습
4. 유창하게 말할 수 있을 때까지 연습

### 실제 후기 — 취준생 B씨 – 만능문장 적용 전략으로 AL 달성

모범 답안만 보는 게 아니라, **왜 이 문장이 AL을 받았는지** 이유를 찾으려고 했어요.
해설 강의에서 나온 팁 덕분에 '이 문장을 이렇게 쓸 수 있구나' 감이 잡혔어요!"

---

## 병행 학습 - 만능문장 포켓북

자주 쓰이는 만능문장을 담은 포켓북,
유튜브와 MP3로 함께 공부할 수 있습니다.

 만능문장 영상

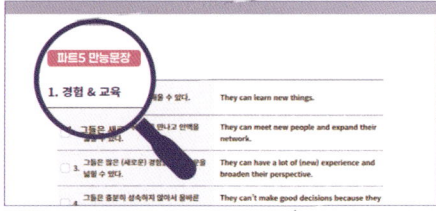

### 공부법 가이드

**암기 모드**
- 문장을 보며 크게 따라 말하기 (소리 필수!)
- 억양, 속도, 발음까지 연습하며 입에 익히기
- 자투리 시간에 계속 틀어놓고 따라하기

**시험 모드**
- 한국어만 보고 영어로 말해보기
- 틀린 문장만 따로 정리해서 집중 반복 (5회 이상!)

### 실제 후기 — 승무원 D씨 – 출퇴근길 암기로 AL 달성

"시간 날 때마다 **만능문장 영상을 틀고 듣고 따라 읽었어요.** 시험에서는 당황해도 문장이 툭 튀어나와서 생각보다 쉽게 말이 이어졌어요!"

#  스터디 플랜

## 벼락치기형
### "5일만에 성과 내고 싶어요!"

**실제 학습자 후기** 　대학생 B씨 – 5일 벼락치기로 AL 달성!

"모의고사를 풀기 전에 어떤 문장을 쓸 수 있을지 먼저 생각해봤어요.
해설 보고 내 답이랑 비교하면서 '더 나은 버전'을 만들어 다시 말했어요.
마지막 날엔 진짜 시험처럼 3세트 연속 말해봤는데,
**입에서 문장이 술술 나왔고, 결국 첫 시험에 AL 받았습니다!**"

| DAY | 모의고사 | 만능문장 | 체크 |
| --- | --- | --- | --- |
| Day 1 | 핵심 정리 & 1~3회 | 파트 3 | ☐ |
| Day 2 | 4~8회 | 파트 5 | ☐ |
| Day 3 | 9~13회 | 파트 4 | ☐ |
| Day 4 | 14~19회 | 파트 2 | ☐ |
| Day 5 | 20~25회 | 최종 복습 & 부족했던 문장 5회 이상 반복 연습 | ☐ |

## 꾸준히형

### "2주 동안 하교 후/퇴근 후 시간 활용해서 공부하고 싶어요!"

💬 **실제 학습자 후기**  **직장인 B씨 – 자투리 시간 꾸준히 활용해 AL 달성!**

"출퇴근길마다 만능문장 영상을 반복해서 들었고,
퇴근 후엔 하루 1~2세트씩 모의고사를 풀며 연습했어요.
답 보기 전에 내가 할 수 있는 표현을 먼저 떠올리고,
해설을 보며 더 나은 문장으로 바꿔 말하는 연습도 했죠.
**시험장에서는 문장이 자연스럽게 나와서, 첫 시험에 AL 받았습니다!"**

| DAY | 모의고사 | 만능문장 | 체크 |
| --- | --- | --- | --- |
| Day 1 | X (핵심 정리만) | 파트 3 | ☐ |
| Day 2 | 1~2회 | 파트 3 | ☐ |
| Day 3 | 3~4회 | 파트 3 | ☐ |
| Day 4 | 5~6회 | 파트 5 | ☐ |
| Day 5 | 7~8회 | 파트 5 | ☐ |
| Day 6 | 9~10회 | 파트 5 | ☐ |
| Day 7 | 11~12회 | 파트 4 | ☐ |
| Day 8 | 13~14회 | 파트 4 | ☐ |
| Day 9 | 15~16회 | 파트 2 | ☐ |
| Day 10 | 17~18회 | 파트 2 | ☐ |
| Day 11 | 19~20회 | 파트 2 + 전체 복습 시작 | ☐ |
| Day 12 | 21~22회 | 틀렸거나 헷갈렸던 문장 전체 복습 | ☐ |
| Day 13 | 23~24회 | 틀렸거나 헷갈렸던 문장 전체 복습 | ☐ |
| Day 14 | 25회 | 시험 대비 최종 점검 | ☐ |

# 노베이스 목표점수 도달형

## "IM1에서 AL까지 올랐어요!"

> 💬 **실제 학습자 후기**  **토린이 A씨 – IM1 → AL, 한 문장씩 반복하며 완성한 기적!**
>
> "영포자였고, 오픽 IM1만 계속 나오다가 토스로 바꿨어요.
> 제니쌤 템플릿과 만능문장만 믿고 **하루 1세트씩 꾸준히 푸는 루틴으로 공부했어요.**
> 매일 10문장씩 반복해서 말해보고, **모의고사 해설 보면서 '왜 이 답이 좋은지' 이해하려고 노력했어요.**
> 차근차근 공부해서 드디어 AL 받았습니다!"

| DAY | 모의고사 | 만능문장 | 체크 |
|---|---|---|---|
| Day 1 | ✗ (핵심 정리: 파트 1~2) | 파트 3 (1~10번) | ☐ |
| Day 2 | ✗ (핵심 정리: 파트 3~4) | 파트 3 (11~20번) | ☐ |
| Day 3 | ✗ (핵심 정리: 파트 5) | 파트 3 (21~30번) | ☐ |
| Day 4 | 1회 | 파트 3 (31~40번) | ☐ |
| Day 5 | 2회 | 파트 3 (41~50번) | ☐ |
| Day 6 | 3회 | 파트 5 (1~10번) | ☐ |
| Day 7 | 4회 | 파트 5 (11~20번) | ☐ |
| Day 8 | 5회 | 파트 5 (21~30번) | ☐ |
| Day 9 | 6회 | 파트 5 (31~40번) | ☐ |
| Day 10 | 7회 | 파트 5 (41~50번) | ☐ |
| Day 11 | 8회 | 파트 5 (51~59번) | ☐ |
| Day 12 | 9회 | 파트 4 (1~10번) | ☐ |
| Day 13 | 10회 | 파트 4 (11~20번) | ☐ |
| Day 14 | 11회 | 파트 4 (21~30번) | ☐ |

| | | | |
|---|---|---|---|
| Day 15 | 12회 | 파트 4 (31~35번) + 파트 2 (1~12번) | ☐ |
| Day 16 | 13회 | 파트 2 (13~30번) | ☐ |
| Day 17 | 14회 | 파트 2 (31~48번) | ☐ |
| Day 18 | 15회 | 파트 2 (49~66번) | ☐ |
| Day 19 | 16회 | 파트 2 (67~84번) | ☐ |
| Day 20 | 17회 | 파트 2 (85~102번) | ☐ |
| Day 21 | 18회 | 파트 2 (103~120번) | ☐ |
| Day 22 | 19회 | 파트 2 (121~138번) | ☐ |
| Day 23 | 20회 | 파트2 (139~149번) + 복습 시작 | ☐ |
| Day 24 | 21회 | 파트 3 복습 | ☐ |
| Day 25 | 22회 | 파트 5 복습 | ☐ |
| Day 26 | 23회 | 파트 4 복습 | ☐ |
| Day 27 | 24회 | 파트 2 복습 | ☐ |
| Day 28 | 25회 | 최종 마무리 | ☐ |

# 토익스피킹 시험 소개

## 1. 시험 소개

토익스피킹(TOEIC Speaking)은 비즈니스와 실무 환경에서 필요한 영어 말하기 능력을 평가하는 시험입니다.
시험은 약 20분 동안 컴퓨터를 이용해 진행되며, 응시자는 헤드셋과 마이크를 사용해 답변을 녹음합니다.
토익스피킹은 취업과 승진 모두에 강력한 경쟁력이 됩니다.
대기업과 공기업은 물론, 항공사, 외국계 기업 등 다양한 업종의 채용 과정에서 활용되며,
해외 출장, 주재원 선발, 글로벌 프로젝트 배정 등에서도 실질적인 영어 말하기 능력을 평가하는 지표로 활용됩니다.
아울러 일부 대학에서는 졸업 인증 요건으로 활용하고 있어 학생들에게도 필수적인 시험으로 자리 잡고 있습니다.

## 2. 시험 구성

| PART | 문항 | 문제 유형 | 제한 시간 | 평가 기준 | 배점 |
|---|---|---|---|---|---|
| 1 | Q1-2 (2개) | Read a text aloud<br>지문 읽기 | · 준비 시간: 각 45초<br>· 답변 시간: 각 45초 | 발음, 강세, 억양 | 각 3점 |
| 2 | Q3-4 (2개) | Describe a picture<br>사진 묘사하기 | · 준비 시간: 각 45초<br>· 답변 시간: 각 30초 | PART 1의<br>평가 기준 포함<br>문법, 어휘, 일관성 | 각 3점 |
| 3 | Q5-7 (3개) | Respond to questions<br>듣고, 질문에 답하기 | · 준비 시간: 각 3초<br>· 답변시간<br>5번: 15초<br>6번: 15초<br>7번: 30초 | PART 1, 2의<br>평가 기준 포함<br>내용의 일관성,<br>내용의 완성도 | 각 3점 |
| 4 | Q8-10 (3개) | Respond to questions using<br>information provided<br>제공된 정보를 사용하여<br>질문에 답하기 | · 표 읽는 준비 시간: 45초<br>· 답변 준비 시간: 문항별 3초<br>· 답변 시간<br>8번: 15초<br>9번: 15초<br>10번: 30초 | 위의 모든 항목 | 각 3점 |
| 5 | Q11 (1개) | Express an opinion<br>의견 제시하기 | · 준비 시간: 45초<br>· 답변 시간: 60초 | 위의 모든 항목 | 5점 |

## 3. 점수별 등급

| 레벨 (Level) | 점수 (Scaled Score) |
|---|---|
| Advanced High (AH) | 200 |
| Advanced Mid (AM) | 180-190 |
| Advanced Low (AL) | 160-170 |
| Intermediate High (IH) | 140-150 |
| Intermediate Mid (IM) | 110-130 |
| Intermediate Low (IL) | 90-100 |
| Novice High (NH) | 60-80 |
| Novice Mid (NM) / Novice Low (NL) | 0-50 |

## 4. 시험 진행 방식

### | 시험 소요 시간

시험 자체는 약 20분 정도 소요되지만, 입실부터 퇴실까지는 약 45~50분 정도 걸립니다.

### | 시험 날짜

주로 매주 토요일과 일요일에 진행되지만, 간혹 평일에 열리기도 합니다. 특히, 매달 마지막 주 수요일에 시험이 열리는 경우가 많습니다.

### | 시험 시간대

주로 11:30, 13:30, 15:30에 진행되지만, 지역 및 시험장별로 시간대가 다를 수 있습니다. 따라서 반드시 토익스피킹 공식 홈페이지에서 원하는 시험장의 개설 여부와 시간을 확인한 후, 원하는 시간으로 미리 신청하는 것이 좋습니다.

### | 시험 취소 및 환불

시험 신청 후 시험일에 응시하지 못할 경우 환불이 가능하지만, 환불 가능 기간이 정해져 있으므로 미리 확인해 두는 것이 중요합니다.

### | 공채 기간 주의사항

공채 기간에는 응시자가 많아 추가 시간대가 열리기도 합니다. 다만, 지역에 따라 시험장과 시간대가 빠르게 마감될 수 있으며, 마감된 시험장은 별도로 '마감' 표시가 뜨지 않고 시험장 리스트에서 사라지므로 주의해야 합니다.

※ 시험 관련 사항은 변동될 수 있으므로, 반드시 토익스피킹 공식 홈페이지를 통해 최신 정보를 확인하는 것이 필요합니다.

### | 시험 진행 예시

| 11:30 | 11:40 | 11:50 | 12:10 | 종료 이후 |
|---|---|---|---|---|
| 입실 시작 | 입실 차단 오리엔테이션 (신분 확인 및 시험 진행 설명) | 시험 시작 | 시험 종료 | 답변이 잘 녹음되었는지 확인 후 퇴실 |

CHAPTER

# 01.

BASIC DRILLS
## 파트별 핵심 이론

시계토끼

만능문장으로 끝내는
# 토익스피킹 실전모의고사 25회
5일 완성

교재 mp3

파트별
핵심 강의 영상

# PART 1

## Questions 1-2 Read a Text Aloud

### 🔵 PART 1 소개

| 문제 번호 | 준비 시간 | 답변 시간 | 평가 기준 | 배점 |
|---|---|---|---|---|
| Q1-2 (2문제) | 각 45초 | 각 45초 | 발음, 억양, 강세 | 각 3점 |

#### 디렉션

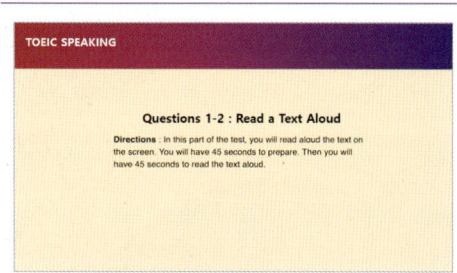

1~2번의 시험 진행 방식을 설명하는 화면이 나옵니다. 주어진 지문을 소리 내어 읽는 유형으로, 준비 시간은 45초, 답변 시간은 45초라는 내용입니다.

#### 준비 시간

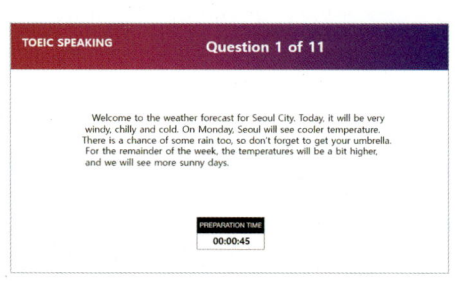

화면에 지문이 나오고 'Begin preparing now.'라는 안내 음성과 함께 삐 소리가 나면, 45초의 준비 시간이 주어집니다.

> **제니쌤 Tip 준비 시간 활용**
> 지문을 소리 내어 읽으세요. 남는 시간에는 처음 읽었을 때 실수했거나 어려웠던 부분을 반복해서 연습하세요.

#### 답변 시간

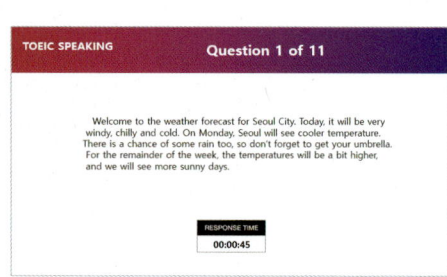

준비 시간이 끝나면 'Begin speaking now.'라는 안내 음성과 함께 삐 소리가 들립니다. 이후 45초 동안 지문을 읽을 시간이 주어집니다.

> **제니쌤 Tip 답변 시간 활용**
> 적당한 속도로 읽다가 틀리면 틀린 부분부터 다시 읽으세요. 다 읽은 후 시간이 남으면 종료될 때까지 가만히 기다리세요.

## ● PART 1 만점 전략

1. 어려운 단어가 나와도 자신감 있게 읽으세요.
2. 읽다가 틀리면 틀린 단어부터 정정해서 읽으세요.
3. 적정 속도로 읽고, 지문을 다 읽어도 시간이 남으면 답변을 종료하세요.
4. 지문의 종류에 맞는 톤으로 읽는 것은 채점 기준에 없으므로, 지문 종류는 크게 신경 쓰지 않아도 됩니다.

 제니쌤 Tip

**PART 1 감점 요인**

다음과 같은 경우, 감점될 수 있으니 주의해야 합니다.
- 억양 없이 단조로운 톤으로 읽는 경우
- 쉬운 단어나 자주 나오는 단어의 발음과 강세를 반복적으로 실수하는 경우
- 속도가 너무 빨라 발음이 뭉개지는 경우

## ● PART 1 핵심 이론

### 1. 발음    MP3 P1_01

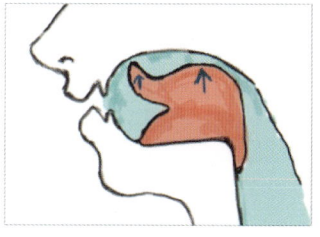

**R 발음**

| red | rest | river |
| great | bring | free |
| far | tour | hire |

R 발음을 정확하게 하려면 혀의 뒤쪽을 들어 올리는 느낌으로 소리를 냅니다.
혀끝은 입천장에 닿지 않고, 입 안에서 둥글게 말리는 느낌으로 발음해야 자연스럽습니다.
한국어에서는 혀 뒷부분을 사용하는 발음이 거의 없기 때문에, 처음에는 어색하거나 딱딱하게 들릴 수 있습니다.

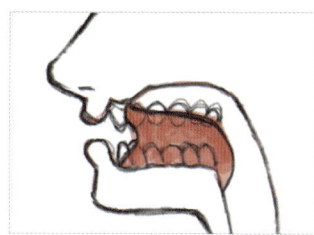

**L 발음**

| last | long | lead |
| allow | please | film |
| cool | tell | feel |

L 발음은 윗잇몸 경계선에 혀끝을 살짝 찍듯이 대는 방식으로 만듭니다.
우리말의 '을' 발음과 유사하지만, 혀를 조금 더 스트레칭 해 앞니 뒷부분에 정확하게 닿도록 합니다.
소리를 낼 때 혀가 움직이는 위치에 특히 신경 써야 자연스럽게 들립니다.

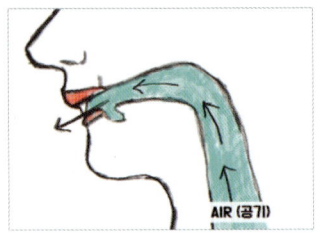

**F 발음**

| front | few | fast |
| offer | after | prefer |
| leaf | enough | surf |

F 발음을 정확히 하려면 윗니로 아랫입술을 살짝 물고, 공기를 가볍게 뿜으면서 소리를 냅니다.
처음에는 바람만 2초 정도 불어보는 연습을 해보고, 그 뒤에 소리를 넣으면 효과적입니다.

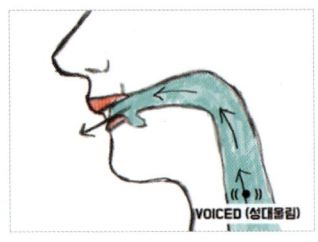

**V 발음**

| very | voice | visit |
| shelves | river | cover |
| receive | improve | believe |

V 발음도 F 발음처럼 윗니로 아랫입술을 무는 형태로 시작합니다.
하지만, 차이점은 공기 소리(F) 대신 성대를 울려서 소리를 낸다(V)는 점입니다.
즉, 같은 입 모양이지만 F는 무성음, V는 유성음입니다.

## 2. 강세

영어 단어에는 특정 음절에 강세가 있습니다. 강세가 있는 음절은 일반적으로 더 길고, 더 크며, 더 뚜렷하게 들립니다. 정확한 발음을 위해서는 강세의 위치를 올바르게 익히는 것이 중요합니다.

 **제니쌤 Tip 강세 연습 방법**

글자만 보고는 강세 위치를 정확히 알기 어렵기 때문에 실전모의고사 문제를 많이 풀어보고, 포켓북에 수록된 PART 1 빈출 어휘를 반복해서 소리 내어 읽으면서 강세를 자연스럽게 익히는 것이 좋습니다.

## 3. 억양  🔊 MP3 P1_02

### 1) 특정 단어에 억양을 줘야 하는 경우

① 문장에서 중요한 명사, 동사
It's **time** for your **weather update** for this **week**.
이번 주 일기 예보 할 시간입니다.

② 고유 명사 (사람, 회사, 지명 등)
John Hopkins(사람 이름), JP Corporation(회사, 상호명), New York(지명)

③ 숫자, 시간, 날짜, 요일
9 a.m., June 3rd, Monday, thirty

④ 'not'이 들어간 모든 곳
not, don't, can't, couldn't, won't

⑤ 기타 의미를 강조하는 단어
please, only, also, all, every

 제니쌤 Tip

어디에 억양을 넣어야 할지 잘 모르겠다면, 문장에서 중요하지 않은 요소에는 억양을 빼고 읽어보세요. 억양이 다소 부정확하더라도 의미 전달에 문제가 없다면 크게 감점되지 않으니, 사소한 부분까지 지나치게 신경 쓸 필요는 없습니다.

✓ 문장에서 중요하지 않은 요소
- 관사 (a, an, the)
- 대명사 (my, her, his, their, your, this, that 등)
- 전치사 (in, at, with, on 등)

### 2) 억양을 올리거나 내리는 경우  🔊 MP3 P1_03

① 끝을 올리는 억양: 의문사가 없는 의문문
Are you looking for the best antivirus program?(↗)
Do you like to visit historical places?(↗)

② 끝을 내리는 억양: 마침표가 있는 문장, 의문사가 있는 의문문
A lot of people want to know about the event.(↘)
When was the last time you took a vacation?(↘)

 제니쌤 Tip

의문사(who, when, where, why, what, how)가 있는 의문문은 끝을 내려 읽습니다.

③ 쉼표에서는 억양을 떨어 뜨리지 않고, 올리거나 유지합니다.

If you have further questions,(→) please don't hesitate to contact me.(↘)

At today's meeting,(→) we proudly announced Karen Evans as our club's third president.(↘)

④ A, B and C 억양: 올리고, 올리고, 마지막만 내려 읽습니다. ★ 빈출

We offer the best facilities such as a spa,(↗) a swimming pool,(↗) and public computers.(↘)

I like apples,(↗) oranges,(↗) peaches(↗) and bananas.(↘)

제니쌤 Tip

'A, B, C and D'처럼 4개가 나열된 경우에도 올리고, 올리고, 올리고 마지막만 내려 읽습니다.

## 4. 끊어 읽기   🔊 MP3 P1_04

끊어 읽기는 주요 채점 기준은 아니기 때문에 작은 실수로 감점되는 일은 거의 없습니다. 다만 문장이 너무 길어서 숨이 차는 경우에는 적절한 위치에서 끊어 읽는 것이 좋습니다. 반대로 문장이 아주 짧을 때는 끊지 않고 자연스럽게 이어서 읽어도 됩니다.

① 관계사, that 절 앞에서 끊어 읽습니다.

I am looking for someone / who can walk my dogs / while I'm on vacation.

The survey indicated / that many people prefer buying a house / rather than renting one.

② 접속사 앞에서 끊어 읽습니다.

People are advised to sit upright / and try to stay calm.

③ to 부정사, 분사 앞에서 끊어 읽습니다.

Please stay on the line / to speak with one of our sales representatives.

I can see a woman / pushing a stroller.

④ 전치사 + 명사구 앞에서 끊어 읽습니다.

Please visit our website / to find out more / about our special deals.

⑤ 주어가 3-4 단어 이상으로 길면, 주어 뒤, 동사 앞에서 끊어 읽습니다.

Some of our best employees / will get a bonus.

⑥ 마침표(.), 쉼표(,), 물음표(?)와 같은 구두점 뒤에는 반드시 쉬어 읽습니다.

If you need any assistance, / please contact the front desk.

# PART 2

## Questions 3-4 Describe a Picture

### PART 2 소개

| 문제 번호 | 준비 시간 | 답변 시간 | 평가 기준 | 배점 |
| --- | --- | --- | --- | --- |
| Q3-4 (2문제) | 각 45초 | 각 30초 | 발음, 억양, 강세, 문법, 어휘, 일관성 | 각 3점 |

**디렉션**

3~4번의 시험 진행 방식을 설명하는 화면이 나옵니다. 주어진 사진을 묘사하는 유형으로, 준비 시간은 45초, 답변 시간은 30초라는 내용입니다.

**준비 시간**

화면에 사진이 나오고 'Begin preparing now.'라는 안내 음성과 함께 삐 소리가 나면, 45초의 준비 시간이 주어집니다.

> **제니쌤 Tip  준비 시간 활용**
> 사진의 가장 중요한 포인트를 몇 가지 잡고, 어떤 순서로 말할 것인지 순서를 정해 두세요.

**답변 시간**

준비 시간이 끝나면 'Begin speaking now.'라는 안내 음성과 함께 삐 소리가 들립니다. 이후 30초 동안 사진을 묘사할 시간이 주어집니다.

## ● PART 2 만점 전략

1. 템플릿과 만능문장을 머뭇거리지 않고 말할 수 있게 연습합니다.
2. 사진의 세부적인 요소보다는 핵심적인 내용을 중심으로 묘사합니다.
3. 여러 사람을 묘사할 때는 시간 안배를 위해 공통점을 묶어 표현합니다.
4. 시험장에서 잘 모르는 단어를 마주하면, 더 큰 범위의 단어로 묘사합니다.

## ● PART 2 핵심 이론

### 1. 전체 템플릿

#### 1) 템플릿 엿보기

| 서론 | **This is a picture taken at/in** 장소.<br>이것은 장소에서 찍힌 사진입니다.<br>**This is a picture taken indoors/outdoors.**<br>이것은 실내/실외에서 찍힌 사진입니다. |
|---|---|
| 전체 요약<br>(생략 가능) | **The first thing I can see from this picture is** 대표적인 사물/사람.<br>이 사진에서 가장 먼저 보이는 것은 대표적인 사물/사람입니다. |
| 세부 사항 | **In the foreground of the picture, there is** 단수 명사.<br>**In the foreground of the picture, there are** 복수 명사.<br>**In the foreground of the picture, I can see** 단/복수 명사.<br>사진의 정면에는 사람/사물이 있습니다. |
| | **In the background of the picture, there is/are** 사람/사물.<br>**In the background of the picture, I can see** 단/복수 명사.<br>사진의 배경에는 사람/사물이 있습니다. |
| | **In the middle of the picture, there is/are** 사람/사물.<br>사진의 중심에는 사람/사물이 있습니다.<br>**On the left side of the picture, there is/are** 사람/사물.<br>사진의 왼쪽에는 사람/사물이 있습니다.<br>**On the right side of the picture, there is/are** 사람/사물.<br>사진의 오른쪽에는 사람/사물이 있습니다. |
| 마무리<br>(1인 묘사 유형<br>외에는 생략) | **Overall, it seems/looks like** 주어 + 동사.<br>전반적으로 주어가 동사하는 것 같습니다. |

## 2) 템플릿 예문 🔊 MP3 P2_01

| | | |
|---|---|---|
| 서론 | This is a picture taken at an office.<br>이것은 사무실에서 찍힌 사진입니다. | |
| 전체 요약<br>(생략 가능) | The first thing I can see from this picture is a woman.<br>이 사진에서 가장 먼저 보이는 것은 한 여자입니다. | |
| 세부 사항 | In the foreground of the picture, I can see a lot of equipment.<br>사진의 중심에는 많은 기구를 볼 수 있습니다. | |
| | In the background of the picture, I can see three people.<br>사진의 배경에는 세 사람이 있습니다. | |
| | On the right side of the picture, I can see a man sitting on a chair.<br>사진의 오른쪽에는 의자에 앉아 있는 남자가 보입니다. | |
| 마무리<br>(1인 묘사 유형<br>외에는 생략) | Overall, it seems like they are busy working.<br>전반적으로 그들은 일하느라 바쁜 것 같습니다. | |

## 2. 인물 묘사 🔊 MP3 P2_02

### 1) 인물의 동작 묘사

He **is taking** a picture.
그는 사진을 찍고 있다.

There is a man **taking** a picture.
사진을 찍고 있는 한 남자가 있다.

 **제니쌤** Tip

사진 속 동작이나 상황이 지금 일어나고 있는 것처럼 묘사하기 위해 현재진행형(be + -ing)을 사용합니다.

### 2) 인물의 복장 묘사

She **is wearing** jeans.
그녀는 청바지를 입고 있다.

### 3) 인물의 머리 스타일 묘사

He **has** blond hair.
그는 금발이다.

There is a man who **has** blond hair.
금발인 한 남자가 있다.

 **제니쌤** Tip

머리 스타일은 지속적인 특징이나 상태이므로 현재형(has)으로 묘사합니다.
'blond' 대신 'long / short' 등 머리 모양이나 길이를 나타내는 다양한 형용사를 사용할 수 있습니다.

## 3. 위치를 나타내는 전치사 🔊 MP3 P2_03

| 표현 | | 예문 |
|---|---|---|
| in front of | ~의 앞에 | There is a car in front of the building. |
| behind | ~의 뒤에 | There is a tree behind the bench. |
| beside / next to | ~의 옆에 | A man is sitting next to a woman. |
| on | ~의 위에 | There is a bag on the table. |
| apart from | ~을 제외하고 | Apart from them, all the other students are sitting together. |
| between | ~ 사이에 | There is a clock between the two windows. |

## 4. 유형별 인물 묘사 🔊 MP3 P2_04

### 1) 다수의 사람 묘사 유형

| 표현 | | 사용 상황 | 예문 |
|---|---|---|---|
| one of them | 그들 중 한 명 | 한 명이 눈에 띄거나 다른 행동을 할 때 | One of them is talking on the phone. |
| two of them / three of them | 그들 중 두 명 / 그들 중 세 명 | 두세 명 특정 수의 사람의 행동이나 특징이 같을 때 | Two of them are carrying shopping bags. |
| some of them | 그들 중 일부 | 일부의 행동이나 특징이 같을 때 | Some of them are sitting at the table. |
| most of them | 그들 중 대부분 | 대다수의 행동이나 특징이 같을 때 | Most of them are wearing white shirts. |
| all of them | 그들 모두 | 모든 사람들의 행동이나 특징이 같을 때 | All of them are looking at the camera. |
| the rest of them / the others | 나머지 사람들 | 앞에 언급한 사람들 외 나머지를 지칭할 때 | The rest of them are waiting in line. |

## 2) 2인 묘사 유형  🔊 MP3 P2_05

| 표현 | | 사용 상황 | 예문 |
|---|---|---|---|
| one of them | 둘 중 한 명 | 두 사람 중 한 명을 지칭할 때 | One of them is holding a coffee cup. |
| the other | 다른 한 명 | 앞에 언급한 한 명 외 다른 한 명을 지칭할 때 | The other is using a laptop. |
| the man / woman on the left | 왼쪽 남자 / 여자 | 위치로 인물을 설명할 때 | The woman on the left is smiling. |
| the man / woman on the right | 오른쪽 남자 / 여자 | 위치로 인물을 설명할 때 | The man on the right is wearing glasses. |
| both of them | 두 사람 모두 | 두 명에게 모두 해당될 때 | Both of them are looking at a screen. |

 **제니쌤** Tip

두 사람을 묘사할 때, 한 사람을 먼저 언급하고 싶다면 'one of them'을 사용하고, 다른 한 사람은 'the other'로 표현하면 됩니다. 'the other' 대신 'the other person(다른 사람) / the other man(다른 남자) / the other woman(다른 여자)'과 같이 구체적인 명사와 함께 쓸 수도 있습니다.
두 사람 모두를 지칭할 때는 'both of them'을 사용합니다.

## 5. 더 큰 범위의 단어 🔊 MP3 P2_06

모르는 단어가 나왔을 때는 더 큰 범위의 단어를 활용하면 쉽게 묘사할 수 있습니다.
예를 들어, 'long-sleeved T-shirt(긴팔 티셔츠)'가 떠오르지 않을 경우, 'pink clothes(분홍색 옷)'처럼 더 포괄적이면서도 내가 알고 있는 쉬운 단어로 표현할 수 있습니다.

| 구체적인 표현 | 더 큰 범위 | 예문 |
| --- | --- | --- |
| long-sleeved T-shirt (긴팔 티셔츠), hoodie (후드티), shorts (반바지), skirt (치마) | **clothes** 옷 | She is wearing casual clothes. |
| sneakers (운동화), sandals (샌들), high heels (하이힐) | **shoes** 신발 | He is wearing black shoes. |
| cutting board (도마), pot (냄비), frying pan (프라이팬), kettle (주전자) | **kitchen equipment** 주방 도구 | She is using some kitchen equipment. |
| microscope (현미경), beaker (비커), test tube (시험관), flask (플라스크) | **lab equipment** 실험 도구 | There is some lab equipment on the table. |
| watering can (물뿌리개), rake (갈퀴), shovel (삽), hoe (괭이) | **garden tool** 원예 도구 | She is holding a garden tool. |
| screwdriver (드라이버), drill (드릴), hammer (망치), wrench (렌치) | **tool** 도구 | He is using a tool to fix something. |
| slice (썰다), boil (끓이다), stir (젓다), fry (볶다) | **cook** 요리하다 | She is cooking something in the kitchen. |

# PART 3

## Questions 5-7  Respond to Questions

### ● PART 3 소개

| 문제 번호 | 준비 시간 | 답변 시간 | 평가 기준 | 배점 |
|---|---|---|---|---|
| Q5-7<br>(3문제) | 각 3초 | 5번: 15초<br>6번: 15초<br>7번: 30초 | 발음, 억양, 강세,<br>문법, 어휘, 일관성,<br>문제와의 관련성,<br>내용의 적절성과 완성도 | 각 3점 |

### 디렉션

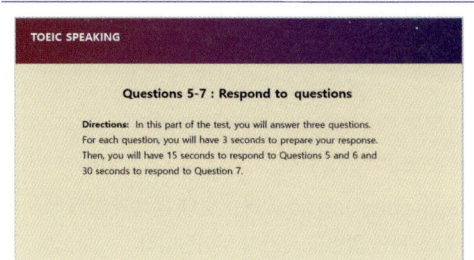

5~7번의 시험 진행 방식을 설명하는 화면이 나옵니다. 세 가지 질문에 답하는 유형으로, 문제당 준비 시간은 3초, 답변 시간은 각각 15초, 15초, 30초라는 내용입니다.

### 상황 설명

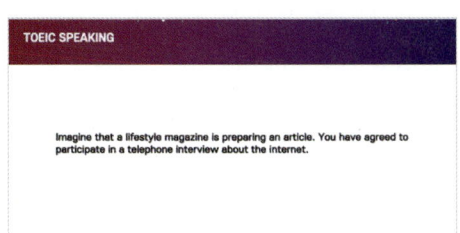

화면에 상황을 설명하는 지문이 나오며, 이를 음성으로 들려줍니다. 특정한 토픽에 대해 지인과 통화를 하고 있거나 전화 설문 조사에 참여하고 있다는 등의 상황이 제시됩니다.

> **제니쌤** `Tip`
> 여기서는 'about' 뒤의 핵심 키워드만 잘 봐 두면 됩니다.

### 5번, 6번 준비 시간

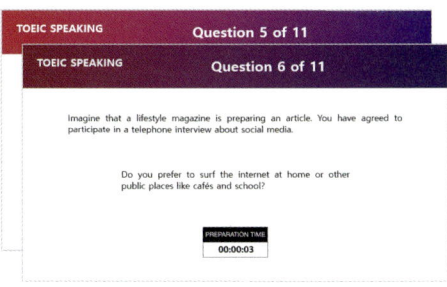

지문 밑에 문제가 나오며, 이를 음성으로 들려줍니다. 이후 'Begin preparing now.'라는 안내 음성과 함께 삐 소리가 나면, 3초의 준비 시간이 주어집니다. 이때 화면에는 여전히 문제가 표시되어 있습니다.

> **제니쌤** `Tip` **준비 시간 활용**
> 3초 동안 문제를 해석하고, 쉬운 아이디어를 빨리 떠올립니다.

### 5번, 6번 답변 시간

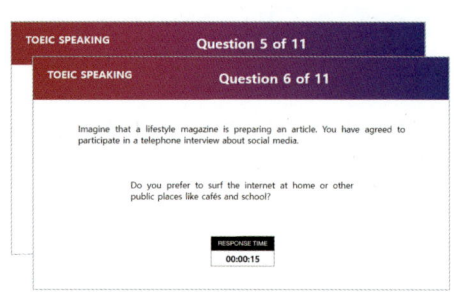

준비 시간이 끝나면, 'Begin speaking now.'라는 안내 음성과 함께 삐 소리가 들립니다. 이후 15초 동안 답변할 시간이 주어집니다.

> **제니쌤 Tip 답변 시간 활용**
> 화면에 문제가 떠 있으므로 문제를 그대로 베껴 읽으면서 아이디어를 정리하여 말합니다.

### 7번 준비 시간

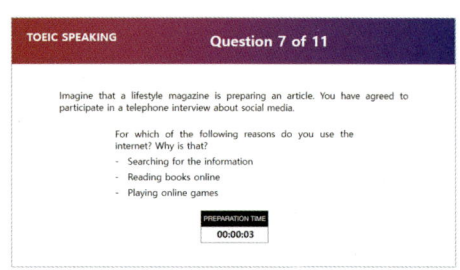

지문 밑에 문제가 나오며, 이를 음성으로 들려줍니다. 이후 'Begin preparing now.'라는 안내 음성과 함께 삐 소리가 나면, 3초의 준비 시간이 주어집니다. 이때 화면에는 여전히 문제가 표시되어 있습니다.

> **제니쌤 Tip 준비 시간 활용**
> 3초 동안 문제를 해석하고, 이유 문장을 생각해 둡니다.

### 7번 답변 시간

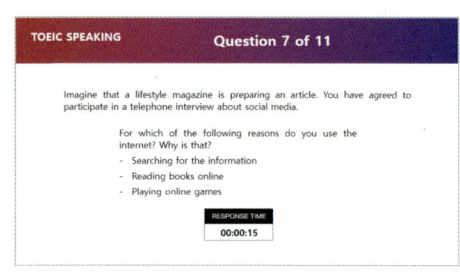

준비 시간이 끝나면, 'Begin speaking now.'라는 안내 음성과 함께 삐 소리가 들립니다. 이후 30초 동안 답변할 시간이 주어집니다.

> **제니쌤 Tip 답변 시간 활용**
> 32~34쪽에서 배울 기본형 답변, 과거형 답변, 시간 남는 형 답변 중 쉽게 말할 수 있는 패턴을 선택해서 답변합니다.

## 🔵 PART 3 만점 전략

1. 문제를 참고해서 답변하면 당황하지 않고 차분하게 말할 수 있습니다.
2. 최대한 쉽고 명확한 문장으로 말해 실수를 줄입니다.
3. 답변의 70%는 미리 준비해 간다는 생각으로, 문제 풀이를 통해 만능문장 활용법을 익혀 두는 것이 좋습니다.

## 🔵 PART 3 아이디어 도출 방법

1) 의문사에 대한 답변: **의문사 만능패턴**(포켓북 pp. 22-25)을 이용해 보세요.
2) 부연 설명이나 Why에 대한 답변:
   - **파트3 만능문장**(포켓북 pp. 27-30)의 아이디어를 활용해 보세요.
   - 고난도 문제에는 **파트5 만능문장**(포켓북 pp. 37-42)을 참고하면 좋아요.
   - **부연 설명 쉽게 만드는 TIP**(포켓북 p. 26)을 참고해서 연습해 보세요.

## PART 3 핵심 이론

### 5번, 6번 문제

5번과 6번은 의문사(1~2개)를 이용한 질문과 이유를 묻는 질문이 주로 출제됩니다. 준비 시간은 3초, 답변 시간은 15초로 매우 짧기 때문에 2~3문장 이내로 답변하면 됩니다.

#### 1) 5번 답변하기    🔊 MP3 P3_01

**Question 5 of 11**

Q. Do **you** use social media regularly? Why do you use it?

A. Yes, **I** use social media regularly because I can get a lot of useful information on social media. It's very convenient and useful.
  *파트3 만능문장 7 변형*
  *파트 3 만능문장 49*

① "Do you~?"에 답변하기: 'Yes. / No.'로 답변합니다.
② 문제 카피하기: You → I로 바꾸고, 문제에 나온 표현(use social media regularly)을 그대로 말합니다.
③ 이유 문장 만들기: 'because' 뒤에 두 개의 만능문장을 이용하여 이유를 만듭니다.

| 파트3 \| 만능문장 7 | I can get a lot of useful information on the internet. → I can get a lot of useful information on **social media**. (변형) |
|---|---|
| 파트3 \| 만능문장 49 | It's very convenient and useful. (변형 없이 그대로 사용) |

#### 2) 6번 답변하기    🔊 MP3 P3_02

**Question 6 of 11**

Q. What kind of social media do people in **your** country normally use? Why is that?

A. People in **my** country normally use Instagram because it's very popular, so people like it.
  *파트3 만능문장 39 변형*

① 의문사에 답변하기:
'What kind / sort / genre / type'을 묻는 문제에서는 순발력이 중요합니다. 고민을 최소화하고 생각나는 것을 바로 말하는 것이 핵심입니다. 사람들이 어떤 SNS를 주로 이용하는지 묻는 문제에서 페이스북인지 인스타그램인지 고민하거나 내 의견을 떠올리려고 노력하기보다는 아무것이나 가장 빨리 생각나는 것을 바로 뱉는 것이 고득점에 도움이 됩니다.

② 문제 카피하기:
'people in your country normally use'를 카피하여 your → my로 바꾸고, 어떤 것을 'use' 하는지 목적어를 말합니다.

③ 이유 문장 만들기:
'Why is that?'에 대한 답변은 파트3 만능문장(포켓북 pp. 26-29) 중에 적합한 것을 떠올려 'because'를 이용해 답변합니다.

> **파트3 | 만능문장 39**  It's a popular item, so people will love it.
> → It's very popular, so people like it. (변형)
>
> 'Instagram'을 'item'이라고 하면 부자연스러우므로, 'it's a popular item'이라는 문장을 'it's very popular'라는 쉬운 문장으로 변형합니다. 그리고 사람들이 현재 좋아하는 것이기 때문에 미래 시제(will love)를 현재 시제(like)로 바꿉니다.

## 7번 문제 답변하기

7번은 주로 다음과 같은 유형이 출제됩니다. 준비 시간은 3초, 답변 시간은 30초이므로 5~6번보다 길게 답변해야 합니다.

- 의견 / 선호도 / 장단점을 묻는 유형
- 여러 가지 옵션 중에 하나를 선택하고 그 이유를 말하라는 유형
- 어떤 것을 추천해 달라는 유형

### 1) 7번 답변 유형

## 2) 7번 서론 만들기

7번 문제의 서론을 잘 구성하려면, 문제 유형에 맞게 자신의 결론을 먼저 밝히는 것이 효과적입니다.

### A. 의견을 묻는 유형 ★ 빈출

문제를 카피해서 서론을 구성합니다.

- ① **선호:** **Q.** Do you prefer A or B? A를 선호하나요, 아니면 B를 선호하나요?
  **A.** I prefer A (to B). 저는 (B보다) A를 선호합니다.

- ② **의견:** **Q.** Do you think 주어 + 동사? 당신은 ~라고 생각하시나요?
  **A.** I think 주어 + 동사. 저는 ~라고 생각합니다.
  I don't think 주어 + 동사. 저는 ~라고 생각하지 않습니다.

### B. 장단점을 묻는 유형

'주제의 장점/단점 몇 가지가 있다'로 서론을 구성합니다.

**Q.** What are some advantages / disadvantages of getting information on the internet?
인터넷에서 정보를 얻는 것의 장점/단점은 무엇인가요?

**A.** There are some advantages / disadvantages of getting information on the internet.
인터넷에서 정보를 얻는 것의 장점/단점이 몇 가지 있습니다.

### C. 세 가지 중 하나를 선택하는 유형 ★ 빈출

세 가지 옵션 중 선택한 것을 말하며 서론을 구성합니다.

- ① **중요도:** **Q.** Which of the following is the most important? 다음 중 무엇이 가장 중요한가요?
  **A.** I think [명사] is the most important. 저는 ~이 가장 중요하다고 생각합니다.

- ② **고려:** **Q.** What do you consider most? 무엇을 가장 중요하게 고려하십니까?
  **A.** I consider [명사] most. 저는 ~을 가장 중요하게 고려합니다.

### D. 추천 유형

문제를 카피해서 '~를 추천(recommend)하겠다'고 서론을 구성합니다.

**Q.** Can you recommend a good place to read books in your neighborhood?
동네에서 책 읽기 좋은 장소를 추천해 주시겠어요?

**A.** I would recommend ~. 저는 ~를 추천하겠습니다.

## 3) 7번 답변하기

**Question 7 of 11**

**Q.** When you choose social media to use, which of the following influences your decision the most?
- How popular it is
- Whether your friends use it or not
- How convenient it is

이용할 SNS를 선택할 때 다음중 어떤 것이 당신의 선택에 가장 큰 영향을 미치나요?
- 그 SNS가 얼마나 인기 있는지
- 친구들이 그 SNS를 사용하는지 아닌지
- 얼마나 편리한지

### A. 기본형 답변 템플릿   🔊 MP3 P3_03

| 서론 | I think whether my friends use it or not is the most important. |
|---|---|
| 이유 1 / 이유 2 | First, I can communicate with my friends better if my friends use it.<br>파트5 만능문장 35 변형<br><br>Also, I think it's more fun to do things in a group.<br>파트3 만능문장 25 |
| 결론 (생략 가능) | Therefore, I think whether my friends use it or not is the most important.<br>서론 문장 반복 |

① **서론:** 위 유형은 세 가지 중 하나를 선택하는 C 유형이므로, 하나를 선택해서 서론을 만듭니다.

② **이유 1 / 이유 2:** 'First, 만능문장. Also, 만능문장.'의 형태로 두 가지 이유를 제시합니다.

 **제니쌤** Tip

이유를 말할 때, 만능문장을 그대로 쓰지 않고 주어진 문제와의 연결성을 고려해 변형하면 고득점을 얻을 수 있습니다.

**1) if/when (문제대로 한다면/문제대로 했을 때)**

'문제대로 한다면'이라고 문제와 연결하면 고득점을 얻을 수 있습니다.
First, I can communicate with my friends better.
→ First, I can communicate with my friends better **if my friends use it**.

**2) 구체적인 어휘 사용**

'Do things(무엇을 한다)'를 'communicate(소통하다)'로 변형하면 더 구체적이고 문제와 연관성 있는 답변이 되어 고득점을 얻을 수 있습니다. 어디에서 소통하는지(on social media)도 붙이면 더 좋습니다.
Also, it's more fun to do things in a group.
→ Also, it's more fun to **communicate** in a group **on social media**.

❸ **결론(생략 가능):** 'Therefore, 서론 문장.' 또는 'Therefore, I think this way.'로 마무리합니다.

**제니쌤 Tip**

결론 문장은 점수와 무관합니다. 결론을 생략해도 만점을 받을 수 있으므로 시간이 많이 남을 때만 적절히 사용하면 됩니다. 결론을 말할 시간에 더 많은 이유나 경험을 정확히 말하는 것이 고득점에 더 도움이 될 때가 많습니다.

**B. 과거형 답변 템플릿**   MP3 P3_04

| 서론 | I think whether my friends use it or not is the most important |
|---|---|
| 이유 | because I can communicate with my friends better if my friends use it.<br>파트5 만능문장 35 변형 |
| 과거 경험 | The other day, I talked with my friends on Instagram. I really liked it. It was awesome |
| 부연 설명<br>(가능한 경우에) | because I was able to communicate with my friends better.<br>(또는 and it was fun to communicate in a group.) |

❶ **과거 경험:** 시험장에서 하나의 이유밖에 떠오르지 않을 때, 아래의 두 패턴 중 하나를 이용해서 경험 이야기를 하면 됩니다.

| 좋은 경험 | The other day, I + 과거 동사. I really liked it. It was awesome.<br>저번에 내가 ~ 해 봤다. 정말 좋았다. 최고였다. |
|---|---|
| 좋지 않은 경험 | The other day, I + 과거 동사. I didn't like it. It was terrible.<br>저번에 내가 ~ 해 봤다. 좋지 않았다. 끔찍했다. |

❷ **부연 설명:** 위와 같이 답변해도 시간이 남을 경우, 'because + 부연 설명'을 붙이면 더 좋습니다.

**방법 1) 앞에서 말한 이유를 과거 시제로 변형하여 말하기**

이유 문장: I **can** communicate with my friends better if my friends use it.
→ 부연 설명: It was awesome + because I **was able to** communicate with my friends better.

**제니쌤 Tip**

can의 과거형: was/were able to
can't의 과거형: couldn't

**방법 2) 새로운 만능문장이 생각나면, 과거 시제로 변형하여 말하기**

새로 생각한 만능문장: **It's** more fun to do things in a group.
파트3 만능문장 25 변형

→ 부연 설명: It was awesome + and **it was** fun to communicate in a group.

 **제니쌤 Tip 멘탈붕괴 타임에도 통하는 과거형 꿀팁**

시험장에서 만능문장이 하나도 생각나지 않고 머릿속이 하얘지면, 이유 대신 과거 경험 문장부터 말하면서 생각할 시간을 벌어 답변해 보세요.

**ex** I think whether my friends use it or not is the most important.
　　 The other day, I talked with my friends on Instagram. I really liked it.
　　 It was awesome because I was able to communicate with my friends better.
　　 (또는 It was awesome and it was fun to communicate in a group.)

## C. 시간 남는 형 템플릿　🔊 MP3 P3_05

기본형 템플릿으로 완벽하게 답변했는데도 시간이 남을 정도로 유창성이 좋았다면, 과거 경험 문장을 추가해서 시간을 채우면 더 좋습니다.

| 서론 | I think whether my friends use it or not is the most important. |
|---|---|
| 이유 1 / 이유 2 | First, I can communicate with my friends better if my friends use it.<br>파트5 만능문장 35 변형<br><br>Also, I think it's more fun to do things in a group.<br>파트3 만능문장 25 |
| 과거 경험<br>(결론 문장 대체) | The other day, I talked with my friends on Instagram. I really liked it. It was awesome. |

## PART 3 의문사 만능패턴  MP3 P3_06

| | | |
|---|---|---|
| 1. Who | ★ 빈출<br>누구와 ~? (Who ~?)<br>with my friend(s) 내 친구(들)와<br>with my best friends 내 가장 친한 친구들과<br>with my family 내 가족과 | Q. Who do you usually go with when you go to a café?<br>A. I usually go with my friend when I go to a café.<br>Q. 카페에 갈 때 주로 누구와 함께 가시나요?<br>A. 저는 카페에 갈 때 주로 친구와 함께 갑니다. |
| 2. Where | ★ 빈출<br>1. 어디서 사나요?<br>(Where do you buy ~?)<br>on the internet 인터넷에서<br>at a shopping mall 쇼핑몰에서<br>at a department store 백화점에서 | Q. Where do you usually buy clothes?<br>A. I usually buy clothes on the internet.<br>Q. 옷은 주로 어디서 구매하시나요?<br>A. 저는 주로 인터넷으로 옷을 삽니다.<br><br>**제니쌤 Tip** <br>'buy' 대신에 'purchase'로 물어볼 때도 있습니다. |
| | ★ 빈출<br>2. 어디서 하나요?<br>(Where do you usually ~?)<br>at home 집에서<br>at school 학교에서<br>on the subway 지하철에서 | Q. Where do you usually play mobile games?<br>A. I usually play mobile games at home/at school/on the subway.<br>Q. 모바일 게임은 주로 어디서 하시나요?<br>A. 저는 주로 집에서/학교에서/지하철에서 모바일 게임을 합니다. |
| | ★ 빈출<br>3. 어디서 정보를 얻나요?<br>(Where do you get information ~?)<br>on the internet 인터넷에서 | Q. Where do you usually get information about where to buy home cleaning products?<br>A. I usually get information about where to buy home cleaning products on the internet.<br>Q. 가정용 청소 용품을 어디서 구매할지에 대한 정보를 주로 어디서 얻으시나요?<br>A. 저는 가정용 청소 용품을 어디서 구매할지에 대한 정보를 인터넷에서 얻습니다. |

| | | |
|---|---|---|
| 3. When | ★ 빈출<br>**1. 주로 언제 ~하나요?**<br>(When do you usually ~?)<br>when I have spare time 시간 남을 때<br>on weekends 주말에<br>in summer 여름에 | **Q.** When do you usually visit museums?<br>**A.** I usually visit museums when I have spare time.<br>Q. 박물관을 주로 언제 방문하시나요?<br>A. 저는 주로 시간이 날 때 박물관을 방문합니다. |
| | ★ 빈출<br>**2. 언제 ~했나요? (When did you ~?)**<br>two weeks ago 2주 전에<br>yesterday 어제<br>last year 작년에 | **Q.** When did you buy your shoes?<br>**A.** I bought my shoes two weeks ago.<br>Q. 신발은 언제 구입하셨나요?<br>A. 저는 2주 전에 신발을 샀습니다. |
| | ★ 빈출<br>**3. 마지막으로 언제 ~했나요?**<br>(When was the last time you [과거 동사] ~?)<br>The last time I [과거 동사] was two weeks ago / yesterday / last year. | **Q.** When was the last time you went to a park?<br>**A.** The last time I went to a park was two weeks ago.<br>Q. 마지막으로 공원에 갔던 게 언제였나요?<br>A. 저는 마지막으로 공원에 간 게 2주 전입니다.<br><br>**제니쌤 Tip**<br>참고로 아래 형태도 알아 두면 좋습니다.<br>Q. When did you last go to a park?<br>A. I last went to a park two weeks ago. |
| | **4. 보통 하루 중 언제 ~하나요?**<br>(What time of the day do you usually ~?)<br>in the morning 오전에<br>in the evening 저녁에 | **Q.** What time of the day do you usually go to the movies?<br>**A.** I usually go to the movies in the morning because it's less crowded in the morning.<br>Q. 보통 하루 중 언제 영화를 보러 가시나요?<br>A. 저는 아침에 사람이 덜 붐비기 때문에 주로 아침에 영화를 보러 갑니다.<br><br>**제니쌤 Tip**<br>이유로 쓸 수 있는 만능문장<br>It's part of my routine. 내 일과 중 일부이다.<br>It's less crowded in the morning. 아침에 덜 붐빈다. |
| | **5. 일 년 중 언제 ~하나요?**<br>(What time of the year ~?)<br>in summer 여름에<br>in winter 겨울에 | **Q.** What time of the year do you read books most?<br>**A.** I read books in winter most.<br>Q. 일 년 중 언제 책을 가장 많이 읽으시나요?<br>A. 저는 겨울에 책을 가장 많이 읽습니다. |

## 4. How

### ★ 빈출

**1. 얼마나 자주 ~하나요?**
**(How often ~? / How frequently ~? / How many times ~?)**

twice a week  일주일에 두 번
almost every day  거의 매일
once in a while  가끔씩

**Q.** How often do you shop for clothes?
**A.** I shop for clothes twice a week / almost every day / once in a while.

Q. 옷 쇼핑은 얼마나 자주 하시나요?
A. 저는 일주일에 두 번/거의 매일/가끔 옷을 쇼핑합니다.

### ★ 빈출

**2. 얼마나 오래 ~해 왔나요?**
**(How long have you p.p. ~?)**

I have p.p. + for 기간.
* 기간: 숫자 + minutes / hours / days / weeks / months / years

**Q.** How long have you lived in your current neighborhood?
**A.** I have lived in my current neighborhood for 3 years.

Q. 현재 동네에 얼마나 오래 거주하셨나요?
A. 저는 현재 동네에서 3년째 살고 있습니다.

**3. [동사] 하는 데 얼마가 걸리나요?**
**(How long does it take 사람 to [동사]?)**

It takes 기간 (for 사람 목적어) to [동사].

**Q.** How long does it take you to finish reading a book?
**A.** It takes 3 hours for me to finish reading a book.

Q. 책 한 권을 다 읽는 데 얼마나 걸리시나요?
A. 저는 책 한 권을 다 읽는 데 3시간이 걸립니다.

### ★ 빈출

**4. 얼마나 오랜 시간을 보내나요?**
**(How much time do you spend ~?)**

I spend 숫자+minutes / hours / days.

**Q.** How much time do you spend surfing the internet every day?
**A.** I spend 3 hours surfing the internet every day.

Q. 매일 인터넷 서핑에 얼마나 많은 시간을 소비하시나요?
A. 저는 매일 3시간 인터넷 서핑을 합니다.

**5. 얼마나 멀리 있나요? (How far ~?)**

about 10 minutes away  10분쯤 떨어진

**Q.** How far is the closest bank from where you live?
**A.** The closest bank from where I live is about 10 minutes away.

Q. 당신이 사는 곳에서 가장 가까운 은행이 얼마나 먼가요?
A. 제가 사는 곳에서 가장 가까운 은행은 10분 정도 거리에 있습니다.

**6. 가격이 얼마인가요?**
**(How much ~?)**

about 20 dollars  20달러 정도

**Q.** How much do you usually spend when you go to a restaurant with your friend?
**A.** I usually spend about 20 dollars when I go to a restaurant with my friends.

Q. 친구와 함께 식당에 갈 때 보통 얼마를 쓰시나요?
A. 저는 친구들과 식당에 가면 보통 20달러 정도를 씁니다.

| | | |
|---|---|---|
| 4. How | 7. 몇 개인가요? (How many ~?) | Q. How many bookstores are there in your town?<br>A. There are two bookstores in my town.<br>Q. 당신이 사는 동네에는 서점이 몇 개 있나요?<br>A. 저희 동네에는 서점이 두 군데 있습니다. |
| | 8. 어떻게 가나요?<br>(How do you get to ~?)<br>by bus 버스로<br>by car 차로<br>by subway 지하철로 | Q. How do you usually get to school?<br>A. I usually get to school by bus.<br>Q. 학교에는 보통 어떻게 가시나요?<br>A. 저는 보통 버스를 타고 학교에 갑니다. |
| 5. What | ★ 빈출<br>어떤 종류의 [명사]를 ~하나요?<br>(What kind / type / sort / genre of [명사] do you ~?) | Q. What kind of music do you like the most?<br>A. I like K-pop the most.<br>Q. 어떤 종류의 음악을 가장 좋아하시나요?<br>A. 저는 케이팝을 가장 좋아합니다.<br><br>**제니쌤 Tip**<br>'어떤 종류의 음악/책/영화를 좋아하나요?', '어떤 종류의 옷을 구매했나요?'와 같은 질문에는 망설임 없이 떠오르는 것을 즉각적으로 답하는 연습을 해 두면 도움이 됩니다. |
| 6. Have you ever? | ★ 빈출<br>~해 본 적 있나요?<br>(Have you ever p.p. ~?)<br>Yes, I have p.p. 네, 해 본 적 있어요.<br>No, I haven't p.p. 아니요, 해 본 적 없어요. | Q. Have you ever used a photo-editing software to improve your picture images?<br>A. Yes, I have used a photo-editing software to improve my picture images.<br>Q. 사진을 보정하기 위해 사진 편집 소프트웨어를 사용한 적이 있나요?<br>A. 네, 저는 사진을 보정하기 위해 사진 편집 소프트웨어를 사용한 적이 있습니다. |

## ● PART 3에서 이유 문장/부연 설명 쉽게 만드는 TIP ★ 빈출

5번과 6번에서는 답변한 후 시간이 남으면, 간단한 이유를 덧붙이는 것이 좋습니다.
7번에서는 두 가지 이유를 제시해 설명하는 것이 바람직하지만, 만능문장이 하나밖에 떠오르지 않는 상황도 있을 수 있습니다.
이럴 때는 다음의 방법으로 간단한 문장을 만들어 쉽게 시간을 채울 수 있습니다.

### 1. '매우 좋아한다'로 표현한다 ★ 빈출    🔊 MP3 P3_07

**I like/love [명사] very much.** 나는 [명사]를 매우 좋아한다.

해당 키워드를 매우 좋아한다는 말을 덧붙여서, 쉽게 부연 설명을 만들 수 있습니다.

Q. Who do you usually go with when you shop for clothes? Why?
A. I usually go with my friends when I shop for clothes because <u>we like shopping very much.</u>

### 2. 형용사로 표현한다    🔊 MP3 P3_08

형용사를 이용해 쉽고 간결하면서도 좋은 점수를 받을 수 있는 부연 설명을 만들 수 있습니다.

Q. Have you ever used a photo-editing software to improve your picture images?
A. Yes, I have used a photo-editing software to improve my picture images because <u>it's very **convenient** and **useful**.</u>

#### ※ 형용사로 쉽게 이유 문장/부연 설명 만드는 방법

**1) It's very + 형용사. ★ 빈출**

It's very convenient and portable.  이것은 매우 편리하고 휴대가 간편하다.
It's very convenient and useful.  이것은 매우 편리하고 유용하다.
It's very comfortable.  이것은 매우 편안하다.
It's very fun and entertaining.  이것은 매우 재미있고 즐거움을 준다.

 **제니쌤 Tip**

'A and B'로 형용사를 2개 사용하면 더 고득점 답변이 됩니다.

## 2) 형용사의 비교급 (더 ~ 하다) ★ 빈출

**A. 짧은 단어는 '형용사 + er'로 만듭니다.**

It's fast. 빠르다. → It's **faster**. 더 빠르다.
It's cheap. 싸다. → It's **cheaper**. 더 싸다.
It's **cheaper** and **faster**. 그것은 더 싸고 더 빠르다.

**B. 긴 단어는 'more + 형용사'로 만듭니다.**

It's entertaining. 재미있다. → It's **more entertaining**. 더 재미있다.

❋ **주의:** 비교급에는 'very'를 쓸 수 없습니다. 비교급에 '훨씬'이라는 의미를 넣어 강조할 때는 'much'를 사용합니다.

It's very cheaper. (X)    It's **much** cheaper. (O) 훨씬 더 싸다.
It's very more expensive. (X)    It's **much** more expensive. (O) 훨씬 더 비싸다.

## 3) 유용하고 간편하게 쓸 수 있는 형용사

다음에 제시된 형용사들을 활용하여 쉬운 문장을 만드는 연습을 해 두면 좋습니다.

| | | | |
|---|---|---|---|
| convenient | 편리한 | fast | 빠른 |
| inconvenient | 편리하지 않은 | large/big | 큰 |
| comfortable | 편안한 | small | 작은 |
| uncomfortable | 불편한 | easy | 쉬운 |
| useful | 유용한 | difficult | 어려운 |
| helpful | 도움이 되는 | demanding | 힘든 |
| effective | 효과적인 | fun | 재미있는 |
| efficient | 효율적인 | funny | 웃긴 |
| important | 중요한 | entertaining | 즐거움을 주는, 재미있는 |
| necessary | 필요한 | annoying | 짜증 나는 |
| rewarding | 보람 있는 | great | 좋은 |
| expensive | 비싼 | awesome | 굉장한 |
| cheap | 싼 | fantastic | 환상적인 |
| delicious | 맛있는 | relaxing | 편안함을 주는 |
| popular | 인기 있는 | cozy | 아늑한 |

### 4) 문장 연결어 ★ 빈출

문장 간의 흐름을 부드럽게 이어가기 위해서는 적절한 연결어를 활용하는 것이 효과적입니다. 머뭇거림을 줄이고, 보다 자연스러운 말하기를 위해 연결어 사용에 익숙해질 필요가 있습니다.

| | | | |
|---|---|---|---|
| and | 그리고 | Therefore | 그러므로 |
| but | 그러나 | As you know | 너도 알다시피 |
| so | 그래서 | That way | 그렇게 하면 |
| because | ~이기 때문에 | Then | 그러면 |
| First | 첫째로 | However | 그러나 |
| Also | 또한 | In fact | 실은 |

# PART 4

## Questions 8-10 Respond to Questions Using Information Provided

### ● PART 4 소개

| 문제 번호 | 답변 준비 시간 | 문제 청취 횟수 | 답변 시간 | 평가 기준 | 배점 |
|---|---|---|---|---|---|
| Q8-10 (3문제) | 표 읽는 시간: 45초<br>답변 준비 시간: 각 3초 | 8번: 1회<br>9번: 1회<br>10번: 2회 | 8번: 15초<br>9번: 15초<br>10번: 30초 | 발음, 억양, 강세,<br>문법, 어휘, 일관성,<br>문제와의 관련성,<br>내용의 적절성과 완성도 | 각 3점 |

### 디렉션

8~10번의 시험 진행 방식을 설명하는 화면이 나옵니다. 질문이 나오기 전에 45초 동안 제시된 정보를 읽을 시간이 주어지며, 각 문항의 준비 시간은 3초, 8~9번의 답변 시간은 15초, 10번의 답변 시간은 30초라는 내용입니다.

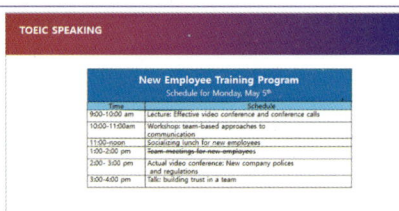

### 표 읽는 시간

표가 나오고 'Begin preparing now.'라는 안내 음성과 함께 삐 소리가 나면, 45초간 표를 읽는 시간이 주어집니다. 문제를 푸는 동안에도 표는 사라지지 않고 화면에 떠 있습니다.

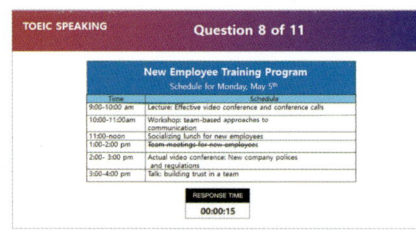

### 8번 준비 시간, 답변 시간

상황을 설명하는 내레이션과 8번 질문이 음성으로 1회 나옵니다. 표는 계속 화면에 떠 있지만, 내레이션과 질문은 화면에 나오지 않고 모두 음성으로 들려주기 때문에 잘 듣고 답변해야 합니다. 준비 시간은 3초, 답변 시간은 15초입니다.

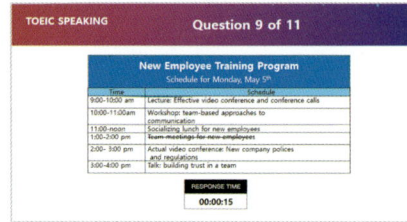

### 9번 준비 시간, 답변 시간

8번 답변이 끝난 후, 9번 질문이 음성으로 1회 나옵니다. 표는 계속 화면에 떠 있지만, 질문은 8번처럼 음성으로만 들려줍니다. 준비 시간은 3초, 답변 시간은 15초입니다.

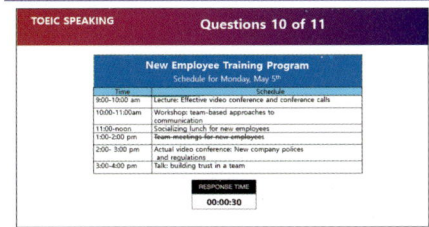

**10번 준비 시간, 답변 시간**

9번 답변이 끝난 후, 10번 질문이 음성으로 나옵니다. 8~9번과 달리 10번 질문은 2회 들려줍니다. 마찬가지로 표는 계속해서 화면에 떠 있지만, 질문은 음성으로만 들려줍니다. 준비 시간은 3초, 답변 시간은 30초입니다.

## ● PART 4 만점 전략

1. 문제에서 주어지는 주요 키워드는 표 안에 있습니다. 질문을 들을 때 표를 함께 보면, 필요한 정보를 더 빠르고 정확하게 파악할 수 있습니다.

2. 자주 출제되는 질문 유형들이 정해져 있습니다. 준비 시간 동안 어떤 내용을 우선적으로 확인할지, 어떤 질문이 나올지 예측할 수 있도록 다양한 기출 유형을 미리 접해 보세요.

3. 유형별 템플릿을 충분히 익혀 두면 답변의 구조를 빠르게 잡을 수 있습니다. 반복 연습을 통해 템플릿에 자연스럽게 익숙해지도록 준비하세요.

## ● PART 4 핵심 이론

### 유형 1. 행사 일정표

**Sports Equipment Marketing Seminar**
June 20th, Hilton Hotel

| Time | Event | Presenter |
|---|---|---|
| 9:00 — 10:00 a.m. | Registration and coffee | Kelsey O'Connel |
| 10:00 — 11:00 a.m | Welcoming speech | Ray Kingston |
| 11:00 a.m. — noon | Lecture: Customer Relationship Management | Whitney Franklin |
| noon — 1:00 p.m. | Break | |
| 1:00 — 2:30 p.m. | Workshop: Social Media Marketing | Ray Kingston |
| 2:30 — 4:00 p.m. | Discussion: Appealing to Sports Fans through Marketing | Kevin Delmont |
| 4:00 — 5:00 p.m. | Workshop: Branding through Online | Regina George |
| registration fee: $20    Early bird registration: $15 (Before June 1st) | | |

## 8번 문항 🔊 MP3 P4_01

시간이나 장소를 묻는 문제가 자주 출제됩니다.

| It(행사) will be held on 날짜 / at 장소. | Q. When and where will the seminar take place?<br>언제 어디에서 세미나가 열리나요?<br>A. It will be held on June 20th at Hilton Hotel.<br>그것은 6월 20일 힐튼 호텔에서 개최될 예정입니다. |
|---|---|
| It(행사) will start/finish at 시각. | Q. What time does the seminar begin and end?<br>세미나는 몇시에 시작하고 끝나나요?<br>A. It will start at 9:00 a.m. and it will finish at 5:00 p.m.<br>그것은 오전 9시에 시작해서 오후 5시에 끝날 것 입니다. |

 제니쌤 Tip

시각 앞에는 전치사 'at', 날짜 앞에는 전치사 'on'을 씁니다. 따라서 행사 시작일이나 종료일을 말할 때는 'on'을 씁니다.
ex It will start on January 1st. 그것은 1월 1일에 시작할 것입니다.

## 9번 문항 🔊 MP3 P4_02

질문자가 알고 있는 정보가 정확한지 묻는 문제가 자주 출제됩니다. 특정 세션, 시작 시간, 종료 시간, 비용, 취소된 행사 등을 확인하는 경우가 많습니다.

| No, I'm afraid that you have the wrong information, Actually, + 맞는 정보. | Q. The registration and coffee session start at 8:30 a.m., is that true?<br>등록과 커피타임이 8시 반에 시작한다고 알고 있는데, 맞나요?<br>A. No, I'm afraid that you have the wrong information. Actually, the registration and coffee session will start at 9:00 a.m.<br>아니요, 유감스럽지만 잘못 알고 계십니다.<br>사실, 등록 및 커피 타임은 오전 9시에 시작될 것입니다. |
|---|---|

 제니쌤 Tip

일정표에서 취소(canceled 또는 취소선), 변경(rescheduled), 지연(postponed)된 항목이 있다면, 9번 문제와 연결될 가능성이 높습니다.

## 10번 문항  🔊 MP3 P4_03

특정 키워드와 관련된 세션이나 일정을 모두 말해 달라는 문제가 자주 출제됩니다. 동일 키워드가 반복되면 주의 깊게 봐 두세요.

**Q.** Marketing is very important when it comes to running a business related to sports equipment. I know that several topics related to marketing will be discussed at the seminar. Can you tell me about them?

스포츠 장비와 관련된 사업을 운영하는데 있어서 마케팅은 매우 중요합니다. 이번 세미나에서 마케팅과 관련된 몇 가지 주제가 논의될 것으로 알고 있습니다. 그것들에 대해서 말해줄 수 있나요?

There are 숫자 session(s).
First / Next / Finally,
there is 일정 on 주제 by 사람.

**A.** There are two sessions.
First, at 1 p.m., there is a workshop on Social Media Marketing by Ray Kingston.
Next, at 2:30 p.m., there is a discussion on Appealing to Sports Fans through Marketing by Kevin Delmont.

두 개의 세션이 있습니다.
먼저, 오후 1시에는 소셜 미디어 마케팅에 관한 레이 킹스턴의 워크숍이 있습니다.
다음으로, 오후 2시 30분에는 마케팅을 통해 스포츠 팬들에게 어필하는 것에 대한 케빈 델몬트의 토론이 있습니다.

 제니쌤 Tip

'there is 일정' 대신 'there will be 일정'도 가능합니다.

## 일정표 유형에서 알아 두어야 할 전치사 표현  🔊 MP3 P4_04

### 1) 시간

| on + 날짜 / 요일 | on October 24th | on Monday | on Saturday, July 2nd |
|---|---|---|---|
| at + 시각 | at 9:00 a.m. | at 2:00 p.m. | |

### 2) 장소

| at + 특정 장소(건물명, 주소) | at Gimpo International Airport | at 1330 Main Street |
|---|---|---|
| in + 실내 장소 / 도시 / 나라 | in Room 105 | in Seoul | in Korea |
| on + 층 / 도로명 / 항공편 | on the 2nd floor | on West Street | On American Airlines |

**제니쌤** Tip

일반적인 거리를 언급할 때는 'on', 특정 주소나 지점으로 범위를 좁혀 언급할 때는 'at'을 사용합니다.

ex  She lives on Park Avenue.  그녀는 파크 애비뉴에 살고 있다.
　　 She lives at 450 Park Avenue.  그녀는 파크 애비뉴 450번지에 살고 있다.

## 3) 기타

| | |
|---|---|
| by / with + 사람 | There is a lecture on Social Media Marketing by Kate Miller.<br>케이트 밀러 씨가 진행하는 소셜 미디어 마케팅에 관한 강연이 있습니다.<br>There is a meeting with Bill Nolan.<br>빌 놀런 씨와의 회의가 있습니다.<br><br>**제니쌤** Tip<br>**by:** 그 사람에 의해서 진행되거나 이끌어지는 경우<br>**with:** 그 사람이 나서서 진행하지는 않지만, 그 사람과 함께하는 경우<br><br>명확히 구분하지 않아도 크게 감점되지 않지만 알아 두면 좋습니다.<br>주로 'by'를 쓰는 경우가 많습니다. |
| on / about + 주제 | There is a lecture on/about Social Media Marketing by Kate Miller.<br>케이트 밀러 씨가 진행하는 소셜 미디어 마케팅에 관한 강연이 있습니다.<br><br>**제니쌤** Tip<br>'on'이 조금 더 격식 있는 느낌이지만 토익스피킹에서는 큰 차이를 둘 필요가 없으므로 'on / about' 중에 무엇을 쓰든 괜찮습니다. |

## 유형 2. 개인 일정표

### Eric Blanc, CEO

**Monday, June 5th**
10:00 a.m.   Depart from San Francisco (American Air 105)
4:30 p.m.    Arrive in Chicago (Central Hotel)
6:00 p.m.    Dinner meeting (Harry Tibbot, sales manager)

**Tuesday, June 6th**
9:00 a.m.    the International Marketing Expo
11:00 a.m.   e-Marketing conference
2:00 p.m.    ~~Meeting (Jane White, regional director)~~
5:00 p.m.    Depart from Chicago
9:30 p.m.    Arrive in San Francisco

### 8번 문항   🔊 MP3 P4_05

출발 시각, 도착 시각, 교통편, 호텔 등에 대한 질문이 자주 출제됩니다.

| | |
|---|---|
| You will depart from 출발지. | **Q.** What time do I leave San Francisco?<br>저는 샌프란시스코에서 몇시에 출발 하나요?<br>**A.** You will depart from San Francisco at 10 a.m. on American Air 105.<br>당신은 오전 10시에 아메리칸 에어 105기를 타고 샌프란시스코에서 출발할 것입니다. |
| You will arrive in 도착지. | **Q.** When do I arrive in San Francisco?<br>저는 언제 샌프란시스코에 도착하나요?<br>**A.** You will arrive in San Francisco at 9:30 p.m. (on Tuesday).<br>당신은 샌프란시스코에 (화요일) 오후 9시 30분에 도착할 것입니다. |
| You will take 교통편. | **Q.** Which flight am I taking when I depart from San Francisco?<br>제가 샌프란시스코에서 출발할 때 어떤 비행편을 타나요?<br>**A.** You will take American Air 105.<br>당신은 아메리칸 에어 105기를 탈 것입니다. |
| You will stay at 숙소. | **Q.** Which hotel am I staying in Chicago?<br>저는 시카고에서 어떤 호텔에 머무르나요?<br>**A.** You will stay at Central Hotel.<br>당신은 센트럴 호텔에 머무를 것입니다. |

## 9번 문항 🔊 MP3 P4_06

질문자가 자신의 일정을 확인하는 질문을 하는데, 그 일정이 취소되었거나(canceled) 지연된(postponed) 경우가 자주 출제됩니다. 질문자가 다른 일정에 참석해도 되는지 묻거나, 일정에 변동이 생겼는지 묻는 질문도 자주 출제됩니다.

| | |
|---|---|
| 1) 일정을 확인하는 경우 | **Q.** I think I'm supposed to have a meeting with Jane White, the regional director. Can you confirm that?<br>제가 지역 이사인 제인 화이트 씨와 회의하기로 되어 있다고 알고 있습니다. 확인해 주실 수 있나요?<br><br>**A1.** No, actually, the meeting with Jane white has been canceled.<br>아니요, 사실은 제인 화이트 씨와의 회의는 취소되었습니다.<br><br>**A2.** No, actually, there was supposed to be a meeting with Jane White at 2 p.m. on Tuesday, but it has been canceled.<br>아니요, 사실은 화요일 오후 2시에 제인 화이트 씨와의 회의가 있기로 되어 있었으나 취소되었습니다. |
| 2) 일정 변경 가능성을 묻는 경우 | **Q.** I have a friend who lives in Chicago, and I want to meet him on Monday around 6 p.m. Would that be possible?<br>저는 시카고에 사는 친구가 있어서 그 친구를 월요일 오후 6시쯤 만나려고 합니다. 가능할까요?<br><br>**A.** No, actually, you will have a dinner meeting with Harry Tibbot, the sales manager, at 6 p.m. So, it's not possible.<br>아니요, 사실은 당신은 오후 6시에 영업부장인 해리 티봇 씨와 저녁 회의를 하기로 되어 있습니다. 그래서 불가능합니다. |

## 10번 문항 🔊 MP3 P4_07

특정 일자의 일정을 모두 설명해 달라는 유형이 주로 출제됩니다.

| | |
|---|---|
| First, at 시각, there is 일정.<br>Next, at 시각, there is 일정. | **Q.** Can you tell me all the details of the schedule on Tuesday morning?<br>화요일 아침의 세부 일정을 모두 말해주실 수 있나요?<br><br>**A.** Yes. First, at 9 a.m., there is the International Marketing Expo. Next, at 11 a.m., there is an e-marketing conference.<br>네. 먼저, 오전 9시에 국제 마케팅 엑스포가 있습니다.<br>다음으로, 오전 11시에 e-마케팅 컨퍼런스가 있습니다. |

## 유형 3. 이력서

**Rachel Matten**
3241 89th street, Vancouver
matten1210@gmail.com

| Position sought | Chief editor, Trend Fashion Magazine |
|---|---|
| Education | Bachelor of English Literature, University of Huston (2009)<br>Master of Design, Vancouver Art Institute (2010) |
| Experience | Chief editor, Toronto Fashion Magazine (2017-now)<br>Director, Jasper Fashion Magazine (2015-2017) |
| Other activities | Event organizer, Vancouver Fashion conference (2014)<br>Art teacher, Collingwood Elementary School (2012) |

### 8번 문항　 MP3 P4_08

주로 지원자의 학위 정보에 대한 문제가 자주 출제됩니다.

He/She got a bachelor's degree(학사)/master's degree(석사) in 전공 from 학교 in 연도.

Q. What's Ms. Matten's latest degree?
　매튼 씨의 가장 최근 학위는 무엇인가요?

A. She got a Master's degree in Design from Vancouver Art Institute in 2010.
　그녀는 2010년에 벤쿠버 예술 학교에서 디자인 전공으로 석사 학위를 취득했습니다.

 Tip
전공, 학교, 연도 앞의 전치사를 정확하게 쓰는 것이 중요합니다. 순서는 무관합니다.

Q. At which university did she receive her bachelor's degree and what did she study?
　그녀는 어느 대학교에서 학사 학위를 취득했으며 무엇을 공부했나요?

A. She got a bachelor's degree in Literature from University of Huston in 2009.
　그녀는 2009년에 휴스턴 대학교에서 문학 전공으로 학사 학위를 취득했습니다.

 Tip
전공, 학교, 연도를 모두 답변할 필요는 없습니다. 물어본 것에만 답변해도 됩니다.
　ex She got a bachelor's degree in Literature from University of Huston.

## 9번 문항  🔊 MP3 P4_09

지원자의 능력이나 자질에 대한 질문, 특정 업무에 해당 지원자가 적합한 인재인지 묻는 질문이 자주 출제됩니다.

### 1) 경험

> He/She worked at 회사명 as 직업 in 연도.

**Q.** We will work together with some of the local children fashion magazine companies, and we want to hire someone that has a lot of experience in working with kids for the chief editor position. Is there anything on the resume that shows that Ms. Matten has experience in this area?
저희는 지역 아동 패션 잡지 회사와 협업할 예정이라, 아동들과 함께 일한 경험이 있는 편집장 직책의 지원자를 채용하고 싶습니다. 매튼 씨가 이 분야에 경험이 있다는 내용이 이력서에 있나요?

**A.** Yes. She worked at Collingwood Elementary School as an art teacher in 2012.
네. 그녀는 2012년에 콜링우드 초등학교에서 미술 교사로 근무했습니다.

### 2) 자격증

> He/She is certified in 분야.

**Q.** We're planning to offer Pilates classes at our gym. Do you think this candidate would be a good fit for the position?
저희 헬스장에서는 필라테스 수업을 개설하려고 하는데, 이 지원자가 이 업무에 적합한 지원자일까요?

**A.** Yes, he is qualified because he has certified in Pilates.
네, 그는 필라테스 자격증을 가지고 있어서 적합합니다.

>  **Tip**
> 다음과 같은 표현을 쓸 수도 있습니다.
> ex He/She has a certificate. 그/그녀는 자격증을 가지고 있습니다.

### 3) 어학

> He/She is fluent in 언어.

**Q.** Our company is working with a Japanese firm, and we need someone who can communicate well with local staff in Japan. Would this employee be suitable for the job?
저희 회사는 일본 회사와 함께 일하고 있는데, 일본 현지 직원들과 잘 소통할 수 있는 직원이 필요합니다. 이 직원이 적합할까요?

**A.** Yes, he is qualified because he is fluent in Japanese.
네, 그는 일본어가 유창해서 적합한 인재입니다.

### 4) 수상 경력

> He/She received an award in 분야.

Q. We're looking to hire someone who can contribute to our marketing efforts. Do you think this candidate is a good match for the position?
저희 회사는 마케팅에 도움이 될 지원자를 채용하고 싶습니다. 이 지원자가 적합한가요?

A. Yes, he is qualified because he received an award in online marketing.
네, 그는 온라인 마케팅 수상 경력이 있어서 적합한 인재입니다.

## | 10번 문항

지원자의 경력 사항을 모두 말해 달라는 문제가 가장 많이 출제되며, 가끔 학력이나 기타 능력 사항을 모두 말해 달라는 문제가 출제되기도 합니다.

| 과거에 근무 | From 시작일 to 종료일, he/she worked at 회사명 as 직책. |
|---|---|
| 현재까지 근무 | From 시작일 up to now, he/she has worked at 회사명 as 직책. |

Q. Can you tell me all the details about her work experience?
그녀의 업무 경력의 모든 세부 사항을 말해줄 수 있나요?

A. Yes. First, from 2015 to 2017, she worked at Jasper Fashion Magazine as a director.
Next, from 2017 up to now, she has worked at Toronto Fashion Magazine as a chief editor.
네. 먼저, 2015년부터 2017년까지 그녀는 재스퍼 패션 잡지사에서 이사로 일했습니다.
다음으로, 2017년부터 지금까지 그녀는 토론토 패션 잡지사에서 편집장으로 일하고 있습니다.

> **제니쌤 Tip**
> 과거 근무 경험은 과거 시제로, 과거에서 현재까지 재직 중인 경우는 현재완료 시제로 말해야 합니다.

## 이력서 유형에서 알아 두어야 할 표현  🔊 MP3 P4_11

| from + 소속 | There is an interview with John Lee from SJ Electronics.<br>SJ 전자 소속의 존 리 씨와의 면접이 있습니다. |
|---|---|
| the + 직책 | There is a meeting with Bill Nolan, the HR manager.<br>인사부장인 빌 놀런 씨와의 회의가 있습니다.<br><br>**제니쌤 Tip**<br>사람 이름 뒤에 동격의 콤마(,) + the 직책으로 직책을 나타낼 수 있습니다.<br>토익스피킹은 말하기 시험이므로 콤마는 말할 필요 없이 바로 연결해서 말하면 됩니다. |
| as a + 직책 | He worked at Fine Publishing as an editor from 2018 to 2020.<br>그는 2018년부터 2020년까지 파인 퍼블리싱에서 에디터로서 근무했습니다.<br><br>**제니쌤 Tip**<br>이력서 유형에서 직원의 경력을 말할 때는 'as a/an 직책(~로서 근무했다)'으로 표현합니다. |

## 유형 4. 면접 일정표

### JTB Corporation
### Job Interview Schedule
May 5th, Conference Room 3C

| Time | Applicant | Current employer | Position |
|---|---|---|---|
| 9:30 – 10:00 | Julia Collins | Best Systems | Sales manager |
| 10:00 – 10:30 | Andrew Davis | Savvy Electronics | HR manager |
| 10:30 – 11:00 | Jason Morris | ST Corporation | Sales manager |
| 11:00 – 11:30 | Andy Patterson | None | None |
| 11:30 – 12:00 | ~~Sandra Vincent~~<br>*canceled* | ~~Pentagon Corporation~~ | ~~Marketing director~~ |

## 8번 문항  🔊 MP3 P4_12

면접 날짜, 장소, 시작 시간, 지원자가 누구인지 묻는 문제가 출제됩니다.

**Q.** When and where will the interview be held?
  면접은 언제, 어디서 진행되나요?

**A.** It will be held on May 5th in Conference Room 3C.
  면접은 5월 5일 컨퍼런스 3C룸에서 진행될 예정입니다.


## 9번 문항  🔊 MP3 P4_13

면접 일정의 변경 사항을 알려주는 문제가 자주 출제되며, 표 하단의 면접 관련 유의 사항에 대해 묻는 문제도 가끔 출제됩니다.

**Q.** I heard that I'm supposed to interview Sandra Vincent at 11:30 a.m. Is that correct?
  제가 오전 11시 30분에 산드라 빈센트 씨와 인터뷰하기로 되어 있다고 들었습니다. 맞나요?

**A.** No, actually, there was supposed to be an interview with Sandra Vincent, but it has been canceled.
  아니요, 사실은 산드라 빈센트 씨와 면접이 예정되어 있었으나 취소되었습니다.


## 10번 문항  🔊 MP3 P4_14

특정 키워드와 관련된 지원자들의 면접 일정을 모두 말해 달라는 유형이 자주 출제됩니다.

**Q.** Can you tell me about all the details of the applicants applying for the sales manager position?
  영업 관리자 직책에 지원한 지원자들의 세부 정보를 모두 알려 주실 수 있나요?

**A.** Yes. First, from 9:30 to 10:00 a.m., there is an interview with Julia Collins from Best Systems. Next, from 10:30 to 11:00 a.m., there is an interview with Jason Morris from ST Corporation.
  네. 먼저, 오전 9시 반부터 10시까지 베스트 시스템의 줄리아 콜린스 씨와의 면접이 있습니다. 다음으로, 오전 10시 반부터 11시까지 ST 코퍼레이션의 제이슨 모리스 씨와의 면접이 있습니다.

## 유형 5. 수업 시간표

### Bowling Classes for Residents
Central Bowling Club, Dec 30th

| Time | Class | Instructor | Day |
|---|---|---|---|
| 9:00 — 10:00 a.m. | Professional Bowling | David Williams | Mondays |
| 10:00 — 11:00 a.m. | Intermediate Bowling Skills for Youth | Luke Jackson | Tuesdays |
| 11:00 a.m. — noon | First Steps of Bowling | Rachel Green | Wednesdays |
| 1:00 — 2:00 p.m. | Advanced Bowling Skills | David Williams | Thursdays |
| 2:00 — 3:00 p.m. | Bowling Practices for Seniors | Jane Cruise | Fridays |

members: free    non-members: $30/class

### 8번 문항　MP3 P4_15

날짜, 장소, 등록비, 등록 마감일을 묻는 문제가 출제됩니다.

Q. How much should I pay for the bowling courses?
　볼링 코스를 수강하려면 얼마의 비용을 지불해야 하나요?

A. If you are a member, it's free. But, if you are not a member, it's 30 dollars per class.
　회원이시라면, 무료입니다. 하지만 비회원이시라면, 수업당 30달러입니다.
　*per class: 한 수업당

### 9번 문항　MP3 P4_16

특정 수업에 대한 정보를 확인하는 문제, 본인이 원하는 수업이 있는지 묻거나 신청 가능한지 묻는 문제가 자주 출제됩니다.

Q. As far as I know, Jake Lee will be teaching Professional Bowling course. Is that right?
　제가 알기로는, 제이크 리 강사님께서 프로 볼링 코스를 지도하실 예정인데요. 맞나요?

A. No, actually, David Williams will teach Professional Bowling course.
　아니요, 사실은 데이비드 윌리엄스 강사님께서 프로 볼링 코스를 지도할 예정입니다.

## 10번 문항  🔊 MP3 P4_17

특정 키워드와 관련된 수업, 특정 레벨(초급자, 중급자, 고급자)의 수업, 혹은 특정 시간대에 진행되는 수업을 모두 알려 달라는 문제가 주로 출제됩니다.

**Q.** I'm very interested in David Williams' classes. Can you tell me about all the classes taught by David Williams?
저는 데이비드 윌리엄스 강사님의 수업에 매우 관심이 많습니다. 데이비드 윌리엄스 강사님께서 지도하시는 모든 수업을 알려주실 수 있을까요?

**A.** Yes. There are two classes (taught by David Williams). First, from 9 a.m. to 10 a.m., on Mondays, there is Professional Bowling. Next, from 1 p.m. to 2 p.m., on Thursdays, there is Advanced Bowling Skills.
네. (데이비스 윌리엄스 강사님께서 지도하시는) 수업이 두 개 있습니다. 먼저, 오전 9시부터 10시까지 매주 월요일에 프로 볼링 수업이 있습니다. 다음으로, 오후 1시부터 2시까지 매주 목요일에 고급 볼링 스킬 수업이 있습니다.

### 제니쌤 Tip
- 괄호 안은 생략해도 됩니다.
- 월요반은 'on Monday'가 아니고 'on Mondays'라고 요일에 's'를 붙여야 합니다.
  (매주 월요일에 진행되는 월요반 수업이라면 'on Mondays',
  매주가 아니라 월요일 원데이 수업이라면 'on Monday'라고 합니다.)

## 수업 시간표 유형에서 알아 두면 좋은 표현  🔊 MP3 P4_18

### 1) 금액, 등록

| | |
|---|---|
| You have to pay 금액 for 강좌. | You have to pay 20 dollars for the oil painting class.<br>오일 페인팅 수업으로 20달러를 지불하셔야 합니다. |
| It's 금액.<br>It's free. | It's 20 dollars. (수강료는) 20달러입니다.<br>It's free. 무료입니다. |
| You should register by 등록 마감일. | You should register by January 3rd.<br>1월 3일까지 등록하셔야 합니다. |
| If you ~, it's … dollars. | If you are a member, it's free. If you are not a member, it's 20 dollars.<br>회원이시면, 무료입니다. 비회원이시면, 20달러입니다. |
| It's for 대상자. | It's for beginners. 이것은 초급자들을 위한 강좌입니다.<br>It's for intermediate students. 이것은 중급자들을 위한 강좌입니다.<br>It's for advanced students. 이것은 숙련자들을 위한 강좌입니다. |

## 2) 수업 소개

| | |
|---|---|
| There is a 과목명 class / course. | There is a cooking class.<br>요리 수업이 있습니다. |
| There is a class on 주제. | There is a class on French Art History.<br>프랑스 예술사에 관한 수업이 있습니다. |
| 강사 will teach 과목명 class / course. | Sean Kim will teach the cooking class.<br>션 킴 강사가 요리 수업을 지도할 것입니다. |
| 강사 will teach a class on 주제. | Jennifer Huston will teach a class on French Art History.<br>제니퍼 휴스턴 강사가 프랑스 예술사에 관한 수업을 지도할 예정입니다. |

# PART 5

## Question 11 Express an Opinion

### ● PART 5 소개

| 문제 번호 | 준비 시간 | 답변 시간 | 평가 기준 | 배점 |
|---|---|---|---|---|
| Q11 (1문제) | 45초 | 60초 | 발음, 억양, 강세, 문법, 어휘, 일관성, 문제와의 관련성, 완성도 | 5점 |

### 디렉션

11번의 시험 진행 방식을 설명하는 화면이 나옵니다. 질문에 대한 자신의 의견을 말하는 문제로, 준비 시간은 45초, 답변 시간은 60초라는 내용입니다.

### 준비 시간

화면에 문제가 나오며, 이를 음성으로 들려줍니다. 그 다음 'Begin preparing now.'라는 안내 음성과 함께 삐 소리가 나면, 45초의 준비 시간이 주어집니다.

> **제니쌤 Tip 준비 시간 활용**
> - 준비 시간에는 문제 이해에 전력을 기울여야 합니다.
> - 사용할 이유 문장을 약자로 미리 써 두면 좋습니다.

### 답변 시간

준비 시간이 끝나면, 'Begin speaking now.'라는 안내 음성과 함께 삐 소리가 들립니다. 이후 60초 동안 답변할 시간이 주어집니다.

## ● PART 5 만점 전략

1. 답변할 때 반드시 하나 이상의 이유와 예시를 포함해야 합니다. 이는 답변의 논리성과 구체성을 높이기 위한 기본 요건입니다.
2. 문제에서 벗어난 내용이나 핵심을 놓친 답변은 크게 감점될 수 있으므로, 문제와 직접적으로 연결되는 답변을 구성해야 합니다.

## ● PART 5 목표 레벨별 가이드

**| IH 이상 목표: 문제에 적절한 답변을 명확하고 잘 알아들을 수 있게 말하는 데 집중하자.**

### 1) 만점을 받을 필요가 없다.
IH를 목표로 한다면 PART 5에서 꼭 만점 답변을 하지 않아도 됩니다. 그러니 너무 두려워할 필요가 없습니다.

### 2) 동문서답을 피하자.
문제에 적절한 답변을 하는 것, 즉 동문서답을 피하는 데만 주력하면 됩니다.

### 3) 알아들을 수 있으면 된다.
채점자가 알아들을 수 있는 답변을 하는 것이 중요합니다. 문제에 적절한 답변을 발음, 강세, 억양을 최대한 살려서 자신감 있게 또박또박 말하면 됩니다.

### 4) 이유 문장은 1개만 말해도 된다.
이유 문장은 1개만 떠올려서 문제에 맞게 답변하면 됩니다. 뒤에서 배울 템플릿대로 잘 답변할 수 있도록 연습합니다.

 **제니쌤** Tip

단기간 IH가 목표라면, 이 책의 모범 답안과 동일하게 답변할 필요는 없습니다. 모범 답안에서는 고득점을 위해서 문장을 구체화하는 팁이 추가되어 있는데, IH가 목표인 초보는 팁에 나와 있는 것을 모두 따르기보다 문제에 적합한 답변인 범위에서 문장을 좀 덜 구체화하거나 변형을 최소화해서 답변하면 됩니다. 시험장에서 모범 답안의 70~80%만 답변해도 충분하므로 너무 부담감을 가지지 않아도 괜찮습니다. 최대한 모범 답안을 따라 하다 보면 시험장에서 80%를 답변할 수 있을 겁니다.

## AL-AH(만점) 목표: 답변의 완성도와 구체성, 문제와의 연결성을 높이는 데 집중하자.

### 1) 완성도, 연결성

AL 이상을 목표로 한다면, 문제에 적절한 답변을 하는 것뿐만 아니라 많은 연습을 통해 문제에 적합한 만능문장을 2문장 이상 떠올려 다양한 표현을 쓰는 것이 중요합니다. 답변 시간이 60초로 길기 때문에, 전혀 변형되지 않는 동일한 문장만 반복한다면 고득점을 받기 어렵습니다. 단, 문장이 조금이라도 변형되어 있다면 유사한 표현이 한두 번 겹친다고 해서 많이 실점되지는 않습니다. 그리고 IH 답변보다 조금 더 문제에 연결되어 있는 답변을 하기 위해 노력해야 합니다.

### 2) 구체적인 답변

AL 이상의 답변은 어려운 표현을 써야 한다고 오해하는 경우가 많은데 전혀 그렇지 않습니다.
최대한 쉬운 문장으로 답변해도 충분히 만점을 받을 수 있습니다. 단, 같은 말이라도 조금 더 구체화하는 것이 좋습니다.

> **ex** IH 답변: From my experience, I studied overseas.
>
> AL 답변: From my experience, I studied in Japan as an exchange student last year.

**제니쌤 Tip**

AL 이상이 목표라면, 이 책의 모의고사 답안에 있는 만능문장 변형 팁과 다소 높은 수준의 모범 답안만 잘 따라 해도 완성도 있고 구체적인 답변을 할 수 있습니다. 모범 답안은 최대한 쉬운 문장으로 구성되어 있지만 AH(만점)을 받는 데 부족함이 없을 만큼 구체화되어 있는 답변입니다. 기본서보다는 답변 수준이 다소 어려울 수는 있지만, 차근차근 학습해 보면 좋겠습니다.

# ● PART 5 핵심 이론

## ▎전체 템플릿

| | | |
|---|---|---|
| 서론 | 1) 동의/비동의 | I agree/disagree with the statement.<br>저는 그 진술에 동의합니다/동의하지 않습니다. |
| | 2) 장점/단점 | There are some advantages/disadvantages of 명사.<br>명사의 장점/단점이 몇 가지 있습니다. |
| | 3) 옵션 선택 | I think [명사] is the most important.<br>저는 [명사]가 가장 중요하다고 생각합니다. |
| | 4) Do you think 주어 + 동사? | I think/don't think that 주어+동사.<br>저는 주어+동사라고 생각합니다/생각하지 않습니다. |
| | 5) 선호도 | I prefer A to B. / I prefer A rather than B.<br>저는 B보다 A를 더 선호합니다. |
| | → 서론은 문제에 맞게 결론부터 말합니다. | |
| 연결<br>문장 | Let me explain why I think this way. 제가 왜 이렇게 생각하는지 설명하겠습니다.<br>→ 서론과 이유 1을 자연스럽게 이어 주며, 연결 문장을 말하면서 생각할 시간을 벌 수 있습니다. | |
| 이유 1 | Most of all, 주어 + 동사 (if/when ~). 무엇보다도, ~입니다 (문제대로 한다면/할 때).<br>→ 첫 번째 이유는 만능문장을 이용해서 말하되, 문제에 맞게 적절하게 변형해서 사용합니다. | |
| 예시 1 | From my experience, 주어 + 동사. 제 경험에 따르면, ~입니다.<br>→ '문제에 나온 것을 해 본 경험이 있는데, 도움이 되었다' 혹은 '도움이 되지 않았다' 등의 내용을 구성합니다. | |
| 이유 2 | On top of that, 주어 + 동사 (if/when ~). 게다가, ~입니다 (문제대로 한다면/할 때).<br>→ 두 번째 이유도 만능문장을 활용해서 만들어 봅니다. | |
| 예시 2 | According to a recent news report, the majority of 사람들 in Korea said that 주어 + 동사 (if/when ~).<br>최근 뉴스 보도에 따르면, 한국 사람들 대다수가 ~라고 말했습니다 (문제대로 한다면/할 때).<br>→ '뉴스 보도에 따르면 많은 사람들이 내가 주장하는 바라고 말했다'고 언급합니다. | |
| 결론 | Therefore, 서론 문장 반복. | |

## 템플릿에 맞게 답변하기  🔊 MP3 P5_01

**Question 11 of 11**

Q. Some people say having a job that you like is more likely to earn you more money.
Do you agree or disagree with this opinion? Why or why not?
Give specific reasons and details to support your opinions.

어떤 사람들은 좋아하는 직업을 갖는 것이 더 많은 돈을 벌 가능성이 있다고 말합니다.
당신은 이 의견에 동의하시나요, 동의하지 않으시나요? 그 이유는 무엇인가요?
구체적인 이유와 예시를 들어서 의견을 뒷받침하세요.

| | |
|---|---|
| 서론 | **I agree with the statement.**<br>저는 그 진술에 동의합니다. |

→ 이 문제는 동의/비동의 유형이므로, 동의 여부를 밝히며 서론을 구성합니다.

| | |
|---|---|
| 연결 문장 | **Let me explain why I think this way.**<br>제가 왜 이렇게 생각하는지 말씀드리겠습니다. |

| | |
|---|---|
| 이유 1 | Most of all, **people can work more efficiently and productively**<br>　　　　　　　　파트5 만능문장 44 변형<br>**if they have a job that they like.**<br>　　　　고득점 요소<br>무엇보다도, 사람들은 그들이 좋아하는 일을 하면 더 효율적이고 생산적으로 일할 수 있습니다. |

→ 'Most of all(무엇보다도)' 뒤에 파트5 만능문장 중 적합한 것을 문제에 맞게 변형하여 답변합니다.

## ★ 만능문장을 문제에 맞게 바꾸기

> **파트5 | 만능문장 44**  Employees can work more efficiently and productively.
> 직원들은 더 효율적이고 생산적으로 일할 수 있다.
>
> → People can work more efficiently and productively.
> 사람들은 더 효율적이고 생산적으로 일할 수 있다.

1) 만능문장의 주어는 직원들(employees)이지만, 이 문제는 특정 회사의 직원들을 지칭하는 상황이 아니므로, 일반적인 대상인 'people'로 바꾸어 표현하는 것이 적절합니다.

2) 이렇게 만든 이유 문장 뒤에 if 절을 활용해 '문제에서 말한 대로 한다면'이라는 조건을 덧붙이면, 문제와의 연결성이 높아져 고득점으로 이어질 수 있습니다.
  문제에 제시된 'Some people say having a job that you like is more likely to earn you more money.'를 참고하여, 다음과 같은 조건을 덧붙일 수 있습니다.

  → Most of all, people can work more efficiently and productively + <u>if they have a job that they like</u>.
  무엇보다도, 사람들은 더 효율적이고 생산적으로 일할 수 있습니다 + <u>그들이 좋아하는 일을 한다면</u>.

| 예시 1 | From my experience, I used to work at a company. I really liked the job.<br>For me, it was very helpful because I was able to work more efficiently and productively.<br>제 경험에 비추어 볼 때, 저는 한 회사에서 일한 적이 있습니다. 저는 그 일이 정말 좋았습니다.<br>저에게는 그것이 매우 도움이 되었는데 왜냐하면 저는 더 효율적이고 생산적으로 일할 수 있었기 때문입니다. |
|---|---|

→ 예시 1은 'From my experience(내 경험에 따르면)'를 사용해서 이유 1에 어울리는 경험 문장을 말하면 됩니다.
  이 문제는 비즈니스에 관련된 내용이므로 'I used to work at a company.'라고 경험을 표현할 수 있고, 나아가 '그 일이 정말 좋았다(I really liked the job.)'고 덧붙일 수 있습니다.

 **제니쌤** Tip  경험 말하기

- **비즈니스 경험:** I used to work at a company.  나는 회사에서 일했었다.
- **고등학생:** When I was a high school student  내가 고등학생일 때
- **대학생:** When I was a college student  내가 대학생일 때
- **유년기:** When I was a kid/child  내가 어렸을 때

→ 그리고 나에게 그 경험이 어땠는지와(For me, it was very helpful) 그 이유(because ~)를 말합니다. 'because' 다음에 들어갈 말은 '이유 1'에 언급한 문장을 따 와서 내 이야기로 바꿔 말하면 됩니다. 주어를 일반적인 사람들(people)이 아닌 나(I)로, 시제를 과거형으로 바꾸면 내 이야기가 됩니다.

**제니쌤 Tip**

'I was able to work'를 'I worked'로 표현해도 무관하며, 마무리로 'I was able to earn more money.'를 추가하면 더욱 완벽한 답변이 됩니다.

> **ex** For me, it was very helpful because I worked more efficiently and productively and I was able to earn more money.

| | |
|---|---|
| 이유 2 | On top of that, people can be more satisfied with their jobs (and earn more money)<br>파트5 만능문장 45 변형<br>**if they have a job that they like.**<br>고득점 요소<br>게다가, 사람들은 좋아하는 일을 하면 본인의 직장에 더 만족할 수 있고 더 많은 돈을 벌 수 있습니다. |

→ 'On top of that(게다가)' 뒤에 파트5 만능문장 중 적합한 것을 문제에 맞게 변형하여 답변합니다.

## ★ 만능문장으로 이유 문장 만들기

| | |
|---|---|
| 파트5 \| 만능문장 45 | **Employees can be more satisfied with their jobs.**<br>직원들은 그들의 직장에 더 만족할 수 있다.<br>→ **People can be more satisfied with their jobs.**<br>사람들은 그들의 직장에 더 만족할 수 있다. |

1) 문제에 맞게 만능문장의 주어(employees)를 일반적인 대상인 'people'로 바꾸어 표현합니다.

2) 문제가 '좋아하는 일을 하면 돈을 더 많이 버는 것에 동의하는가'에 대한 내용이므로 'and earn more money'를 붙여 답변을 구체화하면 더 좋습니다.

3) 이유 문장 뒤에 if 절을 활용해 '문제에서 말한 대로 한다면'이라는 조건을 덧붙이면 고득점 답변이 됩니다.

→ People can be more satisfied with their jobs (and earn more money) + <u>if they have a job that they like.</u>
  사람들은 그들의 직장에 더 만족할 수 있(고 돈을 더 벌 수 있)습니다 + <u>그들이 좋아하는 일을 한다면</u>.

| 예시 2 | According to a recent news report, the majority of office workers in Korea said that having a job that they like is more likely to earn you more money because people can be more satisfied with their jobs (if they have a job that they like). |
|---|---|
| | 최근 뉴스 보도에 따르면, 한국 직장인들 대다수가 좋아하는 직업을 갖는 것이 더 많은 돈을 벌 가능성이 있다고 말했습니다. 왜냐하면 사람들은 그들의 직장에 더 만족할 수 있기 때문입니다 (본인이 좋아하는 직업을 가지면). |

→ '예시 2'는 '최근 뉴스 보도에 따르면, 한국 사람들 대다수가 ~라고 말했다'라는 내용으로 '이유 2'를 뒷받침하면 됩니다.

→ 보도 자료의 화자는 문제에 적합한 것으로 선택합니다. 이 문제는 직업에 관한 내용이므로 보도 자료의 화자를 '직장인(office workers)'으로 잡을 수 있습니다.

### 제니쌤 Tip 뉴스 보도의 화자 표현

| | | |
|---|---|---|
| 전문가 | successful CEOs | 성공한 CEO들 |
| | education experts | 교육 전문가들 |
| | environment experts | 환경 전문가들 |
| | doctors | 의사들 |
| 일반인 | people | 일반 사람들 |
| | office workers | 직장인들 |
| | college students | 대학생들 |
| | high school students | 고등학생들 |
| | elementary school students | 초등학생들 |
| | children | 아동들 |

## ★ 예시 2에서 사람들이 한 말 만드는 방법

**1) 주어(내가 주장하는 바) is very beneficial because 이유 2.**
주어는 매우 유익한데 왜냐하면 ~이기 때문입니다.

According to a recent news report, the majority of office workers in Korea said that having a job that
파트5 만능문장 45 변형
you like is very beneficial because they can be more satisfied with their jobs and earn more money.
'이유 2' 문장 활용

최근 뉴스 보도에 따르면, 한국 직장인 대다수는 자신이 좋아하는 직업을 갖는 것이 직장에 더 만족할 수 있고 더 많은 돈을 벌 수 있기 때문에 유익하다고 말했습니다.

① 주어: 문제의 'having a job that you like'를 베껴 말합니다. 여기서 말하는 사람들은 직장인들(office workers)이기 때문에 'having a job that they like'라고 해도 됩니다.

② 'because' 다음에 들어갈 말은 이유 2 문장을 활용합니다.


**2) 문제에 제시된 주장을 카피하기**

According to a recent news report, the majority of office workers in Korea said that having a job that you like is more likely to earn you more money because they can be more satisfied with their jobs.
문제 카피

최근 뉴스 보도에 따르면, 한국 직장인 대다수는 좋아하는 직업을 갖는 것이 더 많은 돈을 벌 가능성이 있다고 말했는데, 그들의 직장에 더 만족할 수 있기 때문입니다.

| 결론 | Therefore, I agree with the statement.<br>그러므로, 저는 그 진술에 동의합니다. |
|---|---|

→ 결론은 점수와 무관하므로 시간이 부족하면 생략할 수 있습니다. 결론을 말할 시간이 있다면, 'Therefore, + 서론 문장.'이나 'Therefore, I think this way. (그러므로 나는 이렇게 생각한다.)'로 말하면 됩니다.

## 다양한 답변 유형

### 1) 이유 2 생략　　🔊 MP3 P5_02

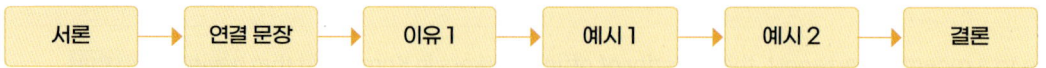

이유가 하나만 생각 났을 때, 두 번째 이유를 생략해도 됩니다. 'On top of that + 예시 2' 형태로 이유 2를 생략하고 답변합니다.

| 서론 | I agree with the statement. |
|---|---|
| 연결 문장 | Let me explain why I think this way. |
| 이유 1 | Most of all, people can work more efficiently and productively if they have a job that they like. |
| 예시 1 | From my experience, I used to work at a company. I really liked the job. For me, it was very helpful because I was able to work more efficiently and productively. |
| 예시 2 | On top of that, according to a recent news report, the majority of office workers in Korea said that having a job that you like is more likely to earn you more money because they can be more satisfied with their jobs. |
| 결론 | Therefore, I agree with the statement. (항상 생략 가능합니다.) |

### 2) 예시 2 생략　　🔊 MP3 P5_03

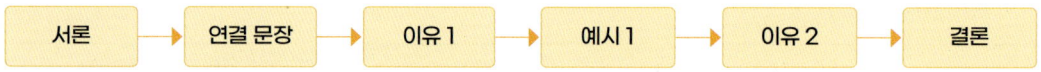

두 번째 예시인 보도 자료를 생략한 형태로 답변도 가능합니다.

| 서론 | I agree with the statement. |
|---|---|
| 연결 문장 | Let me explain why I think this way. |
| 이유 1 | Most of all, people can work more efficiently and productively if they have a job that they like. |
| 예시 1 | From my experience, I used to work at a company. I really liked the job. For me, it was very helpful because I was able to work more efficiently and productively. |
| 이유 2 | On top of that, people can be more satisfied with their jobs if they have a job they like and earn more money. |
| 결론 | Therefore, I agree with the statement. (항상 생략 가능합니다.) |

## 3) 이유2, 예시2 모두 생략   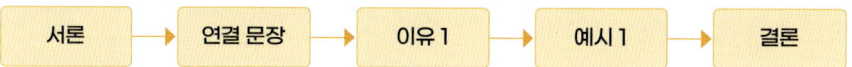 MP3 P5_04

서론 → 연결 문장 → 이유 1 → 예시 1 → 결론

예시 1이 길어져서 답변 시간이 부족한 경우, 혹은 과거 경험을 말하는 데 자신이 있는 경우에는 나머지 모두를 생략하고 하나의 이유와 예시만으로도 좋은 답변이 됩니다.

| | |
|---|---|
| 서론 | I agree with the statement. |
| 연결 문장 | Let me explain why I think this way. |
| 이유 1 | Most of all, people can work more efficiently and productively if they have a job that they like. |
| 예시 1 | From my experience, I used to work at a company. It was a marketing company. And, I really like marketing, so I loved the job. For me, it was very helpful because I was able to work more efficiently and productively. So, I was able to earn more money because I worked very efficiently. |
| 결론 | Therefore, I agree with the statement. (항상 생략 가능합니다.) |

CHAPTER

# 02.

MODEL ANSWERS
실전모의고사 모범 답안

시계토끼

만능문장으로 끝내는
**토익스피킹 실전모의고사 25회**
5일 완성

교재 mp3

21-25회
무료 해설 영상

1회~20회까지의 해설 강의, 비공개 모의고사 5회와 해설 영상, 제니쌤과의 1:1 질의응답 및
컨설팅은 rabbitjenny.com의 프리미엄 유료 강의에서 만나보실 수 있습니다.

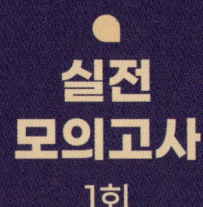

# 모범 답안

📖 문제집 pp. 4-8

## Questions 1-2: Read a Text Aloud

**Q1** 광고  🔊 MP3 AT01_01

Are you looking for the best sports equipment / in the city?↗ Look no further / than Boston City Sports.↘ We offer various sports equipment you need,→ / including basketballs,↗ baseball bats,↗ and protective gear.↘ You can enjoy the best prices and great customer service / from our friendly sales representatives.↘ Call us today / and get the best deal.↘

이 도시에서 가장 좋은 스포츠 장비를 찾고 있습니까? 보스턴 스포츠만 보시면 됩니다. 저희는 농구공, 야구 방망이 및 보호 장비와 같은 당신이 필요로 하는 다양한 스포츠 장비를 제공합니다. 당신은 최고의 가격과 친절한 세일즈 담당자들의 훌륭한 고객 서비스를 즐길 수 있습니다. 오늘 전화해서 최고의 대우를 받으세요.

 제니쌤의 발음과외

**1. 발음에 주의하며 천천히 연습해 보세요.**

| further /ˈfɜː.ðɚ/ | /r/ 소리는 입안에서 굴리듯 발음하기 | sales /seɪlz/ | /l/ 발음과 /z/ 발음을 분명하게 |
|---|---|---|---|
| friendly /ˈfrend.li/ | /fr/ 발음을 부드럽게 연결하기 | deal /diːl/ | /l/ 발음은 혀끝을 윗잇몸에 살짝 대기 |
| enjoy /ɪnˈdʒɔɪ/ | 첫 음절은 짧게, 두 번째 음절은 길게 | various /ˈver.i.əs/ | /v/와 /r/은 입술과 혀 움직임에 주의 |

**2. 강세를 정확하게 주세요.**

아래 단어들은 볼드체 부분에 강세를 주세요.

 equip**ment**, **serv**ice, repre**sent**atives, pro**tec**tive, **cus**tomer

**3. 억양과 강조가 필요한 부분은 확실하게 읽어주세요.**

- 가게 이름과 같은 고유 명사는 또렷하게 읽어야 청자에게 잘 들려요.
- 부정어(no)와 명령문의 동사(look)는 강하게 읽어야 의미가 확실히 전달돼요.
   **Look no** further than **Boston City Sports**.

## Q2 공지 사항

🔊 MP3 AT01_02

**Attention all** shoppers / visiting **Rogers Electronic Store**. ↘ To **celebrate** our store's **10th anniversary**, → / we are **offering** a **10% discount** / on **all products**. ↘ You can find a **great range** of **electronics**, such as **vacuum cleaners**, ↗ **microwaves**, ↗ and **refrigerators**, / at the **best price**. ↘ **Thank** you **all** for **shopping** / at our **store**, → / and I **hope** you will have a **great time** here. ↘

로저스 전자상가 방문객 여러분 주목해 주시길 바랍니다. 매장 오픈 10주년 기념으로 저희는 모든 제품에 대해 10% 할인을 제공하고 있습니다. 당신은 진공청소기, 전자레인지, 냉장고 등의 다양한 전자 제품을 가장 저렴한 가격에 찾을 수 있습니다. 저희 매장에서 쇼핑해 주셔서 감사드리며 즐거운 시간 보내시기 바랍니다.

### 🐬 제니쌤의 발음과외

**1. 발음에 주의하며 천천히 연습해 보세요.**

| | |
|---|---|
| **10th** /tenθ/ | /θ/ 소리는 혀끝을 살짝 내밀며 발음하기 |
| **vacuum** /ˈvæk.juːm/ | /k/ 소리가 /juːm/과 부드럽게 연결되게 |
| **refrigerators** /rɪˈfrɪ.dʒə.reɪ.tə-z/ | 음절이 긴 경우, 천천히 또박또박 읽기 |
| **Thank you** /θæŋk juː/ | /ŋk/와 /juː/를 부드럽게 연결하기 |
| **range** /reɪndʒ/ | 끝의 /ndʒ/를 부드럽게 |
| **relax** /rɪˈlæks/ | /r/과 /l/을 정확히 구분하기 |

**2. 강세를 정확하게 주세요.**

아래 단어들은 볼드체 부분에 강세를 주세요.

> **ex** at**ten**tion, **ce**lebrate, anni**ver**sary, **dis**count, **prod**ucts, elec**tron**ics, **mi**crowaves

**3. 억양과 강조가 필요한 부분은 확실하게 읽어주세요.**

- 고유 명사는 또렷하게 강조해서 읽어요.
  > **ex** This event is hosted by **Rogers Electronic Store**.
- 숫자 표현도 강하게 읽어야 잘 들려요.
  > **ex** To celebrate our store's **10th** anniversary, we are offering a **10%** discount on products.
- 'all'과 같이 의미를 강조하는 단어도 살짝 힘을 줘서 읽어주세요.
  > **ex** Thank you **all** for shopping at our store.

## Questions 3-4: Describe a Picture

**Q3** 서론 ≫ 전체 요약 ≫ 인물 묘사 ≫ 기타 사물 배경 (생략)   MP3 AT01_03

| 서론 | This is a picture taken indoors.<br>이것은 실내에서 찍힌 사진입니다. |
|---|---|
| 전체 요약 | The first thing I can see from this picture is three people.<br>이 사진에서 가장 먼저 볼 수 있는 것은 세 사람입니다. |
| 인물 묘사 | On the left side of the picture, there is a woman holding a passport.<br>She is smiling and looking at a man wearing glasses behind the counter.<br>On the right side of the picture, I can see another man touching his watch and looking at the woman.<br>All of them are wearing formal clothes.<br>사진의 왼쪽에는 여권을 들고 있는 여자가 있습니다.<br>그녀는 미소를 짓고 있고 카운터 너머의 안경을 쓴 남자를 쳐다보고 있습니다.<br>사진의 오른쪽에는 손목시계를 만지며 여자를 바라보고 있는 또 다른 남자를 볼 수 있습니다.<br>모든 사람들은 정장을 입고 있습니다. |

**VOCA**  passport 여권   behind the counter 카운터 너머의   formal clothes 정장

### 제니쌤의 적중노트

**사람이 여럿 나올 땐 이렇게 표현해요!**

한 사람씩 설명하기보다는 여러 명을 묶어서 표현하면 시간도 절약할 수 있고, 유창하게 들려요.

| one of them 그들 중 한 명 | some of them 그들 중 일부 |
|---|---|
| most of them 그들 중 대부분 | all of them 모든 사람들 |

**ex** Most of them are sitting at a table.
　　Some of them are looking at the same direction.

**Q4**  서론 » 전체 요약 » 인물 묘사 » 기타 사물 배경 (생략)   🔊 MP3 AT01_04

| 서론 | This is a picture taken indoors.<br>이것은 실내에서 찍힌 사진입니다. |
|---|---|
| 전체 요약 | The first thing I can see from this picture is some people walking on the stairs.<br>이 사진에서 가장 먼저 볼 수 있는 것은 계단을 걷고 있는 몇몇 사람들입니다. |
| 인물 묘사 | All of them are wearing formal clothes.<br>In the middle of the picture, there is a man pointing at something.<br>He is wearing a gray suit.<br>Next to him, a woman who has a ponytail is looking at the man.<br>Apart from them, I can see three other people on the stairs.<br>모든 사람들은 정장을 입고 있습니다.<br>사진의 중심에는 무언가를 가리키는 남자가 있습니다.<br>그는 회색 정장을 입고 있습니다.<br>그의 옆에는 머리를 묶은 여자가 그 남자를 쳐다보고 있습니다.<br>그들 외에 계단에 있는 다른 세 사람이 보입니다. |

**VOCA**  walk on the stairs 계단을 걷다   point at ~를 (손가락으로) 가리키다   suit 정장   ponytail 묶은 머리
apart from ~외에도, ~를 제외하고

### 🎯 제니쌤의 적중노트

**머리 스타일을 묘사할 때는 진행형(have + ~ing)이 아니라 현재형(have / has)을 써요.**

'have'가 소유의 의미일 땐 진행형을 쓸 수 없기 때문에, 관계대명사 'who'를 활용하여 묘사하면 자연스러워요.

**ex** There is a woman who has blond hair.   금발 머리를 한 여자가 있다.

**일부 무리를 설명한 다음, '그들을 제외한 다른 사람들'을 말하고 싶을 땐 'apart from them'을 써요.**

한 그룹을 묘사한 후, 자연스럽게 다른 사람들을 언급할 때 매우 유용한 표현입니다.

**ex** Apart from them, others are standing near the counter.   그들 외에는, 계산대 근처에 다른 사람들이 서 있다.

##  Questions 5-7: Respond to Questions

Imagine that a marketing company is doing research in your country.
You have agreed to participate in a telephone interview about video clips.

마케팅 회사가 당신의 나라에서 조사를 하고 있다고 상상해 보세요.
당신은 동영상에 대한 전화 인터뷰에 참여하기로 동의했습니다.

### Q5
🔊 MP3  AT01_05

**Q** When was the last time you watched video clips online? Where were you?

마지막으로 동영상을 온라인으로 시청한 것이 언제였나요? 당신은 어디에 있었나요?

**A** The last time I watched video clips online was two weeks ago.
I was on the subway.

제가 마지막으로 온라인에서 동영상을 시청한 것은 2주 전이었습니다.
저는 지하철에 있었습니다.

 제니쌤의 떠먹여주는 만능문장

**의문사 만능패턴 When**

When was the last time you [과거 동사] ~? 마지막으로 언제 ~했나요?
The last time I [과거 동사] was two weeks ago / yesterday / last year. 저는 마지막으로 ~한 게 2주 전 / 어제 / 작년입니다.

→ The last time I watched video clips online was two weeks ago.
  제가 마지막으로 온라인에서 동영상을 시청한 것은 2주 전이었습니다.

'watch video clips online'라는 표현을 넣고, 만능패턴에서 제시한 시간 표현 중 'two weeks ago'를 골라서 완성한 문장이에요.
위 문제에서는 'two weeks ago(2주 전) / yesterday(어제)'와 같은 시간 표현이 가장 적절합니다.

### 의문사 만능패턴 Where

**Where were you?** 당신은 어디에 있었나요?
**at home** 집에서 / **at school** 학교에서 / **on the subway** 지하철에서
→ **I was on the subway.** 저는 지하철에 있었습니다.

'어디에 있었는지'를 말할 때, 만능패턴에서 제시한 장소 표현 중 'on the subway'(지하철에서)를 골라 그대로 활용했어요.

---

**Q6**  🔊 MP3 AT01_06

**Q** Would you consider paying for an online video platform that doesn't show any advertisements? Why or why not?

광고가 나오지 않는 온라인 비디오 플랫폼에 대한 비용을 지불하는 것을 고려해 보시겠어요? 그 이유는 무엇인가요?

**A** I would consider paying for an online platform that doesn't show any advertisements because I don't want to waste too much time watching them.

저는 광고를 보는 데 너무 많은 시간을 낭비하고 싶지 않기 때문에 광고가 나오지 않는 온라인 플랫폼에 돈을 지불하는 것을 고려할 것입니다.

✏️ 제니쌤의 떠먹여주는 만능문장

**파트3 | 만능문장 22**

**I don't want to waste too much time on that.** 저는 그것에 너무 많은 시간을 낭비하고 싶지 않습니다.
→ **I don't want to waste too much time watching them.** 저는 그것(광고)을 보는 데 너무 많은 시간을 낭비하고 싶지 않습니다.

'waste time -ing'은 '~하느라 시간을 낭비하다'라는 뜻이에요. 좀 더 구체적으로 '광고 보는 데 너무 많은 시간을 낭비하고 싶지 않다'고 말하고 싶으면 'waste too much time watching them'으로 표현을 바꿔서 말할 수 있어요.

**Q7**  🔊 MP3 AT01_07

**Q** Which of the following video clips would capture your attention the most? Why?
- Video clips about learning English
- Video clips focused on entertainment
- Video clips discussing finance-related topics

다음 동영상 중 가장 관심을 끄는 것은 무엇인가요? 왜 그러한가요?
- 영어 학습에 관한 동영상
- 엔터테인먼트(예능)에 초점을 맞춘 동영상
- 금융 관련 주제를 다루는 동영상

**A** I think video clips focused on entertainment would capture my attention the most.
First, it would relieve my stress. I can relax when I watch video clips focused on entertainment.
Also, they would make me laugh and have a great experience.
So, I like fun video clips like this very much.

저는 엔터테인먼트에 초점을 맞춘 동영상이 가장 제 관심을 끌 것이라고 생각합니다.
첫째로, 스트레스가 해소될 것입니다. 저는 예능에 초점을 맞춘 동영상을 볼 때 편안함을 느낄 수 있습니다.
또한, 그 동영상들은 저를 웃게 만들고 저는 멋진 경험을 할 것입니다.
그래서 저는 이런 재미있는 동영상을 매우 좋아합니다.

 🎤 제니쌤의 떠먹여주는 만능문장

### 파트5 | 만능문장 52

**It relieves their stress and they can relax.** 그것은 그들의 스트레스를 풀어주어 그들은 편안하게 쉴 수 있습니다.
→ It would relieve my stress. I can relax when I watch video clips focused on entertainment.
그것은 저의 스트레스를 풀어줄 것입니다. 저는 예능에 초점을 맞춘 동영상을 볼 때 편안함을 느낄 수 있습니다.

- 문제에 'would'가 나왔기 때문에, 답변에서도 같은 조동사를 써서 자연스럽게 맞춰줬어요.
- 'their stress'를 'my stress'로 바꿔서 나의 상황에 맞게 표현했어요.
- 'if / when'을 붙이면 이유가 구체화돼서 더 풍부한 답변이 돼요.

**파트3 | 만능문장 36**

**It makes me happy and I can have a great experience.**   그것은 저를 행복하게 해주고, 저는 좋은 경험을 할 수 있습니다.

→ **They would make me laugh and have a great experience.**   그것들(동영상)은 저를 웃게 만들고 저는 멋진 경험을 할 것입니다.

- 예능 동영상이니까 'happy(행복한)' 대신 'laugh(웃다)'로 더 적합한 표현을 사용했어요.
- 'video clips'는 복수니까 'They'를 사용했고, 문제에 나온 조동사에 맞춰 'would make'로 바꿨어요.
- 'It makes me laugh. (이것은 저를 웃게 만들어요.)' 같은 표현을 익혀 두면 좋아요.

### 🎯 제니쌤의 적중노트

#### will vs. would 차이점이 궁금해요!

'will'과 'would'는 모두 '~일 것이다'는 뜻이지만 뉘앙스가 달라요.

> **will:** 단순한 미래 느낌
> **would:** 감정이나 바람이 담긴 표현 (~할 텐데, ~했으면 좋겠는데)

'would'는 확정된 미래보다는 '내 생각에 ~할 것 같아 / 그럴 가능성이 있어 / 그럴 텐데'처럼 부드럽게 말할 때 사용돼요. 문제에 나온 표현에 따라 자연스럽게 맞춰 쓰면 돼요.

#### 부연 설명 쉽게 만들기: I like / love [명사] very much.

'I like video clips focused on entertainment very much.' 라고 말해도 좋지만, 'fun video clips like this (이런 재미있는 동영상들)'처럼 문제에 맞는 자연스러운 표현으로 바꾸면 답변이 더 풍부해져요.

→ **I like fun video clips like this very much.**

# Questions 8-10: Respond to Questions Using Information Provided

📖 문제집 p. 7

### 온라인 마케팅 컨퍼런스 일정표

서밋 컨벤션 센터
4월 4일 – 5일

**4월 4일**

| | | |
|---|---|---|
| 오전 10:00 – 11:00 | 워크숍: 온라인 입지 구축 | 이자벨라 스미스 |
| 오전 11:00 – 정오 | 강연: 온라인 데이터 보호 | 킴 존슨 |
| 정오 – 오후 1:00 | 프레젠테이션: 마케팅을 위한 소셜 미디어 활용 | 에밀리 폰드 |

**4월 5일**

| | | |
|---|---|---|
| 오전 11:00 – 정오 | 시연: 마케터를 위한 온라인 미디어 실전 활용 | 조 뮤라트 |
| 정오 – 오후 1:00 | 강연: 온라인 고객 서비스 제공 | 크리스 개리슨 |
| 오후 1:00 – 2:00 | 프레젠테이션: 소규모 사업자를 위한 온라인 마케팅 | 저스틴 브라운 |

- 조기 등록: 하루에 15달러 (4월 1일 이전)
- 등록: 하루에 30달러 (현장 등록)

**VOCA** early registration 조기 등록

---

Hello, I'm deeply interested in the upcoming online marketing conference, but I don't have enough information. Can you provide me with some details?

안녕하세요, 다가오는 온라인 마케팅 컨퍼런스에 관심이 많은데 정보가 부족합니다. 몇 가지 세부 사항을 알려 주실 수 있을까요?

---

**Q8**  🔊 MP3 AT01_08

**Q** Where and on what date will the online marketing conference take place?

온라인 마케팅 컨퍼런스는 언제 어디서 열리나요?

**A** It will be held at Summit Convention Center, and it will take place from April 4th to 5th.

서밋 컨벤션 센터에서 개최되며, 4월 4일부터 5일까지 진행됩니다.

### Q9

**Q** As far as I remember, the registration fee is 15 dollars per day if I sign up on-site. Is this correct?

제가 기억하는 바로는 현장 등록시 등록비는 하루에 15달러입니다. 맞을까요?

**A** No, if you sign up on-site, it's 30 dollars per day. If you sign up before April 1st, it's 15 dollars per day.

아니요, 현장에서 등록하면 등록비는 하루에 30달러입니다. 4월 1일 이전에 등록하면 등록비는 하루에 15달러입니다.

**VOCA** registration fee 등록비  sign up (= register) 등록하다  on-site 현장에서

### Q10

**Q** I am interested in attending lectures. Can you tell me all the details of the lectures in the schedule?

강의 참석에 관심이 있어요. 일정에 있는 강의의 모든 세부 사항을 알려주실 수 있나요?

**A** Yes. There are two lectures. First, on April 4th, from 11 a.m. to noon, there is a lecture on Online Data Protection by Kim Johnson. Next, on April 5th, from noon to 1 p.m., there is a lecture on Providing Customer Service Online by Chris Garrison.

네. 두 개의 강의가 있습니다. 먼저, 4월 4일 오전 11시부터 정오까지 킴 존슨의 온라인 데이터 보호에 대한 강의가 있습니다. 다음으로, 4월 5일 정오부터 오후 1시까지 크리스 개리슨의 온라인 고객 서비스 제공에 대한 강의가 있습니다.

### 제니쌤의 적중노트

**Q8** 행사가 하루만 열리는 게 아니라 며칠 동안 진행된다면, 'It will be held from 시작일 to 종료일.'로 표현합니다.

**Q9** '$30/day'는 'thirty dollars per day'라고 읽습니다. 'per class(수업 당) / per person(한 사람당)'도 함께 알아두면 좋습니다.

**Q10** 10번 문제는 '지문에 있는 특정 키워드와 관련된 정보를 읽어달라'는 식으로 자주 출제돼요. 예를 들어 'lecture'가 반복되면, 그 단어가 나오는 부분을 잘 찾아서 문장으로 자연스럽게 읽어주는 것이 포인트입니다.

# Question 11: Express an Opinion

**Q11**  🔊 MP3 AT01_11

Which of the following skills do you think are most important for children to learn from their parents?
- Money management skills
- Polite manners
- Developing good habits

Use specific reasons and examples to support your opinion.

다음 중 자녀가 그들의 부모로부터 배워야 할 가장 중요한 기술은 무엇이라고 생각하시나요?
- 돈 관리 기술
- 예의 바른 매너
- 좋은 습관 기르기

구체적인 이유와 예시를 들어서 의견을 뒷받침하세요.

## 💡 아이디어 만들기

부모들은 돈 관리 기술을 자녀들에게 가르쳐 줘야 합니다.
1. 아이들은 돈 관리 기술이 있다면 예산이 부족할 때 돈을 절약할 수 있습니다.
2. 요즘은 돈이 중요하고 사람들은 많은 어려움에 처하기도 하는데, 돈 관리 기술이 있다면 다양한 상황에 잘 대처할 수 있습니다.

## ✏️ 만능문장 활용하기

**파트5 | 만능문장 10**  They can save money.  그들은 돈을 절약 / 저축할 수 있습니다.

**파트3 | 만능문장 16**  I'm a student, so my budget is tight.  저는 학생이라 예산이 빠듯합니다.

**파트5 | 만능문장 41**  They face a lot of challenges and difficulties.  그들은 많은 도전과 어려움에 직면합니다.

**파트5 | 만능문장 42**  He is able to handle a variety of situations due to his [명사].
그는 그의 [명사] 덕분에 다양한 상황에 대처할 수 있습니다.

## 🏆 모범 답안

| | |
|---|---|
| 서론 | **I think money management skills are the most important for children to learn from their parents.**<br>돈 관리 기술은 아이들이 부모에게 배워야 할 가장 중요한 부분이라고 생각합니다. |
| 연결 문장 | **Let me explain why I think this way.**<br>제가 왜 이렇게 생각하는지 설명하겠습니다. |
| 이유 1 | **Most of all, if children learn money management skills from their parents, they can save money even when their budgets are tight.**<br>무엇보다도, 자녀가 부모에게 돈 관리 기술을 배우면, 예산이 빠듯한 경우에도 돈을 절약할 수 있습니다.<br><br>🔑 **제니쌤의 떠먹여주는 만능문장**<br><br>파트5 \| 만능문장 10    They can save money.   그들은 돈을 절약 / 저축할 수 있습니다.<br><br>파트3 \| 만능문장 16    I'm a student, so my budget is tight.   저는 학생이라 예산이 빠듯합니다.<br><br>→ If children learn money management skills from their parents, they can save money even when their budgets are tight.<br>   자녀가 부모에게 돈 관리 기술을 배우면, 예산이 빠듯한 경우에도 돈을 절약할 수 있습니다.<br><br>• 두 개의 만능문장을 섞고, 문제에 나온 'if'를 활용해서 연결했어요.<br>• 'even when(심지어 ~일 때)'을 쓰면, 상황을 더 강조할 수 있습니다. |
| 예시 1 | **From my experience, when I was a child, my mother taught me money management skills. For me, it was very helpful because I learned how to save money when my budget was tight.**<br>제 경험을 말씀드리자면, 제가 어렸을 때 저희 어머니는 저에게 돈 관리 기술을 가르쳐 주셨습니다. 예산이 빠듯할 때 돈을 절약하는 방법을 배웠기 때문에 저에게는 큰 도움이 되었습니다.<br><br>**VOCA**   teach + 목적어(사람) + 목적어(사물 / 대상): 누구에게 ~을 가르치다<br>              learn how to + 동사: ~하는 법을 배우다 |

On top of that, money is very important these days. People will face many challenges and difficulties in life, and they will be able to handle a variety of situations if they have money management skills.

게다가, 요즘에는 돈이 매우 중요합니다. 사람들은 인생에서 많은 도전과 어려움에 직면하게 되는데, 돈 관리 기술이 있다면 다양한 상황에 대처할 수 있을 것입니다.

### 🎯 제니쌤의 적중노트

현실성 있는 답변 꿀팁! 'these days'를 활용해 보세요.

파트 5에서 자주 쓰이는 '주어 is important (~가 중요하다)'에 'these days(요즘에)'를 넣으면 더 현실적이고 구체적인 표현이 돼요.

→ Money is very important these days.

이유 2

 🖊️ 제니쌤의 떠먹여주는 만능문장

**파트5 | 만능문장 41**  They face a lot of challenges and difficulties.
그들은 많은 도전과 어려움에 직면합니다.

**파트5 | 만능문장 42**  He is able to handle a variety of situations due to his [명사].
그는 그의 [명사] 덕분에 다양한 상황에 대처할 수 있습니다.

→ People will face many challenges and difficulties in life, and they will be able to handle a variety of situations if they have money management skills.

사람들은 인생에서 많은 도전과 어려움에 직면하게 되는데, 돈 관리 기술이 있다면 다양한 상황에 대처할 수 있을 것입니다.

위의 두 만능문장을 활용해서 문장을 만들어 봅시다. 아래 포인트들을 적용해 내용이 더 자연스럽고 설득력 있게 확장될 수 있습니다.

- **People**: 특정 인물이 정해져 있지 않을 때는 일반적인 사람들을 주어로 사용하면 자연스러워요.
- **in life**: '인생에서'라는 표현을 덧붙이면 문장의 범위와 의미가 더 풍부해져요.
- **if they have ~**: 문제에서 제시된 표현을 'if' 구문으로 활용하면, 문장 간의 연결성이 높아지고 논리적 흐름도 좋아져요.

| | |
|---|---|
| 예시 2 | **According to a recent news report, the majority of education experts in Korea said that children should learn money management skills from their parents because such skills are very important.**<br>최근 뉴스 보도에 따르면, 한국의 교육 전문가 대다수는 돈 관리 기술이 매우 중요하기 때문에 자녀가 부모로부터 돈 관리 기술을 배워야 한다고 말했습니다.<br><br>◎ **제니쌤의 적중노트**<br>**교육 관련 표현**<br>교육과 관련된 이야기를 할 때 'education expert(교육 전문가)'라고 언급하면 구체적인 답변이 돼요.<br><br>**중요성 표현: should(~해야 한다)**<br>**ex** Children should learn money management skills from their parents because such skills are very important.<br>→ 중요성을 표현할 때 'should(~해야 한다)'를 사용하면 더 명확하고 설득력 있는 답변이 돼요.<br>→ 앞에서 쓴 표현을 반복하지 않기 위해 'such skills'로 바꿔 말하는 것도 좋은 방법이에요. |
| 결론 | **Therefore, I think money management skills are the most important skills for children to learn from their parents.**<br>따라서 돈 관리 기술은 자녀가 부모로부터 배우는 가장 중요한 기술이라고 생각합니다. |

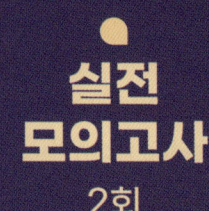

# 모범 답안

📖 문제집 pp. 9-13

## 📍 Questions 1-2: Read a Text Aloud

**Q1** 자동 응답 메시지　🔊 MP3  AT02_01

You have reached Best Autos. ↘ I'm sorry to tell you / that all our customer representatives / are currently answering other calls. ↘ If you want to learn about our daily business hours, → / please press one. ↘ For information on our location, → / please press two. ↘ If you require assistance / with other car-related services, → / please stay on the line to speak with our representatives. ↘

베스트 오토입니다. 죄송합니다만, 현재 모든 고객 담당자가 다른 전화를 받고 있습니다. 영업시간이 궁금하시다면 1번을 눌러주세요. 저희 위치에 대한 정보를 원하시면 2번을 눌러주세요. 기타 다른 자동차 관련 서비스에 대한 도움이 필요하시다면 전화를 끊지 마시고 담당자와 통화하시기 바랍니다.

✈ 제니쌤의 발음과외

**1. 발음에 주의하며 천천히 연습해 보세요.**

| | |
|---|---|
| auto /ˈɑː.toʊ/ | 첫 음절 /ɑː/를 강하고 길게 |
| representatives /ˌrep.rɪˈzen.tə.tɪvz/ | 'sen' 부분을 /zen/으로 발음하기 |
| learn /lɜːn/ | /r/ 소리는 입안에서 굴리듯 발음하기 |
| business /ˈbɪz.nəs/ | /z/ 발음에 주의 |
| hours /aʊɚz/ | 'h' 소리를 발음하지 않는 점에 주의 |
| please press one /pliːz pres wʌn/ | 'press'의 /s/를 /z/처럼 흘리지 않도록 주의 |
| require /rɪˈkwaɪɚ/ | /kw/와 /r/ 발음을 구분해서 또렷하게 발음하기 |
| car-related /ˈkɑːr rɪˌleɪ.tɪd/ | /r/ 소리가 반복되므로 자연스럽게 연결해서 발음하기 |

**2. 강세를 정확하게 주세요.**

아래 단어들은 볼드체 부분에 강세를 주세요.

　ex　as**sis**tance, **cu**rrently, infor**ma**tion

### 3. 억양과 강조가 필요한 부분은 조금 더 힘을 줘서 말해 보세요.

- 고유 명사: 브랜드나 가게 이름처럼 고유 명사는 또렷하게 발음합니다.
  **ex** You have reached **Best Autos**.
- 'please'처럼 의미를 강조하는 단어는 강조해서 읽어주세요.
- 자동 응답 메시지에서는 숫자가 중요한 정보이므로, 숫자를 강조해서 읽어주세요.
  **ex** **Please** press **one**.

### 4. 끊어 읽는 위치를 기억하세요.

- that절 앞에서 살짝 쉬어주세요.
- 주어가 길어질 땐 동사 앞에서 끊어 읽는 게 좋아요.
  **ex** I'm sorry to tell you / that all our customer representatives / are currently answering other calls.

---

**Q2 뉴스**  🔊 MP3 AT02_02

Now for today's traffic update. ↘ We are seeing the evening rush hour / kicking in around 7 p.m., → / since there has been repaving of several roads / in this area. ↘ Cooper Street, ↗ Maple Avenue, ↗ and Pearl Street → / are temporarily closed / because of the current construction. ↘ We advise using alternatives / like Central Street / to avoid congestion. ↘

오늘의 교통 정보입니다. 이 지역에서 여러 도로를 재포장하는 공사가 진행되어 저녁 7시경부터 러시아워가 시작될 것으로 예상됩니다. 쿠퍼 스트리트, 메이플 애비뉴, 펄 스트리트는 현재 공사로 인해 일시적으로 폐쇄되었습니다. 혼잡을 피하시려면 센트럴 스트리트와 같은 우회 도로를 이용하는 것이 좋습니다.

---

🐬 **제니쌤의 발음과외**

### 1. 발음에 주의하며 천천히 연습해 보세요.

| | |
|---|---|
| **traffic** /ˈtræ.fɪk/ | /t/와 /r/ 소리가 만났을 때는 'ch'처럼 발음하기 |
| **around** /əˈraʊnd/ | /r/ 소리는 입안에서 굴리듯 발음하기 |
| **several** /ˈsev.rəl/ | /v/와 /r/ 소리에 주의 |
| **roads** /roʊdz/ | 끝의 /dz/ 소리를 또렷하게 |
| **construction** /kənˈstrʌk.ʃən/ | /t/와 /r/ 소리가 만났을 때는 'ch'처럼 발음하기 |
| **advise** /ədˈvaɪz/ | 끝의 /z/ 소리에 주의 |
| **Avenue** /ˈæv.ə.njuː/ | /æ/는 '애아'를 빨리 말하듯이 발음하기 |
| **rush hour** /rʌʃ ˈaʊ.ɚ/ | 'hour'의 'h'는 소리 나지 않는 점에 주의 |

## 2. 강세를 정확하게 주세요.

아래 단어들은 볼드체 부분에 강세를 주세요.

**ex** tempo**ra**rily, **cur**rent, al**ter**natives, con**ges**tion

## 3. 't+r' 조합은 'ch'에 가까운 소리로 발음됩니다.

'tr'은 혀의 움직임 때문에 자연스럽게 'ch'와 가까운 소리로 발음됩니다. 부드럽게 굴리듯이 발음해주시면 됩니다. 혀끝을 윗잇몸 쪽으로 살짝 말아주는 느낌으로 발음하면 더 원어민스럽게 들릴 수 있어요.

**ex** traffic, train, tree
→ /tr/ 발음을 굴리듯 부드럽게 발음해 보세요.

## 4. 고유 명사는 강조해서 읽어주세요.

장소 이름은 천천히 또박또박 읽어야 잘 들립니다.

**ex** **Cooper Street**, **Maple Avenue** and **Pearl Street**

## 5. 나열할 때 억양에 주의하세요.

'A,(↗) B,(↗) and C(↘)'처럼 읽지만, C에서 문장이 이어질 경우 억양을 내리지 말고 유지한 채 이어가야 해요.

**ex** **Cooper Street**,(↗) **Maple Avenue**,(↗) and **Pearl Street**(→) / are temporarily closed for construction.

## Questions 3-4: Describe a Picture

**Q3** 서론 » 전체 요약 » 인물 묘사 » 기타 사물 배경       🔊 MP3  AT02_03

| 서론 | This is a picture taken at a restaurant.<br>이것은 식당에서 찍힌 사진입니다. |
|---|---|
| 전체 요약 | The first thing I can see from this picture is four people picking up their food.<br>이 사진에서 가장 먼저 볼 수 있는 것은 음식을 집고 있는 네 사람입니다. |

| | |
|---|---|
| 인물 묘사 | **Two of them are adults and the rest of them are kids.**<br>**They are holding their plates and picking up their food.**<br>그들 중 두 명은 성인이고 나머지는 어린이입니다.<br>그들은 접시를 들고 음식을 집고 있습니다. |
| 기타<br>사물 배경 | **On the left side of the picture, I can see a table.**<br>**On the table, I can see a lot of food.**<br>사진 왼쪽에 테이블이 보입니다.<br>테이블 위에, 많은 음식들을 볼 수 있습니다. |

**VOCA**  pick up one's food 음식을 집다   adult 성인   plate 접시

### 🎯 제니쌤의 적중노트

**다수의 사람이 나오는 사진에서는 여러 사람을 묶어서 표현하는 것이 좋아요.**

사진 속 인물이 많을 때는 개별적으로 하나하나 설명하기보다는 묶어서 표현하면 훨씬 자연스럽습니다.

**ex**  One of them is talking on the phone.
　　　Two of them are looking at a menu.
　　　The rest of them are waiting in line.
　　　→ 이렇게 '수량 표현 + of them' 구조를 쓰면, 간단하면서도 정확하게 상황을 설명할 수 있어요.

**'food'는 각종 음식을 포괄하는 표현이에요.**

'food'는 불가산명사이기 때문에 'a food(X) / foods(X)'로 쓰지 않고 항상 단수 취급합니다.

**ex**  I can see a lot of food on the table.
　　　→ 음식이 많다고 말할 때도 'food'는 단수형이에요.

**Q4** 서론 » 전체 요약 » 인물 묘사 » 기타 사물 배경 (생략)      MP3 AT02_04

| 서론 | This is a picture taken outdoors.<br>이것은 실외에서 찍힌 사진입니다. |
|---|---|
| 전체 요약 | The first thing I can see from this picture is two people walking on the street.<br>이 사진에서 가장 먼저 볼 수 있는 것은 길을 걷고 있는 두 사람입니다. |
| 인물 묘사 | One of them is a man wearing a shirt. He is pushing a stroller.<br>The other is a woman. She has long hair and she is smiling.<br>Both of them are wearing glasses. Inside the stroller, I can see a baby.<br>그들 중 한 명은 셔츠를 입은 남자입니다. 그는 유모차를 밀고 있습니다.<br>나머지 (또 다른) 한 명은 여자입니다. 그녀는 긴 머리를 하고 웃고 있습니다.<br>두 사람 모두 안경을 쓰고 있습니다. 유모차 안에는 아기가 보입니다. |

**VOCA** walk on the street 길을 걷다   push a stroller 유모차를 밀다   glasses 안경   inside ~의 안에는   smile 미소 짓다

### 🎯 제니쌤의 적중노트

**2명이 있을 때는 'one of them'과 'the other'로 구분해서 묘사하세요.**

**ex** One of them is wearing a shirt, and the other is smiling.
  → 이렇게 표현하면 서로 다른 동작을 하고 있는 두 사람을 명확하게 설명할 수 있어요.

**2명의 공통점은 'both of them'을 사용해요.**
공통된 행동이나 특징을 한 문장으로 묶어서 설명하면 답변 시간을 절약할 수 있습니다.
**ex** Both of them are wearing glasses.

**'~의 내부에는'은 'inside + 명사'로 표현해요.**

**ex** Inside the stroller, I can see a baby.
  → 어느 공간 안에 있는 것을 설명할 때 매우 유용한 표현입니다.

##  Questions 5-7: Respond to Questions

Imagine that a lifestyle magazine is conducting research in your area.
You have agreed to participate in a telephone interview about text messages.

라이프스타일 매거진이 당신의 지역에서 리서치를 하고 있다고 상상해 보세요.
당신은 문자 메시지에 대한 전화 인터뷰에 참여하기로 동의했습니다.

---

**Q5**   MP3  AT02_05

**Q** What time of the day do you usually check your text messages?
Where do you do so?

보통 하루 중 언제 문자 메시지를 확인하나요? 어디에서 하나요?

**A** I check my text messages when I'm at home in the morning.
It's part of my daily routine.

저는 오전에 집에 있을 때 문자 메시지를 확인합니다. 그것은 제 일상의 일부입니다.

---

 제니쌤의 떠먹여주는 만능문장

### 의문사 만능패턴 Where

**Where do you do so?**  어디에서 하나요?
**at home**  집에서 / **at school**  학교에서 / **on the subway**  지하철에서
→ I check my text messages when I'm at home.  저는 집에 있을 때 문자 메시지를 확인합니다.

만능패턴에서 제시한 장소 표현 중 'at home(집에서)'을 골라 그대로 활용했어요.

### 의문사 만능패턴 When

**What time of the day do you usually ~?**  보통 하루 중 언제 ~하나요?
**in the morning**  오전에 / **in the evening**  저녁에
→ I check my text messages when I'm at home in the morning.  저는 오전에 집에 있을 때 문자 메시지를 확인합니다

'in the morning(오전에)'을 넣어 자연스럽게 하루 시간대를 언급해주는 문장입니다.

파트3 | 만능문장 43

**It's part of my routine.**  그것은 제 일상의 일부입니다.

부연 설명으로 활용할 수 있는 문장입니다.

알아 두면 좋은 문장

**It's less crowded in the morning.**  오전에는 덜 붐빕니다.

오전 시간을 선호하는 이유로 활용할 수 있어요.

---

**Q6**  🔊 MP3 AT02_06

 **Q** Do you prefer to send text messages or emails when you send business-related messages? Why?

업무 관련 메시지를 보낼 때 문자 메시지와 이메일 중 어느 쪽을 선호하시나요? 왜 그러한가요?

 **A** When I send business-related messages, I prefer to send emails because others can understand the message more accurately.

비즈니스 관련 메시지를 보낼 때, 저는 이메일을 선호합니다. 왜냐하면 다른 사람들이 메시지를 더 정확하게 이해할 수 있기 때문입니다.

---

 🖋 제니쌤의 떠먹여주는 만능문장

파트5 | 만능문장 33

**I can understand the feelings of the speaker more accurately.**  저는 화자의 감정을 더 정확하게 이해할 수 있습니다.
→ **Others can understand the message more accurately.**  다른 사람들이 메시지를 더 정확하게 이해할 수 있습니다.

- '이메일을 받는 사람들은 메시지를 더 정확하게 이해할 수 있다'는 답변의 의도에 맞게 주어로 'Others'를 사용했어요.
- 목적어 'the feelings of the speaker'를 'the message'로 바꿔서 질문에 알맞은 답변을 만들었어요.

**Q7**  🔊 MP3 AT02_07

**Q** Do you typically send text messages to individuals or groups of people? Why?

당신은 주로 개인적으로 문자를 보내시나요, 단체 문자를 보내시나요? 왜 그러한가요?

**A** I send text messages to groups of people because I can communicate and make good relationships with many people at the same time. Also, I can get and share more information in less time.

저는 많은 사람들과 동시에 소통하고 좋은 관계를 맺을 수 있기 때문에 단체로 문자를 보냅니다. 또한, 저는 짧은 시간 내에 더 많은 정보를 얻고 공유할 수 있습니다.

 제니쌤의 떠먹여주는 만능문장

### 파트5 | 만능문장 36

**They can be good team players and make good relationships with others.**
그들은 좋은 팀플레이어가 될 수 있고, 다른 사람들과 좋은 관계를 맺을 수 있습니다.

→ **I can communicate and make good relationships with many people at the same time.**
저는 많은 사람들과 동시에 소통하고 좋은 관계를 맺을 수 있습니다.

- 이 만능문장은 팀워크와 관련된 질문에서 유용하게 사용할 수 있어요.
- 'make good relationships'는 그대로 사용하고, 단체 문자라는 주제에 어울리도록 'with others'를 'with many people'로 표현을 바꿨어요.
- 'communicate'와 'at the same time'을 추가해 '동시에 소통하고 좋은 관계를 맺다'라는 구체적인 표현으로 확장했어요.

### 파트5 | 만능문장 23

**They can get information and share it with other people.** 그들은 정보를 얻고 다른 사람들과 공유할 수 있습니다.

→ **I can get and share more information in less time.** 저는 짧은 시간 내에 더 많은 정보를 얻고 공유할 수 있습니다.

- 주어를 'I'로 바꾸고,
- 정보량을 강조하기 위해 'more information'으로 바꿨으며,
- 중복을 피하기 위해 'get information'에서 'information'은 한 번만 사용했어요.
- 마지막에 'in less time'을 추가해 '짧은 시간 내에'라는 의미를 더할 수 있어요. 단체 문자나 빠른 소통이 필요한 상황에서 실전감 있게 사용할 수 있는 표현입니다.

**Questions 8-10:** Respond to Questions Using Information Provided  문제집 p. 12

### 리버사이드 시티 자전거 길

매일 오전 6시부터 오후 9시까지 자전거 이용객에게 개방합니다.

| 길 코스 | 난이도 | 길이 |
|---|---|---|
| 그린 리버 길 | 중급 | 5마일 |
| 보스턴 패스 길 | 초급 | 2.3마일 |
| 리버사이드 길 | 초급 | 3마일 |
| 네이처 루프 길 | 상급 | 7.8마일 |

- 거주자: 무료
- 비거주자: $3

Hello, I'm Sam Anderson. I'm interested in cycling on the Riverside City Bicycle Trail and would like to learn more about it. Can you answer some of my questions?

안녕하세요, 저는 샘 앤더슨입니다. 저는 리버사이드 시티 자전거 길에서 자전거를 타는 것에 관심이 있고 그것에 대해 더 알고 싶습니다. 제 질문에 답해주시겠어요?

 **Q8**  MP3 AT02_08

 **Q** What time does the trail open and close to cyclists every day?

자전거 길은 매일 몇 시에 자전거 이용자에게 개방 및 폐쇄되나요?

 **A** It is open every day from 6 a.m. to 9 p.m.

오전 6시부터 오후 9시까지 개방됩니다.

### Q9  🔊 MP3 AT02_09

**Q** I heard that the admission fee is free for everyone. Am I right?

입장료는 모든 방문객에게 무료라고 들었어요. 맞나요?

**A** No, I'm afraid that you have the wrong information. Actually, it's free for residents, and it's 3 dollars for non-residents.

아니요, 잘못된 정보를 가지고 계신 것 같습니다. 지역 주민은 무료이고, 주민이 아닌 방문객은 3달러입니다.

**VOCA** admission fee 입장료   resident 거주자   non-resident 비거주자

### Q10  🔊 MP3 AT02_10

**Q** I've just started to learn cycling. Can you recommend any bicycle trail courses for people like me?

저는 이제 막 자전거를 배우기 시작했어요. 저 같은 사람들을 위한 자전거 코스를 추천해주실 수 있나요?

**A** Yes, there are two easy trail courses. First, there is the Boston Trail. It's 2.3 miles long. Next, there is the Riverside Trail. It's 3 miles long.

네, 2개의 쉬운 코스가 있습니다. 먼저 보스턴 트레일이 있습니다. 길이는 2.3마일입니다. 다음은 리버사이드 트레일입니다. 길이는 3마일입니다.

---

🎯 **제니쌤의 적중노트**

**Q8** 운영 시간이나 개방 기간을 말할 때는 'It is open from 시작 시간 to 종료 시간.' 구조를 사용합니다.
  **ex** It is open from 9 a.m. to 6 p.m.

**Q9** 입장료나 비용을 말할 때는 주어로 'It'을 사용해서 표현할 수 있습니다.
  **ex** It's free for children.
     It's 3 dollars for adults.

상대방이 잘못된 정보를 가지고 있을 때는 'I'm afraid that you have the wrong information.'이라는 표현이 유용합니다.

Q10 수업이 초급, 중급, 고급 등으로 나뉘는 경우, 초보자나 특정 연령대에 맞는 수업을 묻는 문제가 종종 출제됩니다.

**ex** It's for beginners. 초급자를 위한 수업입니다.

길이를 말할 때는 'It's + 길이 + long.'으로 표현합니다.

**ex** It's 2.3 miles long.

소수점은 'point'로 읽습니다.

**ex** 2.3 miles → two point three miles

초보자, 중급자, 고급자라는 표현도 알아 두면 유용합니다.

**ex** It's for beginners. 초급자를 위한 수업입니다.
It's for intermediate students. 중급자를 위한 수업입니다.
It's for advanced students. 고급자를 위한 수업입니다.

## Question 11: Express an Opinion

**Q11**  🔊 MP3 AT02_11

If a school was considering taking students on a school trip, which location would be best for the students?
- A history museum
- A company tour
- An amusement park

Use specific reasons and examples to support your opinion.

학교에서 학생들을 수학여행에 데려가려고 한다면, 어떤 장소가 학생들에게 가장 좋을까요?
- 역사 박물관
- 회사 견학
- 놀이공원

구체적인 이유와 예시를 들어서 의견을 뒷받침하세요.

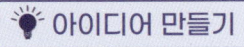 아이디어 만들기

놀이공원이 학생들의 수학여행에 가장 적합합니다.
1. 스트레스 해소에 도움이 되며 학생들이 휴식을 취할 수 있습니다.
2. 놀이공원은 학생들의 정신 건강에 좋습니다.

## 만능문장 활용하기

| 파트5 | 만능문장 52 | It relieves their stress and they can relax. 그것은 그들의 스트레스를 풀어주어 그들은 편안하게 쉴 수 있습니다.

| 파트5 | 만능문장 53 | It is good for their (physical / mental) health. 그것은 그들의 (신체적 / 정신적) 건강에 좋습니다.

## 모범 답안

| | |
|---|---|
| 서론 | If a school was considering taking students on a school trip, I think an amusement park would be best for the students.<br>학교에서 학생들을 수학여행에 데려가려고 한다면, 놀이공원이 학생들에게 가장 좋다고 생각합니다. |
| 연결 문장 | Let me explain why I think this way.<br>제가 왜 이렇게 생각하는지 설명하겠습니다. |
| 이유 1 | Most of all, it relieves stress and the students can relax when they go there.<br>무엇보다도, 그것은 스트레스를 풀어주어 학생들은 그곳에 가면 편안하게 쉴 수 있습니다.<br><br>🖊 제니쌤의 떠먹여주는 만능문장<br><br>파트5 \| 만능문장 52  It relieves their stress and they can relax.<br>그것은 그들의 스트레스를 풀어주어 그들은 편안하게 쉴 수 있습니다.<br><br>→ It relieves stress and the students can relax when they go there.<br>그것은 스트레스를 풀어주어 학생들은 그곳에 가면 편안하게 쉴 수 있습니다.<br><br>• 'there stress'에서 'their'는 생략해도 자연스럽습니다.<br>• 주어 'they'는 'the students'처럼 구체적인 단어로 표현하면 좋습니다.<br>• 문제에 주어진 'if' 조건을 문장에 반영하면 논리적인 답변이 되어 고득점에 유리합니다. 위 답변에서는 'when they go on a school trip to an amusement park'를 'when they go there'로 간단히 표현했어요. |

**예시 1**

**From my experience, I went on a school trip to an amusement park when I was a high school student. It was very helpful because I was able to get rid of my stress and relax while having a great time at the park.**

제 경험을 말씀드리자면, 저는 고등학생 때 놀이공원에 수학여행을 갔습니다. 공원에서 즐거운 시간을 보내면서 스트레스를 풀고 휴식을 취할 수 있어서 많은 도움이 되었습니다.

### 🎯 제니쌤의 적중노트

**can의 과거형 표현**

- 'can'의 과거형으로 보통 'was/were able to'를 사용합니다. 'was/were able to'는 한 번의 특정한 행동이 성공적으로 이루어진 경우에 주로 쓰입니다.

  **ex** I was able to finish the project on time.  저는 그 프로젝트를 제시간에 끝낼 수 있었습니다.

- 'could'도 과거 능력을 말할 때 쓰지만, 구체적인 한 번의 행동에는 잘 안 씁니다.

  **ex** I could run fast when I was young.  저는 어릴 때 빨리 달릴 수 있습니다.

  → 시제에 맞게 현재는 'can', 과거는 'was/were able to'로 정확히 구분하면 고득점에 유리합니다.

**while ~ing**

'~하는 동안'이라는 뜻으로, 구체적으로 상황을 설명할 때 자주 활용됩니다.

  **ex** I study English while taking the subway.  저는 지하철을 타는 동안 영어 공부를 합니다.

**have a great time**

'좋은 시간을 보내다'라는 뜻으로, 긍정적인 경험 설명에 유용합니다.

**VOCA**  get rid of stress 스트레스를 해소하다   go on a school trip 학교 소풍을 가다

---

**이유 2**

**On top of that, amusement parks are also good for students' mental health.**

게다가, 놀이공원은 학생들의 정신 건강에도 좋습니다.

 🖊 **제니쌤의 떠먹여주는 만능문장**

**파트5 | 만능문장 53**  It is good for their (physical / mental) health.
이것은 그들의 (신체적 / 정신적) 건강에 좋습니다.

→ Amusement parks are good for students' mental health.
놀이공원은 학생들의 (신체적 / 정신적) 건강에 좋습니다.

- 'It'이라는 모호한 주어 대신 'Amusement parks'처럼 구체적인 주어를 써서 문장이 더 명확해졌어요.
- 'their'를 'students'(학생들의)로 바꿔 문제 속 대상과 직접 연결했습니다.

| | |
|---|---|
| 예시 2 | **According to a recent news report, the majority of doctors in Korea said that mental health is very important for high school students.**<br>최근 뉴스 보도에 따르면, 한국의 의사 대다수는 고등학생에게 정신 건강이 매우 중요하다고 말했습니다.<br><br>◎ **제니쌤의 적중노트**<br><br>**건강 관련 표현**<br>건강과 관련된 보도 자료나 발표에서는 전문가를 'doctors(의사들)'로 설정하면 자연스럽습니다.<br>**ex** According to doctors, amusement parks are helpful for mental health.<br>의사들에 따르면, 놀이공원은 정신 건강에 도움이 된다고 합니다.<br><br>**전문가 인용 표현 만들기**<br>전문가 인용을 만들 때 '주어 is very important(~가 매우 중요하다)'를 활용하면 쉽고 설득력 있는 문장을 만들 수 있어요.<br>**ex** Mental health is very important for high school students.<br>정신 건강은 고등학생들에게 매우 중요합니다. |
| 결론 | **Therefore, I think that an amusement park would be best for students.**<br>그러므로, 저는 놀이공원이 학생들에게 가장 좋다고 생각합니다. |

# 모범 답안

📖 문제집 pp. 14-18

## 🔵 Questions 1-2: Read a Text Aloud

**Q1** 프로그램 소개  🔊 MP3 AT03_01

Welcome to this self-help course / where you can get some help managing your time / and leading yourself to success. ↘ Over the course of this lecture, → / we will discuss how to make a larger goal, ↗ stick with the plan, ↗ and make investments for the future. ↘ We intend to enhance your ability to make plans / and change your life. ↘

시간을 관리하고 성공으로 이끄는 데 도움을 받을 수 있는 이 자기계발 과정에 오신 것을 환영합니다. 이 강의를 통해 우리는 더 큰 목표를 세우고, 계획을 고수하며, 미래를 위해 투자하는 방법에 대해 논의할 것입니다. 우리는 계획을 세우고 삶을 변화시키는 능력을 향상시키려 합니다.

 제니쌤의 발음과외

1. 발음에 주의하며 천천히 연습해 보세요.

| | |
|---|---|
| self-help /ˌselfˈhelp/ | 두 단어처럼 들리지 않도록 부드럽게 연결하기 |
| course /kɔːrs/ | /r/ 발음과 /s/ 발음을 또렷하게 |
| lecture /ˈlek.tʃɚ/ | /tʃ/ 발음을 명확하게 |
| larger /ˈlɑːr.dʒɚ/ | /l/ 발음과 /r/ 발음 구분에 유의 |
| goal /goʊl/ | 끝의 /l/ 발음을 정확히 |
| intend /ɪnˈtend/ | /t/와 /d/를 구분 |
| enhance /ɪnˈhæns/ | /en/이 아닌 /ɪn/으로 시작 |

2. 강세를 정확하게 주세요.

아래 단어들은 볼드체 부분에 강세를 주세요.

**ex** suc**cess**, a**bi**lity, in**vest**ments

## 3. 끊어 읽는 위치도 중요해요.

관계사, 접속사 앞에서 잠깐 쉬어 읽으면 더 자연스럽게 들려요.

**ex** Welcome to this self-help course / where you can get some help managing your time / and leading yourself to success.
→ 관계부사 'where' 앞, 접속사 'and' 앞에서 끊어 읽어요.

## 4. L / R 발음을 구분하세요.

'a larger goal'처럼 'l'과 'r'이 연달아 나올 때 정확히 발음하는 연습이 필요해요.

---

**Q2 인물 소개**  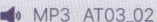 MP3  AT03_02

Thank you for tuning into today's episode / of our show. Today, → / we're very excited / to invite the author of a best-selling book, → *Don't Forget*, → Peter Westwood. ↘ His book is renowned for its sophisticated plot, ↗ intriguing characters, ↗ and compelling messages. ↘ Stay tuned / to learn more about Peter Westwood's piece of art. ↘

오늘 저희 쇼의 에피소드를 시청해 주셔서 감사합니다. 오늘 우리는 베스트 셀러 <잊지 마세요>의 저자 피터 웨스트우드를 초대하게 되어 매우 기쁩니다. 그의 책은 정교한 줄거리, 흥미로운 등장인물, 설득력 있는 메시지로 유명합니다. 피터 웨스트우드의 예술 작품에 대해 자세히 알아보려면 채널을 고정하세요.

---

 **제니쌤의 발음과외**

### 1. 발음에 주의하며 천천히 연습해 보세요.

| | |
|---|---|
| **invite** /ɪnˈvaɪt/ | /v/와 /t/ 발음에 주의 |
| **author** /ˈɔːθɚ/ | /θ/ 발음은 혀끝을 이 사이에 살짝 내밀고 가볍게 발음하기 |
| **sophisticated** /səˈfɪs.tɪ.keɪ.tɪd/ | 'ph'는 /f/로 발음하기 |
| **plot** /plɑːt/ | '플랏'처럼 발음하기 |
| **intriguing** /ɪnˈtriː.gɪŋ/ | /g/는 생략하지 않고 발음하기 |
| **characters** /ˈkær.ək.tɚz/ | /kæ/ 부분은 '캐애아'를 빠르게 말하듯이 분명하게 발음하기 |
| **compelling** /kəmˈpel.ɪŋ/ | /pel/의 /l/ 발음에 유의 |
| **learn** /lɜːn/ | /r/ 소리는 입안에서 굴리듯 발음하기 |
| **piece of art** /piːs əv ɑːrt/ | '피서브알ㅌ'처럼 세 단어를 자연스럽게 연결하기 |

### 2. 강세를 정확하게 주세요.

아래 단어들은 볼드체 부분에 강세를 주세요.

**ex** re**nowned**, **mes**sages, **ep**isode

## 3. 끊어 읽기 연습과 억양과 강조를 살리는 연습이 필요해요.

- 전치사나 to 부정사 앞에서 살짝 끊어 읽으면 듣는 사람이 이해하기 쉬워요.
- 쉼표에서는 잠깐 쉬되, 억양을 내리지 않고 연결해 주세요.
- 책 제목이나 사람 이름과 같은 고유 명사는 강조해서 읽어 주세요.

**ex** Today, we're very excited / to invite the author of a best-selling book, / ***Don't Forget***, / **Peter Westwood**.

## Questions 3-4: Describe a Picture

**Q3** 서론 ≫ 전체 요약 ≫ 인물 묘사 ≫ 기타 사물 배경       🔊 MP3  AT03_03

| | |
|---|---|
| 서론 | This is a picture taken at a café.<br>이것은 카페에서 찍힌 사진입니다. |
| 전체 요약 | The first thing I can see from this picture is two women.<br>이 사진에서 가장 먼저 볼 수 있는 것은 두 여자입니다. |
| 인물 묘사 | They are looking at each other and they are holding cups.<br>They have long hair and they are smiling.<br>그들은 서로를 바라보며 컵을 들고 있습니다.<br>그들은 긴 머리를 하고 웃고 있습니다. |
| 기타<br>사물 배경 | In front of them, I can see cups and a coffee pot on the table.<br>On both sides of the women, I can see more people eating and talking.<br>In the background of the picture, I can see some pictures on the wall.<br>그들 앞에는 테이블 위의 컵과 커피포트가 보입니다.<br>여자들의 양쪽에는 더 많은 사람들이 먹고 이야기하는 것을 볼 수 있습니다.<br>사진의 배경에는 벽에 걸린 그림 몇 점이 보입니다. |

**VOCA** café 카페   women 여자들('woman'의 복수형)   coffee pot 커피포트   on both sides of ~의 양쪽에는
picture on the wall 벽에 걸린 그림/사진

### 제니쌤의 적중노트

남자와 여자의 단·복수형 발음을 실수하지 마세요.

| | |
|---|---|
| **a man** /mæn/ 한 남자 | **men** /men/ 남자들 ('맨즈'라고 말하면 안 돼요!) |
| **a woman** /ˈwʊmən/ 한 여자 | **women** /ˈwɪmɪn/ 여자들 ('위민'처럼 발음해요.) |

**ex** Two men are standing by the door.

There are three women in the picture.

양쪽에 뭔가가 있을 땐 'on both sides of + 명사'로 표현해요.

좌우로 비슷한 물건이나 인물이 위치한 상황에서 자연스럽게 쓸 수 있습니다.

**ex** On both sides of the women, I can see more people eating and talking.

---

**Q4**  서론 ≫ 전체 요약 ≫ 인물 묘사 ≫ 기타 사물 배경 (생략)   🔊 MP3 AT03_04

| | |
|---|---|
| 서론 | **This is a picture taken outdoors.**<br>이것은 실외에서 찍힌 사진입니다. |
| 전체 요약 | **The first thing I can see from this picture is two women sitting.**<br>이 사진에서 가장 먼저 볼 수 있는 것은 앉아 있는 두 여자입니다. |
| 인물 묘사 | **They are holding cups and smiling. They each have their bags on their side. One of them has gray hair. She is wearing a white jacket. The other has her hair in a bun. Between them, I can see a paper bag.**<br>그들은 컵을 들고 웃고 있습니다. 그들은 각자 가방을 옆에 두고 있습니다.<br>그들 중 한 명은 흰머리를 가지고 있습니다. 그녀는 흰색 재킷을 입고 있습니다.<br>다른 한 명은 번 헤어를 하고 있습니다. 그들의 사이에는 종이봉투가 보입니다. |
| 기타 사물 배경 | **In the background of the picture, I can see buildings and trees.**<br>사진의 배경에는 건물과 나무가 보입니다. |

**VOCA** hold 들다, 잡다, 안다  on one's side ~의 옆에  gray hair 흰머리  have one's hair in a bun 번 헤어를 하다

### 📝 제니쌤의 적중노트

**누군가가 옆에 무언가를 두고 있을 땐 'have ~ on one's side'라는 표현이 딱이에요.**

> **ex** They each have their bags on their side.
> → 각자 가방을 옆에 두고 있다는 상황을 설명하는 문장이에요.

**'gray hair'는 나이로 인해 생긴 흰머리를 말할 때 쓰는 표현이에요.**

'white hair'는 자연스러운 표현이 아니고, 'gray hair'가 훨씬 일반적입니다.

> **ex** The man has short gray hair.

**'머리를 올려 만 머리'는 'have one's hair in a bun'이라고 말할 수 있어요.**

다만, 필수 표현은 아니니 여유가 있을 때만 사용해도 괜찮아요.

> **ex** The other has her hair in a bun.

**무언가가 사이에 있을 때는 'between + 명사'를 사용하세요.**

> **ex** Between them, I can see a paper bag.
> → 두 사람 사이에 무엇이 있는지를 자연스럽게 설명할 수 있어요.

**배경에 보이는 많은 건물들은 'buildings'로 표현해요.**

> **ex** In the background of the picture, I can see buildings and trees.
> → 다양한 건물을 통칭하는 표현으로 쓰기 좋아요.

##  Questions 5-7: Respond to Questions

Imagine that a Canadian marketing firm is doing research in your country.
You have agreed to participate in a telephone interview about amusement parks.

캐나다 마케팅 회사가 당신의 나라에서 리서치를 하고 있다고 상상해 보세요.
당신은 놀이공원에 대한 전화 인터뷰에 참여하기로 동의했습니다.

---

**Q5**  🔊 MP3 AT03_05

 **Q** Do you like to visit amusement parks? How frequently do you visit them?

당신은 놀이공원에 가는 것을 좋아하나요? 얼마나 자주 놀이공원에 방문하나요?

 **A** I like amusement parks very much, so I visit them once in a while.
It's fun and entertaining.

저는 놀이공원을 매우 좋아해서 가끔씩 방문합니다. 그것은 재미있고 즐거움을 줍니다.

---

  제니쌤의 떠먹여주는 만능문장

### 의문사 만능패턴 How

**How often / How frequently / How many times ~?** 얼마나 자주 ~하나요?
**twice a week** 일주일에 두 번 / **almost every day** 거의 매일 / **once in a while** 가끔씩
→ **I visit them once in a while.** 저는 그곳(놀이공원)을 가끔씩 방문합니다.

놀이공원에 얼마나 자주 가는지 묻는 질문에는 'once in a while(가끔씩)'이 가장 적절해요.

### 부연 설명 쉽게 만드는 TIP

**I like / love [명사] very much.** 저는 [명사]를 매우 좋아합니다.
→ **I like amusement parks very much.** 저는 놀이공원을 매우 좋아합니다.

매우 좋아한다는 감정을 자연스럽게 표현해주는 기본 문장이에요.

파트3 | 만능문장 24

It's more fun and entertaining, so I don't get bored.  그것은 더 재미있고 즐거움을 줘서 저는 지루해지지 않습니다.
→ It's fun and entertaining.  그것은 재미있고 즐거움을 줍니다.

'더 ~하다'라는 비교급 표현과 뒷문장을 생략하고, 문제에 맞게 간결하게 바꿨습니다.

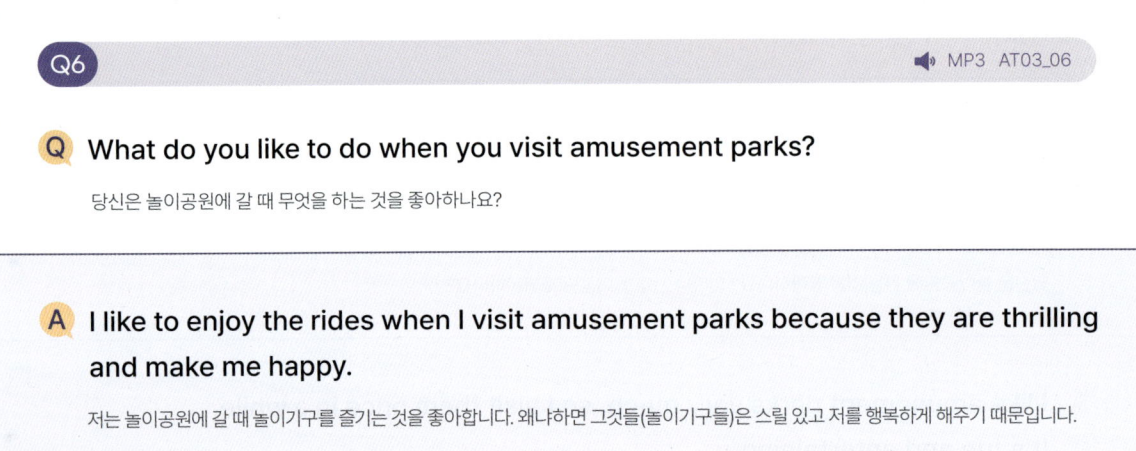

**VOCA**  enjoy the ride 놀이기구를 즐기다

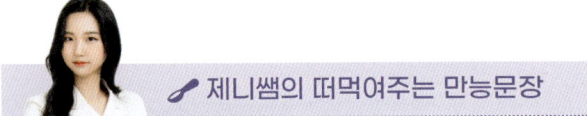

파트3 | 만능문장 36

It makes me happy and I can have a great experience.  그것은 저를 행복하게 해주고, 저는 좋은 경험을 할 수 있습니다.
→ They are thrilling and make me happy.  그것들은 스릴 있고 저를 행복하게 해줍니다.

- 주어는 'rides'를 지칭하는 'They'로 바꿨어요.
- 'thrilling(스릴 있는)'이라는 형용사를 써서 놀이기구의 특징을 생생하게 표현했어요. 'exciting(신나는)'이나 'fun(재미있는)'으로도 대체할 수 있어요.

**Q7**  MP3 AT03_07

**Q** If you were going to spend the whole day at an amusement park, which of the following items would you bring?
- Funny costume
- A cardigan
- A portable phone battery charger

만약에 당신이 놀이공원에서 하루 종일 시간을 보낼 계획이라면, 다음 중 어떤 물건을 가져갈 건가요?
- 재미있는 의상
- 가디건
- 휴대용 휴대폰 배터리 충전기(보조 배터리)

**A** I would bring a portable phone battery charger. That way, I can get a lot of information such as the park map and event information on my smartphone. If I don't have enough battery, I can't get such information. So, I think I would bring a portable phone battery charger.

저는 휴대용 휴대폰 배터리 충전기를 가져갈 것입니다. 그렇게 하면, 스마트폰에서 공원 지도와 행사 정보 같은 많은 정보를 얻을 수 있습니다. 배터리가 충분하지 않으면, 이러한 정보를 얻을 수 없습니다. 그래서 휴대용 휴대폰 배터리 충전기를 가져갈 것 같습니다.

 제니쌤의 떠먹여주는 만능문장

### 파트3 | 만능문장 7

I can get a lot of useful information on the internet. 저는 인터넷에서 많은 유용한 정보를 얻을 수 있습니다.
→ That way, I can get a lot of information such as the park map and event information on my smartphone.
그렇게 하면, 스마트폰에서 공원 지도와 행사 정보 같은 많은 정보를 얻을 수 있습니다.

- 'That way(그렇게 하면)'는 연결 표현으로 자주 사용됩니다.
- 기기 앞에는 전치사 'on'을 사용합니다. (on my smartphone, on TV 등)
- 'such as(~와 같은)' 구문을 사용해 정보를 구체적으로 나열하면 더 좋은 인상을 줄 수 있어요.

### 알아 두면 좋은 문장

**I don't have enough battery.** 충분한 배터리가 없습니다.

'don't have enough ~(충분한 ~가 없다)'는 유용하게 쓸 수 있는 표현입니다.

 I don't have enough time / money. 충분한 시간이 / 돈이 없습니다.

---

## Questions 8-10: Respond to Questions Using Information Provided

문제집 p. 17

### 아메리칸 극장 직원 면접 일정
#### 5월 10일, C 회의실

| 시간 | 지원자 | 지원 직책 | 경력 (년) |
| --- | --- | --- | --- |
| 오전 10:15 – 11:00 | 사라 왕 | 음악 감독 | 3년 |
| 오전 11:00 – 11:45 | 앤 헤이 | 조명 디자이너 | 5년 |
| 오전 11:45 – 오후 12:15 | 줄리안 젠슨 | 연기 감독 | 4년 |
| 오후 2:00 – 2:45 | 션 바다 | ~~조명 디자이너 (취소됨)~~ | 2년 |
| 오후 2:45 – 3:15 | 폴 와츠 | 연기 감독 | 3년 |

Hello, I'm Sandy from the HR department. I'm supposed to have an interview this week, but I haven't received the schedule. Could you give me some details about the interviews?

안녕하세요, 인사부의 샌디입니다. 이번 주에 면접을 보기로 했는데 스케줄을 받지 못했어요. 면접에 대해 좀 자세히 알려주실 수 있나요?

---

**Q8** 🔊 MP3 AT03_08

**Q** What date will the interview be held, and where will the interview take place?

면접 날짜는 언제이며 면접 장소는 어디인가요?

**A** It will be held on May 10th and will take place in Meeting Room C.

5월 10일 C 회의실에서 진행됩니다.

---

**VOCA** interview 면접

**Q9** 🔊 MP3 AT03_09

**Q** As far as I know, I have two interviews for the Lighting Designer position. Is that right?

제가 아는 바로는, 조명 감독 직책에 2개의 면접이 있어요. 맞을까요?

**A** No, actually, one of the interviews has been canceled. So, there is only one interview for the Lighting Director position.

아니요, 실은 면접 중 하나가 취소되었습니다. 따라서 조명 감독 직책에 대한 면접은 하나뿐입니다.

**VOCA** position 직책

**Q10** 🔊 MP3 AT03_10

**Q** We need an acting director urgently. Can you tell me about all the applicants applying for the acting director position?

연기 감독 채용이 시급해요. 연기 감독 직책에 지원하는 모든 지원자에 대해 말씀해주시겠어요?

**A** Yes, there are two interviews. First, at 11:45 a.m., there is an interview with Julian Jensen for the Acting Director position. She has 4 years of experience. Next, at 2:45 p.m., there is an interview with Paul Watts for the Acting Director position. He has 3 years of experience.

네, 면접은 2개입니다. 먼저 오전 11시 45분에 연기 감독 직책에 지원하는 줄리안 젠슨과의 면접이 있습니다. 그녀는 4년의 경력을 가지고 있습니다. 이어 오후 2시 45분에는 연기 감독 직책에 지원하는 폴 와츠와의 면접이 있습니다. 그는 3년의 경력을 가지고 있습니다.

**VOCA** apply for ~에 지원하다

### 🎯 제니쌤의 적중노트

**Q8** 날짜 앞에는 전치사 'on', 특정 장소 앞에는 'at', 장소 중에서도 실내나 나라, 도시처럼 넓은 공간에는 'in'을 사용합니다.

**ex** on May 10th
at the library
in Meeting Room C

Q9  취소되었다는 표현은 꼭 익혀 두는 것이 좋습니다.
> **ex** It has been canceled.  취소되었습니다.

두 개 중 하나가 취소된 경우에는 'One of the ~ has been canceled.'로 표현합니다.
> **ex** One of the interviews has been canceled.  면접 중 하나가 취소되었습니다.

Q10  면접 일정표 문제에서는 다음과 같은 유형이 자주 출제됩니다.
- 특정 직책에 지원한 지원자들의 정보를 말하는 문제
- 특정 기간 동안의 경력을 가진 지원자들의 세부 사항을 말하는 문제

## Question 11: Express an Opinion

**Q11**  MP3  AT03_11

Do you agree or disagree with the following statement?
Technological advances will bring about improvements to the music industry in the future.
Use specific reasons and examples to support your opinion.

다음 진술에 동의하시나요, 동의하지 않으시나요?
기술의 발전은 앞으로 음악 산업을 발전시킬 것입니다.
구체적인 이유와 예시를 들어서 의견을 뒷받침하세요.

### 💡 아이디어 만들기

기술의 발전은 앞으로 음악 산업을 발전시킬 것입니다.
1. 기술 덕택에 사람들은 휴대폰으로 언제 어디서나 음악을 들을 수 있습니다.
2. 음악가들은 컴퓨터 프로그램을 이용해서 음악을 더 빠르고 쉽게 만들 수 있습니다.

### ✏️ 만능문장 활용하기

**파트5 | 만능문장 26**  They can [동사] anytime anywhere on their smartphones.
그들은 언제 어디서나 그들의 스마트폰으로 [동사] 할 수 있습니다.

**파트5 | 만능문장 27**  It's faster and convenient.
그것은 더 빠르고 편리합니다.

### 🎯 제니쌤의 적중노트

## 파트 5 과거-현재 비교 (고난이도 문제)

과거-현재 비교 유형은 출제 빈도가 아주 높지는 않지만, 출제될 경우 난이도가 높은 편이라 많은 학습자들이 어려움을 느끼는 유형입니다. 하지만 당황하지 말고 문제에 나온 힌트를 바탕으로 현재 상황과 과거 상황을 차분히 비교해서 말하면 충분히 해결할 수 있습니다.

**답변 구조는 아래와 같이 구성하는 것이 효과적입니다.**

1. 이유 문장 말하기
2. 문제 참고해서 현재 상황 말하기
3. 과거 상황 설명 + 현재와의 비교 포인트 말하기
   → 현재와 반대되는 과거 상황을 말하고 그 차이를 강조합니다.

### 🏆 모범 답안

| | |
|---|---|
| 서론 | **I agree with the statement.**<br>저는 그 말에 동의합니다. |
| 연결 문장 | **Let me explain why I think this way.**<br>제가 왜 이렇게 생각하는지 설명하겠습니다. |
| 이유 1 | **Most of all, thanks to technology, people can listen to music anytime and anywhere on their smartphones.**<br>무엇보다도, 기술 덕분에 사람들은 스마트폰으로 언제 어디서나 음악을 들을 수 있습니다.<br><br>✏️ **제니쌤의 떠먹여주는 만능문장**<br><br>**파트5 \| 만능문장 26**    They can [동사] anytime anywhere on their smartphones.<br>그들은 언제 어디서나 그들의 스마트폰으로 [동사] 할 수 있습니다.<br><br>→ People can listen to music anytime and anywhere on their smartphones.<br>   사람들은 언제 어디서나 그들의 스마트폰으로 음악을 들을 수 있습니다.<br><br>• 주어 'They'를 'People(일반적인 사람들)'로 바꿔서 문제에 맞게 일반적인 얘기로 만듭니다.<br>• 'listen to music'과 같이 구체적인 행동을 넣어서 문장을 자연스럽고 명확하게 만들어줍니다. |

## 이유 1

### 🎯 제니쌤의 적중노트

**과거-현재 비교 표현**

'thanks to technology(기술 덕택에)'는 기술 변화 덕분에 삶이 바뀐 상황을 설명할 때 유용한 도입 표현입니다. 특히 과거와 현재의 차이를 말할 때 자주 활용돼요.

## 예시 1

**So, more people will listen to music on their devices, and it will bring about improvements in the music industry.**

그래서 더 많은 사람들이 자신의 기기로 음악을 들을 것이며 음악 산업의 발전을 가져올 것입니다.

### 🎯 제니쌤의 적중노트

**미래를 예측하는 표현**

'More people will ~.(더 많은 사람들이 ~할 것이다.)'은 현재보다 증가된 미래의 상황을 예측할 때 적절합니다.

**VOCA**  device 기기   bring about 가져오다   music industry 음악 산업

## 이유 2

**On top of that, thanks to technology, musicians will be able to make music faster and more easily.**

게다가, 기술 덕분에 음악가들은 더 빠르고 쉽게 음악을 만들 수 있을 것입니다.

### 🎤 제니쌤의 떠먹여주는 만능문장

**파트5 | 만능문장 27**   It's faster and convenient.   그것은 더 빠르고 편리합니다.

→ Musicians will be able to make music faster and more easily.
　음악가들은 더 빠르고 쉽게 음악을 만들 수 있을 것입니다.

'convenient'를 문제에 맞게 'more easily'로 변경합니다.

예시 2

In the past, making music was harder because they didn't have computer programs. But, today, anyone can use computer programs to make music faster and more easily.

과거에는 컴퓨터 프로그램이 없었기 때문에 음악을 만드는 것이 더 어려웠습니다. 하지만 오늘날에는 누구나 컴퓨터 프로그램을 이용해서 더 빠르고 쉽게 음악을 만들 수 있습니다.

> **제니쌤의 적중노트**
>
> **과거 상황 설명 패턴**
>
> - However, in the past, they didn't have [명사].  그러나 과거에는 [명사]가 없었습니다.
>   → 과거와 현재를 비교할 때 기술의 부재를 강조하는 데 자주 쓰여요.
>     **ex** However, in the past, they didn't have smartphones.
>
> - But, today  그러나 오늘날에는 / However, these days  그러나 요즘에는
>   → 과거 상황에 이어 현재 상황을 설명할 때 흐름을 부드럽게 해주는 연결어입니다.
>
> **미래 비교 표현도 알아 두기**
>
> - However, in the future  그러나 미래에는
>   → 출제율은 높지 않지만, 미래와의 비교도 출제되는 경우가 있습니다.

결론

Therefore, I agree with the statement.

그러므로, 저는 그 말에 동의합니다.

# 모범 답안

📖 문제집 pp. 19-23

## 🔹 Questions 1-2: Read a Text Aloud

**Q1 광고**  🔊 MP3 AT04_01

Are you a **movie-goer**? ↗ If **so**, → / you will **love** to visit **Cine Theater**. ↘ **Here**, → / we have **all** you **need** / for a **great** movie **experience**, → / like **comfortable seats**, ↗ **incredible sound**, ↗ and **tasty popcorn**. ↘ **Also**, → / our **online ticketing system** / will **save** you from **wasting** your **precious** time **waiting** in **line**. ↘ **Please** check out our **social media** / for our **new offers**. ↘

당신은 영화광입니까? 그렇다면 시네 영화관을 방문하는 것을 좋아할 것입니다. 편안한 좌석, 놀라운 사운드, 맛있는 팝콘 등 멋진 영화 경험에 필요한 모든 것이 여기에 있습니다. 또한 온라인 발권 시스템을 이용하면 줄을 서서 기다리며 소중한 시간을 낭비하지 않아도 됩니다. 새로운 프로모션을 확인하려면 저희 소셜 미디어를 방문하세요.

###  제니쌤의 발음과외

**1. 발음에 주의하며 천천히 연습해 보세요.**

| | |
|---|---|
| movie-goer /ˈmuː.viˌɡoʊ.ɚ/ | 두 단어를 부드럽게 연결해서 읽기 |
| visit /ˈvɪz.ɪt/ | /v/ 발음에 주의 |
| theater /ˈθiː.ə.tɚ/ | 첫 음절 강하게, /θ/ 발음에 주의 |
| incredible /ɪnˈkred.ə.bəl/ | /kred/의 /r/ 발음에 주의 |
| system /ˈsɪs.təm/ | '시스템'보다는 '시스텀'에 가깝게 발음하기 |
| precious /ˈpreʃ.əs/ | /ʃ/ 발음을 부드럽게 |
| social media /ˈsoʊ.ʃəl ˈmiː.di.ə/ | 두 단어를 자연스럽게 연결하기 |
| offers /ˈɔː.fɚz/ | /f/ 발음에 유의 |

**2. 강세를 정확하게 주세요.**

아래 단어들은 볼드체 부분에 강세를 주세요.

 ex**pe**rience, **com**fortable

### 3. 의문문은 억양에 주의하세요.

- 일반 의문문: 끝을 올려서 읽습니다.
  
  **ex** Are you a **movie-goer**? (↗)

- 의문사 의문문: 끝을 내려서 읽습니다.
  
  **ex** When was the last time you visited a movie **theater**? (↘)

### 4. 강조 표현은 억양을 살려 주세요.

'also', 'please'와 같은 단어는 의미를 살리기 위해 가볍게 힘을 줘서 읽는 것이 좋아요.

**ex** **Also**, (→) / our online ticketing system / will save you from wasting your precious time waiting in line. (↘)
**Please** check out our social media / for our new offers. (↘)

---

#### Q2 공지 사항  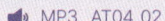 MP3 AT04_02

Good morning, → / Central Communications employees. ↘ Today, → / we will have a monthly staff meeting. ↘ We will cover current customer reviews of our products, → / including wireless internet, ↗ mobile, ↗ and cable service. ↘ I'm sure today's meeting / will boost our sales for the next quarter. ↘ Please keep questions / until the end of the presentation. ↘

센트럴 통신의 직원 여러분, 안녕하세요. 오늘은 월간 직원 회의가 있습니다. 우리는 오늘 무선 인터넷, 모바일 및 케이블 서비스를 포함하여 우리 제품에 대한 최근 고객 리뷰를 다룰 것입니다. 오늘 회의가 다음 분기의 매출을 높일 것이라고 확신합니다. 발표가 끝날 때까지는 질문을 삼가 주시기 바랍니다.

---

### 🐬 제니쌤의 발음과외

#### 1. 발음에 주의하며 천천히 연습해 보세요.

| | | | |
|---|---|---|---|
| monthly /ˈmʌnθ.li/ | /θ/ 발음은 혀를 이 사이에 대고 부드럽게 '스'처럼 소리 내기 | | |
| staff /stæf/ | /st/의 /t/는 'ㄸ'처럼 강하게 | mobile /ˈmoʊ.bəl/ | 미국식으로는 '모우벌' |
| current /ˈkɝː.ənt/ | /r/ 소리는 입안에서 굴리듯 | cable /ˈkeɪ.bəl/ | /bəl/ 부분 약하게 마무리 |
| products /ˈprɑː.dʌkts/ | /ts/ 끝소리에 주의 | boost /buːst/ | /st/를 또렷하게 |
| including /ɪnˈkluː.dɪŋ/ | /kluː/를 길게 | sales /seɪlz/ | /z/ 소리 강조 |
| wireless /ˈwaɪɚ.ləs/ | /r/과 /l/ 발음 구분 | questions /ˈkwes.tʃənz/ | '쿠에스천'을 빠르게 말하듯 |
| quarter /ˈkwɔːr.tɚ/ | /kwɔː/는 '쿠어'를 빠르게 말하듯 | | |
| internet /ˈɪn.tɚ.net/ | 각 음절을 정확히, '인털넷' 또는 '이너넷' 모두 가능 | | |

### 2. 강세를 정확하게 주세요.

아래 단어들은 볼드체 부분에 강세를 주세요.

> **ex** Communi**ca**tions, employ**ees**, pre**sen**tation

### 3. 끊어 읽는 위치에 주의하세요.

문장이 길어질 경우에는 '주어 뒤 동사 앞', '전치사 + 명사 앞'에서 살짝 쉬어 주세요.

> **ex** I'm sure today's meeting / will boost our sales for the next quarter. (↘)
> Please keep questions / until the end of the presentation. (↘)

## Questions 3-4: Describe a Picture

**Q3**  서론 ≫ 전체 요약 ≫ 인물 묘사 ≫ 기타 사물 배경     🔊 MP3 AT04_03

| | |
|---|---|
| 서론 | This is a picture taken at a restaurant.<br>이것은 식당에서 찍힌 사진입니다. |
| 전체 요약 | The first thing I can see from this picture is three people.<br>이 사진에서 가장 먼저 볼 수 있는 것은 세 사람입니다. |
| 인물 묘사 | One of them is standing and holding a menu.<br>The other two people are sitting at a table.<br>The woman on the right is looking at the menu.<br>The man on the left has gray hair and he is looking at the woman.<br>그들 중 한 명이 서서 메뉴판을 들고 있습니다.<br>다른 두 사람은 테이블에 앉아 있습니다.<br>오른쪽에 있는 여자가 메뉴판을 보고 있습니다.<br>왼쪽의 남자는 흰머리를 가지고 있고, 여자를 바라보고 있습니다. |
| 기타 사물 배경 | In front of them, I can see two glasses of wine and plates.<br>그들 앞에는, 와인 두 잔과 접시들이 보입니다. |

**VOCA**  look at the menu 메뉴판을 보다   a glass of wine 와인 한 잔   plate 접시

## 제니쌤의 적중노트

사람 수를 기준으로 묘사할 땐 'one of them / the other two'와 같이 구분해서 말하면 문장이 깔끔해져요.

**ex** One of them is standing, and the other two are sitting.

인물의 위치는 'on the left / on the right'으로 묘사할 수 있어요.

**ex** The man on the left is looking at the woman.

유리컵에 담긴 음료는 'a glass of + 명사'로 표현해요.

**ex** a glass of water, two glasses of wine

### Q4  서론 》 전체 요약 》 인물 묘사 》 기타 사물 배경 (생략)   MP3 AT04_04

| | |
|---|---|
| 서론 | This is a picture taken indoors.<br>이것은 실내에서 찍힌 사진입니다. |
| 전체 요약 | The first thing I can see from this picture is three people.<br>이 사진에서 가장 먼저 볼 수 있는 것은 세 사람입니다. |
| 인물 묘사 | One of them is standing behind the counter.<br>She is wearing a white shirt and receiving something.<br>In front of the counter, I can see two people handing over something.<br>One of them is a man and he is looking at a woman who has long blond hair.<br>그들 중 한 명은 카운터 뒤에 서 있습니다.<br>그녀는 흰 셔츠를 입고 뭔가를 받고 있습니다.<br>카운터 앞에는 두 사람이 무언가를 건네는 모습이 보입니다.<br>그들 중 한 명은 남자이고 그는 긴 금발을 가진 여자를 보고 있습니다. |

**VOCA** behind the counter 카운터 뒤에  receive 받다  hand over 건네주다  blond hair 금발

### 제니쌤의 적중노트

'hand over'와 'receive'라는 동사로 주고받는 모습을 정확하게 묘사할 수 있어요.

**ex** The man is handing over a document to the woman.
→ 남자가 여자에게 서류를 건네주고 있는 모습입니다.

**ex** The woman is receiving a package from the delivery man.
→ 여자가 택배 기사에게서 소포를 받고 있는 장면이에요.

이 표현들은 테이블 위에서 계산서를 주고받는 장면, 상점에서 물건을 주고받는 장면 등 다양한 상황에서 유용하게 쓰입니다. 사진에서 손이 앞으로 나가 있거나 손에 무언가가 들려 있을 때, 이 두 동사를 떠올려 보세요!

## Questions 5-7: Respond to Questions

Imagine that your friend is planning a house party.
You and your friend are having a telephone conversation about house parties.

당신의 친구가 하우스 파티를 준비하고 있다고 상상해 보세요.
당신과 당신의 친구는 하우스 파티에 관해 통화를 하고 있습니다.

**Q5**  MP3 AT04_05

**Q** When was the last time you went to a house party? How did you like it?

마지막으로 하우스 파티에 간 것이 언제였나요? 어땠나요?

**A** The last time I went to a home party was two weeks ago, and I liked it very much.

제가 마지막으로 홈 파티에 간 것은 2주 전이었는데, 그 파티는 너무 좋았습니다.

 제니쌤의 떠먹여주는 만능문장

### 의문사 만능패턴 When

When was the last time you [과거 동사] ~? 마지막으로 언제 ~했나요?
The last time I [과거 동사] was two weeks ago / yesterday / last year. 저는 마지막으로 ~한 게 2주 전 / 어제 / 작년입니다.
→ The last time I went to a home party was two weeks ago. 제가 마지막으로 홈 파티에 간 것은 2주 전이었습니다.

적절한 시간 표현을 붙이면 고득점 답변이 돼요.

### 부연 설명 쉽게 만드는 TIP

I like / love [명사] very much. 저는 [명사]를 매우 좋아합니다.
→ I liked it very much. 저는 그것(파티)이 매우 좋았습니다.

'매우 좋았습니다.'로 간단하게 부연 설명을 덧붙일 수 있습니다.

---

**Q6** 🔊 MP3 AT04_06

**Q** If you were planning a house party, who would you choose to join you?
하우스 파티를 계획하고 있다면 누구를 초대하시겠나요?

**A** If I were planning a house party, I would choose my best friends to join me because they would make it fun and entertaining.
하우스 파티를 계획하고 있다면 저는 가장 친한 친구들을 초대하겠습니다. 왜냐하면 그들은 파티를 재미있고 즐겁게 해줄 것이기 때문입니다.

---

 제니쌤의 떠먹여주는 만능문장

### 의문사 만능패턴 Who

Who ~? 누구와 ~?
with my friends 내 친구들과 / with my family 내 가족과
→ I would choose my best friends to join me. 저는 가장 친한 친구들을 초대하겠습니다.

'my friends'를 'my best friends'로 구체화하면 더 풍부한 답변이 됩니다.

 I would go with my best friends because we always have a great time together.

## 파트5 | 만능문장 22

**It's fun and entertaining.** 그것은 재미있고 즐거움을 줍니다.
→ **They would make it fun and entertaining.** 그들은 그것(파티)을 재미있고 즐겁게 해줄 것입니다.

- 'fun and entertaining'이라는 표현은 그대로 활용하면서, 'Who'를 묻는 질문의 답으로 적절하게 구성했습니다.
- 'make + it + fun and entertaining'은 '무언가(it)를 재미있고 즐겁게 만든다'는 뜻으로, 알아 두면 좋은 문장 구조입니다.

### Q7  MP3 AT04_07

**Q** Do you prefer to make your own food or use a catering service when you throw a party?

파티를 열 때 직접 음식을 만드는 것을 선호하시나요, 출장 요리 서비스를 부르는 것을 선호하시나요?

**A** I prefer to use a catering service when I throw a party because I can save time. I don't have much time, so I prefer to spend time on other things besides making food. Also, the food is better when I use a catering service.

저는 시간을 절약할 수 있기 때문에 파티를 열 때 출장 요리 서비스를 이용하는 것을 선호합니다. 저는 시간이 많지 않아서 음식 만드는 것 외의 다른 일에 시간을 쓰는 것을 선호합니다. 또한, 출장 요리 서비스를 이용하면 음식이 더 맛있습니다.

**VOCA** catering service 출장 요리 서비스

 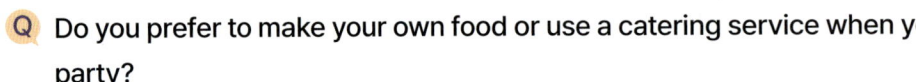

제니쌤의 떠먹여주는 만능문장

### 파트3 | 만능문장 4

**It's faster, so I can save time.** 그것은 더 빨라서 시간을 절약할 수 있습니다.
→ **I can save time.** 저는 시간을 절약할 수 있습니다.

전체 문장이 아닌 뒷부분만 활용해도 자연스럽고 간결한 답변이 됩니다.

### 파트3 | 만능문장 21

**I don't have much time.** 저는 시간이 많지 않습니다.
→ **I don't have much time, so I prefer to spend time on other things besides making food.**
 저는 시간이 많지 않아서 음식 만드는 것 외의 다른 일에 시간을 쓰는 것을 선호합니다.

- 'I don't have much time.'을 바탕으로 '다른 데에 시간을 쓰고 싶다'는 의미를 덧붙인 문장이에요.
- 'besides making food(음식 만드는 것 외에)'를 붙여서 문제에 나온 상황에 더 구체적으로 대응했어요.

### 🎯 제니쌤의 적중노트

#### 시간 관련 표현

- I don't have much time.
  → 시험에 자주 쓰이는 핵심 표현으로, 바쁜 일상이나 제한된 시간을 설명할 때 유용합니다.

- I can save time.
  → 무언가가 빠르거나 효율적이라는 이유를 말할 때 간결하고 효과적인 표현입니다.

#### 자주 쓰는 패턴 정리

- prefer to + 동사원형: ~하는 것을 더 선호하다
  > **ex** I prefer to use a catering service rather than make my own food.
  > 저는 직접 음식을 만드는 것보다 출장 요리 서비스를 이용하는 걸 더 선호합니다.

- spend time on + 명사: ~에 시간을 쓰다
  > **ex** I spend a lot of time on studying English. 저는 영어 공부에 많은 시간을 씁니다.

- besides + 명사/동명사: ~ 외에
  > **ex** I want to do something else besides watching TV. 저는 TV 보는 것 외에 다른 걸 하고 싶습니다.

#### 비교급 활용 팁

> **ex** The food is better when I use a catering service.
>   → 'good(좋은)'보다 한 단계 더 구체적인 표현이 필요할 때는 'better(더 좋은)' 같은 비교급을 활용해 주세요.
>   두 가지 선택지 중 하나를 고를 때 설득력 있는 답변을 만드는 데 도움이 됩니다.

## Questions 8-10: Respond to Questions Using Information Provided

문제집 p. 22

**뉴욕 패션 매거진 월간 회의 컨퍼런스**

회의 장소: A 회의실

| 시간 | 세션 및 내용 | 발표자 |
|---|---|---|
| 오전 8:00 – 8:30 | 개회 | 챈들러 로버츠 |
| 오전 8:30 – 9:00 | 뷰티 커버리지: 최고의 화장품 브랜드<br>• 완료: 브랜드 선정<br>• 필요: 인터뷰 | 아담 스티븐슨 |
| 오전 9:00 – 9:30 | 월간 매출 보고 | 마이클 양 |
| 오전 9:30 – 10:00 | 셀러브리티 스타일: 스타의 선택<br>• 완료: 셀럽 인터뷰<br>• 필요: 편집 작업 | 데이비드 허드슨 |
| 오전 10:00 – 11:00 | 질의응답 | 케이디 달턴 |

**Hello, I will be attending the New York Fashion Magazine Monthly Meeting and need you to give me some details before the meeting.**

안녕하세요, 저는 뉴욕 패션 매거진 월간 회의에 참석할 예정이라 회의 전에 몇 가지 세부 사항을 알려주시기를 요청드립니다.

---

**Q8**   MP3 AT04_08

**Q** What time do the questions and answers start, and who will lead the session?

질의응답은 몇 시에 시작하며 누가 진행하나요?

**A** It will start at 10 a.m., and Cady Dalton will lead the session.

그것은 오전 10시에 시작되며 케이디 달턴이 세션을 이끌 것입니다.

 VOCA  lead 이끌다

## Q9
 MP3 AT04_09

**Q** I have a video conference at 1 p.m. Will I miss anything if I have to step out for a minute?

저는 오후 1시에 화상 회의가 있어요. 제가 잠시 외출해야 하는 경우 놓치는 것이 있나요?

**A** No, you won't miss anything because the meeting will finish at 11 a.m.

아니요, 회의가 오전 11시에 끝나기 때문에 아무것도 놓치지 않을 것입니다.

## Q10
 MP3 AT04_10

**Q** I'm going to work on beauty coverage for this month's issue. Can you tell me all the details of agenda items related to beauty coverage?

저는 이번 달 호에서 뷰티 커버리지를 담당할 예정입니다. 뷰티 커버리지와 관련된 안건의 세부 사항을 모두 알려주실 수 있나요?

**A** Yes. There is a session on Beauty Coverage by Adam Stevenson. It's about Best Cosmetic Brands. First, he will talk about selecting brands. It's completed. Also, he will talk about needed interviews.

네. 아담 스티븐슨의 뷰티 커버리지에 대한 세션이 있습니다. 최고의 화장품 브랜드에 관한 것입니다. 첫째로, 그는 브랜드 선택에 대해 이야기할 것입니다. 이 건은 완료되었습니다. 또한, 그는 필요한 인터뷰에 대해 이야기할 것입니다.

**VOCA** agenda 안건   related to ~와 관련된

### 제니쌤의 적중노트

**Q8** 동사와 명사가 올바른 조합을 이루도록 문장을 만들어야 해요!

- 발표나 강연처럼 내용을 전달하는 경우에는 'give'라는 동사를 사용합니다.
  - **ex** Linda will give a speech. 린다가 스피치를 할 것입니다.
- 워크숍이나 토론처럼 직접 이끄는 경우에는 'lead'라는 동사를 사용합니다.
  - **ex** You will lead a workshop. 당신이 워크숍을 이끌 것입니다.
- 세미나나 회의처럼 참석하는 경우에는 'attend'라는 동사를 사용합니다.
  - **ex** You will attend a seminar. 당신은 세미나에 참석할 것입니다.

**Q9** '~을 놓치게 되나요?'라는 질문에는 'miss'라는 동사를 써서 답변해요.
  - **ex** Yes, you will miss the morning session. 네, 오전 세션을 놓치게 됩니다.
      No, you won't miss anything. 아니요, 아무것도 놓치지 않습니다.

**Q10** 회의 일정 등에서 ':(콜론)' 표시 아래 구체적인 주제가 나와 있는 경우, 'It's about [명사].' 형태로 답하면 자연스럽습니다.
  - **ex** There is a session on Beauty Coverage by Adam Stevenson. It's about Best Cosmetic Brands.
      아담 스티븐슨의 뷰티 커버리지에 대한 세션이 있습니다. 최고의 화장품 브랜드에 관한 것입니다.

## Question 11: Express an Opinion

**Q11**  MP3 AT04_11

Do you think parents should limit the time their children use the internet?
Use specific reasons and examples to support your opinion.

부모가 자녀의 인터넷 사용 시간을 제한해야 한다고 생각하시나요?
구체적인 이유와 예시를 들어서 의견을 뒷받침하세요.

### 아이디어 만들기

부모가 자녀의 인터넷 사용 시간을 제한해야 한다고 생각합니다.
1. 아이들이 인터넷을 너무 많이 사용하면 주의가 산만해지고 공부에 집중하지 않게 됩니다.
2. 인터넷을 많이 사용하면 공부에 집중하지 못하여 좋은 성적을 받을 수 없습니다.

## 🖊 만능문장 활용하기

**파트5 | 만능문장 5**　They will be distracted.　그들은 주의가 산만해질 것입니다.

**파트5 | 만능문장 6**　They can't focus on their studies / work.　그들은 학업 / 업무에 집중할 수 없습니다.

**파트5 | 만능문장 7**　They can't get good grades at school.　그들은 학교에서 좋은 성적을 받을 수 없습니다.

**파트5 | 만능문장 8**　They will fall behind in class.　그들은 수업에 뒤처질 것입니다.

## 🏆 모범 답안

| | |
|---|---|
| 서론 | I think parents should limit the time their children use the internet.<br>저는 부모가 자녀가 인터넷을 사용하는 시간을 제한해야 한다고 생각합니다. |
| 연결 문장 | Let me explain why I think this way.<br>제가 왜 이렇게 생각하는지 설명하겠습니다. |
| 이유 1 | Most of all, if children use the internet too much, they will be distracted and will not focus on their studies.<br>무엇보다도, 아이들이 인터넷을 너무 많이 사용하면, 주의가 산만해지고 공부에 집중하지 않게 됩니다.<br><br>🖊 **제니쌤의 떠먹여주는 만능문장**<br><br>**파트5 | 만능문장 5**　They will be distracted.　그들은 주의가 산만해질 것입니다.<br>**파트5 | 만능문장 6**　They can't focus on their studies / work.　그들은 학업 / 업무에 집중할 수 없습니다.<br><br>→ They will be distracted and will not focus on their studies.<br>　그들은 주의가 산만해지고 공부에 집중하지 않게 됩니다.<br><br>• 두 문장을 자연스럽게 'and'로 이어서 하나의 흐름으로 만듭니다.<br>• 'can't focus on'을 'will not focus on'으로 바꿔서 시제를 맞췄어요. |

**From my experience, when I was an elementary school student, I used the internet too much, so couldn't focus on my studies. I fell behind in class and couldn't get good grades at school.**

제 경험을 말하자면, 저는 초등학생 때 인터넷을 너무 많이 사용해서 공부에 집중하지 못했습니다. 수업을 따라가지 못해서 좋은 성적을 받을 수 없었습니다.

 🖌 **제니쌤의 떠먹여주는 만능문장**

**파트5 | 만능문장 7**   They can't get good grades at school.   그들은 학교에서 좋은 성적을 받을 수 없습니다.

**파트5 | 만능문장 8**   They will fall behind in class.   그들은 수업에 뒤처질 것입니다.

→ I used the internet too much, so couldn't focus on my studies.
   I fell behind in class and couldn't get good grades at school.
   저는 초등학생 때 인터넷을 너무 많이 사용해서 공부에 집중하지 못했습니다.
   수업을 따라가지 못해서 좋은 성적을 받을 수 없었습니다.

- 문제 상황을 바탕으로 자신의 경험을 구체적으로 풀어낸 문장입니다.
- 'so / and' 같은 연결어를 써서 자연스럽고 논리적인 흐름을 만들어줍니다.
- 'used / couldn't focus / fell'과 같이 과거 시제를 사용해야 한다는 점에 유의하세요.

예시 1

🎯 **제니쌤의 적중노트**

**개인 경험 표현 팁**

**ex** When I was an elementary school student / When I was a high school student
→ 아동이나 학생 관련 문제에서 자주 사용할 수 있는 표현으로, 경험 답변의 도입부로 유용합니다.

**경험형 답변 만들기**
1) 내가 해봤던 경험 중 문제와 연결되는 경험을 떠올려 표현합니다.
2) 과거 시제를 일관되게 사용해 주세요.
3) 문장이 길어질 경우, 'and / so / but' 같은 연결어로 문장을 묶어 자연스럽게 이어줍니다.

**집중력 저하 관련 표현**

**ex** They will be distracted. / They can't focus on their studies.
→ 자극이 많아 집중을 못할 때 자주 쓰는 표현입니다.
   두 문장을 'and'로 이어서 '방해받아서 집중하지 못한다'는 논리적인 흐름을 만들 수 있어요.

**학업 성취 관련 표현**

**ex** They can't get good grades. / They will fall behind.
→ 공부를 제대로 하지 못해 생기는 결과를 설명할 때 유용합니다.
   좋은 성적 받기와 수업 따라가기 두 측면에서 부정적인 결과를 함께 표현할 수 있어요.

According to a recent news report, the majority of education experts in Korea said that parents should limit the time their children use the internet because the children will be distracted by the internet and fall behind in class.

최근 뉴스 보도에 따르면, 한국의 대다수 교육 전문가들은 부모가 자녀의 인터넷 사용 시간을 제한해야 한다고 말했습니다. 왜냐하면 아이들이 인터넷으로 인해 주의가 산만해지고 수업에 뒤처질 수 있기 때문입니다.

### 제니쌤의 떠먹여주는 만능문장

**파트5 | 만능문장 5**    They will be distracted.   그들은 주의가 산만해질 것입니다.

**파트5 | 만능문장 6**    They can't focus on their studies / work.   그들은 학업 / 업무에 집중할 수 없습니다.

→ The children will be distracted by the internet and fall behind in class.
아이들이 인터넷으로 인해 주의가 산만해지고 수업에 뒤처질 수 있습니다.

- 주어 'They'를 'the children'으로 바꿔 문제 속 주제(아동)와 맞춰줍니다.
- 'by the internet'처럼 무엇에 의해 방해되는지를 구체적으로 표현하면 문장이 더 명확해져요.
- 이어지는 결과로 'fall behind in class'를 넣으면 문제 흐름에 맞는 자연스러운 연결이 됩니다.

### 🎯 제니쌤의 적중노트

**전문가 인용 표현 만들기**

- 문제를 바탕으로 전문가의 주장을 빌려 나의 주장처럼 말할 수 있습니다.
- 'education experts(교육 전문가들)'는 교육 주제에서 자주 쓰이는 표현입니다.

**ex** The majority of education experts in Korea said that parents should limit the time their children use the internet.
한국의 대부분의 교육 전문가들은 부모가 자녀의 인터넷 사용 시간을 제한해야 한다고 말했습니다.

**VOCA**   be distracted by ~에 의해 주의가 산만해지다    fall behind in class 수업에 뒤처지다

---

**결론**

Therefore, I think parents should limit the time their children use the internet.

따라서 부모는 자녀가 인터넷을 사용하는 시간을 제한해야 한다고 생각합니다.

# 모범 답안

📖 문제집 pp. 24-28

## Questions 1-2: Read a Text Aloud

**Q1** 자동 응답 메시지  🔊 MP3 AT05_01

Hello, → / you've reached National Botanical Park. ↘ For information about admission fees and operating hours, → / please press one. ↘ To learn about the many plants / you can enjoy / while visiting our park, → / press two. ↘ For other inquiries, → / please press three / to speak with our customer service representatives. ↘

안녕하세요, 국립 식물원입니다. 입장료 및 운영 시간 안내를 원하시면 1번을 눌러주세요. 공원을 방문하는 동안 볼 수 있는 많은 식물에 대해 알아보시려면 2번을 누르세요. 기타 문의 사항은 3번을 누르셔서 고객 서비스 담당자와 통화하시기 바랍니다.

### 🐬 제니쌤의 발음과외

**1. 발음에 주의하며 천천히 연습해 보세요.**

| | |
|---|---|
| hours /'aʊ.əz/ | 'h' 소리가 나지 않는 점에 유의 |
| please /pliːz/ | 끝의 /z/ 소리까지 정확히 |
| press /pres/ | /r/ 발음에 유의 |
| enjoy /ɪnˈdʒɔɪ/ | /en/이 아닌 /ɪn/으로 시작하는 것에 유의 |
| inquiries /ˈɪŋ.kwə.riz/ | /ˈɪŋ/은 강하게, /kwə.riz/는 '크워리즈'처럼 부드럽게 |
| speak /spiːk/ | /spiː/에서 /p/는 'ㅃ'처럼 강하게, /k/까지 또렷하게 |
| fees /fiːz/ | /f/ 발음에 유의, 끝의 /z/ 소리까지 정확히 |

**2. 강세를 정확하게 주세요.**

아래 단어들은 볼드체 부분에 강세를 주세요.

ex  **Na**tional, infor**ma**tion, ad**mis**sion, **op**erating, repre**sen**tatives

**3. 억양에 주의해서 읽어 주세요.**

- 고유 명사: 장소 이름은 또박또박 힘을 주고 읽어서 잘 들리도록 해요.

   ex  Hello, you've reached **National Botanical Park.**

- 'please'는 강조해서 읽어요.
- 숫자는 자동 응답 메시지에서 가장 중요한 정보이기 때문에 더 또렷하게 읽어야 해요.

    **ex** For other inquiries, (→) / **please** press **three** / to speak with our customer service representatives. (↘)

### 4. 줄임말(축약형) 발음에 유의하세요.

You've/juːv/는 'you'와 'have'가 합쳐진 표현으로, 자연스럽게 이어서 읽어야 해요.

**ex** **You've** reached the National Botanical Park.

---

**Q2 뉴스**  🔊 MP3 AT05_02

You are listening to Prime Morning News. ↘ Here is your weather forecast for today. ↘ We are expecting warm temperatures, ↗ light winds, ↗ and strong sunshine. ↘ If you plan to go outside, → / we recommend you put on some sunscreen, ↗ stay in the shade ↗ and bring a bottle of water. ↘ As the weekend approaches, → / you can expect rain showers. ↘

프라임 모닝 뉴스입니다. (프라임 모닝 뉴스를 듣고 계십니다.) 오늘의 일기예보입니다. 따뜻한 기온, 가벼운 바람, 강한 햇빛이 예상됩니다. 외출 계획이 있으시다면, 자외선 차단제를 바르고, 그늘에서 지내시며, 물 한 병을 챙겨 가시는 것이 좋습니다. 주말이 다가오면 소나기가 내릴 것으로 예상됩니다.

---

🐬 **제니쌤의 발음과외**

### 1. 발음에 주의하며 천천히 연습해 보세요.

| | |
|---|---|
| morning /ˈmɔːr.nɪŋ/ | /r/과 /n/이 부드럽게 이어지도록 |
| forecast /ˈfɔːr.kæst/ | /fɔːr/를 강하게, 끝소리 /st/까지 또렷하게 |
| expecting /ɪkˈspek.tɪŋ/ | /sp/ 부분의 /p/는 'ㅃ'에 가깝게 강하게 |
| recommend /ˌrek.əˈmend/ | /r/ 발음에 유의, 끝 음절 /mend/를 강하게 |
| sunscreen /ˈsʌn.skriːn/ | /sk/ 부분의 /k/는 'ㄲ'에 가깝게 강하게 |
| bottle /ˈbɑː.təl/ | 미국식은 부드럽게 '바를', 영국식은 '보틀'처럼 발음하기 |
| strong /strɔːŋ/ | /str/ 소리 확실하게, 코로 공기 빼면서 /ŋ/ |

### 2. 강세를 정확하게 주세요.

아래 단어들은 볼드체 부분에 강세를 주세요.

**ex** **tem**peratures, ap**proach**es, **fore**cast, recom**mend**

### 3. /t/ 소리가 중간에 있을 땐 부드럽게 발음할 수 있어요.

'bottle'은 /t/ 소리를 빠르게 넘기거나 살짝 약하게 읽어도 자연스러워요. 미국식 발음에서는 '바를'처럼 들리는 경우가 많아요.

### 4. 고유 명사는 강조해서 읽어 주세요.

뉴스 이름, 프로그램명과 같은 고유 명사는 또렷하고 천천히 읽는 것이 중요해요.

> **ex** You are listening to **Prime Morning News**.

## ● Questions 3-4: Describe a Picture

**Q3**  서론 » 전체 요약 » 인물 묘사 » 기타 사물 배경     🔊 MP3 AT05_03

| | |
|---|---|
| 서론 | **This is a picture taken at a library.**<br>이것은 도서관에서 찍힌 사진입니다. |
| 전체 요약 | **The first thing I can see from this picture is two people reading a book.**<br>이 사진에서 가장 먼저 볼 수 있는 것은 책을 읽고 있는 두 사람입니다. |
| 인물 묘사 | **One of them is a woman. She has blond hair and she is wearing a white top. The other is a man. He is holding a pen and holding two books. He is wearing glasses.**<br>그들 중 한 명은 여자입니다. 그녀는 금발 머리에 흰색 민소매 티셔츠를 입고 있습니다.<br>다른 한 명은 남자입니다. 그는 펜을 들고 책 두 권을 들고 있습니다. 그는 안경을 쓰고 있습니다. |
| 기타<br>사물 배경 | **In front of them, I can see some cups.**<br>**In the background of the picture, I can see a lot of bookshelves.**<br>그들 앞에 컵이 몇 개 보입니다.<br>사진의 배경에는 많은 책장이 보입니다. |

**VOCA**  library 도서관   top 민소매 티셔츠   hold 들다, 잡다, 안다   glasses 안경   bookshelf 책장

### 제니쌤의 적중노트

두 사람을 묘사할 때는 'one of them / the other' 구조를 사용하면 문장이 매끄럽게 이어져요.

**ex** One of them is a woman. The other is a man.
→ 한 명씩 자연스럽게 소개하면서 비교·대조까지 한 번에 가능해요.

사람의 외형이나 소지품을 묘사할 때는 'have', 'hold', 'wear'를 정확하게 구분해서 사용하세요.

- have: 소유하거나 가지고 있는 것
  **ex** She has blond hair.
- hold: 손에 들고 있는 것
  **ex** He is holding two books.
- wear: 착용하고 있는 것
  **ex** He is wearing glasses.

의복 묘사 시 'a white top'처럼 간단하고 통용되는 표현을 적절히 사용하세요.

**ex** She is wearing a white top.
→ 민소매인지 반팔인지 정확히 몰라도 'top'으로 표현할 수 있어요.

---

**Q4**  서론 ≫ 전체 요약 ≫ 인물 묘사 ≫ 기타 사물 배경        🔊 MP3 AT05_04

| 서론 | This is a picture taken outdoors.<br>이것은 실외에서 찍힌 사진입니다. |
|---|---|
| 전체 요약 | The first thing I can see from this picture is three people.<br>이 사진에서 가장 먼저 볼 수 있는 것은 세 사람입니다. |

| | |
|---|---|
| 인물 묘사 | All of them are wearing aprons and masks. One of them is a man. He is talking on the phone and holding a file. The rest of them are women. The woman on the left is holding a box of plants and the woman on the right is wearing gloves.<br><br>모두 앞치마와 마스크를 착용하고 있습니다. 그들 중 한 명은 남자입니다.<br>그는 전화 통화를 하며 파일을 들고 있습니다. 나머지 사람들은 여자입니다.<br>왼쪽 여자는 식물이 든 상자를 들고 있고 오른쪽 여자는 장갑을 끼고 있습니다. |
| 기타<br>사물 배경 | In the background of the picture, I can see a lot of plants.<br><br>사진의 배경에는 많은 식물들이 보입니다. |

**VOCA**  apron 앞치마   mask 마스크   talk on the phone 통화를 하다   hold a file 파일을 들다   plant 식물
wear gloves 장갑을 끼다   a box of ~ 한 박스

### 🎯 제니쌤의 적중노트

**다수의 사람을 묘사할 때는 묶어서 표현하면 문장이 간결해지고 자연스러워요.**

**ex** All of them are wearing the same uniform.
Some of them are talking to each other.
Most of them look busy.
One of them is using a laptop.
→ 사람 수가 많을수록 구분하지 않고 묶어서 표현하는 게 더 효과적이에요!

**지나치게 구체적인 단어보다는 포괄적인 단어를 사용하면 쉽게 말할 수 있어요.**

**ex** There are many plants near the window.
→ '꽃'이나 '화분' 등 구체적인 단어 대신 'plants'로 통칭해요.

**ex** I can see some food on the table.
→ 어떤 음식인지 모를 땐 'food'로 통칭해요.

##  Questions 5-7: Respond to Questions

Imagine that a British marketing firm is doing research in your country. You have agreed to participate in a telephone interview about playing musical instruments.

영국 마케팅 회사가 당신의 나라에서 리서치를 하고 있다고 상상해 보세요.
당신은 악기 연주에 대한 전화 인터뷰에 참여하기로 했습니다.

### Q5
🔊 MP3 AT05_05

**Q** Have you ever played any musical instruments? When was the last time you played an instrument?

악기를 연주해 본 적이 있나요? 마지막으로 악기를 연주한 것이 언제인가요?

**A** Yes, I have played a musical instrument. In fact, I played an instrument just two weeks ago.

네, 저는 악기를 연주해 본 적이 있습니다. 사실 저는 불과 2주 전에 악기를 연주했습니다.

**VOCA** musical instrument 악기

 제니쌤의 떠먹여주는 만능문장

### 의문사 만능패턴 Have you ever?

**Have you ever p.p. ~?** ~해 본 적 있나요?
**Yes, I have p.p.** 네, 해 본 적 있어요. / **No, I haven't p.p.** 아니요, 해 본 적 없어요.
→ **Yes, I have played a musical instrument.** 네, 저는 악기를 연주해 본 적이 있습니다.

경험을 묻는 질문에 답하는 기본 구조예요.

**ex** Yes, I have played the guitar. 네, 저는 기타를 연주해 본 적이 있습니다.

### 의문사 만능패턴 When

**When was the last time you [과거 동사] ~?** 마지막으로 언제 ~했나요?
**The last time I [과거 동사] was two weeks ago / yesterday / last year.** 저는 마지막으로 ~한 게 2주 전 / 어제 / 작년입니다.
→ **The last time I played an instrument was just two weeks ago.** 저는 마지막으로 악기를 연주한 게 불과 2주 전입니다.

- 경험을 묻는 문제로 시험에 매우 자주 나오는 패턴입니다. 'I played an instrument two weeks ago.'처럼 간단히 말해도 좋습니다.
- 시간 표현 구체화: 'just'를 붙이면 '불과'라는 뉘앙스가 더해져요.

### 문장 연결어 표현

**and** 그리고 / **so** 그래서 / **because** 왜냐하면 ~이기 때문에 / **but** 그러나 / **As you know** 너도 알다시피 / **In fact** 사실은
→ **In fact, I played an instrument just two weeks ago.** 사실 저는 불과 2주 전에 악기를 연주했습니다.

문장과 문장 사이에 연결어를 사용하면 고득점에 유리해요. 'In fact(사실은)'는 부연 설명이나 강조에 자주 쓰입니다.

---

**Q6**  🔊 MP3 AT05_06

**Q** What kind of musical instrument do you like the most? Why?
당신은 어떤 종류의 악기를 가장 좋아하나요? 왜 그러한가요?

**A** I like the violin the most because the sound of it is unique, and it makes me happy.
저는 바이올린을 가장 좋아합니다. 왜냐하면 바이올린 소리가 독특하고 그것은 저를 행복하게 만들어주기 때문입니다.

**VOCA** unique 독특한

제니쌤의 떠먹여주는 만능문장

### 파트3 | 만능문장 13

**It makes me happy, and I can forget about worries.** 그것은 저를 행복하게 해주고, 저는 걱정 근심을 잊을 수 있습니다.
→ **I like the violin the most because the sound of it is unique, and it makes me happy.**
저는 바이올린을 가장 좋아합니다. 왜냐하면 그것(바이올린)의 소리가 독특하고 그것은 저를 행복하게 만들어주기 때문입니다.

- 'I like [명사] the most.' 패턴으로 가장 좋아하는 것을 말하고, 'and'로 연결해서 자연스럽게 부연 설명을 추가해 줍니다.
- 단순히 소리가 '좋다(good)'고 표현하는 것을 넘어서 'unique(독특한)'처럼 다른 형용사를 사용하면 표현력이 풍부하게 들려요.
  'impressive (인상적인) / amazing (놀랄 만큼 좋은) / touching (감동을 주는)'과 같은 형용사들도 알아 두면 좋습니다.

## 제니쌤의 적중노트

### 가장 좋아하는 것 표현하기

I like [명사] the most. / I like [명사] most.

→ 둘 다 사용 가능하며, 가장 선호하는 것을 말할 때 쓰는 기본 표현입니다.

> ex  I like the violin the most.  저는 바이올린을 가장 좋아합니다.

### 기분 표현 연결하기

It makes me happy.

→ 기분을 좋게 해준다고 말할 때 매우 유용한 표현입니다. 'and'로 연결하여 부연 설명으로 활용할 수 있습니다.

> ex  I like the sound of it the most, and it makes me happy.

---

**Q7**  🔊 MP3  AT05_07

**Q** What do you think is the most important quality of a concert?
- Amazing musicians
- A good music director
- The concert hall

콘서트의 가장 중요한 요소는 무엇이라고 생각하나요?
- 멋진 음악가
- 좋은 음악 감독
- 콘서트홀

**A** I think amazing musicians are the most important quality of a concert.
First, if they are amazing, people will love it.
Also, they can provide a pleasant experience.
The other day, I went to a music concert.
The musicians were amazing, and the concert was awesome.

멋진 음악가가 콘서트의 가장 중요한 요소라고 생각합니다.
첫째로, 음악가들이 멋지다면, 사람들은 그것(콘서트)을 좋아할 것입니다.
또한, 기분 좋은 경험을 제공할 수 있습니다.
저번에 저는 음악 콘서트에 간 적이 있었습니다.
음악가들은 놀랄 만큼 멋졌고, 콘서트는 굉장했습니다.

 **제니쌤의 떠먹여주는 만능문장**

### 파트3 | 만능문장 15

It's a well-liked place, so people love it. 그곳은 인기 있는 곳이라 사람들이 좋아합니다.
→ If they are amazing, people will love it. 그들(음악가들)이 멋지다면, 사람들은 그것(콘서트)을 좋아할 것입니다.

'people love it'을 그대로 활용하고 'If they are amazing'이라는 조건절을 붙여, '멋진 음악가라면 사람들이 좋아할 것이다'라는 의미로 문제 상황에 맞게 응용했어요.

### 파트3 | 만능문장 37

They provide a happy environment and a pleasant experience. 그들은 행복한 분위기와 기분 좋은 경험을 제공합니다.
→ They can provide a pleasant experience. 그들은 기분 좋은 경험을 제공할 수 있습니다.

- 'a pleasant experience'만 골라내어 음악가들과 관련된 설명에 맞게 활용했어요.
- 'can provide(제공할 수 있다)'로 능력을 강조해서 더 자연스러운 답변을 만들었어요.

### 🎯 제니쌤의 적중노트

**조건형 답변 만들기: If + 주어 + 현재형, 주어 + will + 동사원형.**

'if'를 사용한 조건문(~라면, ~할 것이다)은 답변할 때 매우 유용합니다. 'if'를 사용한 문장을 만드는 연습을 충분히 해 두세요.

**ex** If they are amazing, people will love it.

**경험 묘사 패턴**

파트 3에서는 경험을 묘사해야 하는 경우가 많습니다. 다음의 긍정적인 경험, 부정적인 경험을 묘사하는 패턴을 익혀 두어 시험장에서 유용하게 활용해 보세요.

**1. 긍정 경험 답변 패턴**

> **The other day, I + 과거 동사. I really liked it. It was awesome.**
> 저번에 제가 ~했었는데, 정말 좋았어요. 최고였어요.

> ※ 그밖의 긍정 표현들
> It was amazing. 굉장했어요. / 멋졌어요.　　It was great. 좋았어요.
> It was fantastic. 환상적이었어요.　　　　　It was wonderful. 아주 멋졌어요.

**VOCA** awesome 정말 좋은

2. 부정 경험 답변 패턴

> **The other day, I + 과거 동사. I didn't like it. It was terrible.**
> 저번에 제가 ~했었는데, 별로였어요. 끔찍했어요.

※ 그밖의 자주 쓰는 부정 표현들

| | | | |
|---|---|---|---|
| It was boring. | 지루했어요. | It was disappointing. | 실망스러웠어요. |
| It was uncomfortable. | 불편했어요. | It was not fun. | 재미없었어요. |

 **VOCA** terrible 끔찍한   uncomfortable 불편한   disappointing 실망스러운

## Questions 8-10: Respond to Questions Using Information Provided

문제집 p. 27

### 보스턴 시티 영화제

| 날짜 | 영화 제목 | 장르 | 감독 |
|---|---|---|---|
| 6월 17일 | 몬스터 | 액션 | 제이미 홉킨스 |
| | ~~더 산 오브 데빌스 (취소됨)~~ | ~~공포~~ | ~~베네 브래드쇼~~ |
| 6월 18일 | 잊혀진 마을 | 스릴러 | 다니엘 애비 |
| | 더 러브드 원스 | 드라마 | 토마스 웨스트 |
| 6월 19일 | 네버 룩 백 | 스릴러 | 찰리 맥아담스 |
| | 사랑으로 돌아가는 길 | 로맨스 | 피터 잭슨 |
| | 라스트 크리스마스 | 드라마 | 제인 박 |

**Hi, this is Jason Kurt, and I'm planning to visit Boston for the Boston City Film Festival next week. I want to ask some questions about the schedule.**

안녕하세요, 제이슨 커트입니다. 저는 다음 주 보스턴 시티 영화제를 위해 보스턴을 방문할 예정입니다. 일정에 대해 여쭤보고 싶습니다.

### Q8

**Q** What is the first movie on the schedule, and when will it be showing?

예정된 첫 번째 영화는 무엇이며, 언제 상영되나요?

**A** The first movie, *Monster*, will be shown on June 17th. It's an action movie directed by Jamie Hopkins.

첫 번째 영화인 <몬스터>는 6월 17일에 상영될 예정입니다. 이 영화는 제이미 홉킨스 감독의 액션 영화입니다.

**VOCA** directed by ~가 감독한

### Q9

**Q** I love horror movies, and I was told that one horror movie will be showing at the festival. Is this correct?

저는 공포 영화를 좋아하는데 영화제에서 공포 영화 한 편이 상영될 것이라고 들었어요. 이것이 맞나요?

**A** No. Actually, there was supposed to be a horror movie titled *The Sin of Devils*, but it has been canceled.

아니요. 사실 <더 신 오브 데빌스> 라는 제목의 공포 영화가 상영될 예정이었지만, 취소되었습니다.

**VOCA** be supposed to 동사원형: ~하기로 되어 있다

### Q10
🔊 MP3 AT05_10

**Q** My wife is into thrillers these days, and I heard that you are running several thriller movies at the festival. Can you give me all the details of the thrillers running at the festival?

제 아내가 요즘 스릴러 영화에 빠져 있는데 영화제에서 스릴러 영화 몇 편을 상영하고 있다고 들었어요. 축제에서 상영되는 스릴러 영화의 모든 세부 사항을 알려주실 수 있나요?

**A** There are two thrillers. First, on June 18th, there is *Forgotten Village*, directed by Daniel Abby. Next, on June 19th, there is *Never Look Back*, directed by Charlie McAdams.

두 편의 스릴러 영화가 있습니다. 먼저, 6월 18일에 다니엘 애비 감독의 <잊혀진 마을>이 있습니다. 다음으로, 6월 19일에는 찰리 맥아담스 감독의 <네버 룩 백>이 있습니다.

### 🎯 제니쌤의 적중노트

**Q8** 영화나 영상이 상영될 예정이라는 말을 할 때는 'will be shown'이라는 표현을 사용합니다.

> **ex** The first movie, *Monster*, will be shown on June 17th.
> → 영화 제목을 생략하고 'The first movie will be shown on June 17th.'로 답변해도 괜찮습니다.

**Q9** 취소된 일정은 'There was supposed to be 일정, but it has been canceled.'라고 표현해요.
시간이 부족하거나 간단하게 말할 필요가 있을 때는 앞부분을 생략하고 'It has been canceled.'만 사용해도 괜찮습니다.

> **ex** No. Actually, there was supposed to be a horror movie titled *The Sin of Devils*, but it has been canceled.
> No, actually, the horror movie has been canceled.

영화 제목을 소개할 때 'a movie titled + 제목'으로 표현해요.

> **ex** There was supposed to be a horror movie titled *The Sin of Devils*.

영화 감독의 이름을 언급할 때는 'a movie directed by + 사람'으로 표현해요.

> **ex** It's an action movie directed by Jamie Hopkins.

**Q10** 특정 키워드(예: thrillers, animations 등)를 주고 관련된 항목만 골라서 읽게 하는 유형이 자주 출제됩니다.
이런 경우에는 표의 카테고리를 먼저 확인한 뒤, 해당 키워드가 포함된 항목만 빠르게 선별해서 답하는 연습이 필요합니다.

# Question 11: Express an Opinion

**Q11**  🔊 MP3 AT05_11

Which of the following do you think is the best use of time?
- Reading books
- Watching movies
- Traveling overseas

Use specific reasons and examples to support your opinion.

다음 중 시간을 가장 잘 활용하는 방법은 무엇이라고 생각하십니까?
- 책 읽기
- 영화 감상
- 해외 여행

구체적인 이유와 예시를 들어서 의견을 뒷받침하세요.

### 💡 아이디어 만들기

책을 읽는 것이 시간을 가장 잘 활용하는 방법입니다.
1. 책에서 많은 유용한 정보와 지식을 얻을 수 있습니다.
2. 책을 읽으면 스트레스가 풀리고 휴식을 취할 수 있습니다.

### ✏️ 만능문장 활용하기

**파트3 | 만능문장 6**    I can get a lot of useful information from books.   저는 책에서 많은 유용한 정보를 얻을 수 있습니다.

**파트5 | 만능문장 1**    They can learn new things.   그들은 새로운 것들을 배울 수 있습니다.

**파트5 | 만능문장 52**    It relieves their stress and they can relax.   그것은 그들의 스트레스를 풀어주어 그들은 편안하게 쉴 수 있습니다.

## 🏆 모범 답안

| | |
|---|---|
| 서론 | **I think reading books is the best use of time.**<br>저는 책을 읽는 것이 시간을 가장 잘 활용하는 것이라고 생각합니다. |
| 연결 문장 | **Let me explain why I think this way.**<br>제가 왜 이렇게 생각하는지 설명하겠습니다. |
| 이유 1 | **Most of all, I can get a lot of useful information and knowledge from books.**<br>무엇보다도, 저는 책에서 많은 유용한 정보와 지식을 얻을 수 있습니다.<br><br>🥄 **제니쌤의 떠먹여주는 만능문장**<br><br>파트3 │ 만능문장 6    I can get a lot of useful information from books.<br>　　　　　　　　　저는 책에서 많은 유용한 정보를 얻을 수 있습니다.<br>→ I can get a lot of useful information and knowledge from books.<br>　저는 책에서 많은 유용한 정보와 지식을 얻을 수 있습니다.<br><br>'knowledge'를 추가해 정보뿐만 아니라 지식까지 얻을 수 있다는 점을 강조해 더 깊이 있는 답변으로 만들었어요. |
| 예시 1 | **From my experience, I like to read books in my free time because I can learn a lot of new things from reading books. For me, it is very helpful.**<br>제 경험상 저는 책을 읽으면서 많은 새로운 것을 배울 수 있기 때문에 여가 시간에 책을 읽는 것을 좋아합니다. 저에게 큰 도움이 됩니다.<br><br>🥄 **제니쌤의 떠먹여주는 만능문장**<br><br>파트5 │ 만능문장 1    They can learn new things.   그들은 새로운 것들을 배울 수 있습니다.<br>→ I can learn a lot of new things from reading books.<br>　저는 책을 읽으면서 많은 새로운 것들을 배울 수 있습니다.<br><br>• 주어를 'I'로 바꿔 개인 경험형 답변으로 자연스럽게 바꿨어요.<br>• 'new things'를 'a lot of new things'로 바꿔 더 다양한 배움을 표현했어요.<br>• 'from reading books'를 붙여서 어디에서 배웠는지 출처를 명확히 했어요. |

예시 1

🎯 **제니쌤의 적중노트**

**배움 표현**
- 'learn new things'를 'learn a lot of new things'로 바꾸면 훨씬 범위가 넓어져요.
- 'from reading books'처럼 배움의 출처를 명확히 하는 것이 고득점 전략입니다.

**취미/일상 표현**
- 'I like to + 동사원형.(저는 ~하는 것을 좋아합니다.)'은 매우 자주 쓰이는 패턴입니다.
  
  ex) I like to read books.

- 'in my free time(여가 시간에)'은 문장 시작이나 끝에 넣어 취미나 일상을 나타낼 수 있어요.
  
  ex) In my free time, I like to read books.

이유 2

**On top of that, reading books relieves my stress and I can relax.**

게다가, 독서는 스트레스를 풀어주어 저는 편안하게 쉴 수 있습니다.

 🖋 **제니쌤의 떠먹여주는 만능문장**

**파트5 | 만능문장 52**  It relieves their stress and they can relax.

그것은 그들의 스트레스를 풀어 주어 그들은 편안하게 쉴 수 있습니다.

→ On top of that, reading books relieves my stress and I can relax.

게다가, 독서는 스트레스를 풀어주어 저는 편안하게 쉴 수 있습니다.

- 'On top of that'을 붙여 두 번째 이유로 자연스럽게 연결했어요.
- 주어 'It'을 'reading books'로 바꿔 책 읽기의 효과를 강조했어요.
- 'their stress'를 'my stress'로 바꿔 개인 경험형 답변으로 변형했습니다.

## 예시 2

According to a recent news report, the majority of doctors in Korea said that reading books is very beneficial because it relieves people's stress and they can relax.

최근 뉴스 보도에 따르면, 한국의 대다수의 의사들은 독서는 사람들의 스트레스를 풀어주어 사람들이 편안하게 쉴 수 있기 때문에 매우 유익하다고 말했습니다.

### 🖊 제니쌤의 떠먹여주는 만능문장

**파트5 | 만능문장 52**    It relieves their stress and they can relax.
그것은 그들의 스트레스를 풀어주어 그들은 편안하게 쉴 수 있습니다.

→ reading books is very beneficial because it relieves people's stress and they can relax.
독서는 사람들의 스트레스를 풀어주어 사람들이 편안하게 쉴 수 있기 때문에 매우 유익합니다.

- 'It'을 'reading books'로 바꿔서 문장을 구체화했어요.
- 'their'를 'people's'로 바꿔 일반적인 사람들을 대상으로 표현했어요.

### 🎯 제니쌤의 적중노트

**건강 관련 전문가**
건강 관련 주제에서 전문가를 'doctors(의사들)' 혹은 'health experts(건강 관련 연구자)' 등으로 설정하면 자연스럽고 설득력 있는 답변을 만들 수 있어요.

**VOCA**    beneficial 유익한

## 결론

Therefore, I think reading books is the best use of time.

그러므로, 저는 책을 읽는 것이 시간을 가장 잘 활용하는 것이라고 생각합니다.

## 실전 모의고사 6회 — 모범 답안

문제집 pp. 29-33

### Questions 1-2: Read a Text Aloud

**Q1  행사 소개**  MP3  AT06_01

Thank you for attending this event / to celebrate Mr. Jefferson's promotion / to our company's Chief Executive Officer. ↘ Before we start, → / I want to express my gratitude / to Mr. Jefferson for his dedication, ↗ hard work, ↗ and the ongoing support / he's providing for our company. ↘ As a token / of our appreciation, → / he will receive gifts from our employees. ↘

제퍼슨 씨가 우리 회사의 CEO로 승진한 것을 축하하기 위해 이 행사에 참석해 주셔서 감사합니다. 시작하기 전에 제퍼슨 씨의 헌신과 노력 그리고 우리 회사에 대한 지속적인 지지에 대해 감사를 표하고 싶습니다. 감사의 표시로 그는 직원들로부터 선물을 받을 것입니다.

 제니쌤의 발음과외

**1. 발음에 주의하며 천천히 연습해 보세요.**

| event /ɪˈvent/ | 두 번째 음절 /vent/를 강하게, /v/ 발음에 유의 |
|---|---|
| chief /tʃiːf/ | /tʃ/와 /f/ 발음에 주의 |
| executive /ɪɡˈzek.jə.tɪv/ | /eg/가 아닌 /ɪg/로 시작한다는 점과 /zek/의 /z/ 발음에 유의 |
| gratitude /ˈɡræt.ə.tuːd/ | /gr/ 입 모양에 유의 |
| support /səˈpɔːrt/ | /p/가 중간에 끼이면 강하게 발음됨 |
| token /ˈtoʊ.kən/ | /toʊ/를 길게, /kən/은 약하게 마무리 |

**2. 강세를 정확하게 주세요.**

아래 단어들은 볼드체 부분에 강세를 주세요.
> **ex**  cel**e**brate, ded**i**cation, appreci**a**tion

**3. 사람 이름은 강조해서 읽어주세요.**

'Mr. Jefferson' 같은 고유 명사는 천천히, 또렷하게 읽는 게 중요해요.
> **ex**  Thank you for attending this event / to celebrate **Mr. Jefferson's** promotion.

## 4. 끊어 읽기에 유의하세요.

문장 구조를 명확하게 하기 위해 to 부정사 앞, 전치사 앞에서 살짝 멈춰 주세요.

 Thank you for attending this event / to celebrate Mr. Jefferson's promotion.
I want to express my gratitude / to Mr. Jefferson.
As a token / of our appreciation, / he will receive gifts from our employees.

---

### Q2 인물 소개  🔊 MP3 AT06_02

Greetings everyone! ↘ Before we start our daily staff meeting, → / I want to introduce Ms. Rene Edwards, → / who has been hired as an executive officer of our company. ↘ Over the course of her long career, → / she has worked as an intern, ↗ manager, ↗ and head of departments / both in our company and in others. ↘ Let's welcome Ms. Edwards, → / who will be such a great help to our team. ↘

안녕하세요, 여러분! 일일 직원 회의를 시작하기 전에 우리 회사의 임원으로 고용된 르네 에드워즈 씨를 소개하고 싶습니다. 오랜 경력 동안 그녀는 우리 회사와 다른 회사에서 인턴, 관리자 및 부서장으로 일했습니다. 우리 팀에 큰 도움이 될 에드워즈 씨를 환영해주세요.

---

### 🐬 제니쌤의 발음과외

**1. 발음에 주의하며 천천히 연습해 보세요.**

| | |
|---|---|
| **staff** /stæf/ | /st/의 /t/ 소리는 'ㄸ'에 가깝게, /f/로 또렷하게 끝맺기 |
| **course** /kɔːrs/ | /r/과 /s/가 자연스럽게 이어지도록 |
| **career** /kəˈrɪr/ | /r/이 반복되므로 혀끝을 입 안에 말아 넣듯 발음하기 |
| **manager** /ˈmæn.ə.dʒɚ/ | /æ/ 발음에 유의 |
| **both** /boʊθ/ | 끝의 /θ/는 혀끝을 살짝 내밀며 발음하기 |
| **great** /greɪt/ | /gr/의 /r/ 발음에 유의, /t/로 깔끔하게 마무리 |
| **help** /help/ | 마지막 /p/는 소리를 강하게 내기보다 입술을 닫는다는 느낌으로 발음하기 |

**2. 강세를 정확하게 주세요.**

아래 단어들은 볼드체 부분에 강세를 주세요.

 de**part**ments, intro**duce**, **in**tern

**3. 'Ms.'는 '미즈'처럼 발음해요.**

'Ms.'는 '미즈/mɪz/'처럼 부드럽게 읽습니다. 'Mr.(미스터)', 'Mrs.(미시즈)', 'Miss(미스)'와 구별해서 정확하게 발음하세요.

 Let's welcome **Ms.** Edwards to the team.

## Questions 3-4: Describe a Picture

**Q3**  서론 » 전체 요약 » 인물 묘사 » 기타 사물 배경     MP3 AT06_03

| | |
|---|---|
| 서론 | This is a picture taken indoors.<br>이것은 실내에서 찍힌 사진입니다. |
| 전체 요약 | The first thing I can see from this picture is some people.<br>이 사진에서 가장 먼저 볼 수 있는 것은 몇몇 사람들입니다. |
| 인물 묘사 | In the middle of the picture, I can see a man working on his laptop.<br>He is typing something on his laptop and smiling.<br>Next to him, I can see a boy holding a pen and writing something.<br>사진의 중심에는, 노트북으로 작업하고 있는 남자가 보입니다.<br>그는 노트북에 무언가를 입력하고 웃고 있습니다.<br>그 옆에는 펜을 들고 무엇인가를 쓰고 있는 소년이 보입니다. |
| 기타 사물 배경 | In front of him, I can see a cup.<br>In the background of the picture, I can see a woman standing.<br>그의 앞에는 컵이 보입니다.<br>사진의 배경에는 한 여자가 서 있는 것이 보입니다. |

**VOCA**  work on a laptop 노트북으로 작업하다   type 타자 치다

### 제니쌤의 적중노트

사진에 사람 수가 정확하지 않거나 여러 명일 땐 'some people'로 묘사하면 돼요.

**ex**  The first thing I can see from this picture is some people.

노트북 관련 표현은 회사, 학교, 도서관 등 다양한 장소 묘사에 응용할 수 있어요.

- work on a laptop: 노트북으로 작업하다
- type something on a laptop: 노트북에 무언가 입력하다
- look at the screen: 화면을 보다
- work on a computer: 컴퓨터로 작업하다

## Q4  서론 » 전체 요약 » 인물 묘사 » 기타 사물 배경    🔊 MP3 AT06_04

| | |
|---|---|
| 서론 | This is a picture taken indoors.<br>이것은 실내에서 찍힌 사진입니다. |
| 전체 요약 | The first thing I can see from this picture is two kids drawing something.<br>이 사진에서 가장 먼저 볼 수 있는 것은 무언가를 그리고 있는 두 아이입니다. |
| 인물 묘사 | One of them is a boy. He is holding a blue pen and looking at a drawing. The other is a girl. She is holding an orange pen and drawing something. Both of them have blond hair.<br>그들 중 한 명은 소년입니다. 그는 파란색 펜을 들고 그림을 보고 있습니다.<br>다른 한 명은 소녀입니다. 그녀는 주황색 펜을 들고 무언가를 그리고 있습니다.<br>둘 다 금발 머리입니다. |
| 기타<br>사물 배경 | In the background of the picture, I can see a woman sitting on a sofa and working on a laptop.<br>사진의 배경에는 소파에 앉아 노트북으로 작업하고 있는 여자의 모습이 보입니다. |

**VOCA**  hold a pen 펜을 들다   look at a drawing 그림을 보다   draw something 무언가를 그리다   sit on a sofa 소파에 앉다
work on a laptop 노트북으로 작업하다

### 🎯 제니쌤의 적중노트

**두 명이 있을 때는 'one of them / the other'를 사용해 명확하게 구분해 주세요.**

**ex**  One of them is a boy. The other is a girl.
  → 이런 구조는 묘사 순서를 정리하고 말의 흐름을 부드럽게 해 줍니다.

**두 사람의 공통된 특징은 'both of them'으로 묶으면 시간도 절약되고 말도 더 간결해져요.**

**ex**  Both of them have blond hair.
  → 같은 특징을 반복해서 설명하는 대신 한 문장으로 처리할 수 있어요.

##  Questions 5-7: Respond to Questions

Imagine that your friend is planning to go on a picnic.
You are having a telephone conversation about going on a picnic.

당신의 친구가 소풍을 계획하고 있다고 상상해 보세요.
당신은 소풍에 대해서 친구와 전화로 대화를 하고 있습니다.

---

**Q5**  🔊 MP3 AT06_05

**Q** When was the last time you went on a picnic? Who were you with?

마지막으로 소풍을 간 것이 언제였나요? 누구와 함께 갔나요?

**A** The last time I went on a picnic was two weeks ago. I went with my best friend.

마지막으로 소풍을 간 것은 2주 전이었습니다. 저는 가장 친한 친구와 함께 갔습니다.

---

**VOCA** go on a picnic 소풍을 가다

  제니쌤의 떠먹여주는 만능문장

### 의문사 만능패턴 When

When was the last time you [과거 동사] ~? 마지막으로 언제 ~했나요?
The last time I [과거 동사] was two weeks ago / yesterday / last year. 저는 마지막으로 ~한 게 2주 전 / 어제 / 작년입니다.
→ **The last time I went on a picnic was two weeks ago.** 마지막으로 소풍을 간 것은 2주 전이었습니다.

- 'The last time I ~ was ~.' 구조를 그대로 사용해서 정확하고 자연스럽게 표현했어요.
- 'yesterday(어제)'나 'a year ago(1년 전)'도 상황에 맞다면 사용할 수 있어요.

### 의문사 만능패턴 Who

Who ~? 누구와 ~?
with my friends 내 친구들과 / with my family 내 가족과
→ **I went with my best friend.** 저는 가장 친한 친구와 함께 갔습니다.

'누구와 함께'라는 질문에는 'with my best friend'처럼 구체적으로 답변하면 좋습니다. 자주 쓰는 답변을 몇 가지 정해 두세요.

**Q6** 🔊 MP3 AT06_06

**Q** Would you prefer to go on a picnic with a large group of people or with a few people?

많은 사람들과 소풍을 가는 것을 선호하시나요, 소수의 사람들과 함께 가는 것을 선호하시나요?

**A** I prefer to go on a picnic with a few people because it feels more like a family gathering, and I feel more comfortable with fewer people.

저는 소수의 사람들과 함께 소풍 가는 것을 선호합니다. 왜냐하면 가족 모임 같은 느낌이 들고, 적은 인원일수록 더 편안함을 느끼기 때문입니다.

 🖌 제니쌤의 떠먹여주는 만능문장

### 파트5 | 만능문장 24

**It feels more like a family.** 더 가족처럼 느껴집니다.

→ **It feels more like a family gathering.** 가족 모임 같은 느낌이 듭니다.

- 'family'를 'family gathering'으로 바꿔서 소풍이라는 맥락에 더 어울리는 표현을 사용했어요.
- 'gathering'은 '사람들과의 모임'을 나타내는 자연스러운 단어입니다.

### 파트5 | 만능문장 21

**They feel more comfortable.** 그들은 더 편안함을 느낍니다.

→ **I feel more comfortable with fewer people.** 저는 적은 인원일수록 더 편안함을 느낍니다.

- 'they'를 'I'로 바꿔서 내 경험을 말하는 구조로 자연스럽게 전환했어요.
- 'with fewer people'을 붙여서, 더 적은 사람들과 함께일 때 더 편안함을 느낀다고 표현할 수 있어요.

**VOCA** gathering 모임  fewer 더 적은

**Q7**  MP3 AT06_07

**Q** If you were to go on a picnic, would you prefer to do it at a park or in a backyard?

소풍을 간다면 공원이나 뒷마당 중 어느 곳을 선호하시나요?

**A** If I were to go on a picnic, I would prefer to do it at a park. First, the park has better facilities, so I can have a better experience. Also, it would be more fun and entertaining to have a picnic at a park.

만약 제가 소풍을 간다면, 저는 공원에서 소풍을 하는 것을 선호할 것입니다. 첫째로, 공원은 시설이 더 잘 갖춰져 있어 더욱 좋은 경험을 할 수 있습니다. 또한, 공원에서 소풍을 하는 것이 더욱 재미있고 즐거울 것 같습니다.

 제니쌤의 떠먹여주는 만능문장

### 파트3 | 만능문장 14

**It has great facilities.** 그것은 좋은 시설을 갖추고 있습니다.
→ **The park has better facilities.** 공원은 시설이 더 잘 갖춰져 있습니다.

- 'It'을 'The park'로 바꿔서 문제에 맞는 구체적 대상으로 표현했어요.
- 공원과 뒷마당 중 선택하는 질문이기 때문에 'great' 대신 'better'로 비교급을 사용했어요.

### 파트3 | 만능문장 36

**It makes me happy and I can have a great experience.** 그것은 저를 행복하게 해주고, 저는 좋은 경험을 할 수 있습니다.
→ **I can have a better experience at a park.** 저는 공원에서 더욱 좋은 경험을 할 수 있습니다.

- 'great' 대신 'better'로 바꿔 비교 문제에 좀 더 어울리게 답변했습니다.
- 'at a park'를 붙여서 장소에 대한 연결을 명확히 했습니다.

### 파트5 | 만능문장 22

**It's fun and entertaining.** 그것은 재미있고 즐거움을 줍니다.
→ **It would be more fun and entertaining to have a picnic at a park.**
저는 공원에서 소풍을 하는 것이 더욱 재미있고 즐거울 것 같습니다.

- 질문이 'If you were to ~.' 조건문이므로 'It's' 대신 'It would be'를 사용해 시제를 일치시켰어요.
- 'fun and entertaining'을 'more fun and entertaining'으로 바꿔 비교 문제에 좀 더 어울리게 답변했습니다.
- 'to have a picnic at a park'를 붙여서 문제와의 연결성을 높였어요.

## 📌 제니쌤의 적중노트

### 가정적인 상황에 대한 답변 만들기

'Would you prefer A or B?'라는 표현은 지금 당장 벌어지는 상황에 대한 질문이 아니라, '만약 그런 상황이 생긴다면 너는 어떤 선택을 할 것 같아?'라는 가정적인 상황을 묻는 말이에요. 그래서 대답할 때도 현재형이 아니라 'would + 동사원형'을 써서, '나는 ~할 거야'처럼 가정적인 말투로 말하는 게 자연스럽습니다.

**ex** If I were to go on a picnic, I would prefer to do it at a park.

따라서, 시험에서 'Would you prefer ~?'로 질문이 나올 경우, 'I would prefer ~ because ….' 구조로 답변하면 문법적으로 정확하고 시험관에게도 자연스럽게 들립니다.

### 비교 표현을 활용한 설득력 높이기

'great'을 'better'로, 'fun and entertaining'을 'more fun and entertaining'으로 사용하면 선호 이유를 강조할 수 있어 더 논리적이고 고득점에 가까운 답변이 됩니다.

**ex** The park has better facilities.
It would be more fun and entertaining to have a picnic at a park.

## 📍 Questions 8-10: Respond to Questions Using Information Provided

 문제집 p. 32

### 국제 건축 컨퍼런스
알파 이벤트 홀
12월 2일 금요일
등록 마감일: 11월 20일

| 시간 | 세션 | 발표자 |
|---|---|---|
| 오전 9:00 – 10:00 | 환영 연설 | 데니스 크리스토퍼 (시 건축 커뮤니티 회장) |
| 오전 10:00 – 11:00 | 영상: 건축의 미래 | |
| 오전 11:00 – 정오 | 발표: 예술가와의 협업 (3일 오후 1시로 변경됨) | 크리스틴 브룩 |
| 정오 – 오후 1:00 | 토론: 좋은 건축의 요소 | 도나 왓슨 (브링스턴 대학교 교수) |
| 오후 1:00 – 2:00 | 점심 | |
| 오후 2:00 – 3:00 | 토론: 기술을 건축에 접목하기 | 짐 레이놀즈 (SJ 컴퍼니 총괄 이사) |
| 오후 3:00 – 4:00 | 투어: 도시의 랜드마크 | |

 deadline 마감일   registration 등록

I'm an architect working in the city and was invited to the International Architecture Conference as a presenter, but I haven't got the schedule yet. Can I ask you a few questions regarding the event?

저는 이 도시에서 일하는 건축가이고 국제 건축 컨퍼런스에 발표자로 초청받았지만 아직 일정을 받지 못했습니다. 행사에 대해 몇 가지 질문을 해도 될까요?

### Q8

🔊 MP3 AT06_08

**Q** What date will the International Architecture Conference be held? When is the last day people can sign up for the event?

국제 건축 컨퍼런스의 개최 날짜는 언제인가요? 사람들이 행사에 등록할 수 있는 마지막 날은 언제인가요?

**A** It will be held on Friday, December 2nd, and the deadline for registration is November 20th.

12월 2일 금요일에 개최되며 등록 마감일은 11월 20일입니다.

 VOCA  sign up 등록하다

### Q9

🔊 MP3 AT06_09

**Q** I was asked to give a brief presentation at the event, but I only have time in the morning. I need at least 50 minutes. Can we fit this into the morning schedule?

저는 행사에서 간단한 발표를 해 달라는 요청을 받았지만 오전에만 시간이 있습니다. 발표에는 최소 50분이 필요해요. 이것을 오전 일정에 맞출 수 있나요?

**A** Fortunately, there was supposed to be another presentation from 11:00 to noon, but it has been rescheduled to the 3rd. So, it's possible.

다행히 11시부터 정오까지 다른 발표가 있기로 되어 있었는데 3일로 일정이 변경되었습니다. 그래서 가능합니다.

 VOCA  brief 간단한   at least 최소한   fit into ~에 맞추다   morning schedule 오전 일정   reschedule 일정을 변경하다

### Q10
🔊 MP3 AT06_10

**Q** One of my colleagues is deeply interested in the discussions at this event. Could you give me all the information about the discussion sessions scheduled during the conference?

제 동료 중 한 명이 이 행사의 토론에 깊은 관심을 가지고 있습니다. 컨퍼런스 중에 예정된 토론 세션에 대한 모든 정보를 알려주실 수 있나요?

**A** There are two discussions.
First, at noon, there is a discussion on Elements of Good Architecture by Donna Wattson, the Professor at Bringston University.
Next, at 2 p.m., there is a discussion on Blending Technologies into Architecture by Jim Reynolds, the Executive Director of SJ Company.

두 개의 토론이 있습니다.
먼저 정오에 브링스턴 대학교의 도나 왓슨 교수가 좋은 건축의 요소에 대해 토론합니다.
다음으로, 오후 2시에 SJ 컴퍼니의 총괄 이사인 짐 레이놀즈가 건축에 기술을 접목하는 것에 대해 토론합니다.

### 🎯 제니쌤의 적중노트

**Q8** 행사가 열리는 날짜를 말할 때는 'It will be held on 날짜.'로 표현합니다.

> **ex** It will be held on Friday, December 2nd. 12월 2일 금요일에 열립니다.

등록 마감일을 말할 때는 'The deadline for registration is 날짜.'로 표현합니다.

> **ex** The deadline for registration is November 20th. 등록 마감일은 11월 20일입니다.

'~에 등록하다'라고 말할 때는 'sign up for 행사'를 사용합니다.

> **ex** You can sign up for the International Architecture Conference on the website.
> 국제 건축 컨퍼런스는 웹사이트에서 등록할 수 있습니다.

'등록하다'와 관련된 유용한 단어들도 함께 익혀 두면 좋습니다.
- sign up: 등록하다
- registration: 등록
- deadline: 마감일

**Q9** 일정표에 없는 다른 일정을 소화해야 하는 경우, 그럴 시간이 있는지 묻는 질문이 자주 출제됩니다.
이때 취소된 일정이 있다면, 그 시간을 활용할 수 있다고 답변할 수 있습니다.

> **ex** There was supposed to be a session, but it has been canceled, so we can use that time.
> 원래 세션이 있었지만 취소되었기 때문에 그 시간을 사용할 수 있습니다.

무언가가 가능한지 물어봤을 때는, 'Yes, it's possible.' 또는 'No, it's not possible.'라고 답하면 됩니다.

> **ex** Yes, it's possible. 네, 가능합니다.
> No, it's not possible. 아니요, 불가능합니다.

'Unfortunately(안타깝게도)', 'Fortunately(다행히도)' 같은 표현으로 좀 더 부드럽고 자연스럽게 표현할 수 있어요.

> **ex** Fortunately, there is a free time slot. 다행히도, 비는 시간이 있습니다.

일정 취소·연기·변경 표현은 꼭 익혀 두세요.

| | | |
|---|---|---|
| 취소 | **ex** | There was supposed to be a meeting, but it has been canceled. <br> 회의가 예정되어 있었지만 취소되었습니다. |
| 연기 | **ex** | There was supposed to be a session, but it has been postponed. <br> 세션이 예정되어 있었지만 연기되었습니다. |
| 일정 변경 | **ex** | There was supposed to be a discussion, but it has been rescheduled to Friday. <br> 토론이 예정되어 있었지만 금요일로 일정이 변경되었습니다. |

시간이 부족할 때는 앞부분을 생략하고 'It has been canceled.'만 말해도 괜찮습니다.

**Q10** 사람 앞에는 'by(~에 의해)'를 쓰고, 직책 앞에는 'the'를 붙여 표현합니다.

> **ex** There is a discussion on Blending Technologies into Architecture by Jim Reynolds, the Executive Director of SJ Company.
> SJ 컴퍼니의 총괄 이사인 짐 레이놀즈의 건축에 기술을 접목하는 것에 대한 토론이 있습니다.

# Question 11: Express an Opinion

**Q11**  🔊 MP3 AT06_11

Do you think managers should be strict to lead a team to success?
Use specific reasons and examples to support your opinion.

팀을 성공으로 이끌려면 관리자가 엄격해야 한다고 생각하시나요?
구체적인 이유와 예시를 들어서 의견을 뒷받침하세요.

**VOCA** strict 엄격한

### 💡 아이디어 만들기

팀을 성공으로 이끄는 데 있어 관리자가 엄격할 필요는 없습니다.
1. 관리자가 너무 엄격하면 좋은 업무 분위기를 만들 수 없습니다.
2. 관리자가 엄격하면 직원끼리 원활하게 소통하기가 어렵습니다.

### ✏️ 만능문장 활용하기

| 파트5 \| 만능문장 34 | They can make a friendly (work) atmosphere.  그들은 친근한 (업무) 분위기를 만들 수 있습니다. |
| 파트5 \| 만능문장 9 | They can't work efficiently.  그들은 효율적으로 일할 수 없습니다. |
| 파트5 \| 만능문장 35 | They can communicate with others better.  그들은 다른 사람들과 더 원활하게 소통할 수 있습니다. |

### 🏆 모범 답안

| 서론 | I don't think managers should be strict to lead a team to success.<br>저는 팀을 성공으로 이끄는 데 관리자가 엄격해야 한다고 생각하지 않습니다. |
| 연결 문장 | Let me explain why I think this way.<br>제가 왜 이렇게 생각하는지 설명하겠습니다. |

Most of all, if managers are too strict, they can't make a friendly work atmosphere.

무엇보다도, 관리자가 너무 엄격하면 친근한 업무 분위기를 만들 수 없습니다.

🖊 제니쌤의 떠먹여주는 만능문장

**이유 1**

파트5 | 만능문장 34  They can make a friendly (work) atmosphere.
그들은 친근한 (업무) 분위기를 만들 수 있습니다.

→ If managers are too strict, they can't make a friendly work atmosphere.
관리자가 너무 엄격하면 친근한 업무 분위기를 만들 수 없습니다.

- 'if' 조건문을 써서 문제의 전제와 자연스럽게 연결했습니다.
- 'They'를 'managers'로 바꿔서 문제 상황에 맞게 구체화했어요.
- 'can'을 'can't'로 바꾸어 엄격한 관리자는 좋은 분위기를 만들기 어렵다는 부정적인 의미를 담았어요.

🎯 제니쌤의 적중노트

조건형 문장 만들기: If + 주어 + 현재형, 주어 + will/can't + 동사원형.
조건을 설정해 문장 도입에 붙이면, 답변의 논리성과 구조가 한층 더 좋아집니다.
ex  If managers are too strict, they can't make a friendly work atmosphere.

VOCA  atmosphere 분위기

**예시 1**

From my experience, I used to work at a company where my manager was very strict. It was not helpful at all because he didn't create a friendly work atmosphere and tense employees couldn't work efficiently.

제 경험에 따르면, 저는 상사가 매우 엄격한 회사에서 일했습니다. 그것은 전혀 도움이 되지 않았습니다. 왜냐하면 그 상사는 친근한 업무 분위기를 조성하지 않았고, 긴장한 직원들이 효율적으로 일할 수 없었기 때문입니다.

🖊 제니쌤의 떠먹여주는 만능문장

파트5 | 만능문장 34  They can make a friendly (work) atmosphere.
그들은 친근한 (업무) 분위기를 만들 수 있습니다.

파트5 | 만능문장 9  They can't work efficiently.  그들은 효율적으로 일할 수 없습니다.

→ It was not helpful at all because he didn't create a friendly work atmosphere, and the employees couldn't work efficiently.
그것은 전혀 도움이 되지 않았습니다. 왜냐하면 그 상사는 친근한 업무 분위기를 조성하지 않았고, 직원들이 효율적으로 일할 수 없었기 때문입니다.

## 예시 1

- 'It was not helpful at all'은 부정적인 경험을 자연스럽게 나타내는 표현이에요.
- 'he didn't create'로 'make' 대신 'create'를 써서 어휘 다양성을 확보했고,
- 'the employees couldn't work efficiently'로 결과까지 구체적으로 표현해 줬어요.

> ### 🎯 제니쌤의 적중노트
>
> **비즈니스 경험 표현하기**
>
> I used to work at a company.
> → 업무 관련 과거 경험을 말할 때 자연스럽게 시작할 수 있는 표현입니다. 이어서 'where my manager was very strict'처럼 구체적인 배경을 설명하면 더 풍부한 답변이 됩니다.
>
> **부정적인 경험 표현하기**
>
> It was not helpful at all. / It was not beneficial.
> → 경험이 좋지 않았다는 걸 자연스럽게 말할 수 있는 핵심 표현이에요.
>
> **어휘 다양성: make vs. create**
>
> 'make' 대신 'create'도 같은 의미로 사용할 수 있어요.
> → 반복을 피하고 표현력을 높이는 데 도움이 됩니다.

**VOCA** tense 긴장한

---

## 이유 2

**On top of that, if managers are too strict, the employees can't communicate well with each other.**

게다가, 관리자가 너무 엄격하면 직원들끼리 잘 소통할 수 없습니다.

### 🖋 제니쌤의 떠먹여주는 만능문장

**파트5 | 만능문장 35**  They can communicate with others better.

그들은 다른 사람들과 더 원활하게 소통할 수 있습니다.

→ If managers are too strict, the employees can't communicate well with each other.
관리자가 너무 엄격하면 직원들끼리 잘 소통할 수 없습니다.

- if 조건문을 활용해 문제의 전제에 맞게 연결해 줍니다.
- 'They'를 'the employees'로 바꿔 주어를 구체적으로 표현했어요.
- 'with others'를 'with each other'로 바꿔 서로 간의 소통이라는 뉘앙스를 더했어요.

**According to a recent news report, the majority of successful CEOs in Korea said that managers should not be strict because employees can't communicate well with each other if managers are too strict.**

최근 뉴스 보도에 따르면, 한국에서 성공한 CEO의 대다수는 관리자가 너무 엄격하면 직원들이 서로 잘 소통할 수 없기 때문에 관리자들은 엄격해서는 안 된다고 말했습니다.

🖊 제니쌤의 떠먹여주는 만능문장

예시 2

파트5 | 만능문장 35  **They can communicate with others better.**
그들은 다른 사람들과 더 원활하게 소통할 수 있습니다.

→ According to a recent news report, the majority of successful CEOs in Korea said that managers should not be strict because employees can't communicate well with each other if managers are too strict.

최근 뉴스 보도에 따르면, 한국에서 성공한 CEO의 대다수는 관리자가 너무 엄격하면 직원들이 서로 잘 소통할 수 없기 때문에 관리자들은 엄격해서는 안 된다고 말했습니다.

- 전문가 출처를 'successful CEOs in Korea'로 설정해 비즈니스 주제에 맞는 전문가 인용 표현을 구성했어요.
- 전문가의 말에서는 주장하는 바를 한 번 더 강조한 후, '이유 2'에서 주장한 바를 다시 언급하는 것이 효과적입니다.

🎯 **제니쌤의 적중노트**

**전문가 인용 표현 만들기**
- 비즈니스 주제에서는 'successful CEOs' 같은 직업군이 더 자연스럽습니다.
- 자신의 주장을 강화하기 위해 전문가의 말을 인용하고, 문제에서 제시된 조건(if ~)을 다시 반복해서 설명하면 더 자세한 답변을 만들 수 있습니다.

결론

**Therefore, I don't think that managers should be strict to lead a team to success.**

그러므로, 팀을 성공으로 이끌기 위해 관리자가 엄격할 필요는 없다고 생각합니다.

# 실전 모의고사 7회 모범 답안

문제집 pp. 34-38

## Questions 1-2: Read a Text Aloud

**Q1** 광고  🔊 MP3 AT07_01

Do you love music as much as we do? ↗ Then, → / visit Dean Music Bar / to enjoy the best music and drinks / in the area. ↘ Here, → / you can watch performances by many local bands with beers, ↗ whiskey, ↗ and cocktails. ↘ Whatever you are looking for / as a music lover, → / you can find it here at Dean Music Bar. ↘ Don't hesitate to make an online reservation now. ↘

당신도 저희만큼 음악을 사랑하시나요? 그렇다면 딘 뮤직 바를 방문하여 지역 최고의 음악과 음료를 즐겨보세요. 여기에서 맥주, 위스키, 칵테일과 함께 많은 현지 밴드의 공연을 관람할 수 있습니다. 음악 애호가로서 찾고 있는 것이 무엇이든 여기 딘 뮤직 바에서 찾을 수 있습니다. 지금 온라인 예약을 망설이지 마세요.

### 🐰 제니쌤의 발음과외

**1. 발음에 주의하며 천천히 연습해 보세요.**

| Then /ðen/ | /ð/ 소리는 혀끝을 살짝 내밀며 소리를 울려서 |
|---|---|
| drinks /drɪŋks/ | [d+r]은 '쥬'처럼 발음하기 |
| area /ˈer.i.ə/ | '에어리어'에 가깝게 |
| local /ˈloʊ.kəl/ | '로컬'보다는 '로우컬'에 가깝게 |

**2. 강세를 정확하게 주세요.**

> ex  per**for**mances, **cock**tails, **hes**itate, reser**va**tion

**3. 억양에 주의해서 읽어 주세요.**

- 'don't / can't / not / no' 같은 단어는 감정이나 의미 강조를 위해 억양을 올려주거나 강하게 읽어야 해요.
  > ex  **Don't** hesitate to make an online reservation.
- 고유 명사(가게명, 이름 등)는 강조해서 읽어주세요.
  > ex  Then, visit **Dean Music Bar** to enjoy the best music and drinks in the area.
  > Whatever you are looking for as a music lover, you can find it here at **Dean Music Bar**.

### 4. [d+r] 소리는 '쥬'처럼 발음돼요.

**ex** drink, drive, dream
→ 'drink'는 '드링크'가 아니라 '쥬링크'에 가까운 소리가 나며, 부드럽게 이어서 발음하면 더 자연스러워요.

---

**Q2 공지 사항**  🔊 MP3 AT07_02

The next guest / for tonight's event is Kurt Fell, → / a dean of Sierra University in Chicago. ↘ He has been working at the university / for ten years. ↘ Today, → / he will share strategies, ↗ know-how, ↗ and insights / into running a university. ↘ Also, → / he will discuss his educational philosophy / for a moment. ↘ Let's welcome Mr. Fell to the stage. ↘

---

오늘 밤 행사의 다음 손님은 시카고에 있는 시에라 대학교의 학과장인 커트 펠입니다. 그는 10년 동안 이 대학교에서 근무하고 있습니다. 오늘 그는 대학교 운영에 대한 전략과 노하우, 인사이트를 공유할 예정입니다. 또한 잠시 자신의 교육 철학에 대해 이야기할 예정입니다. 펠 씨를 무대로 환영합시다.

---

 **제니쌤의 발음과외**

### 1. 발음에 주의하며 천천히 연습해 보세요.

| dean /diːn/ | 짧게 읽지 않도록 주의 |
| --- | --- |
| event /ɪˈvent/ | 두 번째 음절에 강세, /v/ 소리 확실히 |
| welcome /ˈwel.kəm/ | /wel/에 강세를 주고, /kəm/도 뭉개지지 않게 발음하기 |
| Chicago /ʃɪˈkɑː.goʊ/ | '쉬카고'처럼 발음하며 마지막 /goʊ/를 또렷하게 |

### 2. 강세를 정확하게 주세요.

아래 단어들은 볼드체 부분에 강세를 주세요.

**ex** **strat**egies, **know**-how, **in**sight, uni**ver**sity, edu**ca**tional, phi**los**ophy

### 3. 고유 명사는 강조해서 읽어 주세요.

이름이나 장소는 강하고 또렷하게 읽어야 청자들이 잘 들을 수 있어요.

**ex** The next guest for tonight's event is **Kurt Fell**, a dean of **Sierra University** in **Chicago**. Let's welcome **Mr. Fell** to the stage.

## Questions 3-4: Describe a Picture

**Q3** 서론 » 전체 요약 » 인물 묘사 » 기타 사물 배경   MP3 AT07_03

| 서론 | This is a picture taken at an office.<br>이것은 사무실에서 찍힌 사진입니다. |
|---|---|
| 전체 요약 | The first thing I can see from this picture is some people.<br>이 사진에서 가장 먼저 볼 수 있는 것은 몇몇 사람들입니다. |
| 인물 묘사 | One of them is standing and giving a presentation.<br>She is holding a stick and pointing at a chart.<br>The rest of them are sitting at a table and listening to her.<br>Some of them have ponytails and some of them have their hair styled in a bun.<br>그들 중 한 명이 서서 발표를 하고 있습니다.<br>그녀는 막대기를 들고 차트를 가리키고 있습니다.<br>나머지는 테이블에 앉아 그녀의 말을 듣고 있습니다.<br>그들 중 일부는 묶음 머리를 하고 있고 일부는 번 헤어 스타일을 하고 있습니다. |
| 기타<br>사물 배경 | On the table, I can see laptops and cups.<br>테이블에는 노트북과 컵을 볼 수 있습니다. |

**VOCA** give a presentation 발표를 하다  hold a stick 막대기를 들다  point at a chart 차트를 가리키다
sit at a table 테이블 앞에 앉다  listen to ~의 말을 듣다  laptop 노트북  ponytail 묶음 머리
have one's hair styled in a bun 번 헤어 스타일을 하다

### 제니쌤의 적중노트

여러 명 중 한 명을 묘사할 때는 'one of them', 나머지는 'the rest of them'으로 묶어 표현해요.

**ex** One of them is presenting. The rest of them are listening.

**'테이블 앞에 앉다'는 'sit at a table'이라고 표현하고, 'sit on'은 잘 사용하지 않습니다.**

**ex** They are sitting at a table. (O)
They are sitting on a table. (X)
→ 일반적으로 테이블 위에 올라가기보다 테이블 앞에 의자를 두고 앉기 때문에 'sit at a table'이 더 정확합니다.

**헤어 스타일을 묘사할 땐 'have + 헤어 스타일' 구조를 사용해요.**

**ex** She has a ponytail.
She has her hair styled in a bun.

## Q4  서론 ≫ 전체 요약 ≫ 인물 묘사 ≫ 기타 사물 배경      🔊 MP3 AT07_04

| 서론 | This is a picture taken indoors.<br>이것은 실내에서 찍힌 사진입니다. |
|---|---|
| 전체 요약 | The first thing I can see from this picture is two people cooking.<br>이 사진에서 가장 먼저 볼 수 있는 것은 요리하고 있는 두 사람입니다. |
| 인물 묘사 | They are wearing a white T-shirt and a striped apron.<br>One of them is a woman. She is stirring something.<br>The other is a girl. She has a ponytail.<br>They are looking into a bowl and smiling.<br>그들은 흰색 티셔츠와 줄무늬 앞치마를 입고 있습니다.<br>그들 중 한 명은 여성입니다. 그녀는 무언가를 휘젓고 있습니다.<br>나머지 한 명은 소녀입니다. 그녀는 묶음 머리를 하고 있습니다.<br>그들은 그릇 안을 들여다보고 있고 미소를 짓고 있습니다. |
| 기타 사물 배경 | In front of them, I can see two bowls, a bottle, eggs and so on.<br>그들 앞에는 그릇 두 개, 병, 달걀 등이 보입니다. |

**VOCA**  striped 줄무늬  T-shirt 티셔츠  stir 젓다  look into ~의 안을 들여다보다  bowl 그릇  bottle 병  and so on 기타 등등

### 제니쌤의 적중노트

인물을 나이대에 따라 구분해서 표현하면 훨씬 더 구체적이고 정확한 묘사가 됩니다.

**ex** One of them is a woman. The other is a girl.
→ 성인과 아이의 차이를 보여줄 수 있어요.

무언가를 나열한 뒤 '그 외에도 여러 가지가 더 있다'고 말하고 싶을 땐 'and so on'을 써주세요.

**ex** I can see two bowls, a bottle, eggs and so on.
→ 다양한 물건이 있을 때 끝맺기 좋습니다.

정확한 동작 표현이 생각나지 않을 때는 더 넓은 범위의 동사로 대체하는 것도 좋아요.

**ex** She is cooking something.
→ 'stir(젓다)'가 생각 안 날 땐, 'cook(요리하다)'처럼 포괄적인 표현으로 말해도 무방합니다.

## Questions 5-7: Respond to Questions

Imagine that an American marketing firm is doing research in your country. You have agreed to participate in a telephone interview about traveling.

미국 마케팅 회사가 당신의 지역에서 리서치를 하고 있다고 상상해 보세요.
당신은 여행에 대한 전화 인터뷰에 참여하기로 동의했습니다.

**Q5**   MP3 AT07_05

**Q** When was the last time you traveled abroad to visit a famous place? Who did you go with?

마지막으로 해외여행을 가서 유명한 곳을 방문한 것이 언제였나요? 누구와 같이 갔나요?

**A** The last time I traveled abroad to visit a famous place was last year, and I went with my best friends.

마지막으로 해외여행을 가서 유명한 곳을 방문한 것은 작년이었고, 저는 가장 친한 친구들과 함께 갔습니다.

**VOCA** travel abroad 해외여행 하다

 **제니쌤의 떠먹여주는 만능문장**

### 의문사 만능패턴 When

**When was the last time you [과거 동사] ~?** 마지막으로 언제 ~했나요?
**The last time I [과거 동사] was two weeks ago / yesterday / last year.** 저는 마지막으로 ~한 게 2주 전 / 어제 / 작년입니다.

→ **The last time I traveled abroad to visit a famous place was last year.**
　마지막으로 해외여행을 가서 유명한 곳을 방문한 것은 작년이었습니다.

해외여행은 자주 하는 일이 아니기 때문에, 'two weeks ago(2주 전)'보다 'last year(작년에)'를 쓰면 문제에 더 적합하게 답변할 수 있습니다.

### 의문사 만능패턴 Who

**Who did you go with?** 누구와 함께 갔나요?
**with my friends** 내 친구들과 / **with my family** 내 가족과

→ **I went with my best friends.** 저는 가장 친한 친구들과 함께 갔습니다.

'with my friends'에 'best'를 붙여 더 구체적인 답변을 만들어 줍니다.

---

**Q6**  MP3　AT07_06

**Q** If you had to visit another country to visit a famous place, would you like to book a hotel or stay at a friend's or relative's house?

만약 유명한 장소를 방문하기 위해 다른 나라를 여행해야 한다면, 호텔을 예약하고 싶으신가요, 친구나 친척의 집에서 머물고 싶으신가요?

**A** If I had to visit another country to visit a famous place, I would like to book a hotel because I would not be distracted by others.

만약 유명한 장소를 방문하기 위해 다른 나라를 여행해야 한다면, 저는 다른 사람들에게 방해받고 싶지 않기 때문에 호텔을 예약하고 싶습니다.

 **제니쌤의 떠먹여주는 만능문장**

### 파트5 | 만능문장 5

**They will be distracted.** 그들은 주의가 산만해질 것입니다.

→ **I would not be distracted by others.** 저는 다른 사람들에게 방해받고 싶지 않습니다.

- 'They'를 'I'로 바꿔서 내 경험 중심으로 문장을 구성했어요.
- 'will be' 대신 'would not be'를 사용해서 가정형 질문(would you like to~?)에 시제를 맞추고, 부정의 의미로 바꿨어요.
- 'by others'를 추가해 방해 요인의 주체(다른 사람들)를 분명하게 했어요.

### ◎ 제니쌤의 적중노트

**조건형 답변 만들기: If + 주어 + 과거형, 주어 + would + 동사원형.**

'만약 ~라면 어디에서 머무르고 싶은지'에 대한 가정 상황이기 때문에, If 구조를 사용해야 자연스럽고 문법적으로도 정확합니다.

**ex** If I had to visit another country to visit a famous place, I would like to book a hotel.

---

**Q7**  🔊 MP3 AT07_07

**Q** Other than visiting famous places, which of the following would you prefer to do when you travel abroad?
- Go shopping
- Meet local people
- Try local food

해외여행을 할 때 유명 관광지를 방문하는 것 외에 다음 중 가장 하고 싶은 것은 무엇인가요?
- 쇼핑하러 가기
- 현지인 만나기
- 현지 음식 맛보기

**A** I would prefer to try local food when I travel abroad. First, I like to try new things. Also, it would make me happy and give me great memories.

저는 해외여행을 가면 현지 음식을 먹어보고 싶습니다. 첫째로, 저는 새로운 것을 시도하는 것을 좋아합니다. 또한, 그것은 저를 행복하게 하고 좋은 추억을 줄 것입니다.

**VOCA** local food 현지 음식   local people 현지인   try 시도해 보다

 제니쌤의 떠먹여주는 만능문장

### 파트3 | 만능문장 41

**I like to try new things.** 저는 새로운 것을 시도해 보는 것을 좋아합니다.

질문에서 현지 음식이 나왔기 때문에, 새로운 음식에 도전하는 맥락으로 그대로 활용하면 딱 어울려요.

### 파트3 | 만능문장 36

**It makes me happy and I can have a great experience.** 그것은 저를 행복하게 해주고, 저는 좋은 경험을 할 수 있습니다.
→ **It would make me happy and give me great memories.** 그것은 저를 행복하게 하고 좋은 추억을 줄 것입니다.

- 'would'를 사용해 가정형 질문에 맞게 시제를 맞췄어요.
- 'have a great experience(좋은 경험을 하다)'를 'give me great memories(좋은 추억을 주다)'로 바꿔서 더 감성적이고 인상 깊은 느낌을 전달했어요.

##  Questions 8-10: Respond to Questions Using Information Provided

문제집 p. 37

**블루 마운틴 공원**
4월 행사 일정표

| 날짜 | 시간 | 행사 | 비고 |
|---|---|---|---|
| 4월 3일 | 오후 5시 — 9시 | 라이브 콘서트 | 모든 연령 |
| 4월 4일 | 오후 1시 — 3시 | 페이스 페인팅 대회 | 6 — 11세 |
| 4월 10일 | 오후 3시 — 8시 | 미술 전시회 | 모든 연령 |
| 4월 13일 | 오후 7시 — 10시 | 야간 조명 쇼 | 모든 연령 |
| 4월 15일 | 오후 2시 — 5시 | 어린이를 위한 퍼레이드 | 3 — 12세 |
| 4월 20일 | 오후 1시 — 8시 | 벚꽃 축제 | 모든 연령 |

**Hello, I'm planning to visit Blue Mountain Park this April, so I'd like to ask a few questions about the event schedule.**

안녕하세요, 저는 이번 4월에 블루 마운틴 공원을 방문할 예정이어서 행사 일정에 대해 몇 가지 여쭤보고자 합니다.

### Q8
🔊 MP3 AT07_08

**Q** What date does the Art Exhibition take place and when does it start and end?

미술 전시회의 개최 날짜는 언제이며 언제 시작하고 언제 끝나나요?

**A** It will be held on April 10th, and it will start at 3 p.m. and finish at 8 p.m.

4월 10일 오후 3시에 시작해 저녁 8시에 마칩니다.

**VOCA** take place 개최되다  start (= begin) 시작하다  finish (= end) 끝나다

### Q9
🔊 MP3 AT07_09

**Q** I heard that the Cherry Blossom Festival is scheduled to take place on April 2nd. Can you confirm that?

저는 벚꽃 축제가 4월 2일에 열릴 예정이라고 들었습니다. 그것을 확인해주실 수 있나요?

**A** No, I'm afraid that you have the wrong information. Actually, it will be held on April 20th.

아니요, 잘못된 정보를 가지고 계신 것 같습니다. 실제로는 4월 20일에 개최됩니다.

**VOCA** I'm afraid that 유감이지만 ~하다  actually 사실은

> **Q10** 🔊 MP3 AT07_10
>
> **Q** I'm planning to visit the park with my 8-year-old son. Could you give me details of the events for kids about that age?
>
> 저는 8살짜리 아들과 함께 공원을 방문할 계획입니다. 그 나이대 아이들을 위한 행사들에 대해 자세히 알려주실 수 있나요?
>
> **A** Yes. There are two events for kids.
> First, on April 4th, from 1 to 3 p.m., there is a Face Painting Competition.
> It's for ages 6 to 11.
> Next, on April 15th, from 2 to 5 p.m., there is a Parade for Kids.
> It's for ages 3 to 12.
>
> 네. 어린이를 위한 두 가지 행사가 있습니다.
> 먼저, 4월 4일 오후 1시부터 3시까지 페이스 페인팅 대회가 있습니다. 6세부터 11세 대상의 행사입니다.
> 다음으로, 4월 15일 오후 2시부터 5시까지 어린이를 위한 퍼레이드가 있습니다. 3세부터 12세 대상의 행사입니다.

### 🎯 제니쌤의 적중노트

**Q8** 8번 문제에서는 개최 날짜, 장소, 시작 시간 등을 묻는 질문이 자주 출제됩니다.
아래 표현들을 완벽하게 익혀두면 실전에서 빠르게 답할 수 있어요.

| | |
|---|---|
| **It will be held ~.**<br>**It will take place ~.**<br>개최될 예정이다. | **ex** It will be held on April 10th. |
| **It will start / begin ~.**<br>시작될 예정이다. | **ex** It will start at 3 p.m. and finish at 8 p.m. |
| **It will finish / end ~.**<br>끝날 예정이다. | |

문장과 문장을 자연스럽게 연결할 때는 'and'를 활용하면 됩니다.
**ex** It will start at 10 a.m. and finish at 4 p.m. 오전 10시에 시작해서 오후 4시에 끝납니다.

**Q9** 9번 문제에서는 정보가 맞는지 확인하는 질문이 자주 출제됩니다.
정확하지 않은 정보일 경우에는 'I'm afraid that you have the wrong information. Actually ~.'로 정정해 주세요.
시간이 부족하다면 'Actually'부터 바로 말해도 괜찮습니다.
**ex** No, I'm afraid that you have the wrong information. Actually, it will be held on April 20th.
아니요, 잘못된 정보를 알고 계신 것 같습니다. 사실은 4월 20일에 개최됩니다.

**Q10** 특정 연령대를 말해야 하는 문제가 간혹 출제되므로, 'It's for ages 숫자.'를 알아 두면 좋습니다.
**ex** It's for ages 6 to 11. 6세에서 11세 대상의 행사입니다.

# Question 11: Express an Opinion

**Q11**  🔊 MP3  AT07_11

Some people like to throw away clothes they no longer use and buy new ones while others prefer to save old clothes. Which one do you prefer? Use specific reasons and examples to support your opinion.

어떤 사람들은 더 이상 사용하지 않는 옷을 버리고 새 옷을 사는 것을 좋아하는 반면, 다른 사람들은 헌 옷을 보관하는 것을 선호합니다. 어느 것을 더 선호하시나요?
구체적인 이유와 예시를 들어서 의견을 뒷받침하세요.

## 💡 아이디어 만들기

헌 옷을 보관하는 것을 선호합니다.
1. 새 옷을 사는 것은 돈 낭비일 수 있습니다.
2. 생계를 유지하기 어렵기 때문에 새 옷을 사는 데 너무 많은 돈을 낭비하고 싶지 않습니다.

## ✏️ 만능문장 활용하기

| 파트5 | 만능문장 30 | It's a waste of money. 그것은 돈 낭비입니다.
| 파트3 | 만능문장 16 | I'm a student, so my budget is tight. 저는 학생이라 예산이 빠듯합니다.
| 파트3 | 만능문장 17 | I can't afford to buy expensive things. 저는 비싼 것을 살 여유가 없습니다.
| 파트3 | 만능문장 18 | I don't want to waste too much money on that. 저는 그것에 너무 많은 돈을 낭비하고 싶지 않습니다.
| 파트5 | 만능문장 10 | They can save money. 그들은 돈을 절약 / 저축할 수 있습니다.
| 파트5 | 만능문장 12 | They can't make a living. 그들은 생계를 유지할 수 없습니다.
| 파트5 | 만능문장 11 | The cost of living is too high. 생활비가 너무 비쌉니다.

## 🏆 모범 답안

| | |
|---|---|
| **서론** | **I prefer to save old clothes.**<br>저는 헌 옷을 보관하는 것을 선호합니다. |
| **연결 문장** | **Let me explain why I think this way.**<br>제가 왜 이렇게 생각하는지 설명하겠습니다. |
| **이유 1** | **Most of all, buying new clothes can be a waste of money.**<br>무엇보다도, 새 옷을 사는 것은 돈 낭비일 수 있습니다.<br><br>🖊️ **제니쌤의 떠먹여주는 만능문장**<br><br>**파트5 \| 만능문장 30**  It's a waste of money.  그것은 돈 낭비입니다<br>→ Buying new clothes can be a waste of money.  새 옷을 사는 것은 돈 낭비일 수 있습니다.<br>• 'It'을 문제에 맞게 'Buying new clothes(새 옷을 사는 것)'으로 구체화했습니다.<br>• 너무 단정적으로 들릴 수 있는 표현을 피하기 위해 'can be'를 넣어 완곡하게 만들었습니다. |
| **예시 1** | **I'm a student, so my budget is tight. I can't afford to buy expensive clothes.**<br>저는 학생이라 예산이 빠듯합니다. 비싼 옷을 살 여유가 없습니다.<br><br>🖊️ **제니쌤의 떠먹여주는 만능문장**<br><br>**파트3 \| 만능문장 16**  I'm a student so my budget is tight.  저는 학생이라 예산이 빠듯합니다.<br>**파트3 \| 만능문장 17**  I can't afford to buy expensive things.  저는 비싼 것을 살 여유가 없습니다.<br>→ I'm a student, so I can't afford to buy expensive clothes.  저는 학생이라 비싼 옷을 살 여유가 없습니다.<br>두 개의 만능문장을 적절히 섞어서 문제에 맞게 답변합니다.<br><br>🎯 **제니쌤의 적중노트**<br>**일반적인 내용으로 예시 만들기**<br>• 과거 경험으로 예시를 만들 수도 있지만, 부연 설명 형태의 일반적인 내용으로 예시를 만들 수도 있습니다.<br>• 연결어를 쓰고 싶다면, 'for example / for instance / to be specific' 등을 사용할 수 있습니다.<br>   **ex** To be specific, I'm a student, so I can't afford to buy expensive clothes. |

| | |
|---|---|
| 이유 2 | On top of that, I don't want to waste too much money on clothes.<br><br>게다가, 저는 옷에 너무 많은 돈을 낭비하고 싶지 않습니다.<br><br> 제니쌤의 떠먹여주는 만능문장<br><br>파트3 │ 만능문장 18  I don't want to waste too much money on that.<br>저는 그것에 너무 많은 돈을 낭비하고 싶지 않습니다.<br><br>→ I don't want to waste too much money on clothes.  저는 옷에 너무 많은 돈을 낭비하고 싶지 않습니다.<br><br>'on that' 대신 'on clothes'를 사용해서, 옷에 너무 많은 돈을 쓰기 싫다는 내용으로 답변을 구체화 했습니다. |
| 예시 2 | If I don't throw away old clothes and save them, I can save money. If I buy a lot of new clothes, I can't make a living. According to a recent news report, the majority of people in Korea said that they prefer to save old clothes because the cost of living is too high these days.<br><br>낡은 옷을 버리지 않고 보관하면 돈을 아낄 수 있습니다. 저는 새 옷을 많이 사면 생계를 유지할 수 없습니다. 최근 뉴스 보도에 따르면, 한국의 대다수 사람들은 요즘 생활비가 너무 비싸서 헌 옷을 보관하는 것을 선호한다고 합니다.<br><br> 제니쌤의 떠먹여주는 만능문장<br><br>파트5 │ 만능문장 10  They can save money.  그들은 돈을 절약할 수 있습니다.<br><br>→ If I don't throw away old clothes and save them, I can save money.<br>낡은 옷을 버리지 않고 유지하면 돈을 아낄 수 있습니다.<br><br>• 연결을 위해 'If ~' 구조를 사용했습니다.<br>• 일반적인 문장을 나의 상황으로 바꿔 'I'를 주어로 사용했습니다.<br><br>파트5 │ 만능문장 12  They can't make a living.  그들은 생계를 유지할 수 없습니다.<br><br>→ I can't make a living.  저는 생계를 유지할 수 없습니다.<br><br>나의 상황을 말하는 것이므로 주어를 'I'로 바꾸었습니다.<br><br>파트5 │ 만능문장 11  The cost of living is too high.  생활비가 너무 비쌉니다.<br><br>→ The cost of living is too high these days.  요즘 생활비가 너무 비쌉니다.<br><br>'these days(요즘)'라는 시간 표현을 추가해서 좀 더 구체적인 답변을 만들 수 있어요. |

| | |
|---|---|
| 예시 2 | **제니쌤의 적중노트**<br><br>**선호도 문제 응용 팁**<br>'최근 뉴스 보도에 따르면 대다수의 사람들이 이 옵션을 선호한다'는 식으로 표현하면, '예시 2'를 만드는 것이 훨씬 쉬워집니다.<br><br>ex According to a recent news report, most people prefer to save old clothes these days. |
| 결론 | **Therefore, I prefer to save old clothes.**<br>그러므로, 저는 헌 옷을 보관하는 것을 선호합니다. |

# 실전 모의고사 8회 — 모범 답안

문제집 pp. 39-43

## Questions 1-2: Read a Text Aloud

### Q1 교통 정보

🔊 MP3 AT08_01

**Here's** today's **traffic** report. ↘ **Commuters** near **Madison Avenue** / are **expected** to have a **long day,** → / as we can see **traffic jams,** ↗ **rush-hour cars,** ↗ and several **accidents.** ↘ As **many residents** are **leaving** on their **holidays,** → / **commuters** are **advised** to use **public transportation.** ↘ **Next week,** → / we can **expect better traffic conditions** as the **holidays end.** ↘

오늘의 교통 정보입니다. 매디슨 애비뉴 근처에서 출퇴근 하시는 분들은 교통 체증, 러시아워의 많은 차량 및 여러 사고들로 인해 힘든 하루를 보낼 것으로 예상됩니다. 휴가를 떠나는 주민들이 많으니 출퇴근 하시는 분들께서는 대중교통을 이용하시기를 당부드립니다. 다음 주에는 연휴가 끝나면서 더 나은 교통 상황을 기대할 수 있겠습니다.

 제니쌤의 발음과외

**1. 발음에 주의하며 천천히 연습해 보세요.**

|  |  |
|---|---|
| traffic /ˈtræf.ɪk/ | [t+r]는 '츄'처럼 부드럽게 연결해서 발음하기 |
| expected /ɪkˈspek.tɪd/ | 중간 /k/와 /t/ 발음 또렷하게 |
| rush-hour /ˈrʌʃ.aʊ.ə/ | 'rush'와 'hour'를 자연스럽게 연결 |
| several /ˈsev.rəl/ | /sev/와 /rəl/을 분리해서 /v/, /r/, /l/에 유의하여 천천히 발음하기 |
| holidays /ˈhɑː.lə.deɪz/ | /hɑː/ 부분 길게 |
| advised /ədˈvaɪzd/ | 끝의 /zd/를 빠뜨리지 말고 발음하기 |
| condition /kənˈdɪʃ.ən/ | /dɪʃ/ 부분 부드럽게 |

**2. 강세를 정확하게 주세요.**

아래 단어들은 볼드체 부분에 강세를 주세요.

ex **ac**cidents, **res**idents, com**mut**ers, transpor**ta**tion

### 3. 고유 명사는 강조해서 읽어 주세요.

'Madison Avenue'는 지명이기 때문에 또렷하고 힘 있게 발음해야 해요.

**ex** Commuters near **Madison Avenue** are expected to have a long day.

### 4. [t+r] 발음은 '츄'처럼 발음해요.

**ex** t**r**affic, t**r**ain, t**r**avel
→ 'tr' 소리를 연결해서 각각 '츄래픽', '츄레인', '츄레블'처럼 부드럽게 발음해요.

---

**Q2  공지 사항**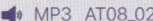

Thanks for tuning into our morning weather report. ↘ Yesterday, → / we experienced a big drop in temperature / as well as the first snow in our area. ↘ Tonight, → / we are also expecting heavy rainfall / that will hit our area soon, → / so don't forget to bring your umbrella, ↗ wear warm clothes ↗ and drive cautiously. ↘

아침 일기 예보를 들어주셔서 감사합니다. 어제는 우리 지역에 첫눈과 함께 기온이 크게 떨어졌습니다. 오늘 밤에도 곧 저희 지역을 강타할 폭우가 예상되오니 우산 잊지 마시고, 따뜻한 옷을 입고 조심히 운전하세요.

---

### 🐬 제니쌤의 발음과외

**1. 발음에 주의하며 천천히 연습해 보세요.**

| | |
|---|---|
| tuning /ˈtuːnɪŋ/ | /tuː/ 길게 빼고 부드럽게 마무리 |
| report /rɪˈpɔːrt/ | /r/ 발음 또렷하게 |
| drop /drɑːp/ | [d+r]는 '쥬'처럼 부드럽게 연결 |
| area /ˈer.i.ə/ | 세 음절을 끊지 말고 자연스럽게 이어서 |
| rainfall /ˈreɪn.fɑːl/ | /r/, /f/, /l/ 발음 구분에 유의 |
| umbrella /ʌmˈbrel.ə/ | /brel/의 /r/, /l/ 발음 구분에 유의 |
| clothes /kloʊðz/ | '클로우z'에 가깝게 발음하기 |
| drive /draɪv/ | [d+r]은 '쥬'에 가깝게 발음하기 |
| cautiously /ˈkɔː.ʃəs.li/ | 'ti'는 /ʃ/(쉬)로 소리 나고 'ous'는 약하게 발음하여, 'tious'는 '셔스'처럼 발음하기 |

## 2. 강세를 정확하게 주세요.

아래 단어들은 볼드체 부분에 강세를 주세요.

**ex** ex**per**ienced, **tem**perature

## 3. [d+r] 발음은 '쥬'처럼 발음해요.

**ex** **dr**op, **dr**ive, **dr**ink
→ 'dr' 소리를 부드럽게 연결해서 각각 '쥬랍', '쥬라이브', '쥬링크'처럼 발음해요.

## 📍 Questions 3-4: Describe a Picture

**Q3**  서론 ≫ 전체 요약 ≫ 인물 묘사 ≫ 기타 사물 배경    🔊 MP3  AT08_03

| 서론 | This is a picture taken outdoors.<br>이것은 실외에서 찍힌 사진입니다. |
|---|---|
| 전체 요약 | The first thing I can see from this picture is three people.<br>이 사진에서 가장 먼저 볼 수 있는 것은 세 사람입니다. |
| 인물 묘사 | One of them is holding a smartphone and looking at the screen.<br>She is wearing a striped jacket.<br>The other two are each holding a cup and they are also looking at the woman's smartphone.<br>Both of them are wearing jeans.<br>그중 한 명은 스마트폰을 들고 화면을 보고 있습니다.<br>그녀는 줄무늬 재킷을 입고 있습니다.<br>나머지 두 명은 각각 컵을 들고 그 여자의 스마트폰을 보고 있습니다.<br>둘 다 청바지를 입고 있습니다. |
| 기타 사물 배경 | In the background of the picture, I can see buildings.<br>사진의 배경에는 건물들이 보입니다. |

**VOCA**  look at the screen 화면을 바라보다   striped jacket 줄무늬 재킷   jeans 청바지

### 제니쌤의 적중노트

3명 이상 있을 때는 'one of them'으로 한 명을 구분하고, 'the other two'로 나머지를 표현하면 좋아요.

ex  One of them is holding a smartphone. The other two are each holding a cup.

두 사람이 각각 같은 행동을 할 때 'each'라는 표현을 추가하면 표현이 더 명확하고 세련돼 보입니다.

ex  The other two are each holding a cup.

배경에 보이는 건물은 구체적으로 설명할 수 없다면 그냥 'buildings'로 간단하게 표현해요.

ex  In the background of the picture, I can see some buildings.

**Q4**  서론 ≫ 전체 요약 ≫ 인물 묘사 ≫ 기타 사물 배경    🔊 MP3 AT08_04

| | |
|---|---|
| 서론 | This is a picture taken at an office.<br>이것은 사무실에서 찍힌 사진입니다. |
| 전체 요약 | The first thing I can see from this picture is two people looking at each other.<br>이 사진에서 가장 먼저 볼 수 있는 것은 서로를 바라보고 있는 두 사람입니다. |
| 인물 묘사 | One of them is a man. He is holding boxes.<br>The other is a woman. She has curly hair and she is holding a potted plant and some books.<br>그들 중 한 명은 남자입니다. 그는 상자를 들고 있습니다.<br>다른 한 명은 여자입니다. 그녀는 곱슬머리를 가지고 있고, 화분과 책을 들고 있습니다. |
| 기타 사물 배경 | In the background of the picture, I can see two other people sitting at a desk. On the desk, I can see a lot of boxes.<br>사진의 배경에는 책상에 앉아 있는 다른 두 사람이 보입니다. 책상 위에 상자가 많이 보입니다. |

**VOCA**  curly hair 곱슬머리   potted plant 화분에 담긴 식물   sit at a desk 책상에 앉다

### 제니쌤의 적중노트

이미 묘사한 사람들과 구분해서 '다른 두 사람'을 말하고 싶을 때는 'two other people'이라고 표현하세요.

 In the background of the picture, I can see two other people sitting at a desk.

'많다'는 표현을 자연스럽게 하고 싶다면 'a lot of'를 사용하세요.

- many는 가산명사(boxes, people 등)만 수식
- much는 불가산명사(water, money 등)만 수식
- a lot of는 둘 다 가능하니까 가장 안전하게 사용할 수 있어요.

 I can see a lot of boxes on the desk.

## Questions 5-7: Respond to Questions

Imagine that an Australian marketing firm is doing research in your country.
You have agreed to participate in a telephone interview about driving.

호주 마케팅 회사가 당신의 나라에서 리서치를 하고 있다고 상상해 보세요.
당신은 운전에 관한 전화 인터뷰에 참여하기로 동의했습니다.

**Q5**    MP3 AT08_05

**Q** Have you ever attended a driving school? How did you like it?

운전 학원에 다녀본 적이 있나요? 어땠나요?

**A** Yes, I have attended a driving school. I liked it very much because it had great facilities.

네, 저는 운전 학원을 다닌 적이 있습니다. 훌륭한 시설을 갖추고 있어서 매우 마음에 들었습니다.

 제니쌤의 떠먹여주는 만능문장

### 의문사 만능패턴 Have you ever?

**Have you ever p.p. ~?**  ~해 본 적 있나요?
**Yes, I have p.p.** 네, 해 본 적 있어요. / **No, I haven't p.p.** 아니요, 해 본 적 없어요.

→ **Yes, I have attended a driving school. I liked it very much because it had great facilities.**
  네, 저는 운전 학원을 다닌 적이 있습니다. 훌륭한 시설을 갖추고 있어서 매우 마음에 들었습니다.

- 'Have you ever~?'로 어떤 경험을 해 본 적이 있는지에 대한 질문에는 'Yes, I have p.p. / No, I haven't p.p.'로 짧게 먼저 대답하고, 이어서 경험에 대한 부연 설명을 하는 것이 자연스럽습니다.
- 경험형 답변은 시제를 반드시 과거형으로 맞춰야 부자연스럽지 않아요.

### 부연 설명 쉽게 만드는 TIP

**I like / love [명사] very much.** 저는 [명사]를 매우 좋아합니다.
→ **I liked it very much because it had great facilities.**  훌륭한 시설을 갖추고 있어서 매우 마음에 들었습니다.

- 과거 경험에 맞게 'liked'로 시제를 바꿔줬어요.
- 'because it had great facilities'를 붙여 좋아한 이유를 구체적으로 설명했어요.

### 파트3 | 만능문장 14

**It has great facilities.** 그것은 좋은 시설을 갖추고 있습니다.
→ **It had great facilities.** 그것은 좋은 시설을 갖추고 있었습니다.

- 과거 경험에 맞게 'has'를 'had'로 바꿨습니다.
- 특정 장소를 설명할 때 자연스럽게 사용할 수 있는 문장이에요.

---

**Q6**  🔊 MP3 AT08_06

 **Q** **Do you think teenagers should be allowed to drive?**
10대에게 운전을 허용해야 한다고 생각하시나요?

 **A** **I don't think teenagers should be allowed to drive because they are not mature enough.**
10대들은 충분히 성숙하지 않기 때문에 운전하도록 허용해서는 안 된다고 생각합니다.

**VOCA**  mature 성숙한

 제니쌤의 떠먹여주는 만능문장

### 파트5 | 만능문장 4

They can't make good decisions because they are not mature enough.
그들은 충분히 성숙하지 않아서 올바른 결정을 내릴 수 없습니다.

→ **They are not mature enough.** 그들은 충분히 성숙하지 않습니다.

질문에 맞게 부연 설명으로 뒷부분만 따와 자연스럽게 답변을 확장했어요.

### Q7

🔊 MP3  AT08_07

**Q** What do you think is the best way to learn how to drive?
- Learning from a family member
- Training by themselves
- Learning from an expert

운전을 배우는 가장 좋은 방법은 무엇이라고 생각하시나요?
- 가족으로부터 배우기
- 스스로 연습하기
- 전문가에게 배우기

**A** I think learning from an expert is the best way to learn how to drive. People can get a lot of useful information from an expert and learn more efficiently. Therefore, I think learning from an expert is the best way.

전문가에게 배우는 것이 운전을 배우는 가장 좋은 방법이라고 생각합니다. 사람들은 전문가로부터 많은 유용한 정보를 얻을 수 있고 더 효율적으로 학습할 수 있습니다. 따라서 저는 전문가에게 배우는 것이 가장 좋은 방법이라고 생각합니다.

**VOCA** expert 전문가

### 🖊️ 제니쌤의 떠먹여주는 만능문장

#### 파트3 | 만능문장 5

I can get a lot of useful information from my friends. 저는 친구들에게 많은 유용한 정보를 얻을 수 있습니다.
→ **People can get a lot of useful information from an expert.** 사람들은 전문가로부터 많은 유용한 정보를 얻을 수 있습니다.

- 주어 'I'를 'People'로 바꿔서 일반적인 상황으로 설명했어요.
- 'friends' 대신 'an expert'를 사용해 전문가에게 배우는 상황을 자연스럽게 나타냈어요.

#### 파트5 | 만능문장 44

Employees can work more efficiently and productively. 직원들은 더 효율적이고 생산적으로 일할 수 있습니다.
→ **People can learn more efficiently.** 사람들은 더 효율적으로 배울 수 있습니다.

- 좀 더 일반적인 사람들을 대상으로한 답변을 하기 위해 'Employees'를 'People'로 바꿨어요.
- 'work'를 'learn'으로 바꿔서 문제 상황에 맞게 변형했어요.
- 'efficiently(효율적으로)'라는 핵심 표현은 그대로 살렸어요.

### 🎯 제니쌤의 적중노트

**전문가에게 배우는 장점 설명하기**

전문가에게 배운다는 주장을 할 때는 'People can get a lot of useful information from an expert.'와 같은 문장을 활용하면 신뢰감 있는 이유를 자연스럽게 설명할 수 있어요.

# Questions 8-10: Respond to Questions Using Information Provided

문제집 p. 42

### 제약 협회 컨퍼런스
네브라스카 대학교

**11월 20일**

| | |
|---|---|
| 워크숍: 의학의 역사 | 사이먼 버틀러 |
| 세미나: 신약 개발 | 애쉬 도브릭 |
| 점심 (델리마켓 식당 제공) | |

**11월 21일**

| | |
|---|---|
| 패널 토론: 최근 개발된 5가지 약물의 부작용 | 에밀리 판다 |
| 시연: 연구 사례 | 로라 창 |
| 세미나: 현 제약 시장에 대한 일반적인 정보 | 애쉬 도브릭 |

---

Hello, I'm Ash Dobrik. I've just been invited to the Pharmaceutical Association Conference as a speaker, but I don't have much information about the event. Can I ask a few questions regarding the conference?

안녕하세요, 애쉬 도브릭입니다. 저는 제약 협회 컨퍼런스에 연사로 초청받았지만 행사에 대한 정보가 많지 않습니다. 컨퍼런스에 관해 몇 가지 질문을 해도 될까요?

---

**Q8**  🔊 MP3 AT08_08

**Q** Where is the conference being held and on what date will it be held?

컨퍼런스는 어디에서 개최되며 개최 날짜는 언제인가요?

**A** It will be held at Nebraska University and take place on November 20th and 21st.

네브라스카 대학교에서 개최되며 11월 20일과 21일에 열립니다.

### Q9

**Q** Last year, I was told to prepare my own lunch. Will it be the same this year?

작년에는 제가 점심을 가져와야 한다고 들었어요. 올해도 똑같을까요?

**A** No. This year, lunch will be catered by Delimarket restaurant, so you don't have to prepare your own lunch.

아니요. 올해 점심은 델리마켓 식당에서 출장 요리를 준비하므로 점심을 직접 준비하실 필요가 없습니다.

**VOCA** prepare 준비하다   cater 음식이나 서비스를 제공하다, 출장 연회를 준비하다   provided 제공되는   reserved 예약된

### Q10

**Q** I'd like to know about the seminars I'm scheduled to lead. Could you tell me all the details of the seminars that I have to lead? Again, this is Ash Dobrik.

제가 진행하기로 예정되어 있는 세미나들에 대해 알고 싶습니다. 제가 진행해야 하는 세미나의 모든 세부 사항을 말씀해주시겠어요? 다시 한번 말씀드리지만 저는 애쉬 도브릭입니다.

**A** Yes. There are two seminars.
First, on November 20th, there is a seminar on the Development of a New Medicine.
Next, on November 21st, there is a seminar on General Information on the Current Pharmaceutical Market.

네. 두 개의 세미나가 있습니다.
먼저, 11월 20일에는 신약 개발에 관한 세미나가 있습니다.
다음으로, 11월 21일에는 현 제약 시장에 대한 일반적인 정보에 관련된 세미나가 있습니다.

## 제니쌤의 적중노트

**Q8** 두 날짜에 각각 개최되는 경우는 'It will be held on 날짜 and 날짜.'로 표현합니다.

| 날짜가 떨어져 있는 경우 | 'A and B'로 연결해서 표현 |
|---|---|
| 연속해서 진행되는 경우 | 'From A to B'로 표현 |

> **ex** It will be held on November 20th and 22nd. (20일과 22일에 개최 되는 경우, 21일 제외)
> It will be held from November 20th to 22nd. (21일을 포함해서 20~22일에 개최되는 경우)

8번 문제에서는 개최 장소, 개최 날짜, 시작 시간을 묻는 질문이 자주 출제되므로 다음 표현들을 정확히 사용할 수 있어야 합니다.

| 개최 장소 | It will be held at 장소. |
|---|---|
| 개최 날짜 | It will be held on 날짜. |
| 시작 시간 | It will start at 시간. |

**Q9** 9번 문제에서는 정보의 정확성 확인을 요청하는 질문이 자주 출제됩니다.
만약 정보가 작년과 달라졌다면, 직접 준비할 필요 없음을 구체적으로 언급하는 문장을 사용할 수 있습니다.

> **ex** No. This year, lunch will be catered by Delimarket restaurant, so you don't have to prepare your own lunch. 아니요. 올해는 델리마켓 레스토랑에서 점심을 제공하므로 따로 준비하실 필요가 없습니다.

점심이나 준비물에 관련된 문제가 출제될 수 있으므로, 무엇을 준비하거나 가져와야 한다는 표현을 익혀 두는 것이 좋습니다.

> **ex** You have to bring your own swimsuit. 개인 수영복을 가져오셔야 합니다.
> You have to prepare your own lunch. 점심 식사는 직접 준비해 오셔야 합니다.

행사에 제공되거나 예약과 관련된 표현들도 알아 두면 좋습니다.

> **ex** Lunch will be provided. 점심 식사는 제공될 것입니다.
> Lunch will be catered. 출장요리가 제공될 것입니다.
> Rental cars are reserved. 렌터카들이 예약되어 있습니다.

행사와 관련된 주요 동사들을 익혀 두세요.

| lead | I have to lead a discussion. 저는 토론을 진행해야 합니다. |
|---|---|
| give | I have to give a presentation. 저는 발표를 해야 합니다. |
| have | We will have a lunch meeting. 우리는 점심 회의를 할 예정입니다. |

**Q10** 행사가 날짜별로 나뉘어 있을 때는 날짜별로 차분히 설명하는 연습이 필요합니다.

> **ex** First, on November 20th, there is a seminar on the development of a new medicine.
> 먼저, 11월 20일에는 신약 개발에 관한 세미나가 있습니다.

# Question 11: Express an Opinion

**Q11**  🔊 MP3  AT08_11

Which of the following skills do you think a good colleague should have?
- Communication skills
- Willingness to help others
- Stress management skills

Use specific reasons and examples to support your opinion.

다음 중 좋은 동료가 갖추어야 할 능력은 무엇이라고 생각하시나요?
- 의사 소통 능력  • 남을 돕고자 하는 의지  • 스트레스 관리 스킬

구체적인 이유와 예시를 들어서 의견을 뒷받침하세요.

## 💡 아이디어 만들기

좋은 동료는 남을 돕고자 하는 의지가 있어야 합니다.
1. 남을 도와주는 동료가 있다면 다른 직원들이 더 효율적으로 일할 수 있습니다.
2. 남을 돕고자 하는 의지가 있는 동료는 좋은 팀플레이어가 될 수 있고 화기애애한 업무 분위기를 만들 수 있습니다.

## ✏️ 만능문장 활용하기

| 파트5 \| 만능문장 44 | **Employees can work more efficiently and productively.**<br>직원들은 더 효율적이고 생산적으로 일할 수 있습니다. |
|---|---|
| 파트5 \| 만능문장 36 | **They can be good team players and make good relationships with others.**<br>그들은 좋은 팀플레이어가 될 수 있고, 다른 사람들과 좋은 관계를 맺을 수 있습니다. |
| 파트5 \| 만능문장 34 | **They can make a friendly (work) atmosphere.**<br>그들은 친근한 (업무) 분위기를 만들 수 있습니다. |

## 🏆 모범 답안

| 서론 | **I think a good colleague should have the willingness to help others.**<br>좋은 동료는 남을 돕고자 하는 의지가 있어야 한다고 생각합니다. |
|---|---|
| 연결 문장 | **Let me explain why I think this way.**<br>제가 왜 이렇게 생각하는지 설명하겠습니다. |

## 이유 1

**Most of all, if a colleague has the willingness to help others, the other employees he works with can work more efficiently.**

무엇보다도, 직장 동료가 다른 사람들을 돕고자 하는 의지가 있다면, 그가 함께 일하는 다른 직원들은 더 효율적으로 일할 수 있습니다.

### 🖊️ 제니쌤의 떠먹여주는 만능문장

**파트5 | 만능문장 44**   Employees can work more efficiently and productively.
　　　　　　　　　　　　　직원들은 더 효율적이고 생산적으로 일할 수 있습니다.

→ If a colleague has the willingness to help others, the other employees he works with can work more efficiently.
　직장 동료가 다른 사람들을 돕고자 하는 의지가 있다면, 그가 함께 일하는 다른 직원들은 더 효율적으로 일할 수 있습니다.

- 'Employees'를 'the other employees'로 바꿔서 '같이 일하는 다른 사람들'이라는 의미로 구체화했어요. 'he works with'를 붙이면 더욱 정확하고 매끄러운 문장이 되지만, 상황에 따라 생략 가능합니다.
- If 조건문을 사용해서 문제의 흐름과 자연스럽게 연결했습니다. 'If + 주어 + 현재형, 주어 + will/can + 동사원형.' 구조는 어떤 조건을 만족하면 어떤 결과가 나올 수 있는지 자연스럽게 설명할 때 가장 효과적입니다.

## 예시 1

**From my experience, I used to work at a company. I had a colleague who was very willing to help other employees. For me, it was very helpful because I was able to work more efficiently with his help and advice.**

제 경험상, 저는 한 회사에서 일했었습니다. 저에게는 다른 직원을 기꺼이 도와주는 동료가 있었습니다. 그의 도움과 조언으로 저는 더 효율적으로 일할 수 있어서 많은 도움이 되었습니다.

### 🖊️ 제니쌤의 떠먹여주는 만능문장

**파트5 | 만능문장 44**   Employees can work more efficiently and productively.
　　　　　　　　　　　　　직원들은 더 효율적이고 생산적으로 일할 수 있습니다.

→ I was able to work more efficiently with his help and advice.
　그의 도움과 조언으로 저는 더 효율적으로 일할 수 있었습니다.

- 주어를 'Employees'에서 'I'로 바꿔서 개인 경험으로 자연스럽게 연결했어요.
- 현재형 'can'을 과거형 'was able to'으로 바꿔 과거 경험을 일관성 있게 표현했습니다.
- 'with his help and advice'를 추가하면 구체적인 도움의 내용을 설명할 수 있어 답변이 더 풍부해집니다.

## 예시 1

> 🎯 **제니쌤의 적중노트**
>
> **과거 경험 답변 - 시제 변환 주의하기**
> 경험을 말할 때는 현재형 'can' 대신 과거형 'was/were able to'를 사용해야 자연스럽습니다.
>
> **ex** I was able to work more efficiently with his help and advice.
> → 경험담에서는 시제를 맞추는 것이 문법적 정확성과 자연스러운 흐름에 매우 중요합니다.
>
> **'be willing to 동사원형' 표현 알아 두기**
> 'be willing to 동사원형'은 '~할 의지가 있다', '~하는 것을 마다하지 않는다'는 뜻으로, 적극적인 태도나 협조적인 상황을 표현할 때 자주 사용됩니다.
>
> **ex** He was very willing to help other employees.  그는 다른 직원을 기꺼이 도와주려고 했습니다.

## 이유 2

On top of that, if a colleague has the willingness to help others, he can be a good team player and make good relationships with others.

게다가, 동료가 다른 사람을 돕고자 하는 의지가 있다면 그는 훌륭한 팀플레이어가 될 수 있고, 다른 사람들과 좋은 관계를 형성할 수 있습니다.

🥄 **제니쌤의 떠먹여주는 만능문장**

**파트5 | 만능문장 36**  They can be good team players and make good relationships with others.
그들은 좋은 팀플레이어가 될 수 있고, 다른 사람들과 좋은 관계를 맺을 수 있습니다.

→ If a colleague has the willingness to help others, he can be a good team player and make good relationships with others.
동료가 다른 사람을 돕고자 하는 의지가 있다면 그는 훌륭한 팀플레이어가 될 수 있고, 다른 사람들과 좋은 관계를 형성할 수 있습니다.

- 직장 동료 한 명을 지칭하도록 'They'를 'he(= a colleague)'로 바꿨어요.
- 'If a colleague 'has the willingness to help others'를 붙여 조건에 따른 결과를 자연스럽게 연결하고, 문제와 직접적인 연결성을 높였어요.

| | |
|---|---|
| 예시 2 | **According to a recent news report, the majority of successful CEOs in Korea said that colleagues who are willing to help others can be good team players and make a friendly work atmosphere.**<br>최근 뉴스 보도에 따르면, 한국에서 성공한 CEO의 대다수는 기꺼이 다른 사람을 돕고자 하는 동료가 좋은 팀플레이어가 될 수 있고, 친근한 업무 분위기를 조성할 수 있다고 말했습니다.<br><br> 🖊 제니쌤의 떠먹여주는 만능문장<br><br>**파트5 \| 만능문장 36**  They can be good team players and make good relationships with others.<br>그들은 좋은 팀플레이어가 될 수 있고, 다른 사람들과 좋은 관계를 맺을 수 있습니다.<br><br>**파트5 \| 만능문장 34**  They can make a friendly (work) atmosphere.<br>그들은 친근한 (업무) 분위기를 만들 수 있습니다.<br><br>→ Colleagues who are willing to help others can be good team players and make a friendly work atmosphere.<br>기꺼이 다른 사람을 돕고자 하는 동료는 좋은 팀플레이어가 될 수 있고, 친근한 업무 분위기를 조성할 수 있습니다.<br><br>• 문제 속 상황(도와주는 동료)에 맞게 'They'를 'Colleagues who are willing to help others'로 구체화했어요.<br>• 'make good relationships with others' 대신 'make a friendly work atmosphere'를 사용해, 업무 환경 조성이라는 주제로 자연스럽게 연결했어요. |
| 결론 | **Therefore, I think a good colleague should have the willingness to help others.**<br>그러므로, 좋은 동료는 남을 돕고자 하는 의지가 있어야 한다고 생각합니다. |

# 실전 모의고사 9회 모범 답안

문제집 pp. 44-48

## Questions 1-2: Read a Text Aloud

### Q1 안내 방송

🔊 MP3 AT09_01

Greetings everyone! Welcome to the Star Museum. ↘ Today, → / we will tour our museum / to see the best pieces of art / created by artists from around the world, → / including New Zealand, ↗ Europe, ↗ and South America. ↘ You will be more than amazed / to see our exclusive artwork. ↘ Please note / that cameras are not allowed inside the museum. ↘

안녕하세요 여러분! 스타 박물관에 오신 것을 환영합니다. 오늘 우리는 뉴질랜드, 유럽, 남미 등 전 세계 예술가들이 만든 최고의 예술 작품을 보기 위해 박물관을 둘러볼 것입니다. 저희의 독점적인 작품을 보시면 놀라움을 금치 못할 것입니다. 박물관 내부에서는 카메라가 허용되지 않는다는 점을 유의해 주세요.

###  제니쌤의 발음과외

**1. 발음에 주의하며 천천히 연습해 보세요.**

| | |
|---|---|
| museum /mju'zi:.əm/ | /z/ 발음에 유의 |
| created /kri'eɪ.tɪd/ | /eɪ/ 소리를 길게 |
| artists /'ɑːr.tɪsts/ | /tɪsts/에서 /t/ 발음은 부드럽게 흘리듯이 발음 가능 |
| around /ə'raʊnd/ | /raʊnd/에서 입을 둥글게 |
| world /wɜːld/ | /r/과 /l/ 연결 주의 |
| New Zealand /ˌnuː 'ziː.lənd/ | /z/ 발음에 유의 |
| Europe /'jʊr.əp/ | '유어럽'처럼 첫 음절은 길게, 끝은 짧게 발음하기 |
| South America /ˌsaʊθ ə'mer.ɪ.kə/ | 'South'와 'America'를 부드럽게 연결 |
| amazed /ə'meɪzd/ | /meɪzd/의 /z/ 발음에 유의 |
| cameras /'kæm.rə.z/ | '캐머러'에 가깝게 발음하기 |

**2. 강세를 정확하게 주세요.**

아래 단어는 볼드체 부분에 강세를 주세요.

 ex**clu**sive

### 3. 고유 명사는 강조해서 읽어 주세요.

'New Zealand / Europe / South America'는 고유 명사이므로 강조해서 읽어야 해요.

**ex** including **New Zealand**, **Europe**, and **South America**

### 4. [d+r] 발음은 '쥬'처럼 발음돼요.

**ex** **dr**ink, **dr**eam, **dr**ive
→ 'dr'이 부드럽게 연결돼서 각각 '쥬링크', '쥬림', '쥬라이브'처럼 발음돼요.

---

**Q2 인물 소개**  🔊 MP3 AT09_02

I'd like to welcome today's speaker, → / Jasmine Williams, → / a renowned writer and lecturer / who is well-known / in the world of self-help. ↘ Today, → / she will discuss desired mindsets, ↗ habits, ↗ and daily routines of successful people. ↘ Her speech is mainly focused / on how to be a successful entrepreneur / as you are running your own business. ↘ Please join me / in welcoming Ms. Williams. ↘

저는 오늘의 연사로 자기 계발 분야에서 잘 알려진 저명한 작가이자 강사인 재스민 윌리엄스를 환영하고 싶습니다. 오늘 그녀는 성공한 사람들의 바람직한 마음가짐, 습관, 일상에 대해 이야기할 것입니다. 그녀의 연설은 주로 자신의 사업을 운영하면서 성공적인 기업가가 되는 방법에 초점을 맞추고 있습니다. 저와 함께 윌리엄스 씨를 환영해주세요.

---

### 🐬 제니쌤의 발음과외

### 1. 발음에 주의하며 천천히 연습해 보세요.

음절이 긴 단어나 발음이 헷갈리기 쉬운 단어는 끝까지 정확히 발음하는 게 중요해요.

| | |
|---|---|
| **lecturer** /ˈlek.tʃɚ.ɚ/ | /tʃɚɚ/를 부드럽게 이어서 발음하기 |
| **well-known** /ˌwelˈnoʊn/ | 'well'의 /l/ 발음에 유의 |
| **self-help** /ˌselfˈhelp/ | 두 단어처럼 들리지 않게 자연스럽게 연결 |
| **discuss** /dɪˈskʌs/ | /k/ 발음이 중간에 끼일 때 'ㄲ'에 가깝게 강하게 발음하기 |
| **desired** /dɪˈzaɪɚd/ | /z/ 발음에 유의 |
| **focused** /ˈfoʊ.kəst/ | /oʊ/ 발음에 유의 |

### 2. 강세를 정확하게 주세요.

아래 단어들은 볼드체 부분에 강세를 주세요.

**ex** re**nowned**, **mind**set, rou**tines**, suc**cess**ful, entrepre**neur**

### 3. 고유 명사는 강조해서 읽어 주세요.

'Jasmine Williams'와 'Ms. Williams' 모두 고유 명사이므로 힘 있게 읽어 주세요.

**ex** I'd like to welcome today's speaker, **Jasmine Williams**, a renowned writer and lecturer who is well-known in the world of self-help.
Please join me in welcoming **Ms. Williams.**

## Questions 3-4: Describe a Picture

**Q3** 서론 ≫ 전체 요약 ≫ 인물 묘사 ≫ 기타 사물 배경 (생략)    🔊 MP3  AT09_03

| 서론 | This is a picture taken outdoors.<br>이것은 실외에서 찍힌 사진입니다. |
|---|---|
| 전체 요약 | The first thing I can see from this picture is two people looking at each other.<br>이 사진에서 가장 먼저 볼 수 있는 것은 서로를 바라보고 있는 두 사람입니다. |
| 인물 묘사 | One of them is a man. He has a dog in his bag and he has a beard.<br>He is wearing a shirt and jeans.<br>The other is a woman. She has long blond hair and she is riding a bicycle.<br>Both of them are holding coffee cups.<br>그들 중 한 명은 남자입니다. 가방에 개가 있고, 수염이 있습니다. 그는 셔츠와 청바지를 입고 있습니다.<br>다른 한 명은 여자입니다. 그녀는 긴 금발 머리에 자전거를 타고 있습니다.<br>둘 다 커피잔을 들고 있습니다. |

**VOCA**  look at each other 서로를 바라보다   shirt 셔츠   ride a bicycle 자전거를 타다   coffee cup 커피잔

### 🎯 제니쌤의 적중노트

두 사람의 공통된 동작은 'both of them'으로 묶어 한 문장으로 표현하세요.

**ex** Both of them are holding coffee cups.

**Q4** 서론 ≫ 전체 요약 ≫ 인물 묘사 ≫ 기타 사물 배경   🔊 MP3 AT09_04

| 서론 | This is a picture taken outdoors.<br>이것은 실외에서 찍힌 사진입니다. |
|---|---|
| 전체 요약 | The first thing I can see from this picture is three people.<br>이 사진에서 가장 먼저 볼 수 있는 것은 세 사람입니다. |
| 인물 묘사 | One of them is standing. She is holding a pen and taking an order.<br>The rest of them are men. They are sitting at a table and holding menus.<br>Both of them are wearing shirts.<br>그들 중 한 명은 서 있습니다. 그녀는 펜을 들고 주문을 받고 있습니다.<br>나머지 사람들은 남성들입니다. 그들은 테이블에 앉아 메뉴판을 들고 있습니다.<br>둘 다 셔츠를 입고 있습니다. |
| 기타 사물 배경 | In front of them, I can see some cups.<br>그들 앞에는 몇 개의 컵을 볼 수 있습니다. |

**VOCA**  hold a pen 펜을 잡다   take an order 주문을 받다   hold a menu 메뉴를 들다   both of them 둘 다

### 🎯 제니쌤의 적중노트

'주문을 받다(take an order)', '메뉴(menu)' 같은 단어는 식당이나 카페 사진에 자주 등장하니 반드시 익혀 두세요.

**ex**  The woman is taking an order.  여자는 주문을 받고 있어요.
　　　The men are holding menus.  남자들은 메뉴판을 들고 있어요.

셔츠의 발음에 주의하세요.

| shirt /ʃɜːrt/ | 한국어 발음 '셔츠'보다 짧고 '셜ㅌ'처럼 들립니다. |
|---|---|
| shirts /ʃɜːrts/ | 복수형이 우리가 익숙한 '셔츠' 소리에 더 가깝습니다. 끝의 /ts/ 소리를 확실히 내 주세요. |

##  Questions 5-7: Respond to Questions

Imagine that a British marketing firm is doing research in your country.
You have agreed to participate in a telephone interview about vending machines.

영국 마케팅 회사가 당신의 지역에서 리서치를 하고 있다고 상상해 보세요.
당신은 자판기에 대한 전화 인터뷰에 참여하기로 동의했습니다.

### Q5

🔊 MP3  AT09_05

**Q** What was the last thing you bought from a vending machine in your school or workplace?

학교나 직장의 자판기에서 마지막으로 산 것은 무엇이었나요?

**A** The last thing I bought from a vending machine was Coke.
I buy Coke from a vending machine in my school almost every day.

자판기에서 마지막으로 산 것은 콜라였습니다. 저는 거의 매일 학교 자판기에서 콜라를 구입합니다.

 🖊 제니쌤의 떠먹여주는 만능문장

### 의문사 만능패턴 What

**What / What kind of [명사] ~?**  무엇을 / 어떤 종류의 [명사]를 ~하나요?

→ The last thing I bought from a vending machine was Coke.  자판기에서 마지막으로 산 것은 콜라였습니다.

'무엇'이나 '어떤 종류'에 대해서 묻는 질문이 나오면 너무 깊이 생각하지 말고 하나를 빠르게 골라서 대답하는 연습이 필요합니다. 속도와 자신감이 중요해요!

**ex**  What kind of music? → K-pop
What kind of movies? → Action movies
What was the last thing you bought? → Coke

### 의문사 만능패턴 How

**How often / How frequently / How many times ~?** 얼마나 자주 ~하나요?
**twice a week** 일주일에 두 번 / **almost every day** 거의 매일 / **once in a while** 가끔씩

→ **I buy Coke from a vending machine in my school almost every day.** 저는 거의 매일 학교 자판기에서 콜라를 구입합니다.

'How often ~?' 질문에는 'twice a week(일주일에 두 번) / almost every day(거의 매일) / once in a while(가끔씩)' 등의 표현을 활용하세요.

---

**Q6** 　　　　　　　　　　　　　　　　　MP3 AT09_06

 **Q** Would you ever want to buy things such as earphones or chargers from a vending machine?

자판기에서 이어폰이나 충전기 같은 물건을 사고 싶은 적이 있나요?

 **A** Yes, I would love to buy things such as earphones and chargers from a vending machine because it would be very convenient.

네, 자판기에서 이어폰이나 충전기 같은 것들을 사고 싶습니다. 왜냐하면 그것은 매우 편리할 것이기 때문입니다.

---

 　제니쌤의 떠먹여주는 만능문장

### 부연 설명 쉽게 만드는 TIP

**It's very [형용사].** 매우 [형용사]합니다.

→ **It would be very convenient.** 매우 편리합니다.

- 'It's very [형용사].' 패턴으로 쉽고 자연스럽게 이유를 만들 수 있어요.

  **ex** It's very convenient. 매우 편리합니다.
  　　It's very useful. 매우 유용합니다.
  　　It's very helpful. 매우 도움이 됩니다.
  　　→ 한 문장만으로도 형용사 한두 개를 잘 붙이면 짧고 명확한 이유가 됩니다.

- 가정 상황(would)을 고려해 'It would be'로 시제를 맞췄어요.

**Q7** 🔊 MP3 AT09_07

 **Q** If you were going to buy some snacks, would you be more likely to use a vending machine or to go to a convenience store? Why?

과자를 사려고 한다면 자판기를 이용하실 건가요, 편의점에 가실 건가요? 왜 그러한가요?

 **A** If I were going to buy some snacks, I would be more likely to use a vending machine. First, it would be very useful and convenient. Also, I can save time because I wouldn't have to waste my time going to a convenience store.

저는 간식을 사려고 한다면 자판기를 이용할 가능성이 더 높을 것입니다. 첫째로, 매우 유용하고 편리합니다. 또한, 편의점에 가는 데 시간을 낭비할 필요가 없기 때문에 시간을 절약할 수 있습니다.

**VOCA** convenience store 편의점

 🖊 제니쌤의 떠먹여주는 만능문장

### 부연 설명 쉽게 만드는 TIP

**It's very [형용사].** 매우 [형용사]합니다.
→ **I would be very useful and convenient.** 매우 유용하고 편리합니다.

· 형용사 'useful'과 'convenient'를 사용해서 간결하면서도 설득력 있는 부연 설명을 만들었어요.
· 가정 상황(would)을 고려해 'It would be'로 시제를 맞췄어요.

### 파트3 | 만능문장 4

**It's faster, so I can save time.** 그것은 더 빨라서 시간을 절약할 수 있습니다.
→ **I can save time because I wouldn't have to waste my time going to a convenience store.**
편의점에 가는 데 시간을 낭비할 필요가 없기 때문에 시간을 절약할 수 있습니다.

· 'save time'이라는 핵심 표현을 살리면서,
· 'because'를 사용해 이유를 자연스럽게 연결했습니다.
· 편의점에 가지 않아도 된다는 상황을 설명하기 위해 'waste my time going to a convenience store'를 붙였어요.
· 가정 상황(would)에 맞게 'wouldn't have to'로 시제를 조정했습니다.

### 파트3 | 만능문장 28

**I don't have to waste time waiting for other people.** 저는 다른 사람들을 기다리느라 시간을 낭비할 필요가 없습니다.
→ **I don't have to waste time going to a convenience store.** 저는 편의점에 가는 데 시간을 낭비할 필요가 없습니다.

'waste time ~ing' 구조를 그대로 활용해 'waste my time going to a convenience store'로 응용했어요.

# Questions 8-10: Respond to Questions Using Information Provided

문제집 p. 47

**다니엘 브래드쇼**

에이팩스 광고 회사

3월 2일 화요일 일정

| 시간 | 일정 |
|---|---|
| 오전 9:00 – 10:00 | 회의 – 로버트 손 (이사, 심플 광고 기획) |
| 오전 10:00 – 11:00 | 화상 회의 – 신디 웨스트 (마케팅 담당자, 서밋 광고 기획) |
| 오전 11:00 – 정오 | 신규 광고의 카피라이팅 검토 |
| 정오 – 오후 1:00 | 점심 |
| 오후 1:00 – 2:00 | 회의 – 션 킴 (인사 담당자, 주제: 마케팅 이사 직책의 최적 후보 선정) |
| 오후 2:00 – 3:00 | 출장을 위해 사무실 떠나기 (오후 5시 뉴욕행 비행기) |

Hello, I'm Daniel Bradshaw. I left my schedule sheet in my office, so I would like to ask you a few questions about my schedule.

안녕하세요, 저는 다니엘 브래드쇼입니다. 일정표를 사무실에 두고 와서 일정에 대해 몇 가지 질문을 드리고자 합니다.

### Q8
 MP3  AT09_08

**Q** What time do I leave for this business trip? What time is my flight to New York?

제가 이번 출장에 출발하는 시간은 언제인가요? 제가 뉴욕으로 가는 비행기 시간은 언제인가요?

**A** You will leave the office for this business trip at 2 p.m., and your flight to New York is at 5 p.m.

당신은 이번 출장을 위해 2시에 사무실을 떠날 것이고 뉴욕행 비행기는 오후 5시에 있습니다.

 leave 떠나다

### Q9

**Q:** I'd like to review copywriting of the new advertisement. Do I have some time to do that?

신규 광고의 카피라이팅을 검토하고 싶습니다. 제가 그렇게 할 시간이 있을까요?

**A:** Yes, you will review new advertisement copywriting from 11 a.m. to noon.

네, 당신은 오전 11시부터 정오까지 새로운 광고 카피라이팅을 검토하게 될 것입니다.

### Q10

**Q:** I know that I have several meetings on Tuesday. Could you tell me about the meetings I have on Tuesday?

화요일에 여러 개의 회의가 있는 것으로 알고 있습니다. 화요일에 있는 회의에 대해 말씀해주시겠어요?

**A:** Yes. There are two meetings.
First, at 9 a.m., there is a meeting with Robert Son, the director of Simple Advertising.
Next, at 1 p.m., there is a meeting with Shawn Kim, the HR manager.
The topic is Selecting the Best Candidates for the Marketing Director Position.

네, 두 개의 회의가 있습니다.
먼저, 오전 9시에 심플 광고 기획의 로버트 손 이사와 회의가 있습니다.
다음으로, 오후 1시에는 인사 담당자인 숀 킴과의 미팅이 있습니다.
주제는 마케팅 이사 직책에 가장 적합한 후보자를 선택하는 것입니다.

**VOCA** select 선택하다  candidate 후보자

**제니쌤의 적중노트**

Q8 개인 일정표 문제에서는 '무엇을 할 것이다'라는 표현을 정확하게 사용할 수 있어야 합니다.

| 출발 | You will depart from the office at 2 p.m. 당신은 오후 2시에 사무실을 출발할 것입니다. |
|---|---|
| 도착 | You will arrive in New York at 7 p.m. 당신은 오후 7시에 뉴욕에 도착할 것입니다. |
| 행사(식사, 회의 등) | You will have lunch with the marketing team. 당신은 마케팅 팀과 점심 식사를 하게 됩니다. |
| 교통편 이용 | You will take a flight to New York at 5 p.m. 당신은 오후 5시에 뉴욕행 비행기를 탈 예정입니다. |

Q9 개인 일정표 유형의 9번 문제에서는 개인 일정을 확인하거나 다른 일정 참석·변경 가능 여부를 묻는 질문이 자주 출제됩니다.

> **ex** I have a video conference with my client at 3 p.m. Will I have some time to do that?
> 오후 3시에 고객과 화상 회의가 있어요. 제가 화상 회의를 할 시간이 있을까요?
> → 만약 해당 시간의 일정이 취소되어 있으면, 'Yes, you have some free time.' 또는 'Yes, you can do that.'이라고 답할 수 있습니다.

Q10 직책을 말할 때는 'the'를 함께 사용합니다.

> **ex** Shawn Kim, the HR manager

누군가와 함께하는 미팅은 'There is a meeting with 사람.'으로 표현합니다.

> **ex** There is a meeting with Robert Son, the director of Simple Advertising.

## Question 11: Express an Opinion

**Q11**   MP3 AT09_11

Do you agree or disagree with the following statement:
The government should provide financial support to maintain historical buildings and artifacts.
Use specific reasons and examples to support your opinion.

다음 진술에 동의하시나요, 동의하지 않으시나요?
정부는 역사적인 건물과 유물을 보존하기 위해 재정 지원을 제공해야 합니다.
구체적인 이유와 예시를 들어서 의견을 뒷받침하세요.

### 💡 아이디어 만들기

정부는 역사적인 건물과 유물을 보존하기 위해 재정 지원을 제공해야 합니다.
1. 사람들은 역사와 같은 많은 것들을 배울 수 있고 견문을 넓힐 수 있습니다.
2. 학생들이 그곳을 방문할 때 새로운 것을 배울 수 있습니다.

### ✏️ 만능문장 활용하기

**파트5 | 만능문장 1**   They can learn new things.   그들은 새로운 것들을 배울 수 있습니다.

**파트5 | 만능문장 3**   They can have a lot of (new) experience and broaden their perspective.
그들은 많은 (새로운) 경험을 하고 견문을 넓힐 수 있습니다.

### 🏆 모범 답안

| | |
|---|---|
| 서론 | **I agree with the statement.**<br>저는 그 말에 동의합니다. |
| 연결 문장 | **Let me explain why I think this way.**<br>제가 왜 이렇게 생각하는지 설명하겠습니다. |
| 이유 1 | **Most of all, if the government provides financial support to maintain historical buildings and artifacts, people can learn about their unique history.**<br>무엇보다도, 정부가 역사적인 건물과 유물을 보존하기 위해 재정 지원을 해준다면, 사람들은 그들의 고유한 역사를 배울 수 있습니다.<br><br>🖊️ **제니쌤의 떠먹여주는 만능문장**<br><br>**파트5 | 만능문장 1**   They can learn new things.   그들은 새로운 것들을 배울 수 있습니다.<br>→ If the government provides financial support to maintain historical buildings and artifacts, people can learn about their unique history.<br>정부가 역사적인 건물과 유물을 보존하기 위해 재정 지원을 해준다면, 사람들은 그들의 고유한 역사를 배울 수 있습니다.<br><br>• 'They' 대신 'People'을 사용해 일반적인 주체로 구체화했어요.<br>• 'learn new things'를 'learn about their history'로 구체화해서 무엇을 배우는지 명확하게 표현했어요.<br>• 문제 조건에 맞춰 'If'로 시작해 논리적 연결성을 높였습니다.<br>• 'unique(독특한, 고유의)'라는 단어를 넣어서 답변을 구체화했어요. |

| | |
|---|---|
| 예시 1 | From my experience, when I was a high school student, I used to visit many historical buildings. For me, it was very helpful because I was able to learn many things such as historical facts and stories. I was able to broaden my perspective.<br><br>제 경험으로는, 저는 고등학생 때 많은 역사적인 건물을 방문하곤 했습니다. 그것은 저에게 매우 도움이 되었는데 왜냐하면 (역사적 사실과 이야기 같은) 새로운 것들을 배울 수 있었기 때문입니다. 저는 견문을 넓힐 수 있었습니다.<br><br> 🖌 **제니쌤의 떠먹여주는 만능문장**<br><br>**파트5 \| 만능문장 3**  They can have a lot of (new) experience and broaden their perspective.<br>그들은 많은 (새로운) 경험을 하고 견문을 넓힐 수 있습니다.<br><br>→ I was able to broaden my perspective.  저는 견문을 넓힐 수 있었습니다.<br><br>• 'They'를 'I'로 바꿔 내 경험으로 자연스럽게 설명했어요.<br>• 경험담에 맞게 현재형 'can'을 과거형 'was able to'로 바꿨습니다. 과거 경험은 시제 일치가 매우 중요해요. |
| 예시 2 | On top of that, according to a recent news report, the majority of education experts in Korea said that the government should maintain historical buildings and artifacts because students can learn new things when they visit them.<br><br>게다가, 최근 뉴스 보도에 따르면, 한국의 교육 전문가 대다수는 역사적인 건물과 유물을 보존해야 한다고 말했습니다. 왜냐하면 학생들은 그곳을 방문할 때 새로운 것을 배울 수 있기 때문입니다.<br><br>🎯 **제니쌤의 적중노트**<br><br>**전문가 인용 만들기: 'should'를 활용한 주장형 문장**<br>'should + 동사원형(~해야 한다)'로 전문가들의 권고 사항을 전달합니다.<br>**ex** The government should maintain historical buildings and artifacts.<br>→ 'should'는 단순한 의견이 아니라 전문가의 권고처럼 들려 자연스러운 답변을 만들 수 있습니다.<br><br>**이유 반복 연결하기**<br>전문가의 주장 뒤에 'students can learn new things when they visit them'을 다시 붙이면, 답변 전체의 논리 흐름이 탄탄해집니다. 한 번 말한 이유를 변형해서 반복하는 것은 논리 강화에 효과적입니다. |
| 결론 | Therefore, I agree with the statement.<br><br>그러므로, 저는 그 말에 동의합니다. |

# 실전 모의고사 10회 — 모범 답안

문제집 pp. 49-53

## Questions 1-2: Read a Text Aloud

**Q1 광고**  🔊 MP3 AT10_01

Is it **time** to **buy** the **best brand-name products** / that **suit** your **needs**? ↗ **Quick Shop App** will **help** you **find** the **best products**. ↘ It's a **mobile app** / where you can **get help checking** out the **latest brand-name goods**, ↗ **ordering products**, ↗ and **getting** a **discount**. ↘ **Don't forget** to **download** it **now** and **get** the **best deal**! ↘

당신이 필요한 최고의 브랜드 제품을 구입할 때입니까? 퀵 숍 앱은 최고의 제품을 찾는 데 도움이 될 것입니다. 브랜드 최신 상품 확인, 상품 주문, 할인 등의 도움을 받을 수 있는 모바일 앱입니다. 지금 다운로드하여 최고의 혜택을 누리는 것을 잊지 마세요!

### 🐬 제니쌤의 발음과외

**1. 발음에 주의하며 천천히 연습해 보세요.**

| | |
|---|---|
| brand-name /ˈbrænd.neɪm/ | '브랜네임'처럼 발음하기 |
| app /æp/ | /p/ 발음이 마지막에 오면 입술을 닫아주기 |
| discount /ˈdɪs.kaʊnt/ | /k/ 발음이 중간에 끼이면 'ㄲ'에 가깝게 강하게 발음하기 |
| suit /suːt/ | '슈트'라고 실수하지 않게 주의 |
| deal /diːl/ | /d/와 /l/ 발음 또렷하게 |

**2. 강세를 정확하게 주세요.**

아래 단어들은 볼드체 부분에 강세를 주세요.

ex **pro**ducts, **down**load, **mo**bile, **la**test

**3. 의문사가 없는 의문문은 끝을 올려 읽어주세요.**

ex Is it time to buy the best brand-name products that suit your needs?(↗)

**4. 관계사 앞에서는 끊어 읽어주세요.**

ex Quick Shop App / where you can get help checking out the latest brand-name goods.

### Q2 교통 정보 🔊 MP3 AT10_02

Welcome to today's traffic report. ↘ Fortunately, → / 21st Avenue isn't too crowded this morning. ↘ However, → / I-15 is currently closed because of construction / starting this week. ↘ If you plan to take this route, → / we recommend using Morris Tunnel / as a detour. ↘ If you drive a large vehicle / like a bus or a truck, → / be sure to use the yellow lanes / on weekdays. ↘

오늘의 교통 정보입니다. 다행히 오늘 아침 21번가는 그리 붐비지 않습니다. 그러나 I-15는 이번 주에 시작되는 공사로 인해 현재 폐쇄되어 있습니다. 이 경로를 이용할 계획이라면 모리스 터널을 우회로 이용하는 것이 좋습니다. 버스나 트럭과 같은 대형 차량을 운전하는 경우 평일에는 반드시 노란색 차선을 이용하십시오.

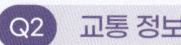 제니쌤의 발음과외

**1. 발음에 주의하며 천천히 연습해 보세요.**

|  |  |
| --- | --- |
| traffic /ˈtræf.ɪk/ | [t+r]는 '츄'처럼 부드럽게 연결 |
| currently /ˈkɜː.ənt.li/ | /r/ 발음에 유의 |
| fortunately /ˈfɔːr.tʃən.ət.li/ | /tʃən/ 연결 부드럽게 |
| route /ruːt/ | 길게 /ruːt/ |
| large /lɑːrdʒ/ | /lɑːr/ 길게, /dʒ/는 부드럽게 |
| vehicle /ˈviː.ə.kəl/ | /viː/ 길게, /v/ 발음 명확하게 |
| truck /trʌk/ | [t+r] '츄'처럼 자연스럽게 |
| lanes /leɪnz/ | /l/ 발음에 유의 |
| weekdays /ˈwiːk.deɪz/ | /wiːk/는 길게 |
| detour /ˈdiː.tʊr/ | /diː/ 길게, /tʊr/ 부드럽게 |

**2. 강세를 정확하게 주세요.**

아래 단어들은 볼드체 부분에 강세를 주세요.

ex  re**port**, cons**truc**tion, recom**mend**

**3. 고유 명사는 강조해서 읽어 주세요.**

'I-15', 'Morris Tunnel' 같은 고유 명사는 또렷하고 힘 있게 읽어야 해요.

ex  However, **I-15** is currently closed because of construction starting this week.
    If you plan to take this route, we recommend using **Morris Tunnel** as a detour.

## Questions 3-4: Describe a Picture

**Q3**  서론 ≫ 전체 요약 ≫ 인물 묘사 ≫ 기타 사물 배경         🔊 MP3 AT10_03

| | |
|---|---|
| 서론 | This is a picture taken at an office.<br>이것은 사무실에서 찍힌 사진입니다. |
| 전체 요약 | The first thing I can see from this picture is some people cleaning the office.<br>이 사진에서 가장 먼저 볼 수 있는 것은 사무실을 청소하고 있는 몇몇 사람들입니다. |
| 인물 묘사 | Two of them are wiping furniture. They are women and have ponytails. The others are men. One man is mopping the floor.<br>The other man is vacuuming the floor. All of them are wearing blue clothes.<br>그들 중 두 명은 가구를 닦고 있습니다. 그들은 여성이고 묶음 머리를 하고 있습니다.<br>다른 사람들은 남성들입니다. 한 남자는 바닥을 닦고 있습니다.<br>다른 남자는 바닥을 청소기로 청소하고 있습니다. 사람들 모두 파란색 옷을 입고 있습니다. |
| 기타 사물 배경 | In the foreground of the picture, I can see tables, chairs, computers and office supplies.<br>사진의 전면에는 테이블, 의자, 컴퓨터, 사무용품이 보입니다. |

**VOCA**  wipe 닦다   mop the floor 바닥을 밀대로 닦다   vacuum 진공청소기로 청소하다   office supply 사무용품

### 🎯 제니쌤의 적중노트

여러 사람 중에서 특정 두 명을 지칭하고 싶을 때는 'two of them' 표현을 사용하세요.

**ex** Two of them are wiping furniture.

각 사물을 구체적으로 묘사하기 힘들 때는 포괄적인 단어를 사용해요.

- office supplies: 사무용품 전체를 통칭
- blue clothes: 각각의 옷을 구체적으로 설명할 필요 없이 묶어서 표현

청소하는 장면에서는 관련 어휘를 미리 알고 있으면 빠르고 정확한 묘사가 가능합니다.

- wipe: 닦다
- mop: 밀대로 닦다
- vacuum: 청소기로 청소하다

**Q4** 서론 ≫ 전체 요약 (생략) ≫ 인물 묘사 ≫ 기타 사물 배경    🔊 MP3  AT10_04

| 서론 | This is a picture taken on the bus.<br>이것은 버스에서 찍힌 사진입니다. |
|---|---|
| 인물 묘사 | In the middle of the picture, there is a woman wearing sunglasses.<br>She is holding a smartphone and looking at the screen. She has a ponytail.<br>On the left side of the picture, there is a man who has curly hair.<br>He is wearing a checkered shirt and has headphones on his neck.<br>사진 중앙에는 선글라스를 낀 여성이 있습니다.<br>그녀는 스마트폰을 들고 화면을 보고 있습니다. 그녀는 묶음 머리를 하고 있습니다.<br>사진 왼쪽에는 곱슬머리를 한 남자가 있습니다.<br>그는 체크무늬 셔츠를 입고 목에 헤드폰을 착용하고 있습니다. |
| 기타<br>사물 배경 | In the background of the picture, I can see some people.<br>사진의 배경에는 몇몇 사람들이 보입니다. |

**VOCA**  wear sunglasses 선글라스를 끼다   look at the screen 화면을 보다   checkered shirt 체크무늬 셔츠
have headphones on one's neck 목에 헤드폰을 착용하다

🎯 **제니쌤의 적중노트**

버스나 지하철처럼 대중교통 수단을 묘사할 때는 전치사 'on'을 사용하세요.

**ex**  This is a picture taken on the bus.
→ 'in'이 아니라 'on'을 써야 자연스럽습니다!

헤어 스타일을 묘사할 때는 두 가지 방식 모두 가능합니다.

- 관계대명사로 묘사
  > **ex** There is a man who has curly hair.

- 간결하게 묘사
  > **ex** The man has curly hair.
  > → 둘 다 가능하지만, 상황에 따라 짧게 끊어가는 표현이 더 깔끔하게 들릴 수 있습니다.

## Questions 5-7: Respond to Questions

Imagine that a lifestyle magazine is conducting research in your area. You have agreed to participate in a telephone interview about your neighbors and neighborhood.

라이프스타일 잡지가 지역에서 리서치를 하고 있다고 상상해 보십시오. 당신은 이웃과 동네에 관한 전화 인터뷰에 참여하기로 동의했습니다.

**Q5** 🔊 MP3 AT10_05

**Q** Do you have neighbors you are close to? How did you get to know them?

친한 이웃이 있나요? 그들을 어떻게 알게 되었나요?

**A** Yes, I have neighbors I am close to. I got to know them, at first, by saying hi in the elevator.

네, 저에게는 친한 이웃이 있습니다. 저는 처음에 엘리베이터에서 인사하면서 그들을 알게 되었습니다.

### 🎯 제니쌤의 적중노트

**비전형적인 문제 풀기**

- Yes, I have neighbors I am close to.
  → 어려운 문제가 나와도 당황하지 마세요. 문제 문장을 자연스럽게 활용해서 답변 도입부를 쉽게 시작하면 됩니다.

- I got to know them, at first, by saying hi in the elevator.
  → 'How'로 묻는 질문에 대해 'by ~ing' 형태로 구체적인 방법을 자연스럽게 연결했습니다.
  → 'say hi'라는 표현을 알아 두면 좋습니다.

### 'by ~ing' 구조 활용하기

'by ~ing(~함으로써)'를 활용하면 '어떻게 알게 되었나요?' 같은 질문에 자연스럽고 정확하게 답변할 수 있어요.

> **ex** I got to know them by saying hi in the elevator.

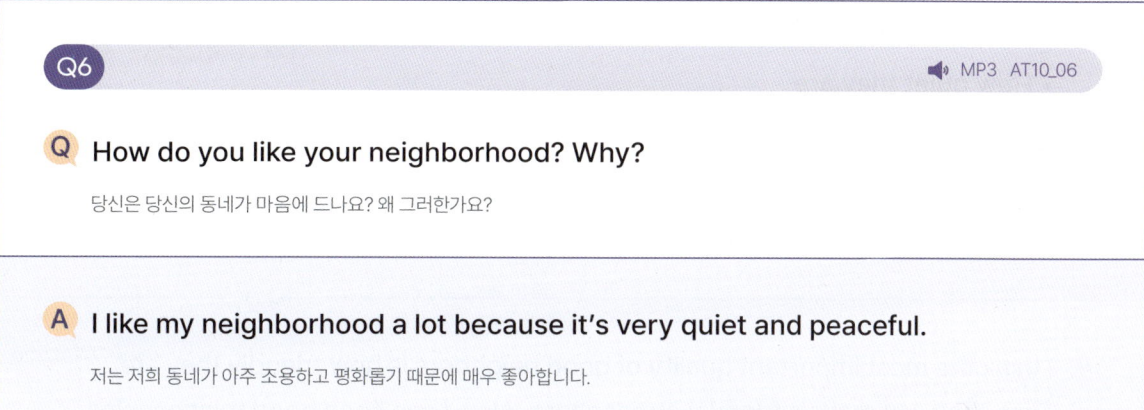

**Q6**  🔊 MP3 AT10_06

**Q** How do you like your neighborhood? Why?
당신은 당신의 동네가 마음에 드나요? 왜 그러한가요?

**A** I like my neighborhood a lot because it's very quiet and peaceful.
저는 저희 동네가 아주 조용하고 평화롭기 때문에 매우 좋아합니다.

**VOCA** peaceful 평화로운

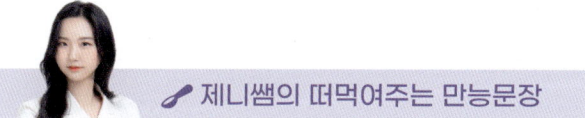
제니쌤의 떠먹여주는 만능문장

**부연 설명 쉽게 만드는 TIP**

I like / love [명사] very much. 저는 [명사]를 매우 좋아합니다.
It's very [형용사]. 매우 [형용사]합니다.
→ I like my neighborhood a lot because it's very quiet and peaceful.
  저는 저희 동네가 아주 조용하고 평화롭기 때문에 좋아합니다.

- 부연 설명은 'I like [명사] very much.'와 'It's very [형용사].' 구조를 활용해서 만들면 쉽습니다.
- 'I like [명사] very much.' 대신 'I like [명사] a lot.'도 자주 사용됩니다.
  → 의미는 같지만, 'a lot'을 쓰면 조금 더 일상적이고 자연스러운 느낌을 줄 수 있어요.
- 'It's very [형용사].' 구조에서 형용사 두 개를 조합하면 짧지만 풍부한 느낌의 문장을 만들 수 있어요.
  **ex** quiet and peaceful, clean and safe 등

**Q7**  MP3 AT10_07

**Q** What do you think is the most important quality of good neighbors?
- How friendly they are
- How close they live
- How quiet they are

좋은 이웃의 가장 중요한 자질은 무엇이라고 생각하십니까?
- 얼마나 친절한 이웃인지
- 얼마나 가까이 사는 이웃인지
- 얼마나 조용한 이웃인지

**A** I think the most important quality of good neighbors is how friendly they are. First, they can make a friendly atmosphere. Also, I can keep good relationships with them.

저는 좋은 이웃의 가장 중요한 자질은 그들이 얼마나 친절한가라고 생각합니다. 첫째, 그들은 친근한 분위기를 조성할 수 있습니다. 또한, 저는 그들과 좋은 관계를 유지할 수 있습니다.

**VOCA** atmosphere 분위기

 제니쌤의 떠먹여주는 만능문장

### 파트5 | 만능문장 34

They can make a friendly (work) atmosphere. 그들은 친근한 (업무) 분위기를 만들 수 있습니다.
→ First, they can make a friendly atmosphere. 첫째, 그들은 친근한 분위기를 만들 수 있습니다.

만능문장을 그대로 사용했어요.

### 파트5 | 만능문장 36

They can be good team players and make good relationships with others.
그들은 좋은 팀플레이어가 될 수 있고, 다른 사람들과 좋은 관계를 맺을 수 있습니다.
→ Also, I can keep good relationships with them. 또한, 저는 그들과 좋은 관계를 유지할 수 있습니다.

- 주어를 'They'에서 'I'로 바꾸어 내 입장에서 설명합니다.
- 이웃과의 관계는 새로 만드는 것보다 좋은 관계를 유지하는 것이 더 자연스럽기 때문에 표현을 조정했습니다.
  'make' 대신 'keep'을 사용해 '관계를 유지할 수 있다'는 의미로 변형했어요.

# Questions 8-10: Respond to Questions Using Information Provided

📖 문제집 p. 52

---

### 루크 오웬

주소: 세인트 마리스 애비뉴, 웨스트 밴쿠버, 브리티시 컬럼비아
전화번호: (081)252-1945
이메일: owen_luke22@1nyu.com

| 희망 직책 | 편집장 |
|---|---|
| 학력 | 캘리포니아 주립대학교 저널리즘 석사 (2011)<br>서던 캘리포니아 대학교 영문학 학사 (2010) |
| 경력 | 커런트 타임즈 매거진 편집자 (2019 – 현재)<br>뉴욕 뉴스페이퍼 기자 (2015 – 2019) |
| 자격 | 독일어 능통, 일본어 초급 수준 |

---

**Hello, I'm Jane Brown in the HR department. I'm supposed to interview Luke Owen in a minute but I can't find his resume. Can I ask a few questions about Mr. Owen?**

안녕하세요, 저는 인사부의 제인 브라운입니다. 루크 오웬 씨를 잠시 후에 인터뷰하기로 되어 있는데 그의 이력서를 찾을 수 없습니다. 오웬 씨에 대해 몇 가지 질문을 해도 될까요?

---

### Q8
🔊 MP3 AT10_08

**Q** When did Mr. Owen get his master's degree, and what school did he get it from?

오웬 씨는 언제 석사 학위를 받았으며, 어느 학교에서 받았나요?

**A** He got his master's degree in Journalism from California State University in 2011.

그는 2011년에 캘리포니아 주립대학교에서 저널리즘 석사 학위를 받았습니다.

---

**VOCA** master's degree 석사 학위   bachelor's degree 학사 학위

**Q9** 🔊 MP3 AT10_09

**Q** We have many interviews with interviewees from Germany. Does it look like Mr. Owen is capable of handling those interviews?

저희는 독일 국적의 사람들을 많이 인터뷰합니다. 오웬 씨가 그런 인터뷰를 할 수 있을까요?

**A** Yes, I think he is qualified because he is fluent in German.

네, 저는 그가 독일어에 능통하기 때문에 자격이 있다고 생각합니다.

**VOCA** fluent 유창한

---

**Q10** 🔊 MP3 AT10_10

**Q** Can you give me all the details of his career experience?

그의 경력에 대한 모든 세부 사항을 알려주시겠어요?

**A** Sure. First, from 2015 to 2019, he worked at New York Newspaper as a journalist. Next, from 2019 up to now, he has worked at Current Times Magazine as an editor.

물론입니다. 먼저, 그는 2015년부터 2019년까지 <뉴욕 뉴스페이퍼>에서 기자로 일했습니다. 다음으로, 2019년부터 현재까지 <커런트 타임스 매거진>에서 편집자로 근무하고 있습니다.

**VOCA** career experience 경력

---

🎯 **제니쌤의 적중노트**

**Q8** 이력서 유형 문제에서는 지원자의 학력에 대한 질문이 자주 출제됩니다.

**ex** He got a master's degree in Journalism from California State University in 2011.
그는 2011년에 캘리포니아 주립대학교에서 저널리즘 석사 학위를 받았습니다.

He got a bachelor's degree in Economics from Seoul National University in 2015.
그는 2015년에 서울대학교에서 경제학 학사 학위를 받았습니다.

**Q9** 언어 능력을 말할 때는 'be fluent in 언어'로 표현합니다.

**ex** He is fluent in German. 그는 독일어에 능통합니다.
She is fluent in English and French. 그녀는 영어와 프랑스어에 능통합니다.

간혹 자격증이나 수상 경력에 대해 묻는 문제가 나오면, 아래와 같은 표현을 사용할 수 있습니다.

**ex** He has a certificate in digital marketing.  그는 디지털 마케팅 자격증을 보유하고 있습니다.
She received the Best Journalist Award in 2022.  그녀는 2022년에 베스트 저널리스트 상을 수상했습니다.

**Q10** 경력 사항을 말할 때, 과거 경력과 현재까지 이어지는 경력은 구분해서 말해주세요.

| 과거 경력 | From 2015 to 2019, he worked at *New York Newspaper* as a journalist. <br> 2015년부터 2019년까지 그는 <뉴욕 뉴스페이퍼>에서 기자로 일했습니다. |
|---|---|
| 현재까지 이어지는 경력 | From 2019 up to now, he has worked at *Current Times Magazine* as an editor. <br> 2019년부터 현재까지 <커런트 타임스 매거진>에서 에디터로 일하고 있습니다. |

## Question 11: Express an Opinion

**Q11**  🔊 MP3  AT10_11

Do you prefer to have a business meeting in person or to have a video conference?
Use specific reasons and examples to support your opinion.

직접 만나서 비즈니스 미팅을 하는 것을 선호하시나요, 화상 회의를 하는 것을 선호하시나요?
구체적인 이유와 예시를 들어서 의견을 뒷받침하세요.

### 💡 아이디어 만들기

직접 만나서 비즈니스 미팅을 하는 것을 선호합니다.
1. 즉시 직접적인 답변을 받을 수 있습니다.
2. 말하는 사람의 감정을 더 잘 이해할 수 있습니다.

### ✏️ 만능문장 활용하기

**파트5 | 만능문장 32**  I can get responses right away.  저는 즉시 답변을 받을 수 있습니다.

**파트5 | 만능문장 33**  I can understand the feelings of the speaker more accurately.
저는 화자의 감정을 더 정확하게 이해할 수 있습니다.

## 🏆 모범 답안

| | |
|---|---|
| 서론 | **I prefer to have business meetings in person.**<br>저는 직접 만나서 비즈니스 미팅을 하는 것을 선호합니다. |
| 연결 문장 | **Let me explain why I think this way.**<br>제가 왜 이렇게 생각하는지 설명하겠습니다. |
| 이유 1 | **Most of all, when I have a business meeting in person, I can get direct responses from my business partner right away.**<br>무엇보다도, 직접 만나서 비즈니스 미팅을 할 때는 비즈니스 파트너로부터 즉시 직접적인 답변을 받을 수 있습니다.<br><br> 🖊 제니쌤의 떠먹여주는 만능문장<br><br>**파트5 | 만능문장 32**  I can get responses right away.  저는 즉시 답변을 받을 수 있습니다.<br>→ When I have a business meeting in person, I can get direct responses from my business partner right away.<br>직접 만나서 비즈니스 미팅을 할 때는 비즈니스 파트너로부터 즉시 직접적인 답변을 받을 수 있습니다.<br><br>• 'When I have a business meeting in person'을 앞에 붙여 조건을 명확히 했어요.<br>• 'direct responses(직접적인 답변)'를 추가해 답변을 구체화했어요.<br>• 'from my business partner'를 덧붙여 누구로부터 답변을 받는지 좀 더 명확하게 표현했습니다.<br><br>🎯 **제니쌤의 적중노트**<br><br>**조건형 이유 설명 - When 구문**<br>시험에서는 '언제, 어떤 상황일 때'를 구체적으로 설명하면 답변의 설득력이 높아집니다.<br>→ 'When I have a business meeting in person'처럼 상황을 먼저 제시하고 결과를 이어가는 흐름을 만들어 주세요.<br><br>**상대방 명시하기**<br>'from my business partner(비즈니스 파트너로부터)'와 같은 표현을 써서 누구로부터 답변을 받는지를 명확히 하면, 답변의 초점이 뚜렷해지고 상황이 구체적으로 전달됩니다.<br><br>**VOCA**  in person 직접   direct response 직접적인 답변 |

**From my experience, I used to have business meetings in person when I worked at a company. It was very helpful because I was able to get responses to my questions right away from my business partner.**

제 경험으로는, 저는 회사에서 일할 때 직접 만나서 비즈니스 미팅을 가지곤 했습니다. 비즈니스 파트너로부터 질문에 대한 답변을 바로 받을 수 있어서 매우 도움이 되었습니다.

예시 1

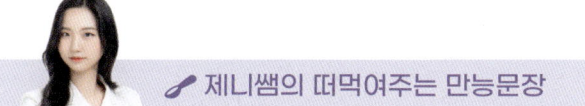
제니쌤의 떠먹여주는 만능문장

**파트5 | 만능문장 32**   I can get responses right away.   저는 즉시 답변을 받을 수 있습니다.

→ I was able to get responses to my questions right away from my business partner.
    비즈니스 파트너로부터 바로 질문에 대한 답변을 받을 수 있었습니다.

- 과거 경험을 말하므로 'I was able to'로 시제를 맞춰줬어요.
- 'responses'에 'to my questions'를 덧붙여 답변의 구체적 대상(내 질문에 대한 답변)을 명확히 했습니다.
- 'from my business partner'를 그대로 유지해서 문맥을 일관성 있게 이어갔습니다.

**On top of that, I can understand the feelings of the speaker more accurately when I have business meetings in person.**

게다가, 직접 만나 비즈니스 미팅을 할 때는 말하는 사람의 감정을 더 정확하게 이해할 수 있습니다.

이유 2

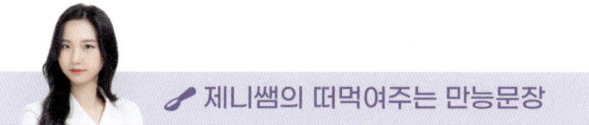
제니쌤의 떠먹여주는 만능문장

**파트5 | 만능문장 33**   I can understand the feelings of the speaker more accurately.
    저는 화자의 감정을 더 정확하게 이해할 수 있습니다.

→ I can understand the feelings of the speaker more accurately when I have business meetings in person.
    직접 만나 비즈니스 미팅을 할 때는 말하는 사람의 감정을 더 정확하게 이해할 수 있습니다.

- 'when I have business meetings in person'을 뒤에 붙여 상황 연결을 강화했어요.
- 'the speaker'를 구체화하고 싶을 경우, 'my business partner'로 바꿔 표현할 수도 있습니다.

**VOCA**   accurately 정확하게

| | |
|---|---|
| 예시 2 | **On the other hand, when I had a video conference, it was not very helpful because I couldn't understand the feelings of my business partner accurately.**<br>반면에, 제가 화상 회의를 했을 때는 비즈니스 파트너의 감정을 정확하게 이해할 수 없었기 때문에 도움이 되지 않았습니다.<br><br> 🖋 **제니쌤의 떠먹여주는 만능문장**<br><br>**파트5 | 만능문장 33**   I can understand the feelings of the speaker more accurately.<br>저는 화자의 감정을 더 정확하게 이해할 수 있습니다.<br><br>→ On the other hand, when I had a video conference, it was not very helpful because I couldn't understand the feelings of my business partner accurately.<br>반면에, 제가 화상 회의를 할 때는 비즈니스 파트너의 감정을 정확하게 이해할 수 없었기 때문에 도움이 되지 않았습니다.<br><br>• 가정하는 상황과 반대 상황(화상 회의)을 언급해 대조 효과를 주는 전략을 사용했습니다.<br>• 'not very helpful'과 'couldn't understand the feelings ~ accurately'를 써서 화상 회의의 단점을 설명했어요.<br><br>🎯 **제니쌤의 적중노트**<br>**반대 상황을 이용한 답변 강화**<br>주장하는 상황(직접 만나 미팅하기)의 장점을 강조할 때, 반대 상황(화상 회의)의 단점을 예시 문장으로 만들어서 논리를 강화할 수 있어요. 이럴때는 'on the other hand'(반면에)라는 연결어를 유용하게 사용할 수 있어요. 예시 문장이 반드시 경험이나 보도 자료일 필요는 없습니다.<br><br>**ex** On the other hand, when I had a video conference, it was not very helpful because I couldn't understand the feelings of my business partner accurately.<br>→ 위와 같이 'A는 좋다 + B는 부족했다' 식의 대조 구조를 쓰면 답변 흐름이 훨씬 풍성하고 논리적입니다. |
| 결론 | **Therefore, I prefer to have business meetings in person.**<br>그러므로, 저는 직접 만나서 비즈니스 미팅을 하는 것을 선호합니다. |

# 모범 답안

📖 문제집 pp. 54-58

## 📍 Questions 1-2: Read a Text Aloud

### Q1 프로그램 소개  🔊 MP3 AT11_01

Good afternoon. ↘ You're now tuned into this week's episode of Home Cooking Show. ↘ Today, → / I will show you an easy recipe / to make the best spaghetti for your kids. ↘ We will use common ingredients like an egg, ↗ tomatoes, ↗ and bread crumbs. ↘ You don't need anything more than the basic kitchen utensils / you use daily. ↘ So, → / let's get started with our beloved chef, → / Ashley Wright. ↘

좋은 오후입니다. 지금 당신은 홈 쿠킹쇼의 이번 주 에피소드를 시청하고 계십니다. 오늘은 쉬운 레시피로 당신의 자녀들을 위한 최고의 스파게티를 만드는 방법을 보여드리겠습니다. 저희는 계란, 토마토, 빵가루와 같은 일반적인 재료를 사용할 것입니다. 매일 사용하는 기본 주방 용품 외에는 아무것도 필요하지 않습니다. 자, 이제 우리의 사랑받는 셰프 애슐리 라이트와 함께 시작해 봅시다.

 제니쌤의 발음과외

**1. 발음에 주의하며 천천히 연습해 보세요.**

| | |
|---|---|
| recipe /ˈres.ə.pi/ | '레서피'에 가깝게 발음 |
| utensil /juːˈten.səl/ | '유텐슬'처럼 발음 |
| started /ˈstɑːr.tɪd/ | /s/ 발음과 /t/ 발음이 만나면 /t/를 강하게 발음 |
| beloved /bɪˈlʌv.ɪd/ | 끝을 '브드'보다는 '읻'처럼 약하게 발음 |
| chef /ʃef/ | /ʃ/와 /f/ 발음에 유의 |
| crumbs /krʌmz/ | 'b'는 발음하지 않고 마무리 |

**2. 강세를 정확하게 주세요.**

아래 단어들은 볼드체 부분에 강세를 주세요.

ex **epi**sode, spa**ghe**tti, to**ma**toes, in**gre**dients

**3. 억양에 강조해서 읽어야 할 곳에 주의하세요.**

• 고유 명사: 'Ashley Wright'는 고유 명사이기 때문에 강조해서 읽어야 해요.

ex So, let's get started with our beloved chef, **Ashley Wright.**

• 부정어: 'don't / can't'와 같은 부정어는 의미가 잘 전달되도록 강조해 주세요.

ex You **don't** need anything more than the basic kitchen utensils you use daily.

> **Q2 공지 사항**  🔊 MP3 AT11_02
>
> Are you looking for a place / to relax with a cup of Joe?↗ Marriot Café is finally opening a new branch / in this area this week.↘ We offer a variety of coffee,↗ donuts,↗ and bagels / that will definitely impress you.↘ As an opening promotion,→ / we are giving complimentary chocolate cookies to everyone. Don't miss out on this great opportunity!↘
>
> 커피 한잔과 함께 휴식을 취할 장소를 찾고 계십니까? 드디어 이번 주에 메리어트 카페가 이 지역에 새로운 지점을 오픈합니다. 우리는 당신에게 확실히 감동을 줄 다양한 커피, 도넛, 베이글을 제공합니다. 오픈 프로모션으로 모든 분들께 초콜릿 쿠키를 무료로 드립니다. 이 좋은 기회를 놓치지 마세요!

### 🐬 제니쌤의 발음과외

**1. 발음에 주의하며 천천히 연습해 보세요.**

| | |
|---|---|
| **café** /kæˈfeɪ/ | 두 번째 음절 /feɪ/에 강세를 주고 부드럽게 |
| **finally** /ˈfaɪ.nəl.i/ | 첫 음절 /faɪ/를 확실히 |
| **opening** /ˈoʊ.pən.ɪŋ/ | /oʊ/를 길게 |
| **branch** /bræntʃ/ | /br/을 또렷하게, /æ/ 발음에 유의 |
| **variety** /vəˈraɪ.ə.t̬i/ | /v/ 발음에 유의 |
| **donuts** /ˈdoʊ.nʌts/ | /doʊ/를 길게 |
| **bagels** /ˈbeɪ.gəlz/ | /beɪ/ 발음에 유의 |
| **impress** /ɪmˈpres/ | /pres/의 /r/ 발음에 유의 |

**2. 강세를 정확하게 주세요.**

아래 단어들은 볼드체 부분에 강세를 주세요.

> **ex**  compli**men**tary, **cho**colate, oppor**tu**nity, **de**finitely, pro**mo**tion

**3. 의문문은 끝을 올려 읽어주세요.**

> **ex**  Are you looking for a place to relax with a cup of Joe?(↗)
> ※ 단, 의문사가 있는 경우 끝을 내려 읽어요.

**4. 고유 명사는 강조해서 읽어주세요.**

'Marriot Café' 같은 고유 명사는 자신감 있고, 또렷하게 읽어주세요.

> **ex**  **Marriot Café** is finally opening a new branch in this area this week.

**5. '형용사 + 명사' 조합은 모두 강조해서 읽어주세요.**

> **ex**  Marriot Café is finally opening a **new branch** in this area this week.
> As an opening promotion, we are giving **complimentary chocolate cookies** to everyone.

# Questions 3-4: Describe a Picture

**Q3** 서론 ≫ 전체 요약 ≫ 인물 묘사 ≫ 기타 사물 배경  🔊 MP3 AT11_03

| 서론 | This is a picture taken at a supermarket.<br>이것은 슈퍼마켓에서 찍힌 사진입니다. |
|---|---|
| 전체 요약 | The first thing I can see from this picture is a woman buying something.<br>이 사진에서 가장 먼저 볼 수 있는 것은 무언가를 사고 있는 한 여성입니다. |
| 인물 묘사 | She has blond hair and is handing over something.<br>Behind her, there is a man waiting in line.<br>On the right side of the picture, there is a cashier sitting behind the counter.<br>그녀는 금발이고 무언가를 건네고 있습니다.<br>그녀 뒤에는 한 남자가 줄을 서서 기다리고 있습니다.<br>사진 오른쪽에는 계산원이 카운터 뒤에 앉아 있습니다. |
| 기타 사물 배경 | In the background of the picture, I can see a lot of products arranged on the shelves.<br>사진 배경에는 진열대에 정리된 제품들이 많이 보입니다. |

**VOCA** hand over 건네다   wait in line 줄 서서 기다리다   cashier 계산원   arranged on the shelves 진열대에 정리된

### 🎯 제니쌤의 적중노트

위치 전치사를 정확히 사용하면, 사진을 훨씬 자연스럽고 정확하게 묘사할 수 있어요.

**ex** Behind her, there is a man waiting in line.

**Q4** 서론 » 전체 요약 » 인물 묘사 » 기타 사물 배경 » 전체적 분위기　🔊 MP3 AT11_04

| 서론 | This is a picture taken indoors.<br>이것은 실내에서 찍은 사진입니다. |
|---|---|
| 전체 요약 | The first thing I can see from this picture is a woman drinking something.<br>이 사진에서 가장 먼저 볼 수 있는 것은 무언가를 마시고 있는 한 여성입니다. |
| 인물 묘사 | She has long hair and she is wearing a beige sweater and pants.<br>She is smiling.<br>그녀는 긴 머리를 하고 베이지색 스웨터와 바지를 입고 있습니다.<br>그녀는 웃고 있습니다. |
| 기타<br>사물 배경 | Behind her, I can see a fireplace.<br>On the right side of the picture, I can see a cat.<br>In the foreground of the picture, I can see a blanket.<br>그녀 뒤에 벽난로가 보입니다.<br>사진의 오른쪽에는 고양이가 보입니다.<br>사진의 전면에는 담요가 보입니다. |
| 전체적<br>분위기 | Overall, it seems like the woman is having a great time.<br>전반적으로 여자는 즐거운 시간을 보내고 있는 것 같습니다. |

**VOCA**　drink something 무언가를 마시다　beige 베이지색　sweater 스웨터　pants 바지　fireplace 벽난로　blanket 담요

### 🎯 제니쌤의 적중노트

1명을 묘사할 때는 시간 여유가 있으므로 전체적인 분위기까지 말하면 답변을 좀 더 풍성하게 만들 수 있어요.

**ex** Overall, it seems like the woman is having a great time.

배경이나 주변 사물은 위치 전치사로 깔끔하게 묘사해 주세요.

**ex** Behind her, I can see a fireplace.

## Questions 5-7: Respond to Questions

Imagine that a Canadian marketing firm is conducting research in your country. You have agreed to participate in a telephone interview about your job.

캐나다 마케팅 회사가 당신의 나라에서 리서치를 하고 있다고 상상해 보세요.
당신은 일에 관한 전화 인터뷰에 참여하기로 동의했습니다.

### Q5    MP3  AT11_05

**Q** What is your current job? What time do you start work?

당신의 현재 직업은 무엇인가요? 몇 시에 일을 시작하나요?

**A** My current job is an office worker, and I start work at 9 a.m. I like my job very much.

제 현재 직업은 회사원이고 오전 9시에 출근합니다. 저는 저의 일을 매우 좋아합니다.

 제니쌤의 떠먹여주는 만능문장

#### 부연 설명 쉽게 만드는 TIP

I like / love [명사] very much.   저는 [명사]를 매우 좋아합니다.
→ I like my job very much.   저는 저의 일을 매우 좋아합니다.

'I like / love [명사] very much.' 패턴을 사용하면 답변을 짧고 긍정적으로 부드럽게 마무리할 수 있습니다.

 제니쌤의 적중노트

#### 'What ~?'에 빠르게 답변하는 연습

PART 3에서 'What is your current job?'처럼 '무엇'을 묻는 질문에는 고민 없이 바로 답변하는 순발력이 중요합니다. 실제 나의 이야기를 하는 것이 어려울 때는 떠오르는 생각을 바로 말하는 편이 점수를 받는 데 더 유리합니다.

**Q6** 🔊 MP3 AT11_06

**Q** Would you be willing to work night shifts if a company paid you well?

회사에서 보수를 많이 준다면 야간 근무를 할 의향이 있나요?

**A** Yes. I would be willing to work night shifts if a company paid me well because my budget is tight right now.

네. 지금 제가 예산이 빠듯하기 때문에 회사에서 급여를 잘 준다면 야간 근무를 할 의향이 있습니다.

**VOCA** night shift 야간 근무

 🖊 제니쌤의 떠먹여주는 만능문장

**파트3 | 만능문장 16**

**I'm a student, so my budget is tight.** 저는 학생이라 예산이 빠듯합니다.
→ **My budget is tight right now.** 현재 제 예산은 빠듯합니다.

상황에 따라 학생 여부는 생략하고 'My budget is tight.'로 활용하면 누구에게나 적용할 수 있는 현실적인 이유가 됩니다.
문제에 따라 'right now'를 추가하면 답변이 더 구체적이고 자연스럽게 들립니다.

🎯 **제니쌤의 적중노트**

**'Would you ~?' 질문 답변 패턴**

'Would you ~?' 질문에는 'Yes, I would + 동사원형.' 또는 'No, I wouldn't + 동사원형.'으로 답변합니다.
**ex** Yes. I would be willing to work night shifts if a company paid me well.
→ 가정 상황이므로 'would'를 사용해야 문법적으로 자연스럽습니다.

**상황을 구체화하는 부연 설명 전략**

단순히 '급여가 많으면 근무한다'가 아니라, '지금 예산이 빠듯하다'는 현실적인 이유를 덧붙이면 설득력 있는 답변이 됩니다.
**ex** I would be willing to work night shifts if a company paid me well because my budget is tight right now.

**Q7** 🔊 MP3 AT11_07

**Q** Do you prefer to work in a busy outdoor area or in a quiet indoor area?

혼잡한 야외 공간에서 일하는 것을 선호하나요, 아니면 조용한 실내 공간에서 일하는 것을 선호하나요?

**A** I prefer to work in a quiet indoor area because it's more comfortable. Also, I can focus better and work more efficiently because I am not distracted by others.

저는 조용한 실내 공간에서 일하는 것을 더 선호합니다. 왜냐하면 더 편안하기 때문입니다.
또한, 저는 더 잘 집중하고 더 효율적으로 일할 수 있습니다. 왜냐하면 다른 사람에게 방해받지 않기 때문입니다.

**VOCA** busy 혼잡한  area 지역, 공간

### 제니쌤의 떠먹여주는 만능문장

#### 부연 설명 쉽게 만드는 TIP

**It's very [형용사].** 매우 [형용사]합니다.
→ **It's more comfortable.** 더 편안합니다.

비교 대상이 있는 문제이므로 'comfortable'의 비교급(more comfortable)을 사용하여 'It's more comfortable.'로 답변할 수 있습니다. 이처럼 형용사로 간결하게 부연 설명하면 답변이 자연스럽고 깔끔해집니다.

#### 파트5 | 만능문장 17

**They can focus better.** 그들은 더 잘 집중할 수 있습니다.
→ **I can focus better.** 저는 더 잘 집중할 수 있습니다.

'They'를 'I'로 바꿔서 내 경험으로 자연스럽게 연결했습니다.

#### 파트5 | 만능문장 44

**Employees can work more efficiently and productively.** 직원들은 더 효율적이고 생산적으로 일할 수 있습니다.
→ **I can work more efficiently.** 저는 더 효율적으로 일할 수 있습니다.

- 'Employees'를 'I'로 변경하고,
- 간결함을 위해 'and productively'는 생략하고 'work more efficiently'만 사용했습니다.

## 파트5 | 만능문장 5

**They will be distracted.** 그들은 주의가 산만해질 것입니다.

→ **I am not distracted by others.** 저는 다른 사람에게 방해받지 않습니다.

- 'They'를 'I'로 바꾸고,
- 조용한 실내에서는 방해를 받지 않는다는 점을 강조하기 위해 부정문(not)으로 자연스럽게 변형했습니다.

###  제니쌤의 적중노트

**선호 질문 답변 만들기 - 비교형 구조**

'Which do you prefer?' 유형의 문제는 반드시 하나를 고르고 이유를 연결해서 답변해야 자연스럽습니다.

**ex** I prefer to work in a quiet indoor area because it's more comfortable. Also, I can focus better and work more efficiently.

→ 'more comfortable', 'more efficiently'처럼 비교급 표현을 사용하면 논리적인 흐름이 자연스럽습니다.

## Questions 8-10: Respond to Questions Using Information Provided

문제집 p. 57

### 프렌치 모터스
부사장 콜린 레이놀드의 여행 일정

**항공 일정**

| 출발 | 파리, 마스터 에어라인 105편 | 오전 10:30 | 1월 10일 |
|---|---|---|---|
| 도착 | 로스앤젤레스 | 오후 6:45 | |
| 출발 | 로스앤젤레스, 마스터 에어라인 120편 | 정오 | 1월 13일 |
| 도착 | 파리 | 오후 8:45 | |

**숙박 정보**

- 베가스 호텔, 로스앤젤레스(스위트룸)
- 무료 조식 뷔페
- 로스앤젤레스 공항 무료 셔틀버스

---

**Hello, I'm Collin Raynold, the vice president of the French Motors. I'm going to fly out to Los Angeles for the meeting with my clients. Can I ask you a few questions about my schedule?**

안녕하세요, 저는 프렌치 모터스의 부사장인 콜린 레이놀드입니다. 저는 고객과의 미팅을 위해 로스앤젤레스로 갈 예정입니다. 제 일정에 대해 몇 가지 질문을 해도 될까요?

### Q8

**Q** What time am I departing from Paris? Can you give me the flight information?

저는 파리에서 몇 시에 출발하나요? 제 항공편 정보를 알려주실 수 있나요?

**A** You will depart from Paris on January 10th at 10:30 a.m., and you will take Master Airlines. The flight number is 105.

당신은 1월 10일 오전 10시 30분에 파리에서 출발하여 마스터 항공을 타게 됩니다. 편명은 105번입니다.

### Q9

**Q** I want to have breakfast before returning to Paris on January 13th. Do I have to charge the cost of breakfast for myself?

저는 1월 13일에 파리로 돌아가기 전에 조식을 먹고 싶습니다. 조식 비용은 제가 직접 부담해야 하나요?

**A** No, breakfast buffet at the hotel is complimentary, so you don't have to pay for the breakfast.

아니요, 호텔 조식 뷔페는 무료이므로 조식 요금을 지불하실 필요가 없습니다.

**VOCA** complimentary 무료의

### Q10

**Q** Could you give me all the details of my return trip to Paris on the 13th?

13일에 파리로 돌아가는 여행에 대한 모든 세부 정보를 알려주시겠습니까?

**A** Yes. On January 13th, you will depart from Los Angeles at noon. You will take Master Airlines. The flight number is 120. You will arrive in Paris at 8:45 p.m.

네, 당신은 1월 13일 정오에 로스앤젤레스에서 출발하며 마스터 항공을 이용하게 됩니다. 비행기 편명은 120입니다. 오후 8시 45분에 파리에 도착하실 겁니다.

### 제니쌤의 적중노트

**Q8** 여행 일정표 유형에서는 교통편의 세부 사항을 확인하는 문제가 자주 출제됩니다.

> **ex** You will arrive in Paris at 8:45 p.m. 당신은 오후 8시 45분에 파리에 도착할 것입니다.
> You will take Master Airlines. 당신은 마스터 항공을 이용할 예정입니다.
> You will depart from Paris on January 10th at 10:30 a.m. 당신은 1월 10일 오전 10시 30분에 파리에서 출발할 것입니다.

**Q9** '비용을 지불하다'는 'pay for + 명사'로 표현합니다.

> **ex** You don't have to pay for the breakfast. 조식 비용을 지불할 필요 없습니다.

무료로 제공되는 경우에는 'complimentary', 'free'와 같은 단어를 사용합니다.

> **ex** Breakfast buffet at the hotel is complimentary. 호텔 조식 뷔페는 무료입니다.

**Q10** 항공편 정보를 자연스럽게 안내하는 표현을 미리 익혀 둡니다.

| 출발 안내 | You will depart from Los Angeles at noon.<br>당신은 정오에 로스앤젤레스에서 출발할 것입니다. |
|---|---|
| 항공편 안내 | You will take Master Airlines. The flight number is 120.<br>당신은 마스터 항공을 이용할 것이며, 비행기 편명은 120번입니다. |
| 도착 안내 | You will arrive in Paris at 8:45 p.m.<br>당신은 오후 8시 45분에 파리에 도착할 것입니다. |

## Question 11: Express an Opinion

**Q11** 🔊 MP3 AT11_11

What are some disadvantages of always working with the same people at a company?
Use specific reasons and examples to support your opinion.

회사에서 항상 같은 사람들과 일하는 것의 단점은 무엇인가요?
구체적인 이유와 예시를 들어서 의견을 뒷받침하세요.

### 💡 아이디어 만들기

회사에서 항상 같은 사람들과 일하는 것의 단점
1. 다른 사람들과 일하면 새로운 정보를 얻고 공유가 가능합니다. (반대 옵션의 장점)
2. 같은 사람들과 일하면 새로운 사람들을 만날 수 없고 인맥, 견문을 넓힐 수 없습니다.

### ✏️ 만능문장 활용하기

**파트5 | 만능문장 23**    They can get information and share it with other people.
그들은 정보를 얻고 다른 사람들과 공유할 수 있습니다.

**파트5 | 만능문장 1**    They can learn new things.
그들은 새로운 것을 배울 수 있습니다.

**파트5 | 만능문장 2**    They can meet new people and expand their network.
그들은 새로운 사람들을 만나고 인맥을 넓힐 수 있습니다.

**파트5 | 만능문장 3**    They can have a lot of new experience and broaden their perspective.
그들은 많은 새로운 경험을 하고 견문을 넓힐 수 있습니다.

## 🏆 모범 답안

| | |
|---|---|
| 서론 | **There are some disadvantages of always working with the same people at a company.**<br>회사에서 항상 같은 사람들과 일하는 것에는 몇 가지 단점이 있습니다. |
| 연결 문장 | **Let me explain why I think this way.**<br>제가 왜 이렇게 생각하는지 설명하겠습니다. |
| 이유 1 | **Most of all, if I work with different people at a company, I can get new information from them and share it with others.**<br>무엇보다도, 회사에서 다양한 사람들과 함께 일하다 보면, 그들로부터 새로운 정보를 얻고 다른 사람들과 공유할 수 있습니다.<br><br>### 🖌 제니쌤의 떠먹여주는 만능문장<br><br>**파트5 | 만능문장 23** They can get information and share it with other people.<br>그들은 정보를 얻고 다른 사람들과 공유할 수 있습니다.<br><br>→ If I work with different people at a company, I can get new information from them and share it with others.<br>회사에서 다양한 사람들과 함께 일하다 보면, 그들로부터 새로운 정보를 얻고 다른 사람들과 공유할 수 있습니다.<br><br>• If 구문을 활용해 조건을 설정하고 답변 흐름을 자연스럽게 연결했어요.<br>• 'information'을 'new information'으로 구체화해서 새로운 정보를 얻는다는 점을 강조했습니다.<br>• If 구문에서 'different people'을 언급했기 때문에, 뒤에서는 'other people'을 'others'로 변형하여 비슷한 표현의 반복을 피했어요.<br><br>### 🎯 제니쌤의 적중노트<br><br>**조건형 답변: If + 주어 + 현재형, 주어 + can/can't + 동사원형.**<br>문제에서 제시한 조건(working with the same people at a company)과 반대되는 상황을 활용하여 답변을 풍성하게 만들 수 있습니다.<br>**ex** If I work with different people at a company, I can get new information and share it with others. |

From my experience, I always worked with the same members when I worked at a company. It was not helpful at all because I couldn't learn anything new. If I always have to work with the same people at a company, I can't meet new people and expand my network and perspective.

제 경험상, 제가 회사에서 일할 때 항상 같은 팀원들과 일했습니다. 저는 새로운 것을 배울 수 없었기 때문에 그것은 전혀 도움이 되지 않았습니다. 회사에서 항상 같은 사람들과 일해야 한다면, 새로운 사람들을 만날 수 없고 인맥과 견문을 넓힐 수 없습니다.

### 🎯 제니쌤의 적중노트

**과거 경험 표현 - 부정형 활용**

- 좋은 경험: It was very helpful. 그것은 도움이 되었습니다.
- 좋지 않은 경험: It was not helpful at all. 그것은 전혀 도움이 되지 않았습니다.

  **ex** It was not helpful at all because I couldn't learn anything new.
  → 좋지 않은 경험은 'not helpful' 혹은 'not beneficial'로 표현할 수 있어요.

**예시 1**

 🖋 **제니쌤의 떠먹여주는 만능문장**

**파트5 | 만능문장 1**  They can learn new things.  그들은 새로운 것들을 배울 수 있습니다.

→ It was not helpful at all because I couldn't learn anything new.
  저는 새로운 것을 배울 수 없었기 때문에 그것은 전혀 도움이 되지 않았습니다.

- 과거 시제를 사용해서 이전 경험을 자연스럽게 풀어냈습니다.
- 'learn new things'를 부정형 'couldn't learn anything new'로 변형해 반복을 피하면서도 의미는 그대로 살렸습니다.

**파트5 | 만능문장 2**  They can meet new people and expand their network.
그들은 새로운 사람들을 만나고 인맥을 넓힐 수 있습니다.

**파트5 | 만능문장 3**  They can have a lot of new experience and broaden their perspective.
그들은 많은 새로운 경험을 하고 견문을 넓힐 수 있습니다.

→ If I always have to work with the same people at a company, I can't meet new people and expand my network and perspective.
  회사에서 항상 같은 사람들과 일해야 한다면, 새로운 사람들을 만나고 인맥과 견문을 넓힐 수 없습니다.

- 'have to'를 사용해서 '항상 같은 사람들과 일해야만 한다면'이라는 조건을 명확히 설정했습니다.
- 'can't meet new people'과 'expand my network and perspective'를 이어서 부정적인 결과를 구체적으로 설명했어요.

| | |
|---|---|
| 예시 2 | **On top of that, according to a recent news report, the majority of successful CEOs in Korea said that working with different people is very beneficial for employees because they can meet new people and expand their network.**<br>게다가, 최근 뉴스 보도에 따르면, 한국에서 성공한 CEO의 대다수는 다른 사람들과 일하는 것이 새로운 사람들을 만나고 인맥을 확장할 수 있기 때문에 직원들에게 매우 유익하다고 말했습니다.<br><br>🎯 **제니쌤의 적중노트**<br>**전문가 인용 문장 쉽게 만들기**<br>• 'beneficial(유익한)'이나 'helpful(도움이 되는)' 같은 형용사를 활용하면, 간단하면서도 설득력 있는 전문가 인용문을 만들 수 있습니다.<br>• 'beneficial / helpful' 뒤에 이유(because ~)를 연결하면 안정적인 답변이 됩니다.<br>　ex) Working with different people is very beneficial for employees because they can meet new people and expand their network.<br><br>**이유 1개 + 예시 2개**<br>이유와 예시를 반드시 2개씩 제시할 필요는 없습니다. 상황에 따라서 이유는 하나만 들어도 됩니다. 시험장에서 유연하게 대처할 수 있도록 다양한 경우를 최대한 연습해 두세요. |
| 결론 | **Therefore, I think there are disadvantages of always working with the same people at a company.**<br>그러므로, 저는 회사에서 항상 같은 사람들과 일하는 것에는 단점이 있다고 생각합니다. |

# 실전 모의고사 12회

## 모범 답안

문제집 pp. 59-63

## Questions 1-2: Read a Text Aloud

### Q1 인물 소개
MP3 AT12_01

We are honored to welcome Amelia Brown / to this episode of Interview with Celebrities. ↘ Ms. Brown has played many major roles / in popular blockbuster movies. ↘ She is famous for her incredibly skilled acting, ↗ one-of-a-kind mask, ↗ and luxurious image. ↘ Even for those who are already big fans of her, → / there's still more to learn about her. ↘

이번 셀럽과의 인터뷰 에피소드에 아멜리아 브라운을 맞이하게 되어 영광입니다. 브라운 씨는 인기 있는 블록버스터 영화에서 많은 중요한 역할을 해왔습니다. 뛰어난 연기력과 독특한 마스크, 고급스러운 이미지로 유명하시죠. 이미 그녀의 열렬한 팬인 분들도 아직 그녀에 대해 알아야 할 것이 더 많습니다.

### 🦌 제니쌤의 발음과외

**1. 발음에 주의하며 천천히 연습해 보세요.**

| | |
|---|---|
| honored /ˈɑː.nəd/ | 'h'는 발음하지 않는다는 점에 주의 |
| popular /ˈpɑː.pjə.lɚ/ | /p/ 소리가 중간에 끼일때는 'ㅃ'처럼 강하게 |
| skilled /skɪld/ | /s/와 /k/ 발음이 합쳐지면 '스끼'처럼 발음 |
| luxurious /lʌɡˈʒʊr.i.əs/ | '럭셔리' 보다는 '럭쥬리'처럼 발음 |
| roles /roʊlz/ | /r/, /l/ 발음에 유의 |
| one-of-a-kind /ˈwʌn.ə.və.kaɪnd/ | 부드럽게 이어서 |

**2. 강세를 정확하게 주세요.**

아래 단어들은 볼드체 부분에 강세를 주세요.

> **ex** ep**i**sode, **in**terview, ce**le**brities, in**cred**ibly

**3. 고유 명사는 강조해서 읽어 주세요.**

'Amelia Brown'은 고유 명사이므로 또렷하고 힘 있게 읽어야 해요.

> **ex** We are honored to welcome **Amelia Brown** to this episode of Interview with Celebrities.

### Q2 공지 사항

🔊 MP3 AT12_02

**Attention passengers** boarding Vancouver Airlines bound for Paris. ↘ We are about to land in 10 minutes. ↘ Please make sure to fasten your seatbelt and stay seated / while we are landing / because the plane might be shaking a bit. ↘ Make sure to turn off your electronic devices, → / including smartphones, ↗ game consoles, ↗ and smart watches. ↘ Thank you for flying with us, → / and have a nice trip! ↘

파리행 밴쿠버 항공에 탑승하시는 승객 여러분, 주목해 주십시오. 10분 후면 착륙할 예정입니다. 비행기가 약간 흔들릴 수 있으니 착륙하는 동안 안전벨트를 매고 자리에 앉아 계십시오. 스마트폰, 게임기, 스마트워치 등 전자기기의 전원을 반드시 꺼주세요. 저희와 함께 비행해 주셔서 감사합니다. 즐거운 여행 되세요!

### 🐬 제니쌤의 발음과외

**1. 발음에 주의하며 천천히 연습해 보세요.**

| | |
|---|---|
| **Airlines** /ˈer.laɪnz/ | /er/ 길게, /laɪnz/ 부드럽게 |
| **fasten** /ˈfæs.ən/ | 't' 소리를 생략하고 /sən/ 부드럽게 |
| **seatbelt** /ˈsiːt.belt/ | 'seat'와 'belt'의 /t/는 우리말의 '으' 소리를 넣지 않기 |
| **smartphones** /ˈsmɑːrt.foʊnz/ | /smɑːrt/ 강하게, 'phones'의 'ph'는 /f/로 발음하기 |
| **smart watches** /ˈsmɑːrt ˌwɑː.tʃɪz/ | 'smart'의 끝소리 /t/, 'watches'의 끝소리 /z/는 우리말의 '으' 소리를 넣지 않기 |

**2. 강세를 정확하게 주세요.**

아래 단어들은 볼드체 부분에 강세를 주세요.
> **ex** at**ten**tion, **pas**sengers, Van**cou**ver, **Pa**ris, elec**tro**nic

**3. 접속사 앞에서는 끊어 읽어 주세요.**

문장이 길 경우 'while / because'와 같은 접속사 앞에서 잠깐 쉬면 문장이 더 자연스럽게 들려요.
> **ex** Stay seated / **while** we are landing / **because** the plane might be shaking a bit.

**4. [t+r] 발음은 '츄'처럼 발음돼요.**

> **ex** **tr**ip, **tr**avel, **tr**ee
> → 'tr' 소리를 부드럽게 굴려서 각각 '츄립', '츄래블', '츄리'처럼 자연스럽게 연결해서 발음해 주세요.

## Questions 3-4: Describe a Picture

**Q3**  서론 ≫ 전체 요약 ≫ 인물 묘사 ≫ 기타 사물 배경   🔊 MP3 AT12_03

| 서론 | This is a picture taken on a mountain. <br> 이것은 산에서 찍힌 사진입니다. |
|---|---|
| 전체 요약 | The first thing I can see from this picture is three people hiking. <br> 이 사진에서 가장 먼저 볼 수 있는 것은 등산을 하고 있는 세 사람입니다. |
| 인물 묘사 | One of them is a girl. She is looking at a woman and smiling. <br> The rest of them are adults. The man on the left is walking a dog, and the woman on the right is wearing a hat. <br> All of them are wearing shorts. <br> 그들 중 한 명은 소녀입니다. 그녀는 여자를 보고 미소 짓고 있습니다. <br> 나머지는 성인들입니다. 왼쪽의 남자는 개를 산책시키고 있고, 오른쪽의 여자는 모자를 쓰고 있습니다. <br> 사람들은 모두 반바지를 입고 있습니다. |
| 기타 사물 배경 | In the background of the picture, I can see the woods. <br> 사진의 배경에는 숲이 보입니다. |

**VOCA**  hike 가볍게 등산하다   adult 성인   walk a dog 개를 산책시키다

### 🎯 제니쌤의 적중노트

**'산 위에서'는 'on a mountain'**

산처럼 넓은 지형 위를 묘사할 때는 전치사 'on'을 사용합니다.

**왼쪽 사람과 오른쪽 사람 구분하기**

- 왼쪽: the man on the left
- 오른쪽: the woman on the right
  → 위치를 기준으로 인물을 묘사할 수 있어요.

### 모든 사람을 묶어 표현할 땐 'all of them'

반복 없이 자연스럽게 전체 특징을 설명할 때 유용합니다.

> ex  All of them are wearing shorts.

---

**Q4**  서론 ≫ 전체 요약 ≫ 인물 묘사 ≫ 기타 사물 배경        🔊 MP3 AT12_04

| 서론 | This is a picture taken in a kitchen.<br>이것은 주방에서 찍힌 사진입니다. |
|---|---|
| 전체 요약 | The first thing I can see from this picture is a woman baking something.<br>이 사진에서 가장 먼저 볼 수 있는 것은 무언가를 굽고 있는 한 여성입니다. |
| 인물 묘사 | She is putting some food into an oven.<br>She has blond hair and is wearing a pink shirt, white pants, and a bracelet.<br>그녀는 오븐에 음식을 넣고 있습니다.<br>그녀는 금발이고 분홍색 셔츠와 흰색 바지를 입고 있고, 팔찌를 착용하고 있습니다. |
| 기타 사물 배경 | On the right side of the picture, I can see a plant.<br>사진의 오른쪽에 식물 하나가 보입니다. |

**VOCA**  bake 굽다   put A into B A를 B에 집어넣다   bracelet 팔찌   plant 식물

---

🎯 **제니쌤의 적중노트**

**'넣다'는 'put A into B'**

오븐, 가방, 상자 등에 무언가를 집어넣는 장면이 자주 출제되므로 'put A into B' 패턴을 꼭 익혀 두세요.

> ex  She is putting some food into an oven.

**'a plant'는 포괄적인 식물 표현**

식물 이름을 몰라도 'a plant'라고 말하면 됩니다.

> ex  On the right side of the picture, I can see a plant.

1인 묘사에서 시간적 여유가 있을 때, 마지막 문장으로 전체적인 분위기를 추가하면 좋습니다.

**ex** Overall, it seems like she is enjoying baking.

※ 시간이 부족하면 생략해도 무방합니다.

## Questions 5-7: Respond to Questions

Imagine that an American marketing firm is doing research in your country. You have agreed to participate in a telephone interview about festivals.

미국 마케팅 회사가 당신의 나라에서 리서치를 하고 있다고 상상해 보세요.
당신은 축제에 관한 전화 인터뷰에 참여하기로 동의했습니다.

**Q5**　　　　　　　　　　　　　　　　　　　　　　　🔊 MP3　AT12_05

**Q** When was the last time you visited a fair or a festival? What kind of festival was it?

박람회나 축제에 마지막으로 방문한 것이 언제였나요? 어떤 축제였나요?

**A** The last time I visited a fair or festival was two weeks ago. It was a wedding festival.

박람회나 축제를 마지막으로 방문한 것은 2주 전이었습니다. 그것은 결혼 박람회였습니다.

**VOCA** fair 박람회　festival 축제

 제니쌤의 떠먹여주는 만능문장

### 의문사 만능패턴 When

When was the last time you [과거 동사] ~? 마지막으로 언제 ~했나요?
The last time I [과거 동사] was two weeks ago / yesterday / last year. 저는 마지막으로 ~한 게 2주 전 / 어제 / 작년입니다.

→ The last time I visited a fair or festival was two weeks ago. 박람회나 축제를 마지막으로 방문한 것은 2주 전이었습니다.

'When was the last time you ~?' 질문에 'The last time I + 과거 동사 + was + 시간 표현.'으로 답변합니다.
보통 'two weeks ago(2주 전) / yesterday(어제) / last year(작년)' 등으로 답변할 수 있습니다.

### 의문사 만능패턴 What

**What / What kind of [명사] ~?** 무엇을 / 어떤 종류의 [명사]를 ~하나요?
→ **It was a wedding festival.** 그것은 결혼 박람회였습니다.

- 'What'으로 묻는 질문에는 망설이지 않고 무엇을 말할지 빠르게 정해서 바로 답변하는 연습이 필요합니다.
- 'a wedding festival(웨딩 페스티벌) / a job fair(취업 박람회)' 같은 표현을 참고로 알아 두세요.

---

**Q6**  MP3 AT12_06

**Q** Would you buy souvenirs when you visit a fair or a festival? Why or why not?

박람회나 축제에 가면 기념품을 살 건가요? 그 이유는 무엇인가요?

**A** I would buy souvenirs when I visit a fair or a festival because they would have sentimental value for me. Also, they would make great gifts.

저는 박람회나 축제를 방문할 때 기념품을 살 것입니다. 왜냐하면 기념품은 저에게 감성적인 가치가 있기 때문입니다.
또한, 기념품은 선물용으로도 좋습니다.

---

**VOCA** souvenir 기념품   incredible 놀랄만큼 좋은   awesome 멋진

 🖊 제니쌤의 떠먹여주는 만능문장

### 파트3 | 만능문장 40

**It has sentimental value.** 그것은 감성적인 가치가 있습니다.
→ **They would have sentimental value for me.** 그것들은 저에게 감성적인 가치가 있을 것입니다.

- 'souvenirs(기념품의 복수형)'에 맞게 'It'을 'They'로 바꿨습니다.
- 'for me'를 추가해 기념품이 내게 개인적으로 의미가 있다는 점을 강조했어요.
- 가정 상황(Would you ~?)에 맞게 'would'를 사용했어요.

### 파트3 | 만능문장 42

**It's a good gift.** 그것은 좋은 선물입니다.
→ **They would make great gifts.** 그것들은 좋은 선물이 될 것입니다.

- 'It's a good gift.'를 'They would make great gifts.'로 자연스럽게 복수형으로 전환했습니다.
- 'good' 대신 'great'를 써서 표현을 한층 더 풍성하게 만들었습니다.
- 'make'를 사용해 '좋은 선물이 된다'는 의미를 자연스럽게 전달했습니다.

## 제니쌤의 적중노트

### 'Would you ~?'에 답변하기

가정형 질문 'Would you ~?'에는 '주어 + would + 동사원형'으로 답변합니다.

**ex** I would buy souvenirs when I visit a fair or a festival because they would have sentimental value for me.
→ 질문과 답변의 시제를 맞추는 것이 고득점 핵심 포인트입니다.

### 'sentimental value(감성적 가치)' 표현 활용

'sentimental value'란 금전적인 가치가 아니라, 개인적 감정이나 추억과 연결된 특별한 의미의 가치를 뜻합니다.
PART 3와 PART 5에서 추억이나 특별한 의미를 설명할 때 자연스럽고 고급스럽게 사용할 수 있는 표현입니다.

**ex** A souvenir from a trip has sentimental value because it reminds me of that special moment.
여행에서 산 기념품은 감정적인(추억이 담긴) 가치를 지녀요, 왜냐하면 그 특별한 순간을 떠올리게 해주기 때문이에요.

### 선물 표현 확장하기 - make great gifts

- 단순히 'a good gift(좋은 선물)'이라고 하기보다 'make great gifts'처럼 동사 'make'를 사용하면 훨씬 자연스럽고 고급스러운 느낌을 줄 수 있습니다.
- 'good' 대신 'great / wonderful / amazing / incredible / awesome' 등 다양한 형용사를 돌려가며 사용하면 답변이 더 풍성해집니다.

---

**Q7**  MP3 AT12_07

**Q** Would you like to visit more festivals or fairs in your community? Why?

지역 사회에서 열리는 축제나 박람회를 더 많이 방문하고 싶나요? 왜 그러한가요?

**A** I would like to visit more festivals or fairs in my community. If I do that, I can meet new people and expand my network. Also, I can have a lot of experience and broaden my perspective.

저는 지역 사회에서 열리는 축제나 박람회를 더 많이 방문하고 싶습니다. 그렇게 하면, 새로운 사람들을 만나고 인맥을 넓힐 수 있습니다. 또한, 많은 경험을 쌓고 견문을 넓힐 수 있습니다.

 community 지역 사회

 **제니쌤의 떠먹여주는 만능문장**

### 파트5 | 만능문장 2

They can meet new people and expand their network. 그들은 새로운 사람들을 만나고 인맥을 넓힐 수 있습니다.

→ I can meet new people and expand my network. 저는 새로운 사람들을 만나고 인맥을 넓힐 수 있습니다.

'They'를 'I'로 바꿔 내 경험 문장으로 자연스럽게 변형했습니다.

### 파트5 | 만능문장 3

They can have a lot of new experience and broaden their perspective.
그들은 많은 새로운 경험을 하고 견문을 넓힐 수 있습니다.

→ I can have a lot of experience and broaden my perspective.
　저는 많은 경험을 쌓고 견문을 넓힐 수 있습니다.

- 'They'를 'I'로, 'their'를 'my'로 바꿨습니다.
- 자연스러운 흐름을 위해 'a lot of experience'로 표현을 간결하게 정리했습니다.

### 🎯 제니쌤의 적중노트

**'Would you like to ~?'에 답변하기**

'Would you like to ~?' 질문에는 'I would like to + 동사원형'으로 답변한 후, 'If I do that, 주어 + 동사' 형태로 이유를 제시하면 매끄러운 답변이 됩니다.

**ex** I would like to visit more festivals or fairs in my community. If I do that, I can meet new people and expand my network.
　→ 앞 문장 내용이 반복될 것 같을 때는 'If I do that'처럼 간단히 받아주는 표현을 사용하세요.

# Questions 8-10: Respond to Questions Using Information Provided

문제집 p. 62

---

### 관광 컨퍼런스
### 킹스턴 컨벤션 센터

**6월 22일 (월)**

| 오전 9:30 — 10:30 | 기조 연설: 국내 시장의 관광 붐 |
|---|---|
| 오전 10:30 — 11:30 | 강연: 관광의 최신 트렌드 |
| 오전 11:30 — 오후 1:00 | 점심 |
| 오후 1:00 — 2:00 | 세미나: 숙박 시설에 대한 최신 선호도 |

**6월 23일 (화)**

| 오전 10:00 — 11:00 | 강연: 좋은 여행 패키지를 개발하기 위한 전략 |
|---|---|
| 오전 11:00 — 정오 | 컨퍼런스 오찬 |
| 정오 — 오후 1:00 | 패널 토론: 관광을 촉진하는 방법 |
| 오후 1:00 — 2:00 | 워크숍: 다른 기업과의 협업 |

- 등록비: $100

---

Hi, this is Karen Woods. I'm going to attend the upcoming conference, but I don't have any specific details. May I ask you some questions about it?

안녕하세요, 캐런 우즈입니다. 저는 다가오는 컨퍼런스에 참석할 예정이지만 구체적인 정보가 없습니다. 몇 가지 질문을 해도 될까요?

---

**Q8**  MP3 AT12_08

**Q** What are the dates of the conference and where is the conference being held?

컨퍼런스 날짜는 언제이며 어디에서 열리나요?

**A** The conference will take place at Kingston Convention Center from June 22$^{nd}$ to 23$^{rd}$.

그 행사는 6월 22일부터 23일까지 킹스턴 컨벤션 센터에서 개최될 예정입니다.

**Q9** 🔊 MP3 AT12_09

**Q** The keynote speech started at 9 a.m. on the first day of the conference last year. Can you check that this year's keynote speech will start at 9 a.m. as well?

작년에는 기조 연설이 컨퍼런스 첫날 오전 9시에 시작됐습니다. 올해 기조 연설도 오전 9시에 시작하는지 확인할 수 있나요?

**A** No, actually, this year, the keynote speech will start at 9:30 a.m.

아니요, 사실 올해 기조 연설은 오전 9시 30분에 시작합니다.

 keynote speech 기조 연설

**Q10** 🔊 MP3 AT12_10

**Q** I was deeply impressed by the lectures at the conference last year. I look forward to listening to lectures again this year. Can you give me some details you have for any lectures at the conference?

저는 작년 컨퍼런스에서 강연을 듣고 깊은 감명을 받았습니다. 올해도 강연을 들을 수 있기를 기대합니다. 컨퍼런스에서 진행되는 강연에 대한 자세한 내용을 알려주실 수 있나요?

**A** Sure. There are two lectures. First, on June 22nd, at 10:30 a.m., there is a lecture on Current Trends in Tourism. Next, on June 23rd, at 10 a.m., there is a lecture on Strategies for Developing Good Travel Packages.

물론입니다. 2개의 강의가 있습니다. 먼저, 6월 22일 오전 10시 30분에 관광의 최신 트렌드에 대한 강의가 있습니다. 다음으로, 6월 23일 오전 10시에는 좋은 여행 패키지를 개발하기 위한 전략 강의가 있습니다.

 impressed 감명받은  look forward to ~를 기대하다

### 제니쌤의 적중노트

**Q8** 두 날짜에 각각 개최되는 경우, 'It will be held on 날짜 and 날짜.'로 표현합니다.

> **ex** It will be held on June 22$^{nd}$ and 23$^{rd}$. 6월 22일과 23일에 개최됩니다.

시작일부터 종료일까지 쭉 이어지는 경우, 'from A to B'를 사용합니다.

> **ex** It will be held from June 18$^{th}$ to 23$^{rd}$. 6월 18일부터 23일까지 개최됩니다.

'When'으로 묻는 문제 외에도 'What date(s)'로 묻는 질문도 자주 출제됩니다. 'What dates' 또는 'What are the dates'로 질문이 나오면, 날짜를 정확히 답해야 합니다.

**Q9** '작년에는 ~했는데, 올해도 마찬가지인가요?' 식의 질문이 자주 출제됩니다.
올해 상황이 다른 경우에는 'No, actually, this year ~.'로 자연스럽게 답변을 시작하면 됩니다.

> **ex** No, actually, this year, the keynote speech will start at 9:30 a.m.
> 아니요, 사실 올해 기조 연설은 오전 9시 30분에 시작합니다.

**Q10** 강연이나 세션을 소개할 때는 날짜와 시간을 순서대로 말하면 자연스럽습니다.

> **ex** First, on June 22$^{nd}$, at 10:30 a.m., there is a lecture on Current Trends in Tourism.
> 먼저, 6월 22일 오전 10시 30분에 관광의 최신 트렌드에 대한 강의가 있습니다.
>
> Next, on June 23$^{rd}$, at 10 a.m., there is a lecture on Strategies for Developing Good Travel Packages.
> 다음으로, 6월 23일 오전 10시에 좋은 여행 패키지를 개발하기 위한 전략 강의가 있습니다.

## Question 11: Express an Opinion

**Q11** 🔊 MP3 AT12_11

Do you think having a lot of social life is more important than getting a high salary? Use specific reasons and examples to support your opinion.

높은 급여를 받는 것보다 사교 활동을 많이 하는 것이 더 중요하다고 생각하시나요?
구체적인 이유와 예시를 들어서 의견을 뒷받침하세요.

**VOCA** 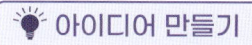 social life 사교 활동

### 💡 아이디어 만들기

높은 급여를 받는 것이 사교 활동을 하는 것보다 중요합니다.
1. 생활비가 너무 비싸서 높은 급여를 받지 못한다면 저축하고 생계를 유지하기가 힘듭니다.
2. 사교 활동을 너무 많이 하는 것은 시간 낭비입니다.

## 만능문장 활용하기

**파트5 | 만능문장 11**  The cost of living is too high. 생활비가 너무 비쌉니다.

**파트5 | 만능문장 13**  They can get a high(er) salary. 그들은 (더) 높은 급여를 받을 수 있습니다.

**파트5 | 만능문장 10**  They can save money. 그들은 돈을 절약 / 저축할 수 있습니다.

**파트5 | 만능문장 12**  They can't make a living. 그들은 생계를 유지할 수 없습니다.

**파트3 | 만능문장 23**  It's a waste of time. 그것은 시간 낭비입니다.

**파트5 | 만능문장 16**  That's a good investment because it makes lives better.
그것은 삶을 더 낫게 만들어주기 때문에 좋은 투자입니다.

## 모범 답안

| | |
|---|---|
| 서론 | **I think that getting a high salary is more important than having a lot of social life.**<br>저는 사교 활동을 많이 하는 것보다 높은 급여를 받는 것이 더 중요하다고 생각합니다. |
| 연결 문장 | **Let me explain why I think this way.**<br>제가 왜 이렇게 생각하는지 설명하겠습니다. |
| 이유 1 | **Most of all, the cost of living is too high.**<br>무엇보다도, 생활비가 너무 비쌉니다.<br><br>🖊 제니쌤의 떠먹여주는 만능문장<br><br>**파트5 | 만능문장 11**  The cost of living is too high. 생활비가 너무 비쌉니다.<br><br>'The cost of living is too high. (생활비가 너무 높다.)'라는 표현은 이유문장으로 자주 쓸 수 있습니다.<br>'cost of living(생활비)'은 금전, 직업, 사회 생활 주제의 문제에서 자주 사용되는 표현입니다. |

**If people don't get a high salary and just have a lot of social life, they can't save money and make a living.**

사람들이 높은 급여를 받지 못하면 (그리고 사교 활동만 많이 한다면), 돈을 모아서 생계를 유지할 수 없습니다.

예시 1

🖌 제니쌤의 떠먹여주는 만능문장

| 파트5 | 만능문장 13 |   They can get a high(er) salary.   그들은 (더) 높은 급여를 받을 수 있습니다.

| 파트5 | 만능문장 10 |   They can save money.   그들은 돈을 절약 / 저축할 수 있습니다.

| 파트5 | 만능문장 12 |   They can't make a living.   그들은 생계를 유지할 수 없습니다.

→ If people don't get a high salary (and just have a lot of social life), they can't save money and make a living.
사람들이 높은 급여를 받지 못하면 (그리고 사교 활동만 많이 한다면), 돈을 모아서 생계를 유지할 수 없습니다.

- 'If people don't get a high salary'를 앞에 붙여 조건(높은 급여를 받지 못하는 경우)을 명확히 했어요.
- 'and just have a lot of social life'를 추가해 사교 활동에만(just) 집중하는 부정적 상황을 구체화했어요.
- 'can't save money and make a living'으로, 저축하거나 생계를 유지하기 어려운 부정적 결과를 자연스럽게 연결했습니다.

**On top of that, having a lot of social life is a waste of time.**

게다가, 사교 활동을 많이 하는 것은 시간 낭비입니다.

이유 2

🖌 제니쌤의 떠먹여주는 만능문장

| 파트3 | 만능문장 23 |   It's a waste of time.   그것은 시간 낭비입니다.

→ On top of that, having a lot of social life is a waste of time.
게다가, 사교 활동을 많이 하는 것은 시간 낭비입니다.

'having a lot of social life'를 주어로 사용해서 문제에 좀 더 적합한 답변을 만들었습니다.

**According to a recent news report, the majority of people in Korea said that having a lot of social life is a waste of time and that working hard is a good investment because it makes lives better.**

최근 한 뉴스 보도에 따르면, 한국의 대다수 사람들은 사교 활동을 많이 하는 것은 시간 낭비이며, 열심히 일하는 것은 삶을 더 좋게 만들기 때문에 좋은 투자라고 말했습니다.

🖌 **제니쌤의 떠먹여주는 만능문장**

파트3 | 만능문장 23    **It's a waste of time.**  그것은 시간 낭비입니다.

파트5 | 만능문장 16    **That's a good investment because it makes lives better.**
그것은 삶을 더 낫게 만들어주기 때문에 좋은 투자입니다.

→ **Having a lot of social life is a waste of time and working hard is a good investment because it makes lives better.**
사교 활동을 많이 하는 것은 시간 낭비이며, 열심히 일하는 것은 삶을 더 좋게 만들기 때문에 좋은 투자입니다.

예시 2
- 두 만능문장을 변형하여, 접속사 'and'로 연결했어요.
- 첫 번째 만능문장의 주어를 'Having a lot of social life'로 변형해 사교 활동을 많이 하는 것이 시간 낭비라는 점을 구체화했어요.
- 두 번째 만능문장의 주어를 'working hard is a good investment'로 변형해 열심히 일하는 것의 긍정적인 가치를 대조해서 강조했어요.
- 'because it makes lives better'를 붙여 열심히 일하는 것이 왜 좋은 투자라고 할 수 있는지 자연스럽게 이유를 설명했습니다. 즉, 열심히 일하는 것은 삶을 낫게 만드는 좋은 투자라고 표현하여, 문제에서 제시한 상황의 반대 옵션(열심히 일하고 사교 활동을 적게 하는 것)의 장점을 부각했습니다.

🎯 **제니쌤의 적중노트**

**비교 구조로 답변 설득력 높이기**
하나의 상황(having a lot of social life)과 다른 상황(working hard)을 비교해 제시하면 답변이 논리적으로 훨씬 탄탄해집니다.
→ 항상 'A vs. B' 구조로 논리를 세우면 답변이 더 설득력 있게 들립니다.

**반복 피하기 - 표현 바꿔 쓰기**
getting a high salary → working hard
같은 맥락이라도 표현을 바꿔서 말하면 자연스럽고 고급스러운 답변이 됩니다.
→ 같은 내용을 반복할 때는 단어를 바꿔 유사하게 표현하는 연습이 중요합니다.

| | |
|---|---|
| 예시 2 | **'work hard' 핵심 표현 익히기**<br>• work hard: 열심히 일하다<br>• work harder: 더 열심히 일하다<br>→ 위 표현들은 시험에서 매우 유용하게 쓸 수 있는 표현들이라서, 자유자재로 변형해서 말할 수 있게 연습해 두는 것이 좋습니다.<br><br>**VOCA** investment 투자 |
| 결론 | **Therefore, I think getting a high salary is more important than having a lot of social life.**<br>그러므로, 저는 사교 활동을 많이 하는 것보다 높은 급여를 받는 것이 더 중요하다고 생각합니다. |

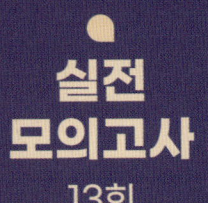

# 모범 답안

📖 문제집 pp. 64-68

## 🎈 Questions 1-2: Read a Text Aloud

**Q1  뉴스**  🔊 MP3  AT13_01

Good morning, Sports Today listeners. ↘ Today, → / we are going to broadcast long-awaited basketball matches. ↘ Expect to see fierce competition among star players, → / as you are about to enjoy the thrill, ↗ excitement, ↗ and fun of Olympic basketball. ↘ You won't regret joining us / for the best coverage. ↘

안녕하세요, 스포츠 투데이 청취자 여러분. 오늘은 대망의 농구 경기를 중계합니다. 올림픽 농구의 스릴, 박진감, 재미를 만끽할 수 있을 테니 스타 선수들의 치열한 경쟁을 기대해 주세요. 최고의 중계를 위해 저희와 함께 하시는 것을 후회하지 않으실 겁니다.

### 🦌 제니쌤의 발음과외

**1. 발음에 주의하며 천천히 연습해 보세요.**

| | |
|---|---|
| listeners /ˈlɪs.ən.ɚz/ | 첫 음절 /lɪs/의 l발음 유의 |
| broadcast /ˈbrɔːd.kæst/ | /brɔːd/를 길게 |
| long-awaited /ˌlɑːŋ.əˈweɪ.tɪd/ | 'long'과 'awaited'를 부드럽게 연결 |
| matches /ˈmætʃ.ɪz/ | /mætʃ/의 /æ/ 발음에 유의 |
| fierce /fɪrs/ | 길게 늘리지 말고 짧고 강하게 |
| star /stɑːr/ | /ɑːr/를 길게 |
| thrill /θrɪl/ | /θr/의 /θ/ 발음을 정확히 |
| regret /rɪˈgret/ | 반복되는 r발음에 유의 |

**2. 강세를 정확하게 주세요.**

아래 단어들은 볼드체 부분에 강세를 주세요.
   **ex** com**pe**tition, ex**cite**ment, **cov**erage

**3. 고유 명사는 강조해서 읽어 주세요.**

'Sports Today / Olympic' 같은 고유 명사는 또렷하게 읽어야 해요.
   **ex** Good morning, **Sports Today** listeners.

## 4. 줄임말 발음에 유의하세요.

'won't'는 실제 발음이 '우엉ㅌ'처럼 들립니다. 빠르게 부드럽게 연결해서 발음해 주세요.

  ex  You **won't** regret joining us for the best coverage.

---

**Q2  뉴스**  🔊 MP3 AT13_02

Greetings and welcome everyone to the International News. Arthur Oliver, → / a globally celebrated cellist, → / announced that he will begin his world tour this month. He is renowned for his peaceful, ↗ tender, ↗ and tranquil music / that attracts music lovers from around the globe. ↘ In response to questions regarding his tour, → / he expressed his gratitude to his world fans. ↘

국제 뉴스에 오신 여러분을 환영합니다. 세계적인 첼리스트 아서 올리버가 이달부터 월드 투어를 시작한다고 밝혔습니다. 그는 전 세계의 음악 애호가를 매료시키는 평화롭고 부드럽고 고요한 음악으로 유명합니다. 투어 관련 질문에 대한 답변으로 그는 전 세계 팬들에게 고마운 마음을 전했습니다.

---

 **제니쌤의 발음과외**

### 1. 발음에 주의하며 천천히 연습해 보세요.

| | |
|---|---|
| attract /əˈtrækt/ | [t+r]은 '츄'처럼 부드럽게 |
| response /rɪˈspɑːns/ | /spɑːns/를 강하게 |
| questions /ˈkwes.tʃənz/ | /kwes/를 짧게, /tʃənz/를 부드럽게 |
| regarding /rɪˈɡɑːr.dɪŋ/ | /ɡɑːr/를 길게 |
| tour /tʊr/ | 짧게, 끝을 부드럽게 마무리 |
| fans /fænz/ | /fæ/ 발음에 유의 |
| greetings /ˈɡriː.tɪŋz/ | /ɡriː/를 길게 |
| globally /ˈɡloʊ.bəl.i/ | '글로우벌리'에 가깝게 발음 |
| world /wɜːld/ | 'rl' 발음에 유의해서 |
| globe /ɡloʊb/ | /ɡloʊ/를 길게 |
| gratitude /ˈɡræt.ɪ.tuːd/ | 첫 음절 /ɡræ/를 강하게 |

### 2. 강세를 정확하게 주세요.

아래 단어들은 볼드체 부분에 강세를 주세요.

  ex  inter**na**tional, **ce**lebrated, an**noun**ced, re**now**ned

### 3. 관계대명사 'that' 앞에서는 끊어 읽어 주세요.

문장이 길어질 때는 'that' 앞에서 잠깐 쉬면 더 자연스럽게 들려요.

> **ex** He is renowned for his peaceful, tender, and tranquil music / that attracts music lovers from around the globe.

## 📍 Questions 3-4: Describe a Picture

**Q3**   서론 ≫ 전체 요약 ≫ 인물 묘사 ≫ 기타 사물 배경    🔊 MP3  AT13_03

| | |
|---|---|
| 서론 | **This is a picture taken outdoors.**<br>이것은 야외에서 찍힌 사진입니다. |
| 전체 요약 | **The first thing I can see from this picture is two people.**<br>이 사진에서 가장 먼저 볼 수 있는 것은 두 사람입니다. |
| 인물 묘사 | **One of them is a boy.**<br>**He is wearing a helmet and looking back.**<br>**He is riding a bicycle.**<br>**The other is a man.**<br>**He is pushing the bicycle. He is bald.**<br>그들 중 한 명은 소년입니다.<br>그는 헬멧을 쓰고 뒤를 돌아보고 있습니다.<br>그는 자전거를 타고 있습니다.<br>다른 한 명은 남자입니다.<br>그는 자전거를 밀고 있습니다.<br>그는 민머리입니다. |
| 기타<br>사물 배경 | **In the background of the picture, I can see buildings, grass, and trees.**<br>사진의 배경에는 건물, 잔디, 나무가 보입니다. |

> **VOCA**   look back 뒤를 돌아보다   wear a helmet 헬멧을 쓰다   ride a bicycle 자전거를 타다
> push the bicycle 자전거를 밀다   bald 민머리의, 머리가 벗겨진

### 제니쌤의 적중노트

**'push(밀다)'와 'pull(당기다)'을 구분해서 알아 두세요.**

ex  He is pushing the bicycle.  그는 자전거를 밀고 있다.

**'(탈것에) 타다'는 'ride'로 표현해요.**

자전거(bicycle), 오토바이(motorcycle), 말(horse)처럼 올라타는 것은 'ride'를 사용합니다.

ex  He is riding a bicycle.  그는 자전거를 타고 있다.
　　He is riding a motorcycle.  그는 오토바이를 타고 있다.

**'민머리이다'는 'be bald'로 표현해요.**

ex  He is bald.  그는 민머리이다.
　　※ 'He has bald hair.'는 어색한 표현이니 주의하세요!

---

**Q4**　서론 ≫ 전체 요약 ≫ 인물 묘사 ≫ 기타 사물 배경 (생략)　　🔊 MP3  AT13_04

| 서론 | This is a picture taken on the seaside.<br>이것은 바닷가에서 찍힌 사진입니다. |
|---|---|
| 전체 요약 | The first thing I can see from this picture is two men relaxing on the beach.<br>이 사진에서 가장 먼저 볼 수 있는 것은 해변에서 쉬고 있는 두 남성입니다. |
| 인물 묘사 | One of them is wearing sunglasses and a cap. He is holding a smartphone. The other is holding a water bottle. He has blond hair. Beside him, there is a backpack. Both of them are sitting on the sand.<br>그들 중 한 명은 선글라스와 야구 모자를 쓰고 있습니다. 그는 스마트폰을 들고 있습니다.<br>다른 한 명은 물병을 들고 있습니다. 그는 금발입니다.<br>그의 옆에는 배낭이 있습니다. 둘 다 모래 위에 앉아 있습니다. |

**VOCA**　seaside 바닷가   relax 쉬다   hold a water bottle 물통을 들다   backpack 배낭, 가방   cap 야구 모자

### 🎯 제니쌤의 적중노트

해변이나 바닷가를 묘사할 때는 전치사 'on'을 사용해요.

- on the seaside: 바닷가에서
- on the beach: 해변에서

**ex** This is a picture taken on the seaside.

'옆에'는 'next to' 이외에도 'beside'를 쓸 수 있습니다.

**ex** Beside him, there is a backpack.

'둘 다'를 표현할 때는 'both of them'으로 묶어 말해요.

**ex** Both of them are sitting on the sand.

## 📍 Questions 5-7: Respond to Questions

Imagine that an Australian marketing firm is doing research in your area.
You have agreed to participate in a telephone interview about smartphones.

호주 마케팅 회사가 당신의 지역에서 리서치를 하고 있다고 상상해 보세요.
당신은 스마트폰에 관한 전화 인터뷰에 참여하기로 동의했습니다.

**Q5**  🔊 MP3  AT13_05

**Q** If you had to buy a new smartphone, would you buy a new one or a second-hand one? Why?

스마트폰을 새로 사야 한다면 새 제품을 사실 건가요, 중고를 사실 건가요? 왜 그러한가요?

**A** If I had to buy a new smartphone, I would buy a second-hand one because I'm a student. My budget is tight, and I can't afford to buy expensive things.

새 스마트폰을 사야 한다면, 학생이기 때문에 중고로 살 것입니다. 저는 예산이 빠듯해서 비싼 물건을 살 여유가 없습니다.

 🖋 제니쌤의 떠먹여주는 만능문장

### 파트3 | 만능문장 16

I'm a student, so my budget is tight.  저는 학생이라 예산이 빠듯합니다.

### 파트3 | 만능문장 17

I can't afford to buy expensive things.  저는 비싼 것을 살 여유가 없습니다.

→ I'm a student. My budget is tight, and I can't afford to buy expensive things.
저는 학생입니다. 저는 예산이 빠듯해서 비싼 물건을 살 여유가 없습니다.

- 'I'm a student.'를 먼저 말해 나의 상황을 명확하게 제시했어요.
- 'so'로 연결하지 않고 문장을 끊어 'My budget is tight.'로 자연스럽게 이어서 표현했습니다.
- 'and I can't afford to buy expensive things'를 추가해 답변을 구체화했습니다.

---

**Q6**  🔊 MP3 AT13_06

 **Q**  How long have you used your own smartphone? Are you satisfied with it?
스마트폰을 사용한 지 얼마나 되었나요? 그것에 만족하시나요?

 **A**  I have used my own smartphone for three years, and I'm very satisfied with it. I like my smartphone very much.
저는 제 스마트폰을 3년 동안 사용해 왔고, 매우 만족하고 있습니다. 저는 제 스마트폰을 매우 좋아합니다.

 🖋 제니쌤의 떠먹여주는 만능문장

### 의문사 만능패턴 How

How long have you p.p. ~?  얼마나 오래 ~해 왔나요?
I have p.p. + for 기간.  저는 ... 동안 ~해 왔습니다.

→ I have used my own smartphone for three years.
저는 제 스마트폰을 3년 동안 사용해 왔습니다.

- 현재완료(have p.p.)를 사용해 과거부터 지금까지 사용해 온 기간을 자연스럽게 표현했어요.
- '10 minutes / 3 hours / 2 weeks / 2 months / 2 years' 등의 다양한 기간 표현을 익혀 두면 좋습니다.
- 만족도 표현을 'and I'm very satisfied with it.'로 이어서 부드럽게 답변했습니다.

### 부연 설명 쉽게 만드는 TIP

I like / love [명사] very much. 저는 [명사]를 매우 좋아합니다.
→ I like my smartphone very much. 저는 제 스마트폰을 매우 좋아합니다.

간결하면서도 감정이 드러나는 부연 설명을 덧붙였습니다.

---

**Q7**  🔊 MP3 AT13_07

**Q** If you were planning to buy a new smartphone, which of the following do you think would be the most important?

- Sleek design
- Camera performance
- Brand

새 스마트폰을 구입할 계획이라면 다음 중 가장 중요하다고 생각하는 것은 무엇입니까?
- 세련된 디자인
- 카메라 성능
- 브랜드

**A** If I were planning to buy a new smartphone, I think brand would be the most important. Certain brands are more reliable and trustworthy. Also, certain brands make better gifts.

새 스마트폰을 살 계획이라면 브랜드가 가장 중요할 것 같습니다. 특정 브랜드는 더 믿을 만하고 신뢰할 수 있습니다. 또한, 특정 브랜드는 더 좋은 선물이 됩니다.

---

### 제니쌤의 떠먹여주는 만능문장

**파트3 | 만능문장 8**

It's more reliable, so the information is more trustworthy. 그것은 더 믿을 만해서 정보가 더 신뢰가 갑니다.
→ Certain brands are more reliable and trustworthy. 특정 브랜드는 더 믿을 만하고 신뢰할 수 있습니다.

- 'Certain brands'를 주어로 설정해 모든 브랜드가 아닌, 일부 브랜드가 믿을 만하다는 점을 자연스럽게 표현했어요.
- 정보가 아니라 브랜드에 관한 이야기이므로, 'more reliable and trustworthy'라고 형용사만 남겨 간결하게 정리했습니다.

 **제니쌤의 떠먹여주는 만능문장**

`파트3 | 만능문장 42`

**It's a good gift.**  그것은 좋은 선물입니다.

→ **Certain brands make better gifts.**  특정 브랜드는 더 좋은 선물이 됩니다.

- 'Certain brands'를 주어로 설정해 특정 브랜드가 더 좋은 선물이 될 수 있다는 점을 강조했어요.
- 'good gifts'대신 'better gifts'로 바꿔, 다른 브랜드들과 비교했을 때 더 나은 선택임을 자연스럽게 표현했습니다.

## Questions 8-10: Respond to Questions Using Information Provided

 문제집 p. 67

### 데이튼 커뮤니티 센터
**여름 플로럴 디자인 강좌 일정**
7월 1일 ~ 8월 20일

| 강좌 | 요일 | 강사 |
| --- | --- | --- |
| 플로럴 디자인 입문 | 월요일마다 | 사이먼 재닛 |
| 플로럴 디자인의 역사 | 화요일마다 | 제인 판다 |
| 공인 플로리스트로서의 커리어 | 수요일마다 | 사만다 웨스트 |
| 플로럴 비즈니스 마케팅 | 목요일마다 | 놀란 웰스 |
| 웨딩 플로럴 디자인 | 금요일마다 | 사만다 웨스트 |

**Hello, I'm Jessica Park. I'd like to take floral design courses in this summer and one of my friends recommended your classes. Can I ask some questions about the courses?**

안녕하세요, 제시카 박입니다. 이번 여름에 플로럴 디자인 수업을 듣고 싶은데 친구 중 한 명이 이 수업을 추천했습니다. 수업에 대해 몇 가지 질문을 해도 되나요?

### Q8

**Q** What date do the summer courses begin, and when do they finish?

여름 강좌는 언제 시작하고 언제 끝나나요?

**A** The courses start on July 1st and will finish on August 20th.

강좌는 7월 1일에 시작하여 8월 20일에 끝납니다.

### Q9

**Q** I heard that you offer classes on Sundays and Saturdays. Am I right?

일요일과 토요일마다 수업을 한다고 들었습니다. 맞나요?

**A** No, actually, we don't offer classes on Sundays and Saturdays.

아니요, 사실 일요일과 토요일에는 수업을 하지 않습니다.

### Q10

**Q** I really enjoyed the classes taught by Samantha West because she is such a great instructor. Can you give me the details of any courses she is teaching this year?

사만다 웨스트는 정말 훌륭한 강사이기 때문에 그분의 수업이 정말 즐거웠습니다. 그녀가 올해 가르치는 강좌에 대해 자세히 알려주실 수 있나요?

**A** Sure. There are two courses taught by Samantha West. First, on Wednesdays, there is Careers as a Certified Florist. Next, on Fridays, there is Floral Design for Weddings.

물론입니다. 사만다 웨스트가 가르치는 2가지 과정이 있습니다. 첫째, 수요일마다 공인 플로리스트로서의 커리어가 있습니다. 다음으로, 금요일마다 웨딩 플로럴 디자인이 있습니다.

**VOCA** taught 'teach(가르치다)'의 과거형   instructor 강사

### 🎯 제니쌤의 적중노트

**Q8** 시작일은 'start on + 날짜', 종료일은 'finish on + 날짜'로 표현합니다.

> **ex** The courses start on July 1st and will finish on August 20th. 강좌는 7월 1일에 시작하여 8월 20일에 끝납니다.

**Q9** 매주 특정 요일에 수업이 있는 경우, 요일에 's'를 붙여서 표현합니다.

> **ex** on Mondays / on Wednesdays / on Fridays 월요일마다 / 수요일마다 / 금요일마다

'~ 수업이 있나요?'라는 질문에 대해 사실과 다를 경우, 'No, actually, ~.'로 정정합니다.

> **ex** No, actually, we don't offer classes on Sundays and Saturdays.
> 아니요, 사실 일요일과 토요일에는 수업을 하지 않습니다.

**Q10** 특정 강사가 가르치는 수업을 말할 때는 'taught by + 강사명'으로 표현합니다.

> **ex** There are two courses taught by Samantha West.

## 📍 Question 11: Express an Opinion

**Q11**  🔊 MP3 AT13_11

If you were a new employee, what kind of training method would you prefer: attending a training session with an expert or working with an experienced employee?
Use specific reasons and examples to support your opinion.

당신이 신입사원이라면, 전문가와 함께 교육 세션에 참여하는 것과 경력이 많은 사원과 함께 일하는 것 중 어떤 교육 방식을 선호하시나요? 구체적인 이유와 예시를 들어 의견을 뒷받침하세요.

### 💡 아이디어 만들기

경력이 많은 직원과 일하는 것을 선호합니다.
1. 많은 유용한 정보를 얻을 수 있고 새로운 것을 배울 수 있습니다.
2. 경력이 많은 직원과 일하면 인맥을 넓힐 수 있습니다.

## 만능문장 활용하기

**파트5 | 만능문장 25**  They can get a lot of useful / latest information on the internet.
그들은 인터넷에서 많은 유용한 / 최신의 정보를 얻을 수 있습니다.

**파트5 | 만능문장 1**  They can learn new things.
그들은 새로운 것들을 배울 수 있습니다.

**파트5 | 만능문장 2**  They can meet new people and expand their network.
그들은 새로운 사람들을 만나 인맥을 넓힐 수 있습니다.

## 모범 답안

| | |
|---|---|
| 서론 | If I were a new employee, I would prefer to work with an experienced employee.<br>제가 신입사원이라면, 경력이 많은 직원과 함께 일하고 싶습니다. |
| 연결 문장 | Let me explain why I think this way.<br>제가 왜 이렇게 생각하는지 설명하겠습니다. |
| 이유 1 | Most of all, if I work with an experienced employee, I can get a lot of useful information from him and learn new things.<br>무엇보다도, 경력이 많은 직원과 함께 일하면 그에게서 많은 유용한 정보를 얻고 새로운 것들을 배울 수 있습니다.<br><br> **제니쌤의 떠먹여주는 만능문장**<br><br>**파트5 | 만능문장 25**  They can get a lot of useful / latest information on the internet.<br>그들은 인터넷에서 많은 유용한 / 최신 정보를 얻을 수 있습니다.<br><br>→ If I work with an experienced employee, I can get a lot of useful information from him and learn new things.<br>경력이 많은 직원과 함께 일하면, 그에게서 많은 유용한 정보를 얻을 수 있고 새로운 것들을 배울 수 있습니다.<br><br>• 앞에 'If I work with an experienced employee(경력이 많은 직원과 함께 일하면)'를 붙여 조건을 명확히 했어요.<br>• 'on the internet'을 'from him'으로 변형해, 정보의 출처를 '경력이 많은 직원'으로 구체화했어요.<br>• 'and learn new things'를 추가해, 좀 더 구체적인 답변을 만들었습니다. |

**예시 1**

From my experience, I used to work with an experienced employee when I used to work at a company. It was very helpful because I was able to get a lot of information and learn new things.

제 경험으로는, 회사에서 일할 때 경력이 많은 직원과 함께 일한 적이 있습니다. 많은 정보를 얻고 새로운 것들을 배울 수 있어서 많은 도움이 되었습니다.

🖋 제니쌤의 떠먹여주는 만능문장

**파트5 | 만능문장 1**    They can learn new things.    그들은 새로운 것들을 배울 수 있습니다.

→ I was able to get a lot of information and learn new things.
    저는 많은 정보를 얻고 새로운 것들을 배울 수 있었습니다.

- 'They'를 'I'로 바꿔 개인 경험을 강조했어요.
- 현재형(can)에서 과거형(was able to)으로 시제를 변형해 과거 경험을 표현했습니다.
- 정보를 얻은 것과 새로운 것을 배운 것을 동시에 말해 답변의 풍성함을 높였습니다.

**이유 2**

On top of that, if I work with an experienced employee, I can expand my network.

게다가, 경력이 많은 직원과 함께 일하면, 인맥을 넓힐 수 있습니다.

🖋 제니쌤의 떠먹여주는 만능문장

**파트5 | 만능문장 2**    They can meet new people and expand their network.
    그들은 새로운 사람들을 만나고 인맥을 넓힐 수 있습니다.

→ If I work with an experienced employee, I can expand my network.
    경력이 많은 직원과 함께 일하면, 인맥을 넓힐 수 있습니다.

- 앞에 'If I work with an experienced employee'를 붙여 조건을 명확히 설정했습니다.
- 'They'를 'I'로 바꿔 내 경험으로 자연스럽게 변형했어요.
- 'meet new people'은 문제 상황과 맞지 않아서 제외하고, 'expand my network'만 남겼어요.

| | |
|---|---|
| 예시 2 | **According to a recent news report, the majority of successful CEOs in Korea said that working with experienced employees is very beneficial because people can expand their network at a company.**<br>최근 한 뉴스 보도에 따르면, 한국에서 성공한 대다수의 CEO는 경력이 많은 직원과 일하는 것이 회사에서 인맥을 넓힐 수 있어 매우 유익하다고 말했습니다.<br><br>**🎯 제니쌤의 적중노트**<br>**전문가 인용형 문장 만들기**<br>• 'successful CEOs'를 전문가로 설정해 비즈니스 주제에 적합하게 인용했습니다.<br>• 'working with experienced employees is very beneficial'로 경력이 많은 직원과 일하는 것은 유익하다는 주장을 자연스럽게 만들었습니다.<br>• 'people can expand their network at a company'로, 단순 인맥 확장이 아닌 회사 내 인맥 확장을 구체적으로 표현했습니다.<br><br>**구체화 포인트**<br>'expand their network' 대신 'expand their network at a company'처럼 장소나 상황을 구체적으로 추가하면, 더욱 완성도 있고 논리적인 답변이 됩니다. |
| 결론 | **Therefore, I would prefer to work with an experienced employee.**<br>그러므로, 저는 경력이 많은 직원과 함께 일하는 것을 선호합니다. |

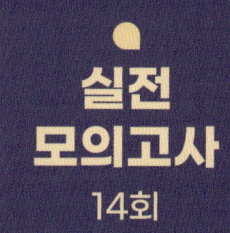

# 실전 모의고사 14회 — 모범 답안

문제집 pp. 69-73

## Questions 1-2: Read a Text Aloud

**Q1** 일기 예보　　MP3 AT14_01

This is the Auckland weather report / for the first day of the year. ↘ It's scorching hot, ↗ humid, ↗ / and there's not a cloud in the sky. ↘ If you have any plans to go sunbathing, → / never forget to put on your sunscreen / before you head to the beach. ↘ However, → / the temperature is expected to drop dramatically at night, → / so be extra careful not to catch a cold. ↘

올해의 첫날 오클랜드 일기 예보입니다. 오늘은 무덥고 습하며 하늘에는 구름 한 점 없습니다. 일광욕을 할 계획이 있다면 해변으로 가기 전에 자외선 차단제를 바르는 것을 잊지 마십시오. 다만, 밤에는 기온이 급격히 떨어질 것으로 예상되오니 감기에 걸리지 않도록 각별히 주의하시기 바랍니다.

### 제니쌤의 발음과외

**1. 발음에 주의하며 천천히 연습해 보세요.**

|  |  |
|---|---|
| **scorching** /ˈskɔːr.tʃɪŋ/ | /skɔːr/를 길게 |
| **humid** /ˈhjuː.mɪd/ | /hjuː/는 '휴'처럼 발음하기 |
| **sunbathing** /ˈsʌnˌbeɪ.ðɪŋ/ | /sʌn/을 강조해서 |
| **sunscreen** /ˈsʌn.skriːn/ | /sʌn/을 강하게, /riːn/을 길게 |
| **drop** /drɑːp/ | [d+r]는 '쥬'처럼 부드럽게 |
| **careful** /ˈker.fəl/ | /ker/를 또렷하게 |
| **catch** /kætʃ/ | 짧고 강하게 |
| **extra** /ˈek.strə/ | [s+t]는 '츄'처럼 부드럽게 |

**2. 강세를 정확하게 주세요.**

아래 단어들은 볼드체 부분에 강세를 주세요.

**ex** tem**per**ature, dra**mat**ically

### 3. [d+r] 발음은 '쥬'처럼 발음돼요.

**ex** d**r**op, d**r**amatically
→ [d+r] 소리가 부드럽게 이어져 각각 '쥬랍', '쥬라매티컬리'처럼 발음돼요.

### 4. 부정어 'not'은 억양을 강조해서 읽어 주세요.

부정어에 살짝 힘을 주어 의미를 확실하게 전달해야 해요.

**ex** It's scorching hot, humid, and there's **not** a cloud in the sky.

---

**Q2 자동 응답 메시지**  🔊 MP3 AT14_02

Thank you for calling Central Bank. ↘ We are proud to announce / that we have been ranked one of the top 5 customer-service-oriented banks / in the city. ↘ If you would like to check a balance or open a savings account, → / please press one. ↘ If you would like to speak with our friendly support agents, → / please hold on the line for a moment. ↘

센트럴 은행에 전화 주셔서 감사합니다. 저희는 도시에서 고객 서비스 지향 은행 톱 5 중 하나로 선정되었음을 발표하게 되어 자랑스럽게 생각합니다. 잔액 조회나 계좌 개설을 원하시면 1번을 눌러주세요. 친절한 고객 지원 상담원과 통화하시려면 잠시만 기다려주십시오.

---

### 🦌 제니쌤의 발음과외

#### 1. 발음에 주의하며 천천히 연습해 보세요.

| | |
|---|---|
| **ranked** /ˈræŋkt/ | r발음에 유의해서 |
| **savings account** /ˈseɪ.vɪŋz əˈkaʊnt/ | 'savings'와 'account'를 부드럽게 연결 |
| **friendly** /ˈfrend.li/ | '프렌들리'보다는 '프렌리'에 가깝게 |
| **support** /səˈpɔːrt/ | /pɔːrt/를 강하게 |
| **agents** /ˈeɪ.dʒənts/ | /eɪ/를 길게 빼고 /dʒənts/를 부드럽게 |
| **customer-service-oriented** /ˈkʌs.tə.mɚ ˈsɜː.vɪs ˈɔːr.i.en.tɪd/ | 끊지 말고 부드럽게 이어서 |

#### 2. 강세를 정확하게 주세요.

아래 단어들은 볼드체 부분에 강세를 주세요.

**ex** **ba**lance, an**nounce**

#### 3. 문장에 쉼표가 있을 때는, 억양을 떨어뜨리지 말고 쉬었다가 연결해 주세요.

**ex** If you would like to speak with our friendly support agents,(→) please hold on the line for a moment.(↘)

## Questions 3-4: Describe a Picture

**Q3**  서론 » 전체 요약 » 인물 묘사 » 기타 사물 배경   🔊 MP3 AT14_03

| 서론 | This is a picture taken at an office.<br>이것은 사무실에서 찍힌 사진입니다. |
|---|---|
| 전체 요약 | The first thing I can see from this picture is some people having a meeting.<br>이 사진에서 가장 먼저 볼 수 있는 것은 회의를 하고 있는 몇몇 사람들입니다. |
| 인물 묘사 | One of them is holding a document.<br>The others are looking at the document and listening to him.<br>Some of them are holding their pens.<br>All of them are wearing suits.<br><br>그들 중 한 명은 문서를 들고 있습니다.<br>다른 사람들은 문서를 보고 그의 말을 듣고 있습니다.<br>그들 중 일부는 펜을 들고 있습니다.<br>모두 정장을 입고 있습니다. |
| 기타<br>사물 배경 | On the table, I can see a laptop, glasses, and documents.<br>테이블 위에는 노트북, 유리잔들과 서류들이 보입니다. |

**VOCA**   have a meeting 회의를 하다   document 서류   hold a pen 펜을 들다

### 🎯 제니쌤의 적중노트

여러 명이 나올 때, 한 명과 나머지를 구분하여 묘사할 수 있어요.

- One of them: 그들 중 한 명
- The others / The rest of them: 나머지 모두

**다수 표현으로 'some / most / all of them'을 활용하면 답변이 깔끔해집니다.**

- some of them: 일부
- most of them: 대부분
- all of them: 모두

**ex** Some of them are holding their pens.
All of them are wearing suits.

## Q4  서론 ≫ 전체 요약 ≫ 인물 묘사 ≫ 기타 사물 배경 ≫ 전체적 분위기    🔊 MP3 AT14_04

| | |
|---|---|
| 서론 | **This is a picture taken at an office.**<br>이것은 사무실에서 찍은 사진입니다. |
| 전체 요약 | **The first thing I can see from this picture is a woman talking on the phone.**<br>이 사진에서 가장 먼저 볼 수 있는 것은 통화를 하고 있는 한 여자입니다. |
| 인물 묘사 | **She has long hair, and she is writing something on her notepad.**<br>그녀는 긴 머리를 하고, 메모장에 무언가를 쓰고 있습니다. |
| 기타 사물 배경 | **In front of her, I can see a laptop, glasses, a cup, and so on.**<br>**In the background of the picture, I can see bookshelves and a whiteboard.**<br>그녀 앞에는 노트북, 안경, 컵 등이 보입니다.<br>사진의 배경에는 책꽂이와 화이트보드가 보입니다. |
| 전체적 분위기 | **Overall, it seems like the woman is busy.**<br>전반적으로, 여자는 바쁜 것 같습니다. |

**VOCA** talk on the phone 통화하다   write something 무언가를 적다   notepad 메모장   bookshelf 책꽂이

**제니쌤의 적중노트**

1인 묘사에서는 전체 분위기를 설명하면 답변이 더 풍성해집니다.

ex Overall, it seems like the woman is busy.

## Questions 5-7: Respond to Questions

Imagine that a fashion magazine is conducting research in your area.
You have agreed to participate in a telephone interview about buying clothes.

패션 잡지가 당신의 지역에서 리서치를 하고 있다고 상상해 보세요.
당신은 옷 구매에 관한 전화 인터뷰에 참여하기로 동의했습니다.

**Q5**  🔊 MP3 AT14_05

**Q** If you were to buy some clothes for a school party or company party, what kind of clothing would you buy?

학교 파티나 회사 파티를 위해 옷을 산다면 어떤 옷을 사시겠나요?

**A** If I were to buy some clothes for a school party, I would buy a suit because I like to wear suits very much.

학교 파티를 위해 옷을 사야 한다면, 저는 정장 입는 것을 매우 좋아하기 때문에 정장을 살 것입니다.

  **제니쌤의 떠먹여주는 만능문장**

**의문사 만능패턴 What**

What / What kind of [명사] ~? 무엇을 / 어떤 종류의 [명사]를 ~하나요?

→ If I were to buy some clothes for a school party, I would buy a suit because I like to wear suits very much.
학교 파티를 위해 옷을 사야 한다면, 저는 정장 입는 것을 매우 좋아하기 때문에 정장을 살 것입니다.

- 종류를 묻는 문제에서는 빠르게 하나를 골라 답하는 순발력이 중요합니다. 위 답변에서는 'suit(정장)'를 선택했지만 'dress(원피스) / shirt and jeans(셔츠와 청바지)'등으로 답변해도 좋아요.
- 문제를 참고하여 'If I were to buy ~, I would buy ~.' 조건형으로 답변했습니다.
- 'because I like to wear suits very much'를 추가해 구체적인 이유(개인 선호)를 자연스럽게 연결했습니다.

### 부연 설명 쉽게 만드는 TIP

**I like / love [명사] very much.**  저는 [명사]를 매우 좋아합니다.
→ **I like to wear suits very much.**  저는 정장 입는 것을 매우 좋아합니다.

'I like / love [명사] very much.' 패턴으로 선호 표현을 추가하면 간단한 문장으로 답변을 풍성하게 만들 수 있습니다. 여기에서는 like / love 뒤에 명사 역할을 하는 to부정사가 와서 '~하는 것을 좋아하다'라고 표현했어요.

---

**Q6**  🔊 MP3  AT14_06

**Q** Are there many places to buy clothes in your area? And, do you often visit them?

당신의 지역에 옷을 살 수 있는 곳이 많나요? 그리고, 자주 그곳들을 방문하시나요?

**A** There are two places to buy clothes in my area, and I visit them about twice a week because shopping for clothes is fun and entertaining.

제가 사는 지역에는 옷을 살 수 있는 곳이 두 군데 있는데, 옷 쇼핑이 재미있고 즐거움을 주기 때문에 일주일에 두 번 정도 방문합니다.

---

 🖋 제니쌤의 떠먹여주는 만능문장

### 의문사 만능패턴 How

**How often / How frequently / How many times ~?**  얼마나 자주 ~하나요?
**twice a week**  일주일에 두 번 / **almost every day**  거의 매일 / **once in a while**  가끔씩
→ **I visit them about twice a week.**  저는 그곳들을 일주일에 두 번 정도 방문합니다.

'How often ~?' 질문에 답할 때는 'twice a week'처럼 구체적인 빈도 표현을 사용해 답변합니다.

### 파트5 | 만능문장 22

**It's fun and entertaining.**  그것은 재미있고 즐거움을 줍니다.
→ **Shopping for clothes is fun and entertaining.**  옷 쇼핑은 재미있고 즐거움을 줍니다.

- 문제에 맞게 주어 'It'을 'Shopping for clothes'로 바꿨습니다.
- 이유(쇼핑이 즐겁다)를 명확하게 덧붙여 전체 답변의 완성도를 높였습니다.

## 제니쌤의 적중노트

### 빈도 + 이유 연결하기

빈도(frequency)와 이유(reason)를 자연스럽게 연결하면 짧은 답변이라도 설득력과 완성도가 높아집니다.

 I visit them about twice a week because shopping for clothes is fun and entertaining.

---

**Q7**  🔊 MP3  AT14_07

**Q** If you choose some new clothes to buy, which of the following would most likely affect your decision? Why?
- Samples at a store
- Advertisements on social media
- Recommendations from celebrities

구매할 새 옷을 선택한다면, 다음 중 결정에 가장 영향을 미칠 것 같은 것은 무엇인가요? 왜 그러한가요?
- 매장의 샘플 제품
- 소셜 미디어 광고
- 연예인 추천

**A** If I choose some new clothes to buy, I think samples at a store would most likely affect my decision because trying on samples at a store is more reliable than advertisements or recommendations from celebrities. As you know, advertisements or recommendations from celebrities are sometimes unreliable.

구매할 새 옷을 고른다면, 광고나 연예인 추천보다 매장에서 샘플 옷을 입어보는 게 더 믿음이 가기 때문에 매장의 샘플이 결정에 가장 큰 영향을 미칠 것 같습니다. 아시다시피, 광고나 연예인의 추천은 때때로 신뢰할 수 없습니다.

---

 제니쌤의 떠먹여주는 만능문장

### 파트3 | 만능문장 8

It's more reliable, so the information is more trustworthy.  그것은 더 믿을 만해서 정보가 더 신뢰가 갑니다.

→ Trying on samples at a store is more reliable than advertisements or recommendations from celebrities.
광고나 연예인 추천보다 매장에서 샘플 옷을 입어보는 게 더 믿음이 갑니다.

- 주어를 'Trying on samples at a store(매장의 샘플 옷 입어보기)'로 설정해 구체화했습니다.
- 비교급 'more reliable than'을 사용해 광고나 연예인 추천과 비교했습니다. 비교문을 사용하면 논리적인 답변을 할 수 있어요.

### 추가 연결 문장

→ **As you know, advertisements or recommendations from celebrities are sometimes unreliable.**
아시다시피, 광고 또는 연예인의 추천은 때때로 신뢰할 수 없습니다.

- 'As you know'를 문장 앞에 붙여 자연스럽고 부드럽게 연결했어요.
- 'sometimes unreliable'를 사용해 광고나 추천이 항상 믿을 수 없는 것은 아니지만, 때로는 신뢰하기 어렵다는 점을 완곡하게 표현했습니다.

### 제니쌤의 적중노트

**비교급 문장 만들기**

두 대상을 비교할 때 'A is [비교급] than B.' 구조를 활용하면 논리적이고 깔끔한 답변을 만들 수 있습니다.

> **ex** Trying on samples at a store is more reliable than advertisements or recommendations from celebrities.
> Bags are more expensive than pencils.
> Taking a walk is better than running on a treadmill.

**'try on' 표현 익히기**

'옷을 입어보다'는 'try on'으로 표현하면 자연스럽습니다.

> **ex** I tried on several jackets at the store.  나는 매장에서 여러 재킷을 입어봤습니다.

**자연스러운 연결어 사용 - As you know**

'As you know'는 추가 설명을 연결할 때 유용한 표현입니다.

> **ex** As you know, advertisements are sometimes unreliable.
> → 문장과 문장 사이에 적절한 연결어(As you know, In fact, However 등)를 활용하면 답변 흐름이 훨씬 자연스러워집니다.

**'unreliable' 표현 익히기**

- 'reliable(믿을 만한)'의 반대는 'unreliable(믿을 수 없는)'입니다.
- 'sometimes unreliable'라고 완곡하게 표현하면 부드럽고 고급스러운 답변이 됩니다.

## Questions 8-10: Respond to Questions Using Information Provided

문제집 p. 72

### 웰니스 스포츠 센터

센트럴 스트리트

운영 시간: 오전 7시 – 오후 10시

| 시간 | 요일 | 수업명 | 준비물 |
| --- | --- | --- | --- |
| 오전 10시 – 11시 | 월요일마다 | 초급 줌바 | 수건 |
| 오전 8시 – 9시 | 수요일마다 | 시니어 매트 필라테스 | 매트 |
| 오후 12시 – 1시 | 목요일마다 | 어린이 미니 골프 | 골프채 |
| 오후 6시 – 7시 | 수요일마다 | 성인 서킷 트레이닝 | 수건 |
| 오후 8시 – 9시 | 토요일마다 | 시니어 아쿠아 핏 | 수영복 |
| 오전 10시 – 11시 | 일요일마다 | 어린이 수영 | 수영복 |

• 모든 수강생은 각 수업에 필요한 준비물을 지참해야 합니다.

Hi, my name is Sherri Parker. I just found out about the classes offered at Wellness Sports Center, and I decided to give you a call to confirm some details. Can I ask you a few questions?

안녕하세요, 저는 셰리 파커입니다. 웰니스 스포츠 센터에서 제공되는 수업에 대해서 막 알게 되어 몇 가지 세부 사항을 확인하기 위해 전화를 드렸습니다. 제가 몇 가지 질문을 해도 될까요?

### Q8

MP3 AT14_08

**Q** Where is Wellness Sports Center located? And, when do you open?

웰니스 스포츠 센터의 위치는 어떻게 되나요? 그리고, 언제 문을 여나요?

**A** It is located on Central Street, and we are open from 7 a.m. to 10 p.m.

센트럴 스트리트에 위치하고 있으며 오전 7시부터 오후 10시까지 영업합니다.

### Q9  🔊 MP3 AT14_09

**Q** My grandson is planning to take the Kids' Swimming class on Sundays. And, as far as I know, he doesn't have to bring his own swimsuit. Is that right?

제 손자는 일요일마다 어린이 수영 강습을 받을 계획입니다. 그리고 저는 그가 수영복을 가져갈 필요가 없다고 알고 있습니다. 맞나요?

**A** No, actually, all students are required to prepare materials for their classes. So, he has to bring his swimsuit.

아니요, 사실은 모든 학생은 수업 준비물을 준비해 와야 합니다. 그래서 그는 수영복을 가져와야 합니다.

**VOCA** be required to ~라고 요구되다   prepare 준비하다   materials 자료, 재료, 준비물

### Q10  🔊 MP3 AT14_10

**Q** I'm interested in taking classes for seniors. What lessons are available for seniors?

저는 고령자들을 위한 수업에 관심이 있습니다. 고령자를 위한 수업은 무엇입니까?

**A** There are two classes for seniors. First, on Wednesdays, from 8 to 9 a.m., there is Senior Mat Pilates. You have to bring your own mat. Next, on Saturdays, from 8 to 9 p.m., there is Senior Aqua Fit. Students should bring their swimsuits.

고령자를 위한 두 가지 수업이 있습니다. 먼저, 수요일마다 오전 8시부터 9시까지 시니어 매트 필라테스가 있습니다. 매트는 개인 지참하셔야 합니다. 다음으로, 토요일마다 저녁 8시부터 9시까지 시니어 아쿠아핏이 있습니다. 수강생들은 수영복을 가져와야 합니다.

**VOCA** available 이용 가능한

### 제니쌤의 적중노트

**Q8** 영업 시간은 'We are open from 시작 시간 to 종료 시간.'으로 표현합니다.

> ex  We are open from 7 a.m. to 10 p.m.  오전 7시부터 오후 10시까지 영업합니다.

장소나 위치를 말할 때는 'It is located ~.'로 표현합니다.

> ex  It is located on Central Street.  센트럴 스트리트에 위치하고 있습니다.

주소를 설명할 경우, 도로명을 말할 때는 'on', 도로명과 번지를 동시에 말할 때는 'at'을 사용합니다.

> ex  on Central Street  센트럴 스트리트에
>      at 1001 Central Street  센트럴 스트리트 1001번지에

**Q9** 준비물을 설명할 때는 'prepare'라는 동사를 활용합니다.

> ex  All students are required to prepare materials for their classes.  모든 학생은 수업 준비물을 준비해야 합니다.

**Q10** 수업 준비물을 설명할 때는 'have to'나 'should'를 사용하여 준비해야 하는 항목을 안내합니다.

> ex  You have to bring your own mat.  매트는 개인 지참하셔야 합니다.
>      Students should bring their swimsuits.  수강생들은 수영복을 가져와야 합니다.

## Question 11: Express an Opinion

**Q11**  MP3 AT14_11

What do you think is the best reward a company can give to dedicated employees to recognize their hard work?
Use specific reasons and examples to support your opinion.

회사가 헌신적인 직원들에게 그들의 노고를 인정해 줄 수 있는 최고의 보상은 무엇이라고 생각하시나요?
구체적인 이유와 예시를 들어서 의견을 뒷받침하세요.

**VOCA**  dedicated 헌신적인   recognize 인정하다, 인식하다   reward 보상

### 아이디어 만들기

큰 상여금이 노고를 인정해 줄 수 있는 최고의 보상입니다.
1. 생활비가 비싸므로 상여금이 직원들을 만족하게 해줄 수 있을 것입니다.
2. 직원들은 상여금을 받을 때, 애사심을 유지하고 더 열심히 일할 것입니다.

## 만능문장 활용하기

**파트5 | 만능문장 48**   Customers will feel satisfied and remain loyal.
고객들은 만족할 것이고 충성도를 유지할 것입니다.

**파트3 | 만능문장 36**   It makes me happy and I can have a great experience.
그것은 저를 행복하게 해주고, 저는 좋은 경험을 할 수 있습니다.

**파트5 | 만능문장 11**   The cost of living is too high.
생활비가 너무 비쌉니다.

## 모범 답안

| | |
|---|---|
| 서론 | I think a big bonus is the best reward a company can give to dedicated employees to recognize their hard work.<br>큰 상여금은 회사가 헌신적인 직원들에게 그들의 노고를 인정해 줄 수 있는 최고의 보상이라고 생각합니다. |
| 연결 문장 | Let me explain why I think this way.<br>제가 왜 이렇게 생각하는지 설명하겠습니다. |
| 이유 1 | Most of all, employees can be satisfied when they get a big bonus.<br>무엇보다도, 직원들은 큰 상여금을 받을 때 만족할 수 있습니다.<br><br>🖋 **제니쌤의 떠먹여주는 만능문장**<br><br>**파트5 | 만능문장 48**   Customers will feel satisfied and remain loyal.<br>고객들은 만족할 것이고 충성도를 유지할 것입니다.<br><br>→ Employees can be satisfied when they get a big bonus.<br>직원들은 큰 상여금을 받을 때 만족할 수 있습니다.<br><br>• 'when they get a big bonus'를 붙여 보너스를 받을 때라는 조건을 명확히 설정했습니다.<br>• 문제에 맞게 주어를 'Customers'에서 'Employees'로 바꿨습니다.<br>• 'feel satisfied'를 'can be satisfied'로 변형해 좀 더 자연스럽게 표현하고, 'and' 이하는 생략해 간결히 했습니다. |

**As you know, the cost of living is too high. If employees get a bonus, it will make them happy.**

아시다시피, 생활비가 너무 비쌉니다. 직원들이 상여금을 받는다면, 그것은 직원들을 행복하게 만들 것입니다.

예시 1

🖌 **제니쌤의 떠먹여주는 만능문장**

**파트3 | 만능문장 36**  It makes me happy and I can have a great experience.
　　　　　　　　　　　그것은 저를 행복하게 해주고, 저는 좋은 경험을 할 수 있습니다.

**파트5 | 만능문장 11**  The cost of living is too high.
　　　　　　　　　　　생활비가 너무 비쌉니다.

→ As you know, the cost of living is too high. If employees get a bonus, it will make them happy.
　아시다시피, 생활비가 너무 비쌉니다. 직원들이 상여금을 받는다면, 그것은 직원들을 행복하게 만들 것입니다.

- 'As you know'를 문장 도입부에 사용해 자연스럽고 부드럽게 연결했습니다.
- 'the cost of living is high(생활비가 비싸다)'라는 배경을 설명하여 좀 더 논리적인 답변을 만들었습니다.
- 'It makes me happy'를 'it(= a bonus) will make them happy'로 변형했습니다.
- 'If employees get a bonus,'를 추가해 조건을 자연스럽게 설정했습니다.

🎯 **제니쌤의 적중노트**

'As you know'로 자연스럽게 연결하기

문장을 연결할 때 'As you know'를 사용하면, 청자와 공유하는 상식을 기반으로 이야기 흐름을 자연스럽게 이을 수 있습니다.

---

**On top of that, employees will remain loyal and they will work harder.**

게다가, 직원들은 애사심을 유지하고 더 열심히 일할 것입니다.

이유 2

🖌 **제니쌤의 떠먹여주는 만능문장**

**파트5 | 만능문장 48**  Customers will feel satisfied and remain loyal.
　　　　　　　　　　　고객들은 만족할 것이고 충성도를 유지할 것입니다.

→ Employees will remain loyal and they will work harder.
　직원들은 애사심을 유지하고 더 열심히 일할 것입니다.

- 문제에 맞게 주어를 'Customers'에서 'Employees'로 바꿨습니다.
- 'remain loyal'을 그대로 살려 애사심을 유지하다라는 뜻으로 표현했습니다.
- 'and they will work harder'를 추가해서 더 열심히 일할 것이라는 내용을 추가해 답변을 구체화 했습니다.

| | |
|---|---|
| 이유 2 | **🎯 제니쌤의 적중노트**<br><br>**주어 변형**<br>만능문장을 사용할 때는 문제에 맞게 주어를 바꿔서 자연스럽게 답변을 만들어야 합니다.<br>➔ 상황에 따라 'customers', 'employees', 'people' 등으로 유연하게 바꿔줄 수 있어야 해요.<br><br>**부연 설명 만들기**<br>'remain loyal' 뿐만 아니라, 'will work harder'를 덧붙이면 보너스를 통해 애사심이 생기고, 결과적으로 업무 능률도 높아진다는 설득력 있는 논리를 만들 수 있습니다.<br>➔ 'work hard(열심히 일하다)', 'work harder(더 열심히 일하다)'는 비즈니스 주제에서 자주 쓰이는 표현이니 꼭 기억하세요! |
| 예시 2 | **According to a recent news report, the majority of successful CEOs in Korea said that a big bonus is the best reward for employees because employees will be satisfied with their job.**<br>최근 뉴스 보도에 따르면, 한국에서 성공한 CEO의 대다수는 직원들이 자신의 직장에 만족할 것이기 때문에 큰 상여금은 직원들에게 최고의 보상이라고 말했습니다.<br><br>**🎯 제니쌤의 적중노트**<br><br>**전문가 인용형 문장 만들기**<br>• 비즈니스 주제에 맞게 전문가를 'successful CEOs'로 설정했습니다.<br>• 'a big bonus is the best reward'로 큰 상여금의 중요성을 명확하게 표현했습니다.<br>• 'because employees will be satisfied with their job'을 붙여, 상여금 지급이 직원 만족도를 높이는 이유를 설명했습니다.<br>• 'feel satisfied'를 'will be satisfied with their job'으로 상황에 맞게 시제를 맞춰줍니다. |
| 결론 | **Therefore, I think a big bonus is the best reward a company can give to dedicated employees to recognize their hard work.**<br>그러므로, 큰 상여금은 회사가 헌신적인 직원들에게 그들의 노고를 인정해 줄 수 있는 최고의 보상이라고 생각합니다. |

# 실전 모의고사 15회 모범 답안

문제집 pp. 74-78

## Questions 1-2: Read a Text Aloud

**Q1  인물 소개**  🔊 MP3 AT15_01

In this episode, → / we're going to have an interview with famous architect Cha Yoon. ↘ Over the past decade, → / she has designed many architectural structures / including stadiums, ↗ ground-breaking glass structures, ↗ and other important landmarks. ↘ Let's welcome her to our show. ↘

이번 편에서는 유명 건축가 차윤과의 인터뷰를 진행합니다. 지난 10년 동안 그녀는 경기장, 획기적인 유리 구조물 및 기타 중요한 랜드마크를 포함하여 많은 건축 구조물을 설계했습니다. 저희 쇼에 오신 그녀를 환영해 주세요.

### 🐬 제니쌤의 발음과외

**1. 발음에 주의하며 천천히 연습해 보세요.**

| | |
|---|---|
| famous /ˈfeɪ.məs/ | /feɪ/를 길게 |
| architect /ˈɑːr.kɪ.tekt/ | /ɑːr/를 강하게 |
| decade /ˈdek.eɪd/ | /dek/를 강하게 |
| over /ˈoʊ.vɚ/ | /oʊ/를 길게, /v/ 발음 유의 |
| designed /dɪˈzaɪnd/ | /zaɪ/에서 /z/ 발음 나는 것에 유의 |
| stadiums /ˈsteɪ.di.əmz/ | /steɪ/를 길게 |
| ground-breaking /ˈɡraʊndˌbreɪ.kɪŋ/ | 'ground'와 'breaking'을 각각 또렷하게 |
| landmarks /ˈlænd.mɑːrks/ | /land/를 강하게 |
| welcome /ˈwel.kəm/ | /wel/을 또렷하게, /kəm/은 부드럽게 |

**2. 강세를 정확하게 주세요.**

아래 단어들은 볼드체 부분에 강세를 주세요.

**ex**  ep**i**sode, **in**terview, archi**tec**tural, **struc**ture, im**por**tant, in**clu**ding

267

### 3. 억양과 강조가 필요한 부분은 확실하게 읽어 주세요.

- 도입 문장은 환영하는 느낌으로, 고유 명사에는 힘을 주어 읽어 주세요.
  > **ex** In this episode, we're going to have an interview with famous architect **Cha Yoon**.

- 나열되는 구조물은 리듬감 있게 읽어 주세요.
  > **ex** stadiums,(↗) ground-breaking glass structures,(↗) and other important landmarks(↘)

- 쇼에 초대하는 문장은 따뜻하게 마무리합니다.
  > **ex** Let's welcome her to our show.(↘)

---

**Q2 공지 사항**  🔊 MP3 AT15_02

Welcome to the Greenville Museum. ↘ Our tour will begin shortly. During this tour, → / you will learn about Greenville's culture, ↗ art, ↗ and history with our best docent. ↘ I have no doubt this tour will give you an experience / that you will never forget. ↘ Also, → / various souvenirs will be offered / at the entrance. ↘

> 그린빌 박물관에 오신 것을 환영합니다. 곧 투어가 시작됩니다. 이 투어 동안 최고의 도슨트와 함께 그린빌의 문화, 예술 및 역사에 대해 배우게 됩니다. 이 투어가 여러분에게 결코 잊지 못할 경험을 선사할 것이라는 데 의심의 여지가 없습니다. 또한 입구에서 다양한 기념품이 제공됩니다.

### 1. 발음에 주의하며 천천히 연습해 보세요.

| | |
|---|---|
| **Greenville** /ˈɡriːn.vɪl/ | /griːn/을 길게 |
| **Museum** /mjuˈziː.əm/ | /ziː.əm/를 길고 강하게 |
| **shortly** /ˈʃɔːrt.li/ | /ʃɔːrt/를 강하게, /li/는 가볍게 |
| **learn** /lɜːn/ | 혀를 안쪽으로 굴려 부드럽게 |
| **culture** /ˈkʌl.tʃɚ/ | /kʌl/을 분명하게 |
| **art** /ɑːrt/ | 길게 끌어서 |
| **docent** /ˈdoʊ.sənt/ | /doʊ/를 강하게 |
| **doubt** /daʊt/ | 'b'는 묵음 |
| **tour** /tʊr/ | 부드럽고 짧게 |
| **experience** /ɪkˈspɪə.ri.əns/ | /ex/가 아닌 /ɪk's/처럼 발음 |
| **various** /ˈver.i.əs/ | /v/ 발음에 유의 |
| **souvenir** /ˌsuː.vəˈnɪr/ | '수버니어'에 가깝게 |
| **entrance** /ˈen.trəns/ | /en/을 강하게 |

## 2. 강세를 정확하게 주세요.

아래 단어들은 볼드체 부분에 강세를 주세요.

> **ex**  ex**pe**rience, **va**rious, souve**nir**, **en**trance

## 3. 억양과 강조가 필요한 부분은 확실하게 읽어 주세요.

- 박물관 도입 인사는 환영하는 톤으로 부드럽게 읽어 주세요.

    > **ex**  Welcome to the Greenville Museum.

- 관계대명사 'that' 앞에서는 살짝 끊어 읽어 주세요.

    > **ex**  I have no doubt this tour will give you an experience / **that** you will never forget.

## 📍 Questions 3-4: Describe a Picture

**Q3**  서론 ≫ 전체 요약 ≫ 인물 묘사 ≫ 기타 사물 배경     🔊 MP3  AT15_03

| | |
|---|---|
| 서론 | **This is a picture taken outdoors.**<br>이것은 야외에서 찍힌 사진입니다. |
| 전체 요약 | **The first thing I can see from this picture is two people having a conversation.**<br>가장 먼저 볼 수 있는 것은 대화를 하고 있는 두 사람입니다. |
| 인물 묘사 | **They are eating some food and sitting on a bench.**<br>**The woman on the right has a ponytail and is smiling.**<br>**The man on the left is wearing a suit and looking at the woman.**<br>그들은 음식을 먹고 있고 벤치에 앉아 있습니다.<br>오른쪽에 있는 여자는 묶음 머리를 하고 미소를 짓고 있습니다.<br>왼쪽에 있는 남자는 정장을 입고 여자를 바라보고 있습니다. |
| 기타 사물 배경 | **In the background of the picture, I can see a building.**<br>사진의 배경에는 건물이 보입니다. |

> **VOCA**  have a conversation 대화를 하다   sit on a bench 벤치에 앉다   ponytail 묶음 머리

### 제니쌤의 적중노트

**'sit on'과 'sit at'을 구분하세요!**

벤치나 의자처럼 위에 올라앉는 물체에는 'sit on'을 사용하고, 책상이나 테이블처럼 앞에 앉는 것은 'sit at'을 사용합니다.

> ex  They are sitting on a bench.
> They are sitting at a table.

**왼쪽 / 오른쪽 사람은 'the man on the left / the woman on the right'로 표현해요.**

위치를 기준으로 인물을 자연스럽게 설명할 수 있습니다.

> ex  The woman on the right has a ponytail.
> The man on the left is wearing a suit.

### Q4  서론 ≫ 전체 요약 ≫ 인물 묘사 ≫ 기타 사물 배경 ≫ 전체적 분위기

🔊 MP3 AT15_04

| 서론 | This is a picture taken at a grocery store.<br>이것은 마트에서 찍힌 사진입니다. |
|---|---|
| 전체 요약 | The first thing I can see from this picture is a woman shopping for fruits.<br>이 사진에서 가장 먼저 볼 수 있는 것은 과일을 사는 한 여성입니다. |
| 인물 묘사 | She is holding boxes of strawberries and picking up another box.<br>In front of her, I can see various fruits.<br>그녀는 딸기 상자들을 들고 있고 다른 상자를 집어 들고 있습니다.<br>그녀 앞에는 다양한 과일들이 보입니다. |
| 기타 사물 배경 | In the background of the picture, I can see a lot of boxes of fruits arranged on the shelves.<br>사진의 배경에는 선반 위에 진열된 과일 상자들이 많이 보입니다. |
| 전체적 분위기 | Overall, it seems like the woman is busy.<br>전반적으로, 여자는 바쁜 것 같습니다. |

**VOCA**  a grocery store 마트, 식료품점   shop for ~를 쇼핑하다   a box of ~ 한 박스   pick up 집어 들다
arranged on the shelves 선반 위에 진열된

### 제니쌤의 적중노트

**물건을 든 채로 또 다른 물건을 집는 동작은 'hold'와 'pick up'을 활용해요.**

'hold'는 들다, 'pick up'은 집어들다로 의미 차이가 있는 점에 유의해서 적재적소에 사용하는 것이 중요합니다.

**ex** She is holding boxes of strawberries and picking up another box.

**선반 위에 정리된 물건은 'arranged on the shelves'로 표현해요.**

깔끔하게 정리된 모습을 자연스럽게 묘사할 수 있습니다.

**ex** In the background of the picture, I can see a lot of boxes of fruits arranged on the shelves.

**1인 묘사에서는 'Overall' 문장으로 전체적인 분위기를 덧붙일 수 있어요.**

답변을 풍성하게 만들고 마무리로 효과적입니다.

**ex** Overall, it seems like the woman is busy.

## Questions 5-7: Respond to Questions

Imagine that a Canadian marketing firm is doing research in your area.
You have agreed to participate in a telephone interview about holding a party.

캐나다 마케팅 회사가 당신의 지역에서 리서치를 하고 있다고 상상해 보세요.
당신은 파티를 여는 것에 관한 전화 인터뷰에 참여하기로 동의했습니다.

---

**Q5**  🔊 MP3 AT15_05

**Q** When was the last time you held a party? Where did you hold the party?

마지막으로 파티를 열었던 것은 언제였나요? 어디서 파티를 개최했나요?

**A** The last time I held a party was two weeks ago and I held the party at a party room in downtown.

마지막으로 파티를 열었던 것은 2주 전이었고 시내의 파티룸에서 파티를 열었습니다.

 🎤 제니쌤의 떠먹여주는 만능문장

### 의문사 만능패턴 When

**When was the last time you [과거 동사] ~?** 마지막으로 언제 ~했나요?
**The last time I [과거 동사] was two weeks ago / yesterday / last year.** 저는 마지막으로 ~한 게 2주 전 / 어제 / 작년입니다.
→ **The last time I held a party was two weeks ago.** 마지막으로 파티를 열었던 것은 2주 전이었습니다.

마지막으로 파티를 연 것이 언제인지 묻는 말에는 'two weeks ago(2주 전) / yesterday(어제) / last year(작년)' 세 가지 표현 모두 잘 어울립니다.

### 의문사 만능패턴 Where

**Where do you ~?** 어디서 ~하나요?
**at home** 집에서 / **at school** 학교에서 / **on the subway** 지하철에서
→ **I held the party at a party room in downtown.** 저는 시내의 파티룸에서 파티를 열었습니다.

- 'Where ~?'에 답할 때는 'at home'처럼 간단히 말할 수도 있지만, 'at a party room in downtown'처럼 구체적으로 답하면 답변이 더 풍성해집니다.
- 'Where ~?'에 대한 답변으로 가장 자주 쓸 수 있는 'at home / at school / on the subway' 세 가지 표현은 꼭 알아 두세요.

---

**Q6**  🔊 MP3 AT15_06

**Q** If you were planning to hold a party, whom would you like to invite? Why?

만약 당신이 파티를 열 계획이라면, 누구를 초대하고 싶으신가요? 왜 그러한가요?

**A** If I were planning to hold a party, I would like to invite my best friends because having a party with best friends is fun and entertaining.

파티를 열 계획이라면, 저는 절친들을 초대하고 싶습니다. 왜냐하면 절친들과 파티를 하는 것이 재미있고 즐겁기 때문입니다.

 **제니쌤의 떠먹여주는 만능문장**

**의문사 만능패턴 Who**

with my friends 내 친구들과 / with my family 내 가족과
→ I would like to invite my best friends. 저는 절친들을 초대하고 싶습니다.

'Who ~?'에 답할 때는 'my best friends'처럼 구체적으로 답하는 것이 좋습니다.

**파트5 | 만능문장 22**

It's fun and entertaining. 그것은 재미있고 즐거움을 줍니다.
→ Having a party with best friends is fun and entertaining. 절친들과 파티를 하는 것은 재미있고 즐겁습니다.

· 문제 상황에 맞게 주어를 'It'에서 'Having a party with best friends'로 바꿨습니다.

---

**Q7**    MP3  AT15_07

**Q** Do you prefer to make your own food for a party or use a catering service?

파티 음식을 직접 만드는 것을 선호하시나요, 출장 요리 서비스를 이용하는 것을 선호하시나요?

**A** I prefer to use a catering service for a party. First, I can save time. I don't have to waste my time cooking. Also, the food is more delicious if I use a catering service. It's more reliable.

저는 파티에 출장 요리 서비스를 이용하는 것을 선호합니다. 첫째, 시간을 절약할 수 있습니다. 요리하느라 시간을 낭비하지 않아도 됩니다. 또한 출장 요리 서비스를 이용하면 음식이 더 맛있습니다. 더 신뢰할 수 있습니다.

 제니쌤의 떠먹여주는 만능문장

### 파트3 | 만능문장 22

**I don't want to waste too much time on that.** 저는 그것에 너무 많은 시간을 낭비하고 싶지 않습니다.

→ **I don't have to waste my time cooking.** 저는 요리하느라 시간을 낭비할 필요가 없습니다.

- 시간을 절약할 수 있다는 점을 강조하기 위해 'don't have to'를 사용해서 '요리에 시간을 낭비하지 않아도 된다'는 설명으로 변형했습니다.
- 'waste + 시간 + ~ing(~을 하느라 시간을 낭비하다)'라는 표현을 익혀 두세요.

### 파트3 | 만능문장 4

**It's faster, so I can save time.** 그것은 더 빨라서 시간을 절약할 수 있습니다.

→ **I can save time.** 저는 시간을 절약할 수 있습니다.

문제와 연관성 있도록 'I can save time.'만 활용했습니다.

### 파트3 | 만능문장 8

**It's more reliable, so the information is more trustworthy.** 그것은 더 믿을 만해서 정보가 더 신뢰가 갑니다.

→ **The food is more delicious if I use a catering service. It's more reliable.**
출장 요리 서비스를 이용하면 음식이 더 맛있습니다. 더 신뢰할 수 있습니다.

음식이 더 맛있고 신뢰할 수 있다는 두 가지 이유로 답변을 풍성하게 만들었습니다.

#  Questions 8-10: Respond to Questions Using Information Provided

### 덴버 도서관 행사 일정

| 날짜 | 시간 | 행사명 | 비고 |
| --- | --- | --- | --- |
| 2월 25일 | 오전 10시 – 정오 | 독서 모임 | 자료 제공 |
| 3월 3일 | 오후 1시 – 2시 | 글쓰기 수업 | |
| 3월 1일 | 오후 3시 – 5시 | 영화 상영 | 15세 이상 |
| 3월 5일 | 오후 1시 – 2시 | 시 수업 | |
| 3월 6일 | 오후 3시 – 5시 | 문학 워크숍 | 사전 등록 필요 |

Hello, I'm very interested in Denver Library events and I'm planning to attend some of the events. I have a few questions about it, though. Can you answer some of my questions?

안녕하세요, 덴버 도서관 행사에 관심이 많아 일부 행사에 참석할 계획입니다. 그런데 몇 가지 질문이 있습니다. 제 질문에 답해주시겠어요?

**Q8** 🔊 MP3 AT15_08

 **Q** What date is the movie screening taking place? What age is suitable for it?

영화 상영 날짜가 언제입니까? 어떤 연령대가 적합한가요?

**A** It will be held on March 1st and it is suitable for people aged over 15.

그것은 3월 1일에 열릴 예정이며 15세 이상의 사람들에게 적합합니다.

 suitable 적합한

### Q9

**Q** I'm planning to attend Book Club. What kind of materials should I bring with me to the event?

저는 독서 모임에 참가할 예정입니다. 행사에 어떤 종류의 준비물을 가져와야 하나요?

**A** Actually, materials will be provided, so you don't have to bring anything.

사실 자료가 제공되기 때문에 아무것도 가져오지 않아도 됩니다.

**VOCA** materials 자료, 준비물

### Q10

**Q** I heard that you offer amazing classes for amateur writers. Can you give me all the details you have regarding the upcoming classes?

아마추어 작가들을 위한 놀라운 수업을 제공하신다고 들었습니다. 다가오는 수업에 대해 알고 계신 모든 세부 사항을 알려주실 수 있나요?

**A** Sure, there are two classes. First, on March 3rd, from 1 p.m. to 2 p.m., there is a writing class. Next, on March 5th, from 1 p.m. to 2 p.m., there is a poetry class.

물론입니다. 2가지 수업이 있습니다. 먼저, 3월 3일 오후 1시부터 오후 2시까지 글쓰기 수업이 있습니다. 다음으로, 3월 5일 오후 1시부터 오후 2시까지 시 수업이 있습니다.

**VOCA** upcoming 다가오는

### 🎯 제니쌤의 적중노트

**Q8** '몇 세 이상'은 'people aged over 숫자'로 표현합니다.

> **ex** It is suitable for people aged over 15.  15세 이상의 사람들에게 적합합니다.

**Q9** 어떤 것이 제공된다고 말할 때는 '주어 will be provided' 또는 '주어 will be offered'라고 표현합니다.

> **ex** Materials will be provided.  자료가 제공될 예정입니다.

참가자가 준비물을 가져올 필요가 없다는 말은 'You don't have to bring anything.'으로 표현합니다.

> **ex** You don't have to bring anything.  아무것도 가져올 필요가 없습니다.

Q10 수업이나 행사 일정을 설명할 때는 날짜와 시간을 순서대로 이어서 말합니다.

**ex** First, on March 3rd, from 1 p.m. to 2 p.m., there is a writing class.
먼저, 3월 3일 오후 1시부터 2시까지 글쓰기 수업이 있습니다.

## Question 11: Express an Opinion

**Q11**　　　　　　　　　　　　　　　　　　　　　MP3　AT15_11

Do you agree or disagree with the following statement:
Celebrities should have a sense of responsibility.
Use specific reasons and examples to support your opinions.

다음 진술에 동의하시나요, 동의하지 않으시나요?
연예인은 책임감이 있어야 합니다.
구체적인 이유와 예시를 들어서 의견을 뒷받침하세요.

### 💡 아이디어 만들기

연예인은 책임감이 있어야 합니다.
1. 연예인은 영향력이 있고 다른 사람들에게 동기를 부여할 수 있습니다.
2. 책임감을 가지고 있으면 좋은 롤 모델이 될 수 있습니다.

### ✏️ 만능문장 활용하기

**파트5 | 만능문장 38**　They can be very influential.　그들은 매우 영향력이 있을 수 있습니다.

**파트5 | 만능문장 39**　They can motivate others.　그들은 다른 사람들에게 동기를 부여할 수 있습니다.

## 🏆 모범 답안

| | |
|---|---|
| 서론 | **I agree with the statement.**<br>저는 그 말에 동의합니다. |
| 연결 문장 | **Let me explain why I think this way.**<br>제가 왜 이렇게 생각하는지 설명하겠습니다. |
| 이유 1 | **Most of all, they are very influential and they can motivate others.**<br>무엇보다도, 그들은 매우 영향력이 있고 다른 사람들에게 동기를 부여할 수 있습니다.<br><br>🖊 **제니쌤의 떠먹여주는 만능문장**<br><br>파트5 | 만능문장 38    **They can be very influential.** 그들은 매우 영향력이 있을 수 있습니다.<br><br>파트5 | 만능문장 39    **They can motivate others.** 그들은 다른 사람들에게 동기를 부여할 수 있습니다.<br><br>→ Most of all, they are very influential and they can motivate others.<br>   무엇보다도, 그들은 매우 영향력이 있고 다른 사람들에게 동기를 부여할 수 있습니다.<br><br>두 가지 장점(영향력이 있음, 다른 사람들에게 동기를 부여할 수 있음)을 'and'로 자연스럽게 연결했습니다. |
| 예시 1 | **If they have a sense of responsibility, they can have a good influence on other people. They can be good role models.**<br>책임감이 있으면, 다른 사람들에게 좋은 영향을 줄 수 있습니다. 그들은 좋은 롤 모델이 될 수 있습니다.<br><br>🎯 **제니쌤의 적중노트**<br>**If 조건문 사용하기**<br>• 'If'를 사용해 '문제대로 한다면'이라는 조건을 설정했습니다.<br>• 'have a good influence on'은 '~에게 좋은 영향을 주다'는 뜻입니다.<br>• 'can be good role models(좋은 롤 모델이 될 수 있다)'를 추가해서 답변의 설득력을 높였습니다.<br><br>**VOCA**    have a good influence on ~에게 좋은 영향을 주다    a sense of responsibility 책임감<br>            role model 롤 모델 |

**On top of that, according to a recent news report, the majority of teenagers in Korea said that celebrities should have a sense of responsibility because they are famous and they can motivate other people.**

게다가, 최근 뉴스 보도에 따르면, 한국 10대들의 대다수는 연예인은 유명해서 다른 사람에게 동기를 부여할 수 있기 때문에 책임감을 가져야 한다고 말했습니다.

 제니쌤의 떠먹여주는 만능문장

**파트5 | 만능문장 39**   They can motivate others.   그들은 다른 사람들에게 동기를 부여할 수 있습니다.

→ They are famous and they can motivate other people.
그들은 유명해서 다른 사람에게 동기를 부여할 수 있습니다.

- 시험장에서 문장을 만들 때는 어려운 문장보다 'They are famous.'처럼 간단하고 확실한 문장을 사용하는 것이 좋습니다.
- 'others'를 'other people'로 바꿔 같은 표현의 반복을 피했습니다.

### 제니쌤의 적중노트

**이유 1개와 예시 2개로 구성된 답변 만들기**

반드시 이유와 예시를 2개씩 사용해야만 만점을 받을 수 있는 것은 아닙니다. 이유가 하나뿐이더라도, 다양한 예시를 활용해 주장을 효과적으로 뒷받침하면 충분히 좋은 점수를 받을 수 있습니다. 'On top of that' 이후에 두 번째 이유를 제시하기 어렵다면, 두 번째 예시를 바로 연결하여 답변을 이어가는 방식도 괜찮습니다.

**Therefore, I agree with the statement.**

그러므로, 저는 그 말에 동의합니다.

# 실전 모의고사 16회
## 모범 답안

문제집 pp. 79-83

## Questions 1-2: Read a Text Aloud

**Q1** 광고  🔊 MP3 AT16_01

Have you ever flown with Asia Airlines? ↗ Give it a try. ↘ You're in for an amazing experience / traveling abroad! ↘ Enjoy / the warm hospitality of our friendly flight attendants, ↗ / savor our delicious in-flight meals, ↗ / and relax in our comfortable seating. ↘ Plus, our wide selection of in-flight movies / will keep you entertained / throughout the journey. ↘ Feel free to book your next flight / with Asia Airlines / on our website anytime. ↘

아시아 항공을 이용해 본 적 있으신가요? 한번 이용해 보세요. 해외여행에서 놀라운 경험을 하게 될 거예요! 친절한 승무원들의 따뜻한 환대를 느껴 보시고, 맛있는 기내식을 즐기며, 편안한 좌석에서 휴식을 취해 보세요. 또한, 다양한 기내 영화가 여행 내내 즐거움을 더해줄 거예요. 언제든지 아시아 항공 웹사이트에서 다음 항공편을 자유롭게 예약하세요!

### 제니쌤의 발음과외

**1. 발음에 주의하며 천천히 연습해 보세요.**

|  |  |
|---|---|
| flown /floʊn/ | /oʊ/는 '오우' 처럼 발음되지만 부드럽게 이어서 |
| experience /ɪkˈspɪə.ri.əns/ | /eks/가 아닌 /iks/로 발음 |
| abroad /əˈbrɑːd/ | /brɑːd/를 길게 |
| hospitality /hɑː.spɪˈtæl.ə.t̬i/ | /tæl/을 강하게 |
| selection /səˈlek.ʃən/ | '셀렉션'보다는 '슬렉션'에 가깝게 |
| throughout /θruːˈaʊt/ | /aʊt/를 앞 음절과 끊지 않고 이어서 |
| journey /ˈdʒɝː.ni/ | /dʒɝː/를 길게 |

**2. 강세를 정확하게 주세요.**

아래 단어들은 볼드체 부분에 강세를 주세요.

**ex** expe**ri**ence, hospi**tal**ity, enter**tained**, se**lec**tion, **com**fortable

**3. 억양과 강조가 필요한 부분은 확실하게 읽어 주세요.**

회사명은 고유 명사이므로 또렷하게 읽어요.

 Have you ever flown with **Asia Airlines**?

---

> **Q2  프로그램 소개**  🔊 MP3 AT16_02
>
> Welcome to the Employee Orientation / at Jade Café! ↘ In this session, → / we will introduce important information / that every employee should know, → / including our signature recipes, ↗ / company policies, ↗ / and the customer service manual. ↘ After completing the orientation, → / please fill out the form / to register for the new employee training session / scheduled for next month. ↘

제이드 카페의 직원 오리엔테이션에 오신 것을 환영합니다! 이번 시간에는 저희만의 시그니처 레시피, 회사 정책, 고객 서비스 매뉴얼을 포함하여 모든 직원이 알아야 할 중요한 정보들을 소개할 예정입니다. 오리엔테이션을 마친 후, 다음 달에 예정된 신입 직원 교육 세션에 등록하려면 양식을 작성해 주세요.

### 🐬 제니쌤의 발음과외

**1. 발음에 주의하며 천천히 연습해 보세요.**

| | |
|---|---|
| orientation /ˌɔː.ri.enˈteɪ.ʃən/ | /teɪ/를 강하게 |
| signature /ˈsɪɡ.nə.tʃɚ/ | /sig/는 강하게, /nə/:는 '너'처럼 들리지만 약하고 흐리게 |
| manual /ˈmæn.ju.əl/ | /mæ/를 강하게, /ju.əl/은 부드럽게 |
| scheduled /ˈskedʒ.u:ld/ | /sk/는 '스+ㄲ'에 가까운 센발음 처럼 |
| register /ˈre.dʒɪ.stɚ/ | /re/는 '뤠'에 가깝게 입술 둥글게 시작 |

**2. 강세를 정확하게 주세요.**

아래 단어들은 볼드체 부분에 강세를 주세요.

 orien**ta**tion, **sig**nature, **pol**icies, **cus**tomer, **ser**vice, **man**ual, **reg**ister

**3. 억양과 강조가 필요한 부분은 확실하게 읽어 주세요**

- 고유 명사는 또렷하게 읽어요.

     Welcome to the Employee Orientation at **Jade Café**.

- 나열되는 표현들은 중간은 올리고, 마지막은 내려 주세요.

     signature **recipes**(↗), company **policies**(↗), and the customer **service manual**(↘)

- 내용상 강조가 필요한 표현들은 살짝 힘을 주세요.

     **important information** that **every employee** should **know**

    **scheduled** for **next month**

## Questions 3-4: Describe a Picture

**Q3** 서론 ≫ 전체 요약 ≫ 인물 묘사 ≫ 기타 사물 배경 　　🔊 MP3 AT16_03

| 서론 | This is a picture taken outdoors.<br>이것은 야외에서 찍힌 사진입니다. |
|---|---|
| 전체 요약 | The first thing I can see from this picture is two people washing a car.<br>이 사진에서 가장 먼저 보이는 것은 세차하고 있는 두 사람입니다. |
| 인물 묘사 | One is a man. He is spraying water from a hose.<br>The other is a woman. She is scrubbing the car.<br>Both of them are smiling.<br>한 명은 남성입니다. 그는 호스로 물을 뿌리고 있습니다.<br>다른 한 명은 여성입니다. 그녀는 차를 문질러 닦고 있습니다.<br>두 사람 모두 웃고 있습니다. |
| 기타<br>사물 배경 | In front of them, I can see a blue car and a bucket.<br>그들 앞에는 파란색 자동차와 양동이가 보입니다. |

**VOCA**　wash a car 세차하다　spray water from a hose 호스로 물을 뿌리다　scrub the car 차를 문질러 닦다
　　　　bucket 양동이　in front of them 그들 앞에

### 🎯 제니쌤의 적중노트

**둘이 함께 행동할 땐 이렇게 표현해요!**

두 사람이 같은 활동을 하고 있다면, 따로 설명하기보단 'both of them'으로 묶어서 표현해 보세요.

**ex**　Both of them are smiling.
　　　Both of them are washing the car.

## Q4  서론 » 전체 요약 » 인물 묘사 » 기타 사물 배경 (생략)   🔊 MP3 AT16_04

| 서론 | This is a picture taken inside a building.<br>이것은 건물 안에서 찍힌 사진입니다. |
|---|---|
| 전체 요약 | The first thing I see in this picture is some people walking down the stairs.<br>이 사진에서 가장 먼저 보이는 것은 계단을 내려오고 있는 몇몇 사람들입니다. |
| 인물 묘사 | Two of the people are men, and the others are women.<br>All of the people are looking at the woman in the group who is wearing glasses.<br>The women are all wearing pants and white blouses.<br>All of the people are smiling.<br><br>그들 중 두 명은 남성이고, 나머지는 여성입니다.<br>모든 사람들이 안경을 쓴 여성을 바라보고 있습니다.<br>여성들은 모두 바지와 흰색 블라우스를 입고 있습니다.<br>모든 사람들이 웃고 있습니다. |

**VOCA**  inside a building 건물 안에서 (건물의 내부)  walk down the stairs 계단을 내려가다  wear glasses 안경을 쓰다  white blouse 흰 블라우스  smile 미소 짓다

### 🎯 제니쌤의 적중노트

**사진에 여러 명이 나올 땐 묶어서 말해요!**

한 명씩 설명하기보다 'some of them / all of them' 등으로 묶어서 표현하면 더 자연스럽고 시간도 절약돼요.

**ex**  Some of them are walking down the stairs.
All of the people are smiling.
Two of the people are men, and the others are women.

### 관계대명사 'who'로 꾸며주는 말을 해요!

'who + 동사(~하는 사람)'는 PART 2에서 인물을 묘사할 때 유용하게 쓰여요.

 All of the people are looking at the woman in the group who is wearing glasses.

→ 'who is wearing glasses'는 앞에 있는 'the woman in the group'을 꾸며주는 말이에요. 즉, '안경을 쓰고 있는 그 여자'라는 의미가 됩니다.

##  Questions 5-7: Respond to Questions

Imagine that a British marketing firm is doing research in your area.
You have agreed to participate in a telephone interview about indoor climbing.

영국의 한 마케팅 회사가 당신 지역에서 조사를 진행하고 있다고 상상해 보세요.
당신은 실내 암벽 등반에 관한 전화 인터뷰에 참여하기로 동의했습니다.

**Q5** 　🔊 MP3 AT16_05

 Do you often enjoy indoor climbing? Why or why not?

실내 암벽 등반을 자주 즐기시나요? 그 이유는 무엇인가요?

 Yes, I often enjoy indoor climbing because it's good for my physical health. It also relieves my stress.

네, 저는 실내 암벽 등반이 건강에 좋기 때문에 자주 즐깁니다. 그것은 스트레스를 풀어주기도 합니다.

 🖊 제니쌤의 떠먹여주는 만능문장

**파트5 | 만능문장 53**

It is good for their (physical / mental) health.　그것은 그들은 (신체적 / 정신적) 건강에 좋습니다.

→ It's good for my physical health.　그것은 제 신체적 건강에 좋습니다.

문제에 맞게 'their'를 'my'로 바꿨습니다.

**파트5 | 만능문장 52**

**It relieves their stress and they can relax.** 그것은 그들의 스트레스를 풀어주어 그들은 편안하게 쉴 수 있습니다.

→ **It also relieves my stress.** 그것은 스트레스를 풀어주기도 합니다.

'their'를 'my'로 바꾸고 'It also relieves my stress.'로 간결하게 줄였습니다.

---

**Q6** 🔊 MP3 AT16_06

**Q** If you were to try indoor climbing, do you think it would be better to do it in the morning or in the evening? Why?

실내 암벽 등반을 한다면, 아침에 하는 것이 더 낫다고 생각하시나요, 저녁에 하는 것이 더 낫다고 생각하시나요? 왜 그러한가요?

**A** If I were to try indoor climbing, I think it would be better to do it in the evening because I'm a student and I don't have much free time in the morning or afternoon.

실내 암벽 등반을 한다면, 저는 학생이라 아침이나 오후에는 여유 시간이 별로 없기 때문에 저녁에 하는 것이 더 좋을 것 같습니다.

---

 🥄 제니쌤의 떠먹여주는 만능문장

**파트3 | 만능문장 21**

**I don't have much time.** 저는 시간이 많지 않습니다.

→ **I don't have much free time.** 저는 여유 시간이 별로 없습니다.

'time'을 'free time(여유 시간)'으로 더 구체적으로 표현했습니다.

🎯 **제니쌤의 적중노트**

**'시간 부족'을 구체적으로 표현하려면?**

간단히 'I don't have much time.'이라고 해도 되지만, 'I don't have much free time.'이라고 하면 '쉴 여유가 없다'는 뉘앙스가 더 자연스럽게 전달돼요. 이렇게 문제에 맞게 표현을 조금만 조정하면 답변의 완성도를 높일 수 있습니다.

## Q7

🔊 MP3 AT16_07

**Q** If you were to take an indoor climbing lesson, which of the following would you consider most important, and why?
- How safe the facility is
- The instructor's level of expertise
- Learning with students of a similar skill level

실내 암벽 등반 수업을 듣는다면, 다음 중 무엇이 가장 중요하며, 그 이유는 무엇인가요?
- 시설이 얼마나 안전한가
- 강사의 전문성 수준
- 비슷한 수준의 학생들과 함께 학습

**A** I think the instructor's level of expertise is the most important. First, I can get a lot of useful information about indoor climbing from the instructor. Also, the instructor can give me helpful safety advice. So, I think the instructor's level of expertise is the most important.

저는 강사의 전문성이 가장 중요하다고 생각합니다. 첫째, 강사로부터 실내 암벽 등반에 관한 많은 유용한 정보를 얻을 수 있습니다. 또한, 강사가 유용한 안전 관련 조언을 해 줄 수 있습니다. 그래서 저는 강사의 전문성이 가장 중요하다고 생각합니다.

### 🖌 제니쌤의 떠먹여주는 만능문장

**파트3 | 만능문장 7**

I can get a lot of useful information on the internet. 저는 인터넷에서 많은 유용한 정보를 얻을 수 있습니다.
→ I can get a lot of useful information about indoor climbing from the instructor.
저는 강사로부터 실내 암벽 등반에 관한 많은 유용한 정보를 얻을 수 있습니다.

- 'a lot of useful information' 뒤에 'about indoor climbing'을 붙여 표현을 구체화하고,
- 유용한 정보의 출처를 'the internet(인터넷)'에서 'the instructor(강사)'로, 문제에 적합하도록 변형했습니다.

### 🎯 제니쌤의 적중노트

**전문적인 답변 만들기**

시험에서 'give + 사람 + advice'처럼 조언을 건네는 표현은 자주 쓰이므로, 꼭 익혀두면 도움이 됩니다. 누가 정보를 주는지 (instructor), 어떤 조언인지(safety advice)를 명확히 하면 더 좋은 답변을 만들 수 있습니다.

**ex** The instructor can give me helpful safety advice. 강사가 유용한 안전 관련 조언을 해줄 수 있습니다.

# Questions 8-10: Respond to Questions Using Information Provided

 문제집 p. 82

### 재스퍼 음악 아카데미 여름 세션
프로그램 기간: 5월 6일 — 7월 28일
재스퍼 음악 센터 수업 일정

| 수업 이름 | 요일 | 시간 | 수준 |
| --- | --- | --- | --- |
| 플루트 기초 | 월요일마다 | 오후 4:00 — 5:00 | 초급 |
| 클라리넷 스튜디오 | 화요일마다 | 오후 5:30 — 6:30 | 중급 |
| 색소폰 스타일 | 토요일마다 | 오후 1:00 — 2:00 | 고급 |
| 피아노 기초 | 화요일마다 | 오후 3:00 — 4:00 | 초급 |
| 기타 잼 | 수요일마다 | 오후 4:30 — 5:30 | 중급 |
| 합창 수업 | 일요일마다 | 오후 2:00 — 3:30 | 고급 |

- 일반 수강료: 수업당 150달러
- 할인 수강료: 수업당 100달러 (학생 할인 가능)

---

Hi! I'm really interested in learning the flute, so I'm planning to join the Music Academy. But I couldn't find much information, so I was wondering if you could help me by answering a few questions.

안녕하세요! 저는 플루트를 배우는 데 정말 관심이 많아서 음악 아카데미에 등록할 계획이에요. 그런데 정보를 많이 찾지 못해서, 몇 가지 질문에 답해주실 수 있을까 해서요.

---

**Q8** 🔊 MP3 AT16_08

**Q** When do the classes start and end? Also, where will they take place?

수업은 언제 시작해서 언제 끝나나요? 또 어디에서 열리나요?

**A** The classes will be held from May 6th to July 28th at Jasper Music Center.

수업은 5월 6일부터 7월 28일까지 재스퍼 음악 센터에서 열립니다.

### Q9　🔊 MP3　AT16_09

**Q** I saw that it costs $150 per class, but is there a way to get a discount?

수업당 150달러라고 보았는데, 할인받을 수 있는 방법이 있을까요?

**A** Yes. If you are a student, you can get a discount. The discounted fee is $100 per class.

네. 학생이라면 할인받을 수 있습니다. 할인 수강료는 수업당 100달러입니다.

**VOCA** discounted fee 할인가

### Q10　🔊 MP3　AT16_10

**Q** My friend has never learned any music before. Are there any classes that would be good for a complete beginner like her? Can you tell me more about those?

제 친구는 음악을 배워 본 적이 없어요. 제 친구 같은 완전한 초보자에게 좋은 수업이 있나요? 그것에 대해 자세히 알려주실 수 있을까요?

**A** Sure, there are two classes for beginners. First, on Mondays, there is Flute Foundations from 4:00 p.m. to 5:00 p.m. Next, on Tuesdays, there is Piano Basics from 3:00 p.m. to 4:00 p.m.

네, 초보자를 위한 수업이 두 개 있습니다. 먼저, 월요일 오후 4시부터 5시까지 플루트 기초반이 있습니다. 그리고, 화요일 오후 3시부터 4시까지 피아노 기초반이 있습니다.

**VOCA** complete 완전한

### 🎯 제니쌤의 적중노트

**Q8** 기간은 'from A to B' 구조로 표현하세요.

　　　**ex** from May 6th to July 28th　5월 6일부터 7월 28일까지

'be held'와 'take place'를 번갈아 사용해 보세요.

　→ 같은 의미이지만 반복을 피하고 문장을 다양하게 만들 수 있습니다.

Q9  할인 조건은 'If you are ~, it's ~ dollars.'로 자연스럽게 표현할 수 있어요.

'per(~당)'는 가격이나 수량을 나타낼 때 자주 사용돼요.

> **ex** per class  수업당 / per person  인당 / per day  하루당
> → 이런 표현은 비용 안내나 일정 설명에 자주 등장하니 꼭 익혀 두세요!

Q10 수업 대상은 'for beginners / for intermediate students / for advanced students'처럼 명확하게 표현하세요.
수업 수준을 말할 때 꼭 필요한 문장이며, 앞에 'It's'를 붙이면 더 자연스럽습니다.

> **ex** It's for beginners.  초보자들을 위한 수업입니다.

수업 시간표 유형에서는 매주 반복되는 일정이므로 'on Mondays / on Tuesdays'처럼 요일에 -s를 붙이는 것이 일반적이에요. 다만, 특정한 한 요일을 말할 때는 'on Monday'처럼 단수형을 씁니다.
시간은 'from A to B'로 범위를 자연스럽게 표현할 수 있어요.

> **ex** on Mondays, from 4 to 5 p.m.  매주 월요일 오후 4시에서 5시

## 📍 Question 11: Express an Opinion

**Q11**  🔊 MP3 AT16_11

In your opinion, should the government invest more in clean energy, health care services, or digital infrastructure? Why?
Use specific reasons and examples to support your opinion.

정부는 청정에너지, 의료 서비스, 디지털 인프라 중 어떤 분야에 더 많이 투자해야 한다고 생각하시나요? 왜 그런가요?
구체적인 이유와 예시를 들어서 의견을 뒷받침하세요.

### 💡 아이디어 만들기

정부는 청정에너지에 투자해야 합니다.
1. 환경에 좋습니다. 오염 문제가 심각하기 때문에 청정 에너지가 필요합니다.
2. 청정 에너지는 더 저렴해서 비용을 절약할 수 있습니다.

### ✏️ 만능문장 활용하기

| 파트5 | 만능문장 55 | It is good for the environment.  그것은 환경에 좋습니다.
| 파트5 | 만능문장 56 | Pollution is a serious issue these days.  환경 오염은 요즘 매우 심각한 문제입니다.
| 파트5 | 만능문장 58 | We will be able to protect the environment.  우리는 환경을 보호할 수 있을 것입니다.
| 파트3 | 만능문장 2 | It's cheaper, so I can save money.  그것은 더 저렴해서 저는 돈을 절약 / 저축할 수 있습니다.

## 🏆 모범 답안

| | |
|---|---|
| **서론** | **I think the government should invest more in clean energy.**<br>저는 정부가 청정에너지에 더 많이 투자해야 한다고 생각합니다. |
| **연결 문장** | **Let me explain why I think this way.**<br>제가 왜 그렇게 생각하는지 설명하겠습니다. |
| **이유 1** | **Most of all, it is good for the environment. Pollution is a serious issue these days, so we need clean energy to solve this problem.**<br>무엇보다도, 그것은 환경에 좋습니다. 오늘날 환경 오염은 심각한 문제이므로 이 문제를 해결하기 위해서는 청정에너지가 필요합니다. |

### 🖌️ 제니쌤의 떠먹여주는 만능문장

**파트5 | 만능문장 55**    **It is good for the environment.**    그것은 환경에 좋습니다.

→ Most of all, it is good for the environment.   무엇보다도, 그것은 환경에 좋습니다.

문장 앞에 'Most of all'을 붙여 핵심이 되는 이유를 강조하는 문장으로 자연스럽게 시작했습니다.

**파트5 | 만능문장 56**    **Pollution is a serious issue these days.**    환경 오염은 요즘 심각한 문제입니다.

→ Pollution is a serious issue these days.   오늘날 환경 오염은 심각한 문제입니다.

청정에너지의 필요성을 설명하기 위한 배경으로 활용했습니다. 이렇게 문제 상황을 먼저 제시하면, 이후의 해결 방안을 제시할 때 논리적인 흐름이 더 좋아집니다.

#### 🎯 제니쌤의 적중노트

**목적 표현하기: to + 동사원형(~하기 위해서)**

목적을 나타낼 때, to부정사(to + 동사원형)를 사용하면 됩니다.

**ex** We need clean energy to solve this problem.
    이 문제를 해결하기 위해서는 청정에너지가 필요합니다.

**VOCA**   clean energy 청정에너지    solve 풀다, 해결하다

From my experience, when I was a high school student, I learned about clean energy in class. At that time, I thought we would be able to protect the environment if we use more clean energy, and I still think so.

제 경험으로는, 고등학생 때 수업 시간에 청정에너지에 대해 배웠습니다. 그때, 청정에너지를 더 많이 사용하면 환경을 보호할 수 있을 거라고 생각했고, 지금도 그렇게 생각하고 있습니다.

🖌 제니쌤의 떠먹여주는 만능문장

**예시 1**

파트5 | 만능문장 58   **We would be able to protect the environment.**
우리는 환경을 보호할 수 있을 것입니다.

→ At that time, I thought we would be able to protect the environment if we use more clean energy, and I still think so.
그때, 청정에너지를 더 많이 사용하면 환경을 보호할 수 있을 거라고 생각했고, 지금도 그렇게 생각하고 있습니다.

- 이 만능문장은 미래의 가능성을 말할 때 자주 쓰이는 표현입니다. 이 문장을 간접화법 형태로 바꾸어 사용했습니다.
- 'thought(생각했다)'는 'think'의 과거형입니다.
- 상황에 맞게 시제를 바꿔서 답변해야 합니다. 'thought' 다음에 나오는 문장의 시제도 과거형으로 맞춰야 하므로, 'will → would', 'use → used'로 바꿔야 합니다.
- would는 과거의 생각이나 가정을 말할 때 쓰는 'will'의 과거형 표현이에요. 'would'는 과거시점의 'will'이라고 생각하면 됩니다.

   **ex**  I thought we would be able to protect the environment if we used more clean energy.

- 현재도 같은 생각이라면, 문장 끝에 'and I still think so(그리고 지금도 그렇게 생각한다)'라고 덧붙여 의미를 자연스럽게 전달할 수 있어요.

**Also, clean energy is cheaper so we can save money.**

또한, 청정에너지는 더 저렴하기 때문에 비용을 절약할 수 있습니다.

🖌 제니쌤의 떠먹여주는 만능문장

**이유 2**

파트3 | 만능문장 2   **It's cheaper, so I can save money.**
그것은 더 저렴해서 저는 돈을 절약 / 저축할 수 있습니다.

→ Using clean energy is cheaper, so we can save money.
청정에너지를 사용하는 것은 더 저렴해서 비용을 절약할 수 있습니다.

- 'It'을 'Using clean energy'로 바꾸어 주어를 명확히 했습니다.
- 'I can'을 'we can'으로 바꾸어 개인적인 상황을 일반적인 사실로 확장했습니다.

| | |
|---|---|
| 예시 2 | **According to a recent news report, the majority of experts in Korea said that using clean energy is very beneficial because it's cheaper and we can save money.**<br>최근 뉴스 보도에 따르면, 국내 전문가 대다수가 청정에너지를 사용하는 것이 더 저렴하고 비용을 절약할 수 있어 매우 유익하다고 말했습니다.<br><br>🎯 **제니쌤의 적중노트**<br>**유익함 표현하기**<br>뉴스 보도를 말할 때, 어떤 것이 '유익하다(beneficial)'고 표현하면 자연스러운 문장을 만들 수 있습니다.<br><br>**ex** According to a recent news report, the majority of experts in Korea said that using clean energy is very beneficial because it's cheaper and we can save money.<br>→ 'using clean energy is beneficial(청정 에너지를 사용하는 것은 이롭다)'는 메시지를 전달하고 있습니다. |
| 결론 | **That's why I think the government should invest more in clean energy.**<br>그렇기 때문에 저는 정부가 청정에너지에 더 많은 투자를 해야 한다고 생각합니다. |

# 모범 답안

📖 문제집 pp. 84-88

## 📍 Questions 1-2: Read a Text Aloud

**Q1** 광고  🔊 MP3 AT17_01

Black Friday is coming up,↗ / and we are offering a 30% discount on all our products. / Visit our store / and check out this great deal. ↘ Hundreds of new items,↗ / including fabric sofas,↗ queen-sized beds,↗ and sophisticated wooden tables,↗ / will be on offer. If you buy two pieces of furniture together,↗ / you will get an additional 10% discount. ↘

블랙프라이데이가 다가오고 있어, 저희는 전 품목에 30% 할인을 제공합니다. 매장을 방문하셔서 이 멋진 혜택을 확인해 보세요. 패브릭 소파, 퀸사이즈 침대, 고급 원목 테이블을 포함한 수백 가지 신제품이 준비되어 있습니다. 가구 두 개를 함께 구매하시면 10% 추가 할인을 받으실 수 있습니다.

 제니쌤의 발음과외

### 1. 발음에 주의하며 천천히 연습해 보세요.

| | |
|---|---|
| discount /ˈdɪs.kaʊnt/ | /sk/는 '스+ㄲ'에 가까운 센발음 처럼 |
| products /ˈprɑː.dʌkts/ | /prɑː/에 힘 주고 /dʌkts/ 또렷하게 |
| store /stɔːr/ | 길게 '스또어'처럼 발음 |
| items /ˈaɪ.təmz/ | 아이템은 '아이텀' 처럼 발음하기 |
| fabric /ˈfæb.rɪk/ | /fæ/ 부분 강하게 시작 |
| queen-sized /kwiːnsaɪzd/ | /kwiːn/은 '쿠윈'을 빠르게 연결하는 것처럼 발음하기 |
| sophisticated /səˈfɪs.tɪ.keɪ.tɪd/ | 'ph'는 /f/로 발음하기 |
| furniture /ˈfɜː.nɪ.tʃə/ | /fɜː/ 부분에서 'r' 발음에 주의! |

### 2. 강세를 정확하게 주세요.

아래 단어들은 볼드체 부분에 강세를 주세요.

**ex** **Black Fri**day, **dis**count, **pro**ducts, **fa**bric, so**phis**ticated, **fur**niture, ad**di**tional

### 3. 고유 명사는 강조해서 읽어주세요.

'Black Friday' 같은 기념일이나 행사명은 또렷하고 힘 있게 읽어야 해요.

**ex** **Black Friday** is coming up, and we are offering a 30% discount on all our products.

### 4. 나열할 때 억양에 주의하세요.

 Hundreds of new items, including **fabric sofas,**(↗) **queen-sized beds,**(↗) and **sophisticated wooden tables**(→), will be an offer.

→ 마지막 항목까지 나열할 때 'A(↗), B(↗), and C(↘)'처럼 읽지만, C 뒤에 문장이 계속 이어질 때는 억양을 그대로 유지하며 부드럽게 연결해야 해요.

---

**Q2  인물 소개**  🔊 MP3 AT17_02

Tonight,→ / we are interviewing one of the most renowned writers in our country. ↘ He has been writing fascinating novels / and doesn't stick to a single genre. ↘ His novels fall into categories / such as mystery, ↗ historical fiction, ↗ and comedy. ↘ He is known for his creativity / and ability to write in many different styles as a writer. ↘ Please welcome tonight's guest, / Jean Polo! ↘

오늘 밤에는 우리나라에서 가장 유명한 작가 중 한 분을 인터뷰합니다. 그는 매력적인 소설을 써 왔으며, 하나의 장르에만 머물지 않습니다. 그의 작품은 미스터리, 역사 소설, 코미디 등 다양한 장르에 속합니다. 그는 작가로서 창의성과 다양한 스타일의 글쓰기 능력으로 잘 알려져 있습니다. 오늘 밤의 게스트, 진 폴로를 소개합니다!

---

### 🐬 제니쌤의 발음과외

#### 1. 발음에 주의하며 천천히 연습해 보세요.

| | |
|---|---|
| renowned /rɪˈnaʊnd/ | /naʊnd/ 부분이 분명하게 들리도록 발음 |
| fascinating /ˈfæs.ən.eɪ.tɪŋ/ | 첫 음절에 힘 주고, 뒤는 자연스럽게 연결 |
| genre /ˈʒɑːn.rə/ | '장르'가 아닌 '쟝러'에 가깝게 발음하기 |
| historical /hɪˈstɔː.rɪ.kəl/ | 'st'처럼 's'와 't'가 만나면 't' 소리는 'ㄸ'처럼 강하게 발음하기 |
| creativity /ˌkriː.eɪˈtɪ.və.ti/ | /kri/는 길게, /eɪ/는 흐리지 않게 |
| ability /əˈbɪ.lə.ti/ | /bɪ/에 힘 주고 부드럽게 연결 |
| category /ˈkæt.ə.gɔː.ri/ | /kæ/에 힘을 주고, 't'는 부드럽게 발음하기 |

#### 2. 강세를 정확하게 주세요.

아래 단어들은 볼드체 부분에 강세를 주세요.

**ex** re**now**ned, **fas**cinating, **gen**re, his**tor**ical, crea**tiv**ity, a**bil**ity, **cat**egory, **com**edy, **wri**ter

## 3. 억양과 강조가 필요한 부분은 확실하게 읽어주세요.

- 고유 명사는 또렷하게 강조해서 읽어요.
    **ex** Please welcome tonight's guest, **Jean Polo!**
- 나열하는 항목은 억양에 변화를 주어 읽어요.
    **ex** His novels fall into categories such as **mystery,**(↗) **historical fiction,**(↗) and **comedy.**(↘)

## ● Questions 3-4: Describe a Picture

**Q3** 서론 ≫ 전체 요약 (생략) ≫ 인물 묘사 ≫ 기타 사물 배경    🔊 MP3  AT17_03

| 서론 | This is a picture taken in an office. <br> 이것은 사무실에서 찍힌 사진입니다. |
|---|---|
| 인물 묘사 | In the middle of the picture, a woman is holding a piece of paper and writing something on a whiteboard. <br> She has long curly brown hair and she is wearing a jacket. <br> In the foreground of the picture, I can see four people sitting at a table. <br> They are listening to the woman. <br><br> 사진 중앙에는 한 여성이 종이 한 장을 들고 칠판에 무언가를 쓰고 있습니다. <br> 그녀는 긴 갈색 곱슬머리를 하고 있고, 재킷을 입고 있습니다. <br> 사진의 전경에는 네 명의 사람들이 탁자에 앉아 있는 모습이 보입니다. <br> 그들은 그 여성을 주의 깊게 듣고 있습니다. |
| 기타 사물 배경 | On the table, I can see a laptop, some papers, and a plant. <br> 책상 위에는 노트북, 몇 장의 종이, 그리고 식물이 보입니다. |

**VOCA**  office 사무실   whiteboard 칠판, 화이트보드   foreground 전경, 사진의 앞부분   sit at a table 테이블에 앉다
laptop 노트북

## 제니쌤의 적중노트

### 사진 속 사물을 묘사할 때는 위치를 표현하면 돼요!

PART 2에서 사물의 위치를 말할 때, '어디에 무엇이 있다' 순서로 말하면 자연스러워요.

> **ex** In the foreground of the picture, I can see four people sitting at a table.
> On the table, there is a laptop, some papers, and a plant.

### 넓은 범위의 단어를 써서 쉽게 말해요!

- 구체적인 사물의 이름을 모르더라도, 넓은 범위의 단어로 통칭하여 말할 수 있어요.

| fruit 과일 전반 | furniture 가구류 전체 | equipment 장비 전체 | papers 서류, 문서들 | plant 식물 |
|---|---|---|---|---|

- 'paper'는 불가산 명사로 '종이'라는 뜻이지만, 'papers'처럼 복수형으로 쓰면 '서류들, 문서들'이라는 뜻의 가산 명사가 돼요.
  > **ex** I found some important papers on the table.

- 'plant'는 종류에 상관없이 식물 전체를 통틀어 말할 수 있는 표현이에요. 작은 화분이든 큰 나무든, 구체적인 이름이 없을 땐 그냥 'plant'라고 해도 충분해요.

## Q4  서론 » 전체 요약 » 인물 묘사 » 기타 사물 배경         🔊 MP3 AT17_04

| 서론 | This is a picture taken on the street. |
|---|---|
| | 이것은 거리에서 찍힌 사진입니다. |
| 전체 요약 | The first thing I can see from this picture is two kids crossing the street. |
| | 이 사진에서 가장 먼저 보이는 것은 길을 건너고 있는 두 아이입니다. |
| 인물 묘사 | One of them has black hair and she is wearing a skirt and a backpack. |
| | The other has brown hair, and she is wearing pants. |
| | Both of them are running. |
| | 그중 한 명은 검은 머리를 하고 있고, 치마를 입고 배낭을 메고 있습니다. |
| | 다른 한 명은 갈색 머리를 하고 있고, 바지를 입고 있습니다. |
| | 두 아이 모두 달리고 있습니다. |
| 기타 사물 배경 | In the background of the picture, I can see trees, buildings, and a white car. |
| | 사진의 배경에는 나무들, 건물들, 흰색 자동차가 보입니다. |

**VOCA**  cross the street 길을 건너다   black hair/brown hair 검은 머리/갈색 머리   skirt 치마   backpack 배낭, 가방   pants 바지

### 🎯 제니쌤의 적중노트

**옷이나 액세서리는 'be wearing'으로 표현해요!**

PART 2에서 사람의 옷이나 액세서리를 묘사할 때는 'be wearing 옷/액세서리' 패턴을 활용해요.
- **ex** She is wearing a skirt and a backpack.
   She is wearing pants.
   → 'skirt(치마)'와 'pants(바지)'의 단수/복수 형태에 주의하세요!
      치마 한 벌은 'a skirt'이고, 바지는 한 벌이어도 항상 복수형으로 'pants'라고 해요. (a pant ×)

**두 명이 같은 동작을 할 땐 'both of them'으로 묘사해요!**

- **ex** Both of them are running.
   → 같은 행동을 묶어서 말하면 반복도 줄이고 더 유창하게 들려요.

## Questions 5-7: Respond to Questions

Imagine that a lifestyle magazine is doing research in your area. You have agreed to participate in a telephone interview about board games.

라이프스타일 잡지가 당신 지역에서 조사를 진행하고 있다고 상상해 보세요. 당신은 보드게임에 관한 전화 인터뷰에 참여하기로 동의했습니다.

**Q5**  MP3 AT17_05

**Q** When was the last time you played a board game, and what was the name of the game?

마지막으로 보드게임을 한 것이 언제였으며, 그 게임의 이름은 무엇이었나요?

**A** The last time I played a board game was two weeks ago. I played a game called *Codenames* with my friends at home.

제가 마지막으로 보드게임을 한 건 2주 전이었습니다. 저는 집에서 친구들과 함께 <코드 네임즈>라는 게임을 했습니다.

  제니쌤의 떠먹여주는 만능문장

### 의문사 만능패턴 When

When was the last time you [과거 동사] ~? 마지막으로 언제 ~했나요?
The last time I [과거 동사] was two weeks ago / yesterday / last year. 저는 마지막으로 ~한 게 2주 전 / 어제 / 작년입니다.
→ **The last time I played a board game was two weeks ago.** 제가 마지막으로 보드게임을 한 건 2주 전이었습니다.

마지막으로 보드게임을 언제 했는지 묻는 문제입니다. 2주 전, 어제, 작년 등으로 답변할 수 있어요.

### 의문사 만능패턴 Who

**with my friends** 내 친구들과 / **with my family** 내 가족과

### 의문사 만능패턴 Where

at home 집에서 / at school 학교에서 / on the subway 지하철에서

→ **I played a game called *Codenames* with my friends at home.**  저는 집에서 친구들과 함께 <코드 네임즈>라는 게임을 했습니다.

'with my friends'와 'at home'을 조합하여 누구와 어디서 했는지를 자연스럽게 덧붙였어요. 'with my friends at home'은 토익스피킹에서 자주 활용할 수 있는 표현입니다.

---

**Q6**  MP3 AT17_06

**Q** What is one advantage that board games have compared to mobile games?
모바일 게임과 비교했을 때 보드게임의 장점 한 가지는 무엇인가요?

**A** I think board games are more personal and help build closer relationships because I can play board games in person.
보드게임은 직접 만나서 게임할 수 있기 때문에 더 개인적이고, 더 밀접한 인간관계를 쌓는 데 도움이 된다고 생각합니다.

---

 제니쌤의 떠먹여주는 만능문장

#### 파트3 | 만능문장 10

**It is more personal, and builds a closer relationship.**  그것은 더 개인적이고, 더 밀접한 인간관계를 쌓을 수 있습니다.
→ **I think board games are more personal and help build closer relationships because I can play board games in person.**  보드게임은 직접 만나서 게임할 수 있기 때문에 더 개인적이고, 더 밀접한 인간관계를 쌓는 데 도움이 된다고 생각합니다.

- 문장 구조는 그대로 사용하면서, 문제 상황에 맞게 'It is'를 'board games are'로 바꿨습니다.
- 주어(board games)가 복수형이므로 동사는 'builds'에서 'help build'로 바꿔 말합니다.

#### 제니쌤의 적중노트

'face-to-face(대면하여) / in person(직접)' 같은 표현은 토익스피킹에서 자주 등장하고 활용도도 높으니 익혀 두세요.

**Q7** 🔊 MP3 AT17_07

**Q** When buying a board game, which of the following is most important to you?
- The number of players
- How fun it is
- How difficult it is

보드게임을 구매할 때, 어떤 요소가 가장 중요한가요?
- 플레이어 수
- 게임의 재미
- 난이도

**A** I think the most important thing is how fun the game is. I really like fun games because they relieve my stress. Also, playing fun board games is my favorite thing to do. It makes me happy and I can forget about worries.

게임이 얼마나 재미있는지가 가장 중요하다고 생각합니다. 저는 재미있는 게임이 스트레스를 풀어주기 때문에 재미있는 게임을 정말 좋아합니다. 또한, 재미있는 보드게임을 하는 것은 제가 가장 좋아하는 일입니다. 그것은 저를 행복하게 해주고 저는 걱정 근심을 잊을 수 있습니다.

🖋 제니쌤의 떠먹여주는 만능문장

### 파트5 | 만능문장 52

It relieves their stress and they can relax. 그것은 그들의 스트레스를 풀어주어 그들은 편안하게 쉴 수 있습니다.
→ I really like fun games because they relieve my stress.
저는 재미있는 게임이 스트레스를 풀어주기 때문에 재미있는 게임을 정말 좋아합니다.

- 주어 'It' 대신 'fun games'를 지칭하는 'they'로 바꾸고, 동사는 복수형 주어에 맞게 'relieve'로 바꿔 말합니다.
- 'their stress'를 'my stress'로 문제 상황에 맞게 바꿔 말합니다.

### 파트3 | 만능문장 12

It's my favorite thing to do. 그것은 제가 가장 좋아하는 일입니다.
→ Also, playing fun board games is my favorite thing to do.
또한, 재미있는 보드게임을 하는 것은 제가 가장 좋아하는 일입니다.

주어를 'playing fun board games(재미있는 보드게임을 하는 것)'으로 확장했습니다.

파트3 | 만능문장 13

It makes me happy and I can forget about my worries. 그것은 저를 행복하게 해주고, 저는 걱정 근심을 잊을 수 있습니다.
→ It makes me happy and I can forget about worries. 그것은 저를 행복하게 해주고 저는 걱정 근심을 잊을 수 있습니다.

'my worries'에서 간결함을 위해 'my'가 생략되었지만, 의미 전달에는 전혀 문제 없습니다.

## Questions 8-10: Respond to Questions Using Information Provided

문제집 p. 87

### 퓨처 스타즈 스포츠 캠프
프로그램 기간: 5월 6일 — 7월 28일
장소: 스타 애틀레틱스 커뮤니티 센터

| 날짜 | 수업 이름 | 시간 | 연령대 |
| --- | --- | --- | --- |
| 5월 8일 (수) | 미니 축구 기술 | 오후 4:00 — 5:00 | 6세 — 8세 |
| 5월 11일 (토) | 주니어 농구 | 오후 2:00 — 3:00 | 15세 — 19세 |
| 5월 15일 (수) | 탁구의 재미 | 오후 4:00 — 5:00 | 10세 이상 |
| 5월 18일 (토) | 어린이 야구 입문 | 오후 1:30 — 2:30 | 7세 — 9세 |
| 5월 22일 (수) | 청소년 배구 | 오후 5:30 — 6:30 | 15세 — 19세 |
| 5월 25일 (토) | 십대를 위한 배드민턴 | 오후 3:30 — 4:30 | 13세 — 15세 |

- 장비 안내: 필요한 모든 스포츠 장비는 현장에서 제공됩니다.
- 참가자들은 편한 운동복만 준비해 오면 됩니다.

Hi, I'm interested in learning more about the Future Stars Sports Camp. Before I register, I have a few questions. Could you help me out?

안녕하세요, 퓨처 스타즈 스포츠 캠프에 대해 더 알고 싶습니다. 등록하기 전에 몇 가지 질문이 있는데요, 도와주실 수 있을까요?

**Q8**  MP3 AT17_08

**Q** When is the Mini Soccer Skills class, and what time does it begin?

미니 축구 기술 수업은 언제이며, 몇 시에 시작하나요?

**A** The Mini Soccer Skills class will be held on May 8th, and it will start at 4:00 p.m.

미니 축구 기술 수업은 5월 8일에 열리며, 오후 4시에 시작됩니다.

### Q9　MP3 AT17_09

**Q** My son wants to join one of the classes, but we don't have any balls or rackets at home. Do we need to buy any equipment?

아들이 수업에 참여하고 싶어 하는데, 집에 공이나 라켓이 없습니다. 장비를 따로 사야 하나요?

**A** No, actually, all the equipment like balls and rackets will be provided on-site. So, you don't have to buy anything.

아니요, 공이나 라켓 같은 모든 장비는 현장에서 제공됩니다. 그러니 따로 구매하지 않으셔도 됩니다.

 be provided 제공되다　on-site 현장에서, 그 자리에서

### Q10　MP3 AT17_10

**Q** My child is 7 years old. Can you tell me which class is appropriate for his age and give me some details?

제 아이는 7살입니다. 아이의 나이에 적합한 수업과 자세한 내용을 알려 주실 수 있나요?

**A** Sure. There are two classes. First, there is Mini Soccer Skills class. It's for kids aged 6 to 8. It will be held on May 8th at 4:00 p.m. Next, there is Kids' Baseball Intro. It's for kids aged 7 to 9. It will be held on May 18th from 1:30 p.m. to 2:30 p.m.

물론입니다. 두 개의 수업이 있습니다. 첫 번째는 미니 축구 기술 수업으로 6세에서 8세 어린이 대상이며, 5월 8일 오후 4시에 열립니다. 다음은 어린이 야구 입문 수업으로 7세에서 9세 어린이 대상이며, 5월 18일 오후 1시 30분부터 2시 30분까지 진행됩니다.

### 🎯 제니쌤의 적중노트

**Q8** 날짜와 시간 안내는 'on + 날짜, at + 시간'으로 표현해요.
표 기반 질문에서 'on May 8th at 4:00 p.m.' 형식이 자주 사용됩니다.

**Q9** 장비 제공은 'be provided on-site'로 표현해요.
'현장에서 제공된다'는 뜻으로, 장비나 물품을 별도로 준비할 필요 없다는 의미를 자연스럽게 전달할 수 있어요.

> **ex** All equipment like balls and rackets will be provided on-site.

준비물이 필요없다는 내용은 'don't have to buy [명사]'로 표현하세요.

> **ex** You don't have to buy anything. 아무것도 구매하지 않아도 됩니다.
> → 'You don't have to bring anything. (아무것도 가져오지 않으셔도 됩니다.)'도 함께 알아 두세요!

**Q10** 대상 연령은 'for kids aged [나이]'로 표현해요.
나이 정보를 줄 때 'for kids aged 6 to 8'와 같이 표현할 수 있습니다.

## Question 11: Express an Opinion

**Q11**  🔊 MP3 AT17_11

Do you think it is a good idea for parents to frequently give positive feedback for small achievements or good behavior? Why or why not?
Use specific reasons and examples to support your opinion.

부모가 작은 성취나 좋은 행동에 대해 자주 긍정적인 피드백을 주는 것이 좋은 생각이라고 생각하시나요? 그 이유는 무엇인가요.
구체적인 이유와 예시를 들어서 의견을 뒷받침하세요.

### 💡 아이디어 만들기

작은 성취에 대해서도 부모가 자녀에게 긍정적인 피드백을 주는 것은 좋은 일입니다.
1. 아이들은 긍정적인 피드백을 통해 자신감과 같은 여러 가지를 배울 수 있고, 동기부여도 받을 수 있습니다.
2. 또한, 어릴 때부터 긍정적인 피드백을 통해 좋은 습관을 기를 수 있습니다.

### ✏️ 만능문장 활용하기

| 파트5 \| 만능문장 1 | They can learn new things. 그들은 새로운 것들을 배울 수 있습니다. |
| 파트5 \| 만능문장 39 | They can motivate others. 그들은 다른 사람들에게 동기를 부여할 수 있습니다. |
| 파트5 \| 만능문장 54 | It can develop healthy habits. 그것은 건강한 습관을 만들 수 있습니다. |

## 🏆 모범 답안

| | |
|---|---|
| **서론** | **I think it's a great idea for parents to frequently give positive feedback to their children, even for small achievements.**<br>저는 부모가 자녀에게 작은 성취에도 자주 긍정적인 피드백을 주는 것이 좋은 생각이라고 생각합니다. |
| **연결 문장** | **Let me explain why I think so.**<br>제가 왜 그렇게 생각하는지 설명하겠습니다. |
| **이유 1** | **Most of all, children can learn a lot of things from positive feedback, such as confidence, and they can be motivated.**<br>무엇보다도, 아이들은 긍정적인 피드백을 통해 자신감과 같은 많은 것을 배울 수 있고, 그들은 동기 부여가 될 수 있습니다.<br><br>✏️ **제니쌤의 떠먹여주는 만능문장**<br><br>`파트5 \| 만능문장 1` **They can learn new things.** 그들은 새로운 것들을 배울 수 있습니다.<br>→ **Children can learn a lot of things from positive feedback.**<br>아이들은 긍정적인 피드백을 통해 많은 것을 배울 수 있습니다.<br><br>• 주어를 'They'에서 'Children'으로 구체화했어요.<br>• 'new things(새로운 것)'를 'a lot of things from positive feedback(긍정적인 피드백을 통해 많은 것)'으로 확장했어요.<br><br>`파트5 \| 만능문장 39` **They can motivate others.** 그들은 다른 사람들에게 동기를 부여할 수 있습니다.<br>→ **they can be motivated.** 그들은 동기 부여가 될 수 있습니다.<br><br>'그들은 다른 사람에게 동기를 부여할 수 있다(능동태)'에서 '동기 부여가 될 수 있다(수동태)'로 변형했어요. |
| **예시 1** | **From my experience, when I was a child, my parents used to give me a lot of positive feedback. For me, it was very helpful because I was able to gain confidence and stay motivated.**<br>제 경험으로 말씀드리자면, 어릴 때 부모님께서 저에게 긍정적인 피드백을 많이 주셨습니다. 저에게는 자신감을 얻고 동기 부여를 유지할 수 있어서 큰 도움이 되었습니다.<br><br>**VOCA** gain confidence 자신감을 얻다   stay motivated 동기 부여 된 상태를 유지하다 |

## 이유 2

On top of that, positive feedback can help children develop good habits at an early age.

게다가, 긍정적인 피드백은 아이들이 어릴 때부터 좋은 습관을 기를 수 있도록 도와줄 수 있습니다.

### 🥄 제니쌤의 떠먹여주는 만능문장

**파트5 | 만능문장 54**  It can develop healthy habits.  그것은 건강한 습관을 기를 수 있습니다.

→ On top of that, positive feedback can help children develop good habits at an early age.
  게다가, 긍정적인 피드백은 아이들이 어릴 때부터 좋은 습관을 기를 수 있도록 도와줄 수 있습니다.

- 'at an early age(어릴 때)'라는 표현을 추가해서 답변을 더 구체적으로 만들었어요.
- 'help + 목적어 + 동사원형'은 '목적어가 ~하게 도와주다'라는 뜻입니다.

  **ex**  help children develop good habits  아이들이 좋은 습관을 기르도록 도와주다

## 예시 2

For example, if parents give positive feedback for eating healthy food, children can develop healthy habits.

예를 들어, 부모가 건강한 음식을 먹는 것에 대해 긍정적인 피드백을 주면, 아이들은 건강한 습관을 기를 수 있습니다.

### 🎯 제니쌤의 적중노트

**예시 문장 만들기**

'For example(예를 들면)'과 같은 연결어를 사용하면, 이유 문장을 더 구체적으로 설명하는 예시 문장을 자연스럽게 만들 수 있습니다. 예시가 반드시 개인 경험이나 보도 자료일 필요는 없어요.
이유를 조금 더 구체적으로 뒷받침하는 문장이라면 어떤 내용이든지 예시 문장이 될 수 있어요.

**VOCA**  give positive feedback 긍정적인 피드백을 주다

## 결론

Therefore, I think it's a good idea for parents to frequently give positive feedback to their children.

따라서 저는 부모가 자녀에게 긍정적인 피드백을 자주 주는 것은 좋은 생각이라고 생각합니다.

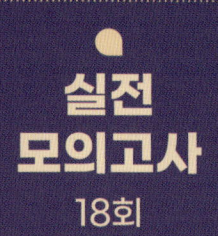

# 모범 답안

📖 문제집 pp. 89-93

## Questions 1-2: Read a Text Aloud

**Q1** 교통 방송  🔊 MP3 AT18_01

Attention, residents of Parsonsville! ↘ Due to ongoing construction / on 21st Avenue, → / heavy traffic congestion / is expected throughout the weekend. ↘ To help ease rush-hour traffic, → / all vehicles using 21st Avenue will be rerouted. ↘ We kindly ask residents / to use the designated detour routes via Maple Street, ↗ Lincoln Road, ↗ and Oakwood Avenue instead. ↘ Thank you for your understanding and cooperation. ↘

파슨스빌 주민 여러분, 주목해 주세요! 21번가에서 계속되는 공사로 인해 주말 내내 심한 교통 체증이 예상됩니다. 출퇴근 시간대의 교통 혼잡을 완화하기 위해, 21번가를 이용하는 모든 차량이 우회하게 됩니다. 주민 여러분께서는 메이플 스트리트, 링컨 로드, 오크우드 애비뉴를 경유하는 지정된 우회로를 이용해 주시기 바랍니다. 이해와 협조에 감사드립니다.

###  제니쌤의 발음과외

**1. 발음에 주의하며 천천히 연습해 보세요.**

| | |
|---|---|
| **attention** /əˈten.ʃən/ | /ten/ 부분에 힘을 주고, 마지막 /ʃən/은 가볍게 발음하기 |
| **congestion** /kənˈdʒes.tʃən/ | /ʒes/ 부분에 강세, /tʃən/은 부드럽게 |
| **throughout** /θruːˈaʊt/ | /θ/ 발음에 유의 |
| **rerouted** /riˈraʊtɪd/ 또는 /ˌriːˈruː.tɪd/ | 미국식은 '리라우티드', 영국식은 '리루티드'로 발음하기 |
| **designated** /ˈdez.ɪɡ.neɪ.tɪd/ | /z/ 발음이 들어간다는 점에 유의 |
| **detour** /ˈdiː.tʊr/ | /di/ 부분에 강세, /tʊr/는 부드럽게 연결 |
| **cooperation** /koʊˌɑː.pəˈreɪ.ʃən/ | '코아퍼레이션'에 가깝게 |

**2. 강세를 정확하게 주세요.**

아래 단어들은 볼드체 부분에 강세를 주세요.

 at**ten**tion, **res**idents, con**ges**tion, through**out**, re**rout**ed, **des**ignated, **de**tour, cooper**a**tion

### 3. 억양과 강조가 필요한 부분은 확실하게 읽어 주세요.

고유 명사(지명 등)는 또렷하게 강조해서 읽어요.

 Parsonsville, 21st Avenue, Maple Street, Lincoln Road, Oakwood Avenue

---

**Q2 뉴스**  🔊 MP3  AT18_02

The World Youth Union has announced plans / to hold a global event, → / the Teen Festival, → / at a location in Europe. ↘ Several member countries, → / including France, ↗ Germany, ↗ and Italy, → / are currently being considered as possible venues. ↘ This event / will be a valuable opportunity for teenagers / from around the world / to explore and experience the rich and diverse cultures of Europe. ↘ It is expected / to promote global friendship and cultural exchange / among the youth. ↘

세계 청소년 연합은 유럽에서 청소년 축제라는 글로벌 행사를 개최할 계획을 발표했습니다. 현재 프랑스, 독일, 이탈리아를 포함한 여러 회원국이 개최지로 검토되고 있습니다. 이 행사는 전 세계 청소년들에게 유럽의 풍부하고 다양한 문화를 탐색하고 경험할 수 있는 소중한 기회를 제공할 것입니다. 청소년들 간의 세계적인 우정과 문화 교류를 증진할 것으로 기대됩니다.

---

### 🐰 제니쌤의 발음과외

### 1. 발음에 주의하며 천천히 연습해 보세요.

| announced /əˈnaʊnst/ | 'nounced' 부분을 분명하게, 끝소리까지 정확히 |
|---|---|
| global /ˈgloʊ.bəl/ | '글로우벌'처럼 발음하기 |
| several /ˈsev.rəl/ | /v/와 /r/ 발음에 주의! |
| considered /kənˈsɪd.ɚd/ | /sɪd/에 힘 주고, 부드럽게 마무리 |
| opportunity /ˌɑː.pɚˈtuː.nə.t̬i/ | '오퍼튜니티'가 아니라 '아퍼튜너티'처럼 발음하기 |
| explore /ɪkˈsplɔːr/ | /splɔːr/ 길게 끌어서 발음하기 |

### 2. 강세를 정확하게 주세요.

아래 단어들은 볼드체 부분에 강세를 주세요.

 an**nounced**, **fes**tival, con**sid**ered, oppor**tu**nity, **teen**agers, ex**plore**, ex**pe**rience, **cul**tures, pro**mote**, ex**change**

### 3. 억양과 강조가 필요한 부분은 확실하게 읽어주세요.

- 고유 명사(조직명, 나라명 등)는 또렷하게 강조해서 읽어요.
   The World Youth Union, the Teen Festival, France, Germany, Italy, Europe
- 나열하는 항목은 억양에 변화를 주어 읽어요.
   Several member countries, including France,(↗) Germany,(↗) and Italy(→) are currently being considered as possible venues.

# Questions 3-4: Describe a Picture

**Q3**  서론 » 전체 요약 » 인물 묘사 » 기타 사물 배경    🔊 MP3 AT18_03

| 서론 | This is a picture taken outdoors.<br>이것은 야외에서 찍힌 사진입니다. |
|---|---|
| 전체 요약 | The first thing I can see from this picture is a couple taking a picture.<br>사진에서 가장 먼저 보이는 것은 사진을 찍고 있는 한 커플입니다. |
| 인물 묘사 | The woman is holding a smartphone.<br>She has black hair and is wearing a blue jacket and a skirt.<br>The man is looking at the phone screen.<br>He has a camera hanging from a strap around his neck.<br>Both of them are smiling.<br>여자는 스마트폰을 들고 있습니다.<br>그녀는 검은 머리를 가지고 있고, 파란색 재킷과 치마를 입고 있습니다.<br>남자는 휴대폰 화면을 보고 있습니다.<br>그의 목에는 끈에 매달린 카메라가 걸려 있습니다.<br>두 사람 모두 웃고 있습니다. |
| 기타 사물 배경 | In the background, I can see some buildings and trees.<br>배경에는 건물들과 나무들이 보입니다. |

**VOCA**  hold a smartphone 스마트폰을 들다   hang from ~에 걸리다   strap 끈   around one's neck 목에 걸고, 목에 두르고

### 제니쌤의 적중노트

걸려 있는 상태는 'hanging'으로 표현해요.

**ex** He has a camera hanging from a strap around his neck.
→ '목에 카메라가 걸려 있다'를 자연스럽게 나타낸 표현이에요.

I can see a lot of clothes hanging on a rack.
→ '옷걸이에 걸려 있다'는 이렇게 표현하면 돼요.

**의류 묘사는 '색상 + 아이템' 순으로!**

 She is wearing a blue jacket and a skirt.
→ '색상 + 아이템' 순으로 말하면 깔끔하고 정확하게 들려요.
→ 'jacket'과 'skirt'는 모두 가산 명사이므로 'a'를 붙이는 것 잊지 마세요!

### Q4  서론 ≫ 전체 요약 ≫ 인물 묘사 ≫ 기타 사물 배경   🔊 MP3 AT18_04

| | |
|---|---|
| 서론 | **This is a picture taken in a kitchen.**<br>이것은 주방에서 찍힌 사진입니다. |
| 전체 요약 | **The first thing I can see from this picture is a man and a woman making a drink together.**<br>사진에서 가장 먼저 보이는 것은 함께 음료를 만들고 있는 남성과 여성입니다. |
| 인물 묘사 | **The man has a beard and is wearing glasses.**<br>**He's pouring something.**<br>**The woman has black hair and is wearing a black T-shirt.**<br>**She is watching what the man is doing.**<br>**Both of them are wearing aprons.**<br>남자는 턱수염이 있고 안경을 쓰고 있습니다.<br>그는 무언가를 붓고 있습니다.<br>여자는 검은색 머리에 검은색 티셔츠를 입고 있습니다.<br>그녀는 남자가 하는 것을 보고 있습니다.<br>두 사람 모두 앞치마를 입고 있습니다. |
| 기타 사물 배경 | **In the background, I can see cups and glasses arranged on shelves.**<br>배경에는 선반 위에 정리된 컵들과 유리잔들이 보입니다. |

**VOCA** make a drink 음료를 만들다   pour something 무언가를 붓다   cup and glasses 컵과 유리잔
arranged on shelves 선반 위에 정리된

## 제니쌤의 적중노트

### '함께'는 'together'로 표현해요!

**ex** The first thing I can see from this picture is a man and a woman making a drink together.
→ 'together'를 붙이면 같은 행동을 함께 하고 있다는 느낌을 자연스럽게 줄 수 있어요.
They are cooking together.
They are working on something together.

### 행동 묘사는 정확한 동사로 표현해요!

행동을 묘사할 때 정확한 동사로 표현하면 고득점에 도움이 됩니다. 하지만, 시험장에서 당장 해당 단어가 떠오르지 않는다면 'cooking'(요리하다)과 같은 더 큰 범위의 단어를 사용해도 됩니다.

**ex** He's pouring something.
→ 붓고 있는 동작을 나타내는 정확한 동사 'pour'를 사용한 표현이에요.

### 'see / look at / watch'의 차이를 알아 두세요!

- see: 특별히 보려는 노력을 하지 않아도 눈에 들어오는 상황입니다.
  **ex** I can see two women.  두 여자가 보입니다.
- look at: 특정 대상에 시선을 두고 쳐다보는 상황입니다.
  **ex** She is looking at the other woman.  그녀는 다른 여자를 쳐다보고 있습니다.
- watch: 움직임이나 행동을 주의 깊게 관찰하는 느낌입니다.
  **ex** The woman is watching him.  그 여자는 그 남자를 (주의 깊게) 지켜보고 있습니다.

##  Questions 5-7: Respond to Questions

Imagine you are talking to a friend on the phone, and you're having a conversation about walking.

친구와 전화 통화를 하고 있다고 상상해 보세요. 당신은 걷기에 대해 이야기하고 있습니다.

---

Q5　　　　　　　　　　　　　　　　　　🔊 MP3　AT18_05

**Q** When was the last time you went for a walk? Do you enjoy walking?

마지막으로 산책을 한 게 언제인가요? 걷는 것을 즐기시나요?

**A** The last time I went for a walk was two weeks ago, and I enjoy walking because it relieves my stress and I can relax.

제가 마지막으로 산책한 것은 2주 전이고, 저는 스트레스를 풀고 편안하게 쉴 수 있어서 걷는 것을 좋아합니다.

---

 🖌 제니쌤의 떠먹여주는 만능문장

### 의문사 만능패턴 When

When was the last time you [과거 동사] ~?　마지막으로 언제 ~했나요?
The last time I [과거 동사] was two weeks ago / yesterday / last year.　저는 마지막으로 ~한 게 2주 전 / 어제 / 작년입니다.
→ **The last time I went for a walk was two weeks ago.**　제가 마지막으로 산책한 것은 2주 전입니다.

마지막으로 산책한 것은 2주 전, 어제 등으로 답변할 수 있습니다.

### 파트5 | 만능문장 52

It relieves their stress and they can relax.　그것은 그들의 스트레스를 풀어주어 그들은 편안하게 쉴 수 있습니다.
→ **It relieves my stress and I can relax.**　그것은 저의 스트레스를 풀어주어 저는 편안하게 쉴 수 있습니다.

'they'는 'I'로, 'their'는 'my'로 바꾸고, 나머지는 그대로 활용했습니다.

**Q6** 🔊 MP3 AT18_06

**Q** Which do you prefer: walking on a treadmill at a gym or taking a walk in the park?

헬스장에서 러닝머신 위를 걷는 것과 공원에서 산책하는 것 중 어떤 것을 더 선호하시나요?

**A** I prefer walking in the park because it's more fun and entertaining to take a walk outside. It's more relaxing.

저는 밖에서 걷는 것은 더 재미있고 즐겁기 때문에 공원에서 걷는 것을 더 선호합니다. 그것은 마음을 더 느긋하게 해 줍니다.

### 제니쌤의 떠먹여주는 만능문장

**파트5 | 만능문장 22**

It's fun and entertaining. 그것은 재미있고 즐거움을 줍니다.
→ It's more fun and entertaining to take a walk outside. 밖에서 걷는 것은 더 재미있고 즐겁습니다.

'to take a walk outside(밖에서 걷는 것)'를 붙여서 구체화했습니다.

### 제니쌤의 적중노트

**형용사로 이유 문장 만들기**

형용사와 비교급을 이용해서 다양한 이유 문장을 만들 수 있습니다.

**ex** It's more relaxing. 그것은 마음을 더 느긋하게 해 줍니다.
It's more interesting. 그것은 더 흥미롭습니다.

**Q7**  MP3  AT18_07

**Q** What are the benefits of walking with a running crew or walking group?
러닝 크루나 산책 모임과 함께 걷는 것의 장점은 무엇인가요?

**A** There are some advantages of walking with a running crew or walking group. First, walking with a running crew motivates me. It's very helpful for me because I need motivation sometimes. Also, I can meet new people and make new friends, and I can expand my network.

러닝 크루나 산책 모임과 함께 걷는 것에는 여러 장점이 있습니다. 첫째, 함께 걷는 것은 저에게 동기 부여가 됩니다. 가끔은 동기 부여가 필요하기 때문에 그것은 저에게 매우 도움이 됩니다. 또한, 새로운 사람을 만나고 친구를 만들 수 있으며, 인맥을 넓힐 수 있습니다.

 제니쌤의 떠먹여주는 만능문장

### 파트5 | 만능문장 39

**They can motivate others.**  그들은 다른 사람들에게 동기를 부여할 수 있습니다.
→ **Walking with a running crew motivates me.**  러닝 크루와 함께 걷는 것은 저에게 동기 부여가 됩니다.

주어를 'Walking with a running crew'로, 목적어를 'me'로 바꾸어, 나의 입장에서 설명했습니다.

### 파트3 | 만능문장 50

**It's very helpful for me.**  그것은 나에게 매우 도움이 됩니다.
→ **It's very helpful for me because I need motivation sometimes.**
가끔은 동기 부여가 필요하기 때문에 그것은 저에게 매우 도움이 됩니다.

• 'I need motivation sometimes. (가끔은 동기 부여가 필요하다.)'라는 이유를 자연스럽게 덧붙였습니다.
• 'They can motivate others.'라는 표현에서 확장하여, 'motivation(동기 부여)'이라는 단어를 활용했습니다.

### 파트5 | 만능문장 2

**They can meet new people and expand their network.**  그들은 새로운 사람들을 만나고 인맥을 넓힐 수 있습니다.
→ **I can meet new people and make new friends, and I can expand my network.**
저는 새로운 사람을 만나고 친구를 만들 수 있으며, 인맥을 넓힐 수 있습니다.

'make friends(친구를 만들다)'라는 표현을 추가하여, 단순히 새로운 사람을 만나는 것을 넘어 친구를 사귄다는 의미까지 포함해 내용을 좀 더 구체화했습니다.

# Questions 8-10: Respond to Questions Using Information Provided

📖 문제집 p. 92

## 브라운 문구점

영업 시간: 월요일 – 금요일, 오전 10시 – 오후 7시

위치: 1001 뉴욕 스트리트

| 품목 | 수량 | 가격 |
|---|---|---|
| 공책 | 2 | $4.00 |
| 샤프 | 1 | $1.50 |
| 지우개 | 3 | $0.90 |
| 형광펜 세트 | 1 | $3.20 |

총액: $9.60 (미결제)

---

Hello, I recently placed an order at Brown Stationery Shop, and I need some details before visiting your store for pick-up. Could you answer a few questions to confirm everything?

안녕하세요, 최근에 브라운 문구점에서 주문을 했는데요, 매장에서 수령하기 전에 몇 가지 확인하고 싶은 사항이 있어서 연락드립니다. 확인을 위해 몇 가지 질문을 드려도 될까요?

### Q8
🔊 MP3 AT18_08

**Q** What are your business hours and where are you located?

영업시간과 매장 위치가 어떻게 되나요?

**A** Our business hours are from 10 a.m. to 7 p.m., Monday through Friday, and our store is located at 1001 New York Street.

저희 영업시간은 월요일부터 금요일 오전 10시부터 오후 7시까지이며, 매장은 뉴욕 스트리트 1001번지에 있습니다.

**Q9**  MP3 AT18_09

**Q** How many notebooks did I buy and how much did they cost?

제가 공책을 몇 권 샀고, 가격은 얼마였나요?

**A** You bought 2 notebooks, and they cost $4.00 in total.

공책 2권을 구매하셨고, 총 가격은 4달러입니다.

 total 총액

**Q10**  MP3 AT18_10

**Q** Can you tell me all the details of the items that I'll be picking up, except for the notebooks?

공책을 제외하고 제가 수령할 품목의 세부 사항을 알려 주실 수 있나요?

**A** Sure. There are three items besides the notebooks. First, you bought one mechanical pencil. It's one dollar and fifty cents. Next, you bought three erasers. They are ninety cents. Finally, you bought one highlighter set. It's three dollars and twenty cents.

물론입니다. 공책 외에 세 가지 품목이 있습니다. 먼저, 샤프 1개를 구매하셨고 1달러 50센트입니다. 다음으로, 지우개 3개를 구매하셨고, 90센트입니다. 마지막으로, 형광펜 세트를 1개 구매하셨고, 3달러 20센트입니다.

 except for ~를 제외하고

### 🎯 제니쌤의 적중노트

**Q8** 영업일을 말할 때는 'Monday through Friday'처럼 묶어서 표현하면, 하나하나 나열하는 것보다 훨씬 자연스럽고 깔끔하게 들립니다.

**Q9** 구매한 물건 수를 말할 때는 'You bought 숫자 + 물건.' 구조로 말하면 됩니다. 이때 숫자를 강조해서 말하면 정보가 더 분명하게 전달됩니다.

**Q10** 영수증 관련 문제에서는 총 금액을 묻는 질문이 나올 수 있어요. 그럴 때는 'The total is + 금액.', 또는 금액을 말한 뒤 문장 끝에 'in total'을 붙여 자연스럽게 말할 수 있어요.

## 💡 Question 11: Express an Opinion

**Q11**  🔊 MP3 AT18_11

Some people say leadership is a personality trait, while others believe it can be developed through training. Do you think leadership can be learned?
Use specific reasons and examples to support your opinion.

어떤 사람들은 리더십이 타고난 성격 특성이라고 말하고, 다른 사람들은 훈련을 통해 개발될 수 있다고 믿습니다. 당신은 리더십이 배울 수 있는 것이라고 생각하시나요?
구체적인 이유와 예시를 들어서 의견을 뒷받침하세요.

### 💡 아이디어 만들기

리더십은 배울 수 있는 것입니다.
1. 사람들은 새로운 경험을 통해 리더십에 대해 배울 수 있습니다.
2. 성격의 특성은 변할 수 있습니다.

### ✏️ 만능문장 활용하기

**파트5 | 만능문장 1**  They can learn new things.  그들은 새로운 것들을 배울 수 있습니다.

**파트5 | 만능문장 3**  They can have a lot of experience and broaden their perspective.
그들은 많은 경험을 쌓고 견문을 넓힐 수 있습니다.

**파트5 | 만능문장 40**  Everything is always changing and there is a lot of competition.
모든 것이 항상 변화하고, 경쟁이 치열합니다.

## 🏆 모범 답안

| | |
|---|---|
| 서론 | **I think leadership can be learned.**<br>저는 리더십은 배울 수 있다고 생각합니다. |
| 연결 문장 | **Let me explain why I think this way.**<br>제가 왜 그렇게 생각하는지 설명하겠습니다. |
| 이유 1 | **First of all, people can learn a lot about leadership when they gain new experiences.**<br>우선, 사람들은 새로운 경험을 통해 리더십에 대해 많은 것을 배울 수 있습니다.<br><br>🖊 **제니쌤의 떠먹여주는 만능문장**<br><br>**파트5 ǀ 만능문장 1**  They can learn new things.  그들은 새로운 것들을 배울 수 있습니다.<br><br>**파트5 ǀ 만능문장 3**  They can have a lot of experience and broaden their perspective.<br>그들은 많은 경험을 쌓고 견문을 넓힐 수 있습니다.<br><br>→ **People can learn a lot about leadership when they gain new experiences.**<br>사람들은 새로운 경험을 통해 리더십에 대해 많은 것을 배울 수 있습니다.<br><br>• 'learn new things(새로운 것을 배우다)'를 'learn a lot about leadership(리더십에 대해 많은 것을 배우다)'로 문제에 좀 더 맞게 구체화 했습니다.<br>• '많은 것을 배우다'는 'learn a lot'으로 자연스러운 구어체로 표현했습니다.<br>• '~에 대해 배우다'는 'learn about'을 활용하면 다양한 상황에 적용할 수 있어 매우 유용합니다.<br>• 'have experience(경험하다)' 대신 'gain experience(경험을 얻다)'를 사용해, 학습과 성장의 뉘앙스를 더욱 강조했습니다. |

## 예시 1

**From my experience, when I was a college student, I took part in a student leadership camp. I was able to learn a lot and have new experiences, and my leadership improved.**

제 경험으로는, 대학생 시절에 학생 리더십 캠프에 참가했습니다. 저는 많은 것을 배우고 새로운 경험을 할 수 있었고 리더십도 향상되었습니다.

 제니쌤의 떠먹여주는 만능문장

**파트5 | 만능문장 1**　They can learn new things.　그들은 새로운 것들을 배울 수 있습니다.

**파트5 | 만능문장 3**　They can have a lot of experience and broaden their perspective.
그들은 많은 경험을 쌓고 견문을 넓힐 수 있습니다.

→ I was able to learn a lot and have new experiences, and my leadership improved.
　저는 많은 것을 배우고 새로운 경험을 할 수 있었고 리더십도 향상되었습니다.

- 'learn new things(새로운 것을 배우다)' 대신 'learn a lot(많은 것을 배우다)'으로 포괄적이고 자연스러운 표현으로 바꿨습니다.
- 'have a lot of experience'를 'have new experiences(새로운 경험을 하다)'로 변형했습니다.
- 'a lot of experience' 대신 'new experiences'를 사용해 구체적인 상황(리더십 캠프 참가)에 맞췄습니다.
- 'broaden their perspective' 대신 'my leadership improved'로 결과 중심의 표현을 추가했습니다.

**VOCA**　take part in ~에 참여하다, 참가하다　improve 개선되다, 향상되다

## 이유 2

**Also, a personality trait can change.**

또한, 성격 특성은 변할 수 있습니다.

**VOCA**　personality trait 특징적인 성향이나 성격적 요소

> As you know, everything is always changing, and people can change too. Since there is a lot of competition these days, people need leadership, and they can develop it.
>
> 아시다시피, 모든 것은 항상 변화하고 있으며 사람 역시 변화할 수 있습니다. 요즘은 경쟁이 치열하기 때문에 사람들은 리더십이 필요하고 이를 개발할 수 있습니다.

 🖌 제니쌤의 떠먹여주는 만능문장

**예시 2**

**파트5 | 만능문장 40**   Everything is always changing and there is a lot of competition.
모든 것이 항상 변화하고 경쟁이 치열합니다.

→ As you know, everything is always changing, and people can change too. Since there is a lot of competition these days, people need leadership, and they can develop it.

아시다시피, 모든 것은 항상 변화하고 있으며 사람 역시 변화할 수 있습니다. 요즘은 경쟁이 치열하기 때문에 사람들은 리더십이 필요하고 이를 개발할 수 있습니다.

- 'As you know'를 추가해 청자의 동의를 자연스럽게 유도하며 문장을 시작할 수 있습니다. 문장을 부드럽게 이어주며 예시 문장을 만들 때 효과적입니다.
- 'people can change too'를 추가하여, 세상의 변화뿐 아니라 사람도 변할 수 있다는 점을 강조해 내용을 확장했습니다. 여기서 'too'는 '또한'이라는 의미로, 문장 끝에 덧붙여 말합니다.
- 경쟁이 치열한 시대에 필요한 역량으로 'leadership'을 제시하고, 'they can develop it'이라는 문장으로 리더십을 키울 수 있다는 구체적인 방향까지 자연스럽게 연결했습니다.
- 리더십이 필요하다는 말은 최대한 쉽게 'people need leadership'으로 표현해 줍니다.

**결론**

Therefore, I think leadership can be learned.
따라서 저는 리더십은 배울 수 있다고 생각합니다.

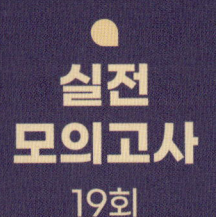

## 실전 모의고사 19회 — 모범 답안

📖 문제집 pp. 94-98

### 💡 Questions 1-2: Read a Text Aloud

**Q1** 안내 방송 🔊 MP3 AT19_01

Welcome to the Southeast Reindeer Park. ↘ We are home to a large reindeer population, → / thanks to our favorable climate and rich soil. ↘ You can enjoy observing various species of reindeer and other animals. ↘ Visitors are not allowed / to take pictures, ↗ feed the animals, ↗ or make loud noises. ↘ Take your time / and enjoy the natural beauty / of Southeast Reindeer Park. ↘

동남부 순록 공원에 오신 것을 환영합니다. 이곳은 기후가 좋고 토양이 비옥해 많은 순록이 서식하고 있습니다. 다양한 종의 순록과 다른 동물들을 관찰하실 수 있습니다. 방문객들이 사진을 찍거나 동물에게 먹이를 주거나 큰 소리를 내는 행위는 금지되어 있습니다. 여유롭게 시간을 가지고 동남부 순록 공원의 자연의 아름다움을 만끽해 보세요.

 제니쌤의 발음과외

**1. 발음에 주의하며 천천히 연습해 보세요.**

| | |
|---|---|
| reindeer /ˈreɪn.dɪr/ | /reɪn/ 부분에 강세 주고, 두 음절을 분명하게 읽기 |
| favorable /ˈfeɪ.və.ə.bəl/ | /feɪ/ 부분을 길게 빼고 /v/ 발음에 유의 |
| species /ˈspiː.ʃiːz/ | /spiː/와 /ʃiːz/를 길고 부드럽게 발음하기 |
| visitors /ˈvɪ.zə.tɚz/ | /vɪ/ 부분에서 /v/ 발음에 유의하면서 힘을 주기 |
| allowed /əˈlaʊd/ | /laʊd/ 부분을 분명하게 발음하기 |
| observe /əbˈzɜːv/ | /zɜːv/ 부분이 잘 들리도록 /z/와 /v/발음에 유의 |
| natural /ˈnætʃrəl/ | /æ/ 발음에 유의 |
| beauty /ˈbjuː.t̬i/ | /bjuː/ 소리를 길게 빼고 자연스럽게 마무리! |

**2. 강세를 정확하게 주세요.**

아래 단어들은 볼드체 부분에 강세를 주세요.

**ex** **rein**deer, **fa**vorable, **spe**cies, **vi**sitors, al**lowed**, ob**serve**, **na**tural, **beau**ty

## 3. 억양과 강조가 필요한 부분은 확실하게 읽어주세요.

- 고유 명사는 또렷하고 힘 있게 읽어주세요.

  **ex** Welcome to **Southeast Reindeer Park**.

- 주의 사항은 단호하고 명확하게 읽어야 해요.

  **ex** Visitors are **not allowed** to **take pictures**, **feed the animals**, or **make loud noises**.

  → 특히 'not allowed', 'take pictures', 'make loud noises'는 리듬감을 살려 또렷하게 읽어 주세요.

---

### Q2 일기 예보  MP3 AT19_02

Here's your latest weather report. ↘ There is a chance of rain throughout the day, → / so make sure to bring your umbrella / if you're planning any outdoor activities. ↘ By early tomorrow, → / the rain is expected to clear, → / and colder weather will set in / for the rest of the week. ↘ With temperatures dropping, → / be careful not to catch a cold. ↘

최신 일기 예보입니다. 하루 종일 비가 올 가능성이 있으니, 야외 활동을 계획 중이시라면 우산을 꼭 챙기세요. 내일 새벽이면 비가 그치고, 이번 주 내내 추운 날씨가 이어질 전망입니다. 기온이 떨어질 예정이니 감기에 걸리지 않도록 조심하세요.

---

### 🐬 제니쌤의 발음과외

#### 1. 발음에 주의하며 천천히 연습해 보세요.

|  |  |
| --- | --- |
| weather /ˈweð.ɚ/ | '웨덜'처럼 발음하되, '더'에서 혀끝이 윗니에 살짝 닿는 느낌 |
| throughout /θruːˈaʊt/ | /θruː/ 발음을 길게, /aʊt/ 부분을 길고 또렷하게 발음하기 |
| activities /ækˈtɪ.və.tiz/ | 첫 번째 /tɪ/ 부분에 힘을 주어 리듬감 있게 읽기 |
| tomorrow /təˈmɑː.roʊ/ | /mɑː/ 부분을 길게 빼면서 부드럽게 연결 |
| expected /ɪkˈspek.tɪd/ | /s/와 /p/가 만날때는 /p/를 좀 더 강하게 발음하기 |
| temperatures /ˈtem.pɚ.tʃɚz/ | /tem/ 부분을 강하게 읽고, 'ture' 부분은 '처'처럼 짧게 발음하기 |
| careful /ˈker.fəl/ | 'care' 부분에서 /r/ 발음 주의, 'ful' 부분은 부드럽게 마무리 |
| umbrella /ʌmˈbrel.ə/ | /brel/ 부분에 힘을 주고, 마지막 /ə/ 부분은 가볍게 흘리기 |

#### 2. 강세를 정확하게 주세요.

아래 단어들은 볼드체 부분에 강세를 주세요.

**ex** **wea**ther, through**out**, ac**ti**vities, to**mo**rrow, ex**pec**ted, **tem**peratures, **care**ful, um**bre**lla

### 3. 억양과 강조가 필요한 부분은 확실하게 읽어주세요.

- 'don't / not'처럼 부정어가 있는 부분은 특히 또렷하게 읽어야 해요.
- 'not / don't / can't'과 같은 부정어는 전체에서 강조해서 읽어주세요.

> **ex** Don't forget to bring your umbrella.
> Be careful not to catch a cold.

## 🎈 Questions 3-4: Describe a Picture

**Q3**  서론 ≫ 전체 요약 ≫ 인물 묘사 ≫ 기타 사물 배경   🔊 MP3 AT19_03

| | |
|---|---|
| 서론 | **This is a picture taken at a café.**<br>이것은 카페에서 찍힌 사진입니다. |
| 전체 요약 | **The first thing I can see from this picture is three women sitting at a table.**<br>이 사진에서 가장 먼저 보이는 것은 테이블에 앉아 있는 세 여성입니다. |
| 인물 묘사 | **One of them has curly hair, and the other two have long, straight hair.**<br>**The woman in the middle is holding a smartphone.**<br>**All of them are pointing at the screen.**<br>그중 한 명은 곱슬머리이고, 나머지 두 명은 긴 생머리입니다.<br>가운데에 있는 여자가 스마트폰을 들고 있습니다.<br>모두가 스마트폰 화면을 가리키고 있습니다. |
| 기타 사물 배경 | **On the table, I can see cups of coffee.**<br>테이블 위에는 커피 잔들이 놓여 있습니다. |

**VOCA**  curly hair 곱슬머리  straight hair 생머리  hold a smartphone 스마트폰을 들다  point at the screen 화면을 가리키다
cup of coffee 커피 잔

### 🎯 제니쌤의 적중노트

#### 세 명 이상의 사람을 묘사할 땐 이렇게 말해요!

**ex** One of them has curly hair, and the other two have long, straight hair.
→ 이렇게 'One of them / the other two' 구조를 쓰면, 한 명과 나머지를 자연스럽게 구분해서 설명할 수 있어요.
→ 'the other / the others'를 이용해서 비슷한 패턴으로 응용 가능해요.
One of them is standing, and the others are sitting.
One of them is smiling, and the other two look serious.

#### 가운데 있는 사람은 'in the middle'로 표현해요!

**ex** The woman in the middle is holding a smartphone.
→ '가운데 있는 남자/여자'를 말할 땐 'The man/woman in the middle'이 아주 유용한 표현이에요.

#### 모두가 같은 행동을 할 땐 이렇게 묶어요!

**ex** All of them are pointing at the screen.
→ '모두 ~하고 있다'는 'All of them + are ~ing' 구조로 말하면 자연스럽고 간결해요.

**Q4** 서론 » 전체 요약 » 인물 묘사 » 기타 사물 배경   🔊 MP3 AT19_04

| 서론 | This is a picture taken at a farm.<br>이것은 농장에서 찍힌 사진입니다. |
|---|---|
| 전체 요약 | The first thing I can see from this picture is several people working outdoors.<br>이 사진에서 가장 먼저 보이는 것은 야외에서 일하고 있는 몇몇 사람들입니다. |
| 인물 묘사 | On the left side of the picture, two women are looking at each other.<br>They are wearing gloves and touching a plant.<br>On the right side of the picture, a woman is using a shovel, and a man is looking at a plant.<br>사진의 왼쪽에는 두 여성이 서로를 바라보고 있습니다.<br>그들은 장갑을 끼고 식물을 만지고 있습니다.<br>사진의 오른쪽에는 한 여성이 삽을 사용하고 있고, 한 남성이 식물을 보고 있습니다. |
| 기타<br>사물 배경 | In the background of the picture, I can see trees and two more people standing.<br>사진의 배경에는 나무들과 두 사람이 더 서 있는 모습이 보입니다. |

**VOCA**  wear gloves 장갑을 끼다   touch a plant 식물을 만지다   use a shovel 삽을 사용하다

### 🎯 제니쌤의 적중노트

**'서로 ~하다'는 'each other'로!**

'서로를 보다 / 이야기하다 / 웃다' 같은 행동을 묘사할 때 'each other'를 사용하면 자연스럽고 유창한 표현이 돼요.

**ex**  Two women are looking at each other.
They are talking to each other.
They are smiling at each other.

여러 명이 나올 땐 묶어서 표현하면 좋아요!

 two women / a woman and a man / two more people
→ 한 명씩 설명하는 것보다 두 명 단위로 묶어서 말하면 시간 절약도 절약하고, 더 자연스럽게 말할 수 있어요.
특히 'two more people'과 같은 표현은 사진 속 배경을 설명할 때 자주 쓰여요.

##  Questions 5-7: Respond to Questions

Imagine that a lifestyle magazine is doing research in your area. You have agreed to participate in a telephone interview about meeting people online.

라이프스타일 매거진에서 당신의 지역에서 조사를 하고 있다고 상상해 보세요.
당신의 온라인에서 사람들을 만나는 것에 대한 전화 인터뷰에 참여하기로 했습니다.

---

**Q5**　　　　　　　　　　　　　　　　　　　　🔊 MP3　AT19_05

**Q** When was the last time you made a new friend? How did you meet that person?

마지막으로 새 친구를 사귄 게 언제였나요? 그 사람을 어떻게 만났나요?

---

**A** The last time I made a new friend was two weeks ago, and I met that person at school.

제가 마지막으로 새 친구를 사귄 건 2주 전이었고, 저는 그 사람을 학교에서 만났습니다.

 🖊 제니쌤의 떠먹여주는 만능문장

**의문사 만능패턴 When**

When was the last time you [과거 동사] ~?　마지막으로 언제 ~했나요?
The last time I [과거 동사] was two weeks ago / yesterday / last year.　저는 마지막으로 ~한 게 2주 전 / 어제 / 작년입니다.
→ The last time I made a new friend was two weeks ago.　제가 마지막으로 새 친구를 사귄 건 2주 전이었습니다.

마지막으로 새 친구를 사귄 것은 2주 전, 어제, 작년 등으로 답변할 수 있습니다.

### 의문사 만능패턴 Where

at home 집에서 / at school 학교에서 / on the subway 지하철에서

→ I met that person at school. 저는 그 사람을 학교에서 만났습니다.

세 가지 옵션 중 하나인 'at school'을 활용했어요.

---

**Q6**  MP3 AT19_06

**Q** Do you think it's easier to make friends online or in person? Why?

온라인에서 친구를 사귀는 게 더 쉽다고 생각하나요, 아니면 직접 만나서 사귀는 게 더 쉽다고 생각하나요? 왜 그러한가요?

**A** I think it's easier to make friends in person because I can understand the feelings of the other person more accurately when I meet them face to face.

직접 만나면 상대방의 감정을 더 정확하게 이해할 수 있기 때문에 저는 직접 만나서 친구를 사귀는 게 더 쉽다고 생각합니다.

---

 제니쌤의 떠먹여주는 만능문장

### 파트5 | 만능문장 33

I can understand the feelings of the speaker more accurately. 저는 화자의 감정을 더 정확하게 이해할 수 있습니다.

→ I can understand the feelings of the other person more accurately. 저는 상대방의 감정을 더 정확하게 이해할 수 있습니다.

'the speaker'를 'the other person'으로 자연스럽게 바꿔 사용했어요.

---

### 제니쌤의 적중노트

**온라인 vs. 오프라인 비교 질문**

'face-to-face(대면하여)', 'in person(직접)' 같은 표현은 토익스피킹에서 자주 등장하고 활용도도 높으니 함께 익혀 두면 좋습니다.
특히 상대방을 직접 만나서 대화할 때의 장점을 설명할 때 자주 쓸 수 있어요.
반대로 온라인에서 소통할 때는 'online(온라인에서) / on social media(소셜미디어에서)'라는 표현을 사용할 수 있어요.

**Q7** 🔊 MP3 AT19_07

**Q** Which of the following do you think is the biggest advantage of communicating with friends online?
- Staying in touch more often
- Feeling less pressure when talking
- Sharing things more easily, like photos and links

친구들과 온라인으로 소통할 때, 다음 중 가장 큰 장점이 무엇이라고 생각하나요?
· 더 자주 연락할 수 있음
· 대화할 때 부담감을 덜 느낌
· 사진이나 링크 같은 것들을 더 쉽게 공유할 수 있음

**A** I think staying in touch more often is the biggest advantage of communicating with friends online. People are so busy with their work, and they don't have enough time. If they communicate with their friends online, they can stay in touch more often, even when they're busy. It's very convenient.

저는 친구들과 더 자주 연락할 수 있다는 것이 온라인 소통의 가장 큰 장점이라고 생각합니다. 사람들은 일 때문에 너무 바쁘고 시간이 부족합니다. 친구들과 온라인으로 연락하면, 바쁜 와중에도 더 자주 연락할 수 있습니다. 그것은 매우 편리합니다.

✏️ 제니쌤의 떠먹여주는 만능문장

### 파트3 | 만능문장 20

I'm a student and I'm so busy with my school work. 저는 학생이어서 학업에 매우 바쁩니다.

### 파트3 | 만능문장 21

I don't have much time. 저는 시간이 많지 않습니다
→ People are so busy with their work, and they don't have enough time.
　사람들은 일 때문에 너무 바쁘고 시간이 부족합니다.

- 학생이 바빠서 시간이 없다는 표현을 확장해서, 주어를 'People(사람들)'로 바꾸고, 'school work(학업, 숙제)'를 'work(업무)'로 바꿔서 좀 더 일반적인 내용으로 만들었습니다.
- 'don't have much time(시간이 많이 없다)'를 'they don't have enough time(충분한 시간이 없다)'로 좀 더 구체적으로 표현했습니다.

파트3 | 만능문장 49

**It's very convenient and useful.** 그것은 매우 편리하고 유용합니다.

→ If they communicate with their friends online, they can stay in touch more often, even when they're busy. It's very convenient.

친구들과 온라인으로 연락하면, 바쁜 와중에도 더 자주 연락할 수 있습니다. 그것은 매우 편리합니다.

'even when'은 '비록 ~할 때에도'라는 의미로, 바쁜 상황에서도 연락할 수 있다는 뜻을 자연스럽게 강조할 때 쓸 수 있습니다. 시험 답변에서 조건을 강조할 때 매우 유용한 표현입니다.

## Questions 8-10: Respond to Questions Using Information Provided

 문제집 p. 97

### 크리에이티브 테크 디자인 세미나 일정표

장소: 하모니 컨벤션 센터 (B룸)

일정: 6월 12일 (수요일)

| 시간 | 행사명 | 발표자 / 세부사항 |
|---|---|---|
| 오전 9:00 − 9:30 | 등록 | 프런트 데스크에서 체크인 |
| 오전 9:30 − 11:00 | 워크숍: 디자인 씽킹 | UX 컨설턴트, 에밀리 박 |
| 오전 11:00 − 오후 12:00 | 소프트웨어 시연회 | 리드 개발자, 데이비드 김 |
| 오후 12:00 − 1:00 | 뷔페식 점심 식사 | 비용: 1인당 $10 |
| 오후 1:00 − 2:00 | 토론: 팀 내 창의적 도구 | 패널: 에밀리 박 & 제이콥 리 |
| 오후 2:00 − 3:00 | 소프트웨어 쇼케이스 | 크리에이티비오 제품 매니저, 제이콥 리 |

Hi, I'm planning to attend the Creative Tech Design Seminar this year, but I lost the schedule sheet. Can I ask a few questions about the seminar?

안녕하세요, 올해 크리에이티브 테크 디자인 세미나에 참석할 예정인데, 일정표를 잃어버렸습니다. 세미나에 대해 몇 가지 질문을 드려도 될까요?

### Q8  MP3 AT19_08

**Q** Where will the Creative Tech Design Seminar take place, and on what date does it take place?

크리에이티브 테크 디자인 세미나는 어디에서 열리고, 날짜는 언제인가요?

**A** The seminar will be held at Harmony Convention Center in Room B, and it will take place on Wednesday, June 12th.

세미나는 하모니 컨벤션 센터 B룸에서 열리며, 6월 12일 수요일에 개최됩니다.

### Q9  MP3 AT19_09

**Q** Last time I attended, the buffet lunch was included. Is it free this year too?

제가 지난번에 참석했을 때는 뷔페식 점심 식사가 포함되어 있었습니다. 올해도 무료인가요?

**A** No, this year the buffet lunch is not free. It's 10 dollars per person.

아니요, 올해 뷔페식 점심 식사는 무료가 아닙니다. 1인당 10달러입니다.

**VOCA** buffet lunch 뷔페식 점심 식사

**Q10** 🔊 MP3 AT19_10

**Q** I'd like to know more about the software sessions. Could you give me the detailed schedule?

소프트웨어 관련 세션들에 대해 더 알고 싶습니다. 자세한 일정을 알려주실 수 있나요?

**A** Sure! First, from 11:00 a.m. to 12:00 p.m., there is a Software Demonstrations by David Kim, the Lead Developer. Next, there is a Software Showcase from 2:00 p.m. to 3:00 p.m. by Jacob Lee, the Product Manager at Creativio.

네! 먼저, 오전 11시부터 12시까지 리드 개발자 데이비드 김이 진행하는 제품 시연이 있습니다. 그다음, 오후 2시부터 3시까지 크리에이티비오의 제품 매니저 제이콥 리가 진행하는 소프트웨어 쇼케이스가 있습니다.

### 🎯 제니쌤의 적중노트

#### 개최 장소와 날짜 말하기

'개최되다'라는 표현을 할 때는 'It will be held'와 'It will take place'를 번갈아 사용하면 문장을 다양하게 만들 수 있습니다.

**ex** The seminar will be held at Harmony Convention Center in Room B, and it will take place on Wednesday, June 12th.
세미나는 하모니 컨벤션 센터 B룸에서 열리며, 6월 12일 수요일에 개최됩니다.

#### 가격/비용(fee) 관련 질문 대응하기

- 가격이나 무료 여부를 묻는 질문에서는 금액 또는 무료 여부를 분명하게 답해야 합니다.
- 'included(포함됨) / free(무료) / fee(비용)' 같은 단어를 표나 지문에서 정확히 확인하는 것이 핵심입니다.

**ex** No, this year the buffet lunch is not free. It's 10 dollars per person.
아니요, 올해 뷔페식 점심 식사는 무료가 아닙니다. 1인당 10달러입니다.

# Question 11: Express an Opinion

**Q11**  🔊 MP3 AT19_11

Do you agree or disagree with the following statement?
Using social media every day does more harm than good.
Use specific reasons and examples to support your opinion.

다음 진술에 동의하시나요, 동의하지 않으시나요?
매일 소셜 미디어를 사용하는 것은 득보다 실이 많습니다.
구체적인 이유와 예시를 들어서 의견을 뒷받침하세요.

### 💡 아이디어 만들기

매일 소셜 미디어를 사용하는 것은 득보다 실이 많다는 주장에 동의하지 않습니다.
1. 사람들은 소셜 미디어를 통해 많은 유용하고 최신 정보를 얻을 수 있습니다.
2. 소셜 미디어를 이용할 때, 친구들과 더 잘 소통할 수 있습니다.

### ✏️ 만능문장 활용하기

**파트5 | 만능문장 25**  They can get a lot of useful/latest information on the internet.
그들은 인터넷에서 많은 유용한/최신 정보를 얻을 수 있습니다.

**파트5 | 만능문장 35**  They can communicate with others better.  그들은 다른 사람들과 더 원활하게 소통할 수 있습니다.

**파트3 | 만능문장 20**  I'm a student and I'm so busy with my school work.  저는 학생이어서 학업에 매우 바쁩니다.

**파트3 | 만능문장 21**  I don't have much time.  저는 시간이 많지 않습니다.

## 🏆 모범 답안

| | |
|---|---|
| 서론 | **I disagree with the statement.**<br>저는 그 말에 동의하지 않습니다. |
| 연결 문장 | **Let me explain why I think so.**<br>제가 왜 그렇게 생각하는지 설명하겠습니다.<br><br> 🥄 **제니쌤의 떠먹여주는 만능문장**<br><br>'Let me explain why I think this way.' 외에도 'Let me explain why I think so.'도 동일한 뜻으로 쓸 수 있습니다. 좀 더 구어체에 가까운 표현입니다. 비슷하게 쓸 수 있는 다른 표현들도 참고해 보세요. |

| 문장 | 느낌 |
|---|---|
| **Let me tell you why I think so.**<br>왜 그렇게 생각하는지 말씀드릴게요. | 'explain' 대신 'tell'을 써서 조금 더 말하는 느낌 강조 |
| **I'll explain why I think that.**<br>왜 그렇게 생각하는지 설명할게요. | 간결하고 자연스러운 표현 |
| **Let me share why I think so.**<br>왜 그렇게 생각하는지 공유할게요. | 친근하고 부드러운 어투 |
| **I'll let you know why I think that way.**<br>왜 그렇게 생각하는지 알려드릴게요. | '알려 주다'라는 의미로 좀 더 친절한 인상 |

**Most of all, people can get a lot of useful and up-to-date information on social media.**

무엇보다도, 사람들은 소셜 미디어를 통해 많은 유용한 최신 정보를 얻을 수 있습니다.

 제니쌤의 떠먹여주는 만능문장

**파트5 | 만능문장 25**    They can get a lot of useful/latest information on the internet.

그들은 인터넷에서 많은 유용한/최신 정보를 얻을 수 있습니다.

→ People can get a lot of useful and up-to-date information on social media.

    사람들은 소셜 미디어를 통해 많은 유용한 최신 정보를 얻을 수 있습니다.

**이유 1**

- 주어를 'They(그들)'에서 'People(일반적인 사람들)'로 구체화했어요.
- 'useful information(유용한 정보)' 외에도 'up-to-date information(최신 정보)'라는 표현도 함께 사용하면 더 구체적인 답변을 만들 수 있습니다.
- 'SNS 상에서'는 영어로 'on social media'라고 표현하면 됩니다.

### 제니쌤의 적중노트

**'on' 활용법**

어떤 매체에서 정보를 얻거나 본다고 표현할 때는 전치사 'on'을 사용해요. 왜냐하면 이 표현들은 '어떤 플랫폼이나 매체 위에서' 내용을 소비하는 느낌을 주기 때문이에요.

**ex**   on social media: 소셜 미디어(인스타, 페이스북 등) 상에서
         on the internet: 인터넷 상에서
         on TV: TV 화면에서
         on YouTube: 유튜브 플랫폼에서

**VOCA**   up-to-date 최신의

**From my experience, I use social media every day, and I can get a lot of information about fashion trends and ideas. It's very helpful.**

제 경험상, 저는 매일 소셜 미디어를 사용하는데, 패션 트렌드나 아이디어에 대한 많은 정보를 얻을 수 있습니다. 그것은 정말 유용합니다.

예시 1

 제니쌤의 떠먹여주는 만능문장

파트5 | 만능문장 25  **They can get a lot of useful/latest information on the internet.**
그들은 많은 유용한/최신 정보를 얻을 수 있습니다.

→ **I can get a lot of information about fashion trends and ideas.**
저는 패션 트렌드나 아이디어에 대한 많은 정보를 얻을 수 있습니다.

'about fashion trends and ideas'로 어떤 정보인지 밝히면 답변이 더 구체화됩니다.

◎ 제니쌤의 적중노트

매일 반복하는 습관은 현재시제로 말해요.

예시를 들 때 과거 경험을 말할 수도 있지만, 매일 반복하는 일에 대해서 말하는 경우도 있습니다. 평소에 늘 하는 일을 표현할 때는 현재시제를 씁니다.

ex  I use social media every day.

 VOCA  fashion trend 패션 트렌드

이유 2

**On top of that, I can communicate better with my friends when I use social media every day.**

게다가, 저는 매일 소셜 미디어를 사용할 때 친구들과 더 원활하게 소통할 수 있습니다.

 제니쌤의 떠먹여주는 만능문장

파트5 | 만능문장 35  **They can communicate with others better.**
그들은 다른 사람들과 더 원활하게 소통할 수 있습니다.

→ **I can communicate better with my friends when I use social media every day.**
저는 매일 소셜 미디어를 사용할 때 친구들과 더 원활하게 소통할 수 있습니다.

- 주어를 'They(그들)'에서 'I(나)'로 구체화했어요.
- 'other'를 'my friends(내 친구들)'로 문제에 맞게 변형합니다.
- 'when 주어 + 동사' 구문을 이용하면 좀 더 구체적인 답변을 만들 수 있습니다.

**As you know, people are very busy and don't have much time to meet in person. If they use social media every day, they can stay in touch more easily.**

아시다시피, 사람들은 매우 바쁘고 직접 만날 시간이 많지 않습니다. 매일 소셜 미디어를 사용하면 더 쉽게 연락을 유지할 수 있습니다.

### 🖊 제니쌤의 떠먹여주는 만능문장

| 파트3 | 만능문장 20 | **I'm a student and I'm so busy with my school work.**
저는 학생이어서 학업에 매우 바쁩니다.

| 파트3 | 만능문장 21 | **I don't have much time.** 저는 시간이 많지 않습니다.

예시 2

→ **People are very busy and don't have much time to meet in person.**
사람들은 매우 바쁘고 직접 만날 시간이 많지 않습니다.

- 주어를 일반적인 사람들(people)로 바꾸고, 'so busy with my school work'을 'very busy'로 상황에 맞게 좀 더 간소화했습니다.
- 'don't have much time to 동사원형' 구문을 사용해서, '~할 시간이 없다'로 좀 더 구체적으로 표현할 수 있습니다.

  **ex** They don't have much time to meet in person. 직접 만날 시간이 많지 않습니다.

### 🎯 제니쌤의 적중노트

If 구문과 문제를 활용해서 내 주장을 강화할 수 있어요!

'If 주어+동사, 주어 can ~. (문제대로 한다면, ~을 할 수 있다.)'로 부연 설명을 만들 수 있습니다.

  **ex** If they use social media every day, they can stay in touch more easily.

**VOCA** in person 직접, 대면하여   stay in touch 연락을 유지하다

결론

**Therefore, I disagree with the statement.**
따라서 저는 그 말에 동의하지 않습니다.

# 모범 답안

📖 문제집 pp. 99-103

## 🎈 Questions 1-2: Read a Text Aloud

### Q1 프로그램 소개  🔊 MP3 AT20_01

Welcome to today's Pilates session. ↘ In this video, → / we'll go through a variety of Pilates techniques / that help strengthen your arms, ↗ legs, ↗ and core. ↘ The session will last about 50 minutes. ↘ Make sure you have a yoga mat, ↗ comfortable clothes, ↗ and enough space to move around freely at home. ↘ Before we get started, → / please take a moment / to review the safety guidelines. ↘

오늘의 필라테스 수업에 오신 걸 환영합니다. 이번 영상에서는 팔, 다리, 코어 근육을 강화하는 다양한 필라테스 동작을 해 볼 거예요. 수업 시간은 약 50분입니다. 요가 매트와 편안한 복장, 집에서 자유롭게 움직일 수 있는 공간을 준비해 주세요. 시작하기 전에 안전 수칙을 꼭 한 번 확인해 주세요.

 제니쌤의 발음과외

**1. 발음에 주의하며 천천히 연습해 보세요.**

| | |
|---|---|
| Pilates /pɪˈlɑː.tiːz/ | /ɑː/ 부분에 힘을 주고 /tiːz/ 부분은 부드럽게 마무리, /t/ 소리는 살짝 흘려 읽기 |
| techniques /tekˈniːks/ | '테크니쿠'라고 발음하지 않도록 유의 |
| strengthen /ˈstreŋ.θən/ | /str/ 묶음은 빠르게 연결, /θ/는 혀끝을 윗니에 살짝 대고 공기만 살짝 내쉬듯, /ən/은 약하고 빠르게 처리 |
| comfortable /ˈkʌm.fɚ.tə.bəl/ | '컴터블' 또는 '컴러블'에 가깝게 발음하기 |
| yoga /ˈjoʊ.gə/ | 'yo'는 길게, 'ga'는 덤덤하게 붙여서 '요우거'처럼 발음 |
| enough /ɪˈnʌf/ | 끝이 /f/ 발음으로 끝난다는 점에 유의! |
| guidelines /ˈgaɪd.laɪnz/ | 'guide' 부분을 '가잇'처럼 짧게 끊고, 'lines' 부분은 또렷하게 발음하기 |

**2. 강세를 정확하게 주세요.**

아래 단어들은 볼드체 부분에 강세를 주세요.

ex **Pi**lates, tech**niques**, **streng**then, **com**fortable, **yo**ga, **mi**nutes, e**nough**, **guide**lines

### 3. 억양과 강조가 필요한 부분은 확실하게 읽어주세요.

- 도입 문장에 자주 나오는 'Welcome'은 강조해서 읽어주세요.

    ex  **Welcome** to today's Pilates session.

- 시간 안내는 강조해서 읽어주세요.

    ex  The session will last about **50 minutes**.

---

**Q2  인물 소개**  🔊 MP3 AT20_02

Now, → / let me introduce today's speaker, → / Johnny Wilson. ↘ He is the co-founder of High Tech Motors, → / a company well-known for its innovative, ↗ eco-friendly, ↗ and safe electric vehicles. ↘ High Tech cars also feature a self-driving system / that improves the overall driving experience. ↘ I'm sure / his insights and advice will be valuable / as you think about a future / in the automotive industry. ↘

자, 오늘의 연사, 조니 윌슨을 소개하겠습니다. 그는 혁신적이고 친환경적이며 안전한 전기 자동차로 잘 알려진 하이테크 모터스의 공동 창립자입니다. 하이테크 자동차는 전반적인 운전 경험을 향상시키는 자율주행 시스템도 갖추고 있습니다. 자동차 산업의 미래를 생각하는 데 그의 통찰력과 조언이 큰 도움이 될 거라고 확신합니다.

---

### 🐰 제니쌤의 발음과외

#### 1. 발음에 주의하며 천천히 연습해 보세요.

| | |
|---|---|
| co-founder /ˈkoʊˌfaʊn.dɚ/ | 'co'는 '코우'처럼 길고 분명하게, 'founder' 부분은 'f' 발음에 유의 |
| innovative /ˈɪn.ə.veɪ.tɪv/ | /v/ 발음에 유의해서 발음하기 |
| eco-friendly /ˌiː.koʊˈfrend.li/ | '에코'가 아닌 '이코'로 발음하기, '이너베이티브' 처럼 |
| vehicles /ˈviː.ə.kəlz/ | /v/ 발음에 유의해서 /viː/ 길게 빼기 |
| automotive /ˌɑː.t̬əˈmoʊ.t̬ɪv/ | /ɑː/ '아'는 약하게, /moʊ/ 부분을 강조해서 읽기 |
| insights /ˈɪn.saɪts/ | /ɪn/ 부분에 힘을 주고, /saɪts/ 부분은 또렷하고 자연스럽게 발음하기 |

#### 2. 강세를 정확하게 주세요.

아래 단어들은 볼드체 부분에 강세를 주세요.

ex  **co**-founder, in**no**vative, eco-**friend**ly, **ve**hicles, auto**mo**tive, **in**sights, ad**vice**, **fu**ture

**3. 억양과 강조가 필요한 부분은 확실하게 읽어주세요.**

- 고유 명사는 또렷하게 강조해서 읽어주세요.

   Now, let me introduce today's speaker, **Johnny Wilson**.

- 'also'와 같이 의미를 강조하는 단어는 전체에서 강조해서 읽어주세요.

   High Tech cars **also** feature a self-driving system / that improves the overall driving experience.

  → 나열할 때는 리듬감 있게 억양을 조절해 주면 훨씬 자연스럽고 세련된 느낌을 줄 수 있어요.

## Questions 3-4: Describe a Picture

**Q3**   서론 ≫ 전체 요약 (생략) ≫ 인물 묘사 ≫ 기타 사물 배경          🔊 MP3 AT20_03

| 서론 | This is a picture taken at an outdoor café.<br>이것은 야외 카페에서 찍힌 사진입니다. |
|---|---|
| 인물 묘사 | In the middle of the picture, I can see a man taking an order from two women who are sitting at a table under a parasol.<br>The women are wearing sunglasses.<br>One of them is holding a menu and looking at the man.<br>사진 중앙에는, 파라솔 아래 테이블에 앉아 있는 두 여성에게 주문을 받고 있는 남성이 보입니다.<br>그 여성들은 선글라스를 쓰고 있습니다.<br>그중 한 명은 메뉴판을 들고 남성을 바라보고 있습니다. |
| 기타<br>사물 배경 | In the background of the picture, there are many other people sitting at similar tables.<br>배경에는 비슷한 테이블에 앉아 있는 많은 사람들이 보입니다. |

**VOCA**   outdoor café 야외 카페   take an order 주문을 받다   under a parasol 파라솔 아래   wear sunglasses 선글라스를 쓰다
hold a menu 메뉴판을 들다   similar 비슷한

## 제니쌤의 적중노트

'행동 + 위치'를 함께 말하면 자연스러워요!

**ex** sitting at a table under a parasol
→ 단순히 '앉아 있다'보다 어디에 앉아 있는지까지 함께 말해주면 더 구체적이에요.

복잡한 문장은 관계대명사로 연결하면 매끄러워져요

**ex** two women who are sitting at a table
→ 이렇게 'who + be동사 + 동사ing' 구조를 쓰면 설명이 부드럽게 이어져요.
→ 'a man who is holding a tray', 'a woman who is talking on the phone' 등 다양하게 활용 가능합니다.

### Q4  서론 ≫ 전체 요약 ≫ 인물 묘사 ≫ 기타 사물 배경

🔊 MP3  AT20_04

| 서론 | This is a picture taken at a restaurant.<br>이것은 식당에서 찍힌 사진입니다. |
|---|---|
| 전체 요약 | The first thing I can see from this picture is three women holding plates.<br>이 사진에서 가장 먼저 볼 수 있는 것은 접시를 들고 있는 세 여성입니다. |
| 인물 묘사 | Two of them are picking up some food and both of them are wearing glasses.<br>On the right side of the picture, I can see another woman.<br>She has mid-length gray hair.<br>그중 두 명은 음식을 집어 들고 있고, 둘 다 안경을 쓰고 있습니다.<br>사진의 오른쪽에는 또 다른 여성이 보입니다.<br>그녀는 중간 길이의 흰머리를 하고 있습니다. |
| 기타 사물 배경 | In the foreground of the picture, I can see some food.<br>사진의 앞쪽에는 음식이 있습니다. |

**VOCA** hold a plate 접시를 들다  pick up food 음식을 집어 들다  wear glasses 안경을 쓰다
mid-length hair 중간 길이의 머리  gray hair 흰머리

### 제니쌤의 적중노트

**헤어 스타일은 '길이 + 색깔 + hair'로 표현해요!**

ex  long brown hair  긴 갈색 머리
    short black hair  짧은 검은색 머리
    She has mid-length gray hair.  그녀는 중간 길이의 흰머리를 하고 있습니다.

## Questions 5-7: Respond to Questions

Imagine that a Canadian marketing firm is doing research in your country. You have agreed to participate in a telephone interview about art classes.

캐나다의 한 마케팅 회사가 당신의 나라에서 조사를 하고 있다고 상상해 보세요. 당신은 미술 수업에 대한 전화 인터뷰에 참여하기로 동의했습니다.

---

**Q5**  🔊 MP3  AT20_05

**Q** Have you ever taken an art class before? How did you like it?

전에 미술 수업을 들어본 적이 있나요? 어땠나요?

**A** Yes, I have taken an art class before, and I really enjoyed it. It was fun and entertaining, and it also helped me relax.

네, 예전에 미술 수업을 들어본 적이 있고 정말 즐거웠습니다. 재미있고 즐거웠으며, 휴식을 취하는 데도 도움이 되었습니다.

---

 제니쌤의 떠먹여주는 만능문장

**파트5 | 만능문장 22**

It's fun and entertaining.  그것은 재미있고 즐거움을 줍니다.
→ It was fun and entertaining.  그것은 재미있고 즐거웠습니다.

과거에 미술 수업을 들었던 경험을 말하는 것이므로, 과거 시제를 사용합니다.

파트5 | 만능문장 52

It relieves their stress and they can relax. 그것은 그들의 스트레스를 풀어주어 그들은 편안하게 쉴 수 있습니다.

→ It helped me relax. 그것은 제가 편안하게 쉬는 데 도움이 되었습니다.

'help + 목적어(me) + 동사원형(relax)' 구조를 사용해서 '(스트레스를 풀고) 쉬는 데 도움이 되었다'는 뉘앙스로 좀 더 자연스럽게 문제에 맞게 변형했습니다.

 제니쌤의 적중노트

### help + 목적어 + 동사원형

'누군가가 어떤 행동을 하도록 돕다'는 의미를 자연스럽게 표현할 때 쓰는 대표적인 패턴이며, 토익스피킹에서 활용하면 자연스러운 표현을 만들 수 있습니다.

ex  It helped me relax. 그것은 제가 편안하게 쉬는 데 도움이 되었습니다.
My friend helped me choose the right gift. 제 친구가 저에게 적절한 선물을 고르는 걸 도와줬습니다.
→ help 뒤에는 to 부정사보다 동사원형이 더 자연스럽다는 점을 알아 두세요.

---

**Q6** 🔊 MP3 AT20_06

**Q** Would you consider choosing a digital illustration class if you could take an art class?

미술 수업을 들을 수 있다면 디지털 일러스트 수업을 선택할 생각이 있나요?

**A** Yes, I would consider taking a digital illustration class because these days, digital art is very popular, and many people use tablets.

네, 요즘 디지털 아트가 매우 인기가 많고, 많은 사람들이 태블릿을 사용하기 때문에 디지털 일러스트 수업을 들을 생각이 있습니다.

 제니쌤의 떠먹여주는 만능문장

### 파트3 | 만능문장 39

It's a popular item, so people will love it.  그것은 인기 있는 아이템이라서 사람들이 좋아할 것입니다.
→ Digital art is very popular, and many people use tablets.  디지털 아트는 매우 인기가 많고, 많은 사람들이 태블릿을 사용합니다.

- 'popular'라는 형용사를 사용해서 디지털 아트가 '매우 인기 있다(very popular)'로 좀 더 간결하게 표현합니다. 이때, 'digital art'라는 단어를 떠올리는 것이 어렵다면, 'digital illustration is very popular'이라고 문제를 참조해서 만드는 것도 가능합니다.
- 'many'를 사용해서 'many people(많은 사람들)'로 좀 더 주어를 구체화합니다.
- '많은 사람들이 태블릿을 사용한다'라는 문장을 아래와 같이 최대한 쉽게 만듭니다. 시험장에서 즉흥적으로 만드는 문장은 너무 어렵게 만들면 실수할 가능성이 높으므로, 쉽고 잘 전달될 수 있는 형태로 만드는 것이 중요합니다.

  **ex**  Many people(많은 사람들) + use(사용한다) + tablets(태블릿을).

---

**Q7**   MP3  AT20_07

**Q**  Do you prefer learning art by watching videos or by taking in-person classes? Why?

영상을 보면서 예술을 배우는 것을 선호하나요, 아니면 대면 수업을 듣는 것을 선호하나요? 왜 그러한가요?

**A**  I prefer taking in-person classes because I can understand the instructions more clearly. There is less misunderstanding when I take in-person classes. Also, I can ask questions right away if I don't understand something.

저는 설명을 더 정확하게 이해할 수 있기 때문에 대면 수업을 선호합니다. 대면 수업을 들으면 오해가 덜 생깁니다. 또한, 이해가 안 되는 부분이 있으면 바로 질문할 수 있습니다.

---

 제니쌤의 떠먹여주는 만능문장

### 파트3 | 만능문장 11

It causes less misunderstanding.  그것은 오해를 덜 불러일으킵니다.
→ There is less misunderstanding when I take in-person classes.  대면 수업을 들으면 오해가 덜 생깁니다.

- '오해가 적다'고 표현하기 위해, 'There is(~가 있다)' 표현을 사용해서 간결하게 말합니다.
- 'when 주어 + 동사'를 사용해서, '대면 수업을 들을 때'라고 표현합니다.

> 파트5 | 만능문장 32

**I can get responses right away.** 저는 즉시 답변을 받을 수 있습니다.
→ **I can ask questions right away if I don't understand something.** 이해가 안 되는 부분이 있으면 바로 질문할 수 있습니다.

- 'get responses(답변을 받다)'를 'ask questions(질문을 하다)'로 변경해서, 즉시 질문을 할수 있다는 장점을 말합니다.
- If 구문을 이용해서 'If I don't understand something(내가 무언가를 이해 못하면)'을 추가하면 더 구체적인 답변을 만들 수 있습니다.

## Questions 8-10: Respond to Questions Using Information Provided

 문제집 p. 102

### 픽셀코어 면접 일정표

날짜: 4월 10일
장소: B 회의실

| 시간 | 지원자 이름 | 지원하는 직책 | 현재 직장 |
|---|---|---|---|
| 1:00 — 1:30 p.m. | 이선 박 | UX 디자이너 | 바이트랩스 |
| 1:30 — 2:00 p.m. | 릴리 응우옌 | QA 테스터 | 스마트패스 |
| 2:00 — 2:30 p.m. | 제이슨 리 | 프론트엔드 개발자 | 코드피크 |
| 2:30 — 3:00 p.m. | ~~클로아 마틴~~ (취소됨) | ~~QA 테스터~~ (취소) | 소프트버스 |
| 3:30 — 4:00 p.m. | 노아 김 | 프론트엔드 개발자 | 이노바이즈 테크 |
| 4:00 — 4:30 p.m. | 에이바 톰슨 | 프로젝트 매니저 | 애자일웍스 |

> Hi, I'm on the hiring team at PixelCore. I'm preparing for the upcoming job interviews, but I seem to have misplaced the final schedule. Could I ask you a few questions to confirm some details?
>
> 안녕하세요, 저는 픽셀코어 채용팀 소속입니다. 곧 있을 면접을 준비 중인데, 최종 일정표를 어디에 뒀는지 모르겠네요. 몇 가지 내용을 확인해도 될까요?

### Q8

**Q** Could you remind me where the interviews will take place? Also, what time is the first interview scheduled for?

면접이 어디서 진행되는지 다시 알려주시겠어요? 그리고 첫 번째 면접은 몇 시에 예정되어 있나요?

**A** The interviews will take place in Conference Room B, and the first interview will start at 1:00 p.m.

면접은 B 회의실에서 열리고, 첫 번째 면접은 오후 1시에 시작될 예정입니다.

### Q9

**Q** I believe we scheduled more than one interview for the QA Tester position. Could you check that for me?

QA 테스터 직무에 대해 두 건 이상의 면접이 예정되어 있던 것 같습니다. 확인해 주시겠어요?

**A**  Yes, that's correct. There were supposed to be two interviews, but one of them has been canceled.

네, 맞습니다. 원래 두 건의 면접이 예정되어 있었지만, 그중 하나는 취소되었습니다.

> **Q10**  🔊 MP3 AT20_10

**Q** We're currently short on front-end developers. Can you give me the full details about any interviews we have scheduled for the front-end developer role?
현재 프론트엔드 개발자가 부족한 상황입니다. 프론트엔드 개발자 면접 일정에 대해 자세히 알려주실 수 있나요?

**A** Sure. There are two interviews for the front-end developer position. The first one will start at 2:00 p.m. with Jason Lee from CodePeak. Then, the second one will start at 3:30 p.m. with Noah Kim from Innovize Tech.
물론입니다. 프론트엔드 개발자 직책에는 두 건의 면접이 있습니다. 첫 번째 면접은 오후 2시에 코드피크의 제이슨 리와 함께 진행됩니다. 그다음, 두 번째 면접은 오후 3시 30분에 이노바이즈 테크의 노아 킴과 진행될 예정입니다.

**VOCA**  currently 현재   be short on ~가 부족한   position 직책

### 🎯 제니쌤의 적중노트

**장소를 표현할 때는 'in'과 'at'을 사용해요!**

특정 장소는 'at', 방 안(실내 공간)을 지칭할 때는 'in'을 사용합니다.
- **ex** In Room 301, at Dever Center  덴버 센터의 301호실

**예정되었던 일은 'be supposed to + 동사원형'으로 표현해요.**
- **ex** There were supposed to be two interviews.  두 건의 면접이 예정되어 있었습니다.
  → 예정된 면접이 변동 되었을 수 있는 상황을 암시합니다.

**면접자와 소속은 'with + 이름 + from + 회사명'으로 표현해요.**
- **ex** an interview with Jason Lee from CodePeak  코드피크의 제이슨 리와의 면접

## Question 11: Express an Opinion

**Q11**  🔊 MP3 AT20_11

Which of the following do you think is the most important benefit a company can offer to its employees?
- Casual dress code
- Free office meals
- Mental health support

Use specific reasons and examples to support your opinion.

다음 중 회사가 직원들에게 제공할 수 있는 가장 중요한 혜택은 무엇이라고 생각하나요?
- 자율 복장 규정
- 무료 사내 식사 제공
- 정신 건강 지원

구체적인 이유와 예시를 들어서 의견을 뒷받침하세요.

### 💡 아이디어 만들기

자율 복장 규정이 회사가 직원들에게 제공할 수 있는 가장 중요한 혜택입니다.
1. 캐주얼한 옷차림은 더 편안함을 느끼게 해주며, 업무에 집중하는 데 도움이 됩니다.
2. 또한, 자율 복장은 직원들 사이에 더 친근하고 자유로운 업무 분위기를 조성할 수 있습니다.

### ✏️ 만능문장 활용하기

| 파트3 | 만능문장 49 | It's very convenient and useful.  그것은 매우 편리하고 유용합니다.

| 파트5 | 만능문장 21 | They feel more comfortable.  그들은 더 편안함을 느낍니다.

| 파트5 | 만능문장 17 | They can focus better.  그들은 더 잘 집중할 수 있습니다.

| 파트5 | 만능문장 44 | Employees can work more efficiently and productively.  직원들은 더 효율적이고 생산적으로 일할 수 있습니다.

| 파트5 | 만능문장 34 | They can make a friendly (work) atmosphere.  그들은 친근한 (업무) 분위기를 만들 수 있습니다.

| 파트5 | 만능문장 52 | It relieves their stress and they can relax.
그것은 그들의 스트레스를 풀어주어 그들은 편안하게 쉴 수 있습니다.

## 🏆 모범 답안

| | |
|---|---|
| 서론 | **I think a casual dress code is the most important benefit a company can offer its employees.**<br>저는 자율 복장 규정이 회사가 직원들에게 제공할 수 있는 가장 중요한 혜택이라고 생각합니다. |
| 연결 문장 | **Let me explain why I think this way.**<br>제가 왜 이렇게 생각하는지 설명하겠습니다. |
| 이유 1 | **First of all, wearing casual clothes at work can make you feel more comfortable and help you focus better.**<br>무엇보다도, 직장에서 캐주얼한 옷을 입는 것은 더 편안함을 느끼게 해주고 집중하는 데 도움이 될 수 있습니다.<br><br> 🖊 **제니쌤의 떠먹여주는 만능문장**<br><br>파트3 \| 만능문장 49   **It's very convenient and useful.**  그것은 매우 편리하고 유용합니다.<br>→ **Wearing casual clothes at work can make you feel more comfortable and help you focus better.** 직장에서 캐주얼한 옷을 입는 것은 더 편안함을 느끼게 할 수 있고 더 잘 집중할 수 있도록 돕습니다.<br><br>• 'casual dress code'가 중요하다는 얘기를 하기 위해서, 'It'이라는 주어를 'Wearing casual clothes (캐주얼한 옷을 입는 것)'라는 동명사로 변경했습니다.<br>• 직장에서 캐주얼한 옷을 입는 것은 더 편안함을 느끼게 해주고, 편안하면 집중력도 높아진다는 점을 강조했습니다.<br>• make와 help를 적절하게 사용해서 자연스러운 답변을 만들었습니다.<br>• 'at work'라는 표현을 써서 '직장에서'라는 장소를 언급해서 좀 더 구체적인 답변을 만들었습니다.<br><br>◎ **제니쌤의 적중노트**<br><br>**make + 사람 + 동사원형**<br>'make'는 누군가를 억지로 혹은 자연스럽게 어떤 상태나 행동을 하게 만들 때 사용합니다.<br>예를 들면, 웃게 만들거나 화나게 만들거나, 감정을 유발하거나 어떤 행동을 유도할 때 자주 쓰이죠.<br>'make' 뒤에는 to 없이 동사원형만 쓴다는 점에 유의해주세요.<br><br> **This movie made me cry.**  이 영화는 나를 울게 만들었어요.<br>**Wearing casual clothes at work can make you feel more comfortable.**<br>캐주얼한 옷을 입는 것은 더 편안함을 느끼게 할 수 있어요. |

## 이유 1

**help + 사람 + 동사원형 / to 부정사**

'help'는 도와주는 느낌이에요. 누군가 어떤 일을 더 쉽게 하도록 도와줄 때 사용합니다.
'to'가 있어도 되고 없어도 되지만, 말하기에서는 보통 생략합니다.

> **ex** She helped me (to) carry the bags. 그녀는 내가 가방을 드는 걸 도와줬어요.
> It helps you focus better. 그건 더 잘 집중하는 데 도움이 돼요.

**가장 먼저 드는 이유를 말할 때**

'Most of all(무엇보다도)'은 여러 가지 이유를 차례로 설명할 경우, 가장 중요한 이유나 가장 먼저 드는 이유를 소개할 때 써요. 'Most of all'을 사용하면 답변이 논리적인 인상을 줄 수 있고, 'Most of all' 대신에 'First of all'도 사용할 수 있습니다. 이밖에도 대신 쓸 수 있는 표현들도 함께 알아 두세요.

> **ex** To begin with, / Firstly, / First, 우선, 먼저

**VOCA** at work 직장에서

---

## 예시 1

**From my experience, I used to work at a company. The company had a casual dress code, and it made me feel comfortable. Because of that, I could focus better and work more efficiently.**

제 경험으로는, 저는 예전에 한 회사에서 일한 적이 있습니다. 그 회사는 자율 복장 규정이 있었고, 저는 편안함을 느꼈습니다. 그 덕분에 저는 더 잘 집중할 수 있었고, 더 효율적으로 일할 수 있었습니다.

 제니쌤의 떠먹여주는 만능문장

**파트5 | 만능문장 21** They feel more comfortable. 그들은 더 편안함을 느낍니다.

→ It made me feel comfortable. 저는 편안함을 느꼈습니다.

- 주어를 'They'에서 'It'으로 바꿔 상황 중심으로 표현했어요.
- 'feel'을 유지하면서 'made me feel(편안함을 느끼게 했다)'로 바꾸어서, 좀 더 구체적인 답변을 만들었어요.

**파트5 | 만능문장 17** They can focus better. 그들은 더 잘 집중할 수 있습니다.

**파트5 | 만능문장 44** Employees can work more efficiently and productively.
직원들은 더 효율적이고 생산적으로 일할 수 있습니다.

→ Because of that, I could focus better and work more efficiently.
그 덕분에 저는 더 잘 집중할 수 있었고, 더 효율적으로 일할 수 있었습니다.

- 앞 문장의 결과를 자연스럽게 이어줄 때 'because of that(그것 때문에, 그 결과로)'을 사용했습니다.

> **ex** Because of that, I could focus better. 그 덕분에 저는 더 잘 집중할 수 있었습니다.

- 현재형(can)을 과거형(could)으로 바꿔 과거 상황 설명에 맞게 시제 일치도 해줬어요.
- 'could'는 'can'의 과거형이에요. 과거에 '할 수 있었다'는 의미를 전할 때 사용해요.

예시 1

> 🎯 **제니쌤의 적중노트**
>
> **'누군가를 ~하게 만들다'로 표현하기**
>
> 'make + 목적어 + 동사원형'은 '누군가를 ~하게 만들다'라는 의미를 만들 때 사용해요.
>
> **ex** It made me feel comfortable. 그것이 나를 편안하게 느끼게 했습니다.
> → make 뒤에 동사원형(feel)이 오는 것을 기억하세요.
>
> **can vs. be able to**
>
> 'could'는 'can'의 과거형으로, 과거에 할 수 있었던 능력을 표현할 때 써요.
> 'be able to'도 '할 수 있다'는 뜻인데, 특정한 순간에 성공했다는 느낌을 줄 때 사용해요.
>
> **ex** I could run very fast when I was young. 나는 어릴 때 빨리 달릴 수 있었습니다.
> I was able to fix my computer after trying many times.
> 나는 여러 번 시도 끝에 컴퓨터를 고칠 수 있었습니다.
> → 평소 능력을 말할 때는 'could', 특정한 순간의 능력을 말할 때는 'be able to'를 쓰면 자연스러워요.

이유 2

**Also, a casual dress code makes a friendly work atmosphere.**

또한, 자율 복장 규정은 친근한 직장 분위기를 만듭니다.

✏️ **제니쌤의 떠먹여주는 만능문장**

**파트5 | 만능문장 34**   They can make a friendly (work) atmosphere.

그들은 친근한 (업무) 분위기를 만들 수 있습니다.

→ Also, a casual dress code makes a friendly work atmosphere.
또한, 자율 복장 규정은 친근한 직장 분위기를 만듭니다.

- 주어를 'They(그들)'에서 'a casual dress code(자율 복장 규정)'로 구체화했어요.
- 주어가 3인칭 단수(a casual dress code)이므로, 동사에 -s를 붙여서 'makes'로 사용해야 합니다.

| | |
|---|---|
| 예시 2 | **For example, when people wear comfortable clothes, they feel more relaxed. This can help everyone feel more open and connected at work.**<br>예를 들면, 사람들은 편한 옷을 입으면 더 편안함을 느낍니다. 이것은 직장에서 모두가 더 개방적이고 서로 연결되어 있다고 느끼는 데 도움이 됩니다.<br><br> **제니쌤의 떠먹여주는 만능문장**<br><br>**파트5 \| 만능문장 52**  It relieves their stress and they can relax.<br>그것은 그들의 스트레스를 풀어주어 그들은 편안하게 쉴 수 있습니다.<br><br>→ **When people wear comfortable clothes, they feel more relaxed.**<br>사람들은 편한 옷을 입으면 더 편안함을 느낍니다.<br><br>• 문제대로 편안한 옷을 입는 상황을 말해야 하니까, 'when'을 사용해서 '사람들이 편안한 옷을 입을 때'로 자연스럽게 조건을 만들어줬어요. 문제에서 제시한 상황을 반영해서 답변을 연결할 때 이런 방식이 필요해요.<br>• 'relax'는 '쉬다'라는 동작 자체를 말하는 느낌이고, 'feel more relaxed'는 '편안해진 느낌'을 표현하는 거예요. 즉, 단순한 행동이 아니라 편안한 상태를 강조하고 싶을 때 'feel more relaxed'를 쓰면 더 좋습니다. |
| 결론 | **So, I think a casual dress code is the most important benefit.**<br>그래서 저는 자율 복장 규정이 가장 중요한 혜택이라고 생각합니다. |

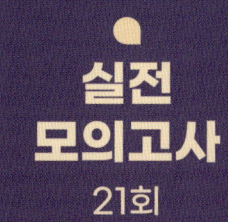

# 모범 답안

📖 문제집 pp. 104-108

## 📍 Questions 1-2: Read a Text Aloud

**Q1** 광고  🔊 MP3 AT21_01

Planning a relaxing trip / with your loved ones?↗ Stay at the Crystal Hotel / where you can enjoy ocean views / while relaxing in a cozy room. ↘ As you sip your morning coffee, → / take in the beautiful sunrise, ↗ the sound of the waves, ↗ and the fresh breeze from your balcony. ↘ Our weekend spa packages / which include massage, ↗ sauna, ↗ and aromatherapy services → / are available at discounted prices. ↘ Make your reservation today / through our website / and enjoy a memorable getaway! ↘

사랑하는 사람들과 함께하는 편안한 여행을 계획하고 계신가요? 아늑한 객실에서 휴식을 취하며 바다 전망을 즐길 수 있는 크리스털 호텔에 머물러 보세요. 아침 커피를 마시며 발코니에서 아름다운 일출, 파도 소리, 그리고 상쾌한 바람을 느껴보세요. 마사지, 사우나, 아로마 테라피가 포함된 주말 스파 패키지를 할인된 가격에 이용하실 수 있습니다. 지금 웹사이트를 통해 예약하시고 잊지 못할 여행을 즐겨보세요!

✈ 제니쌤의 발음과외

**1. 발음에 주의하며 천천히 연습해 보세요.**

| ocean /ˈoʊ.ʃən/ | /o/가 아니라 /oʊ/로 발음하기 |
|---|---|
| cozy /ˈkoʊ.zi/ | /oʊ/ 발음과 /z/ 발음에 유의 |
| balcony /ˈbæl.kə.ni/ | /bal/이 아닌 /bæl/처럼 발음하기 |
| massage /məˈsɑːʒ/ | /ʒ/부분은 입술을 모아서 '머사쥐'처럼 발음하기 |
| aromatherapy /əˌroʊ.məˈθer.ə.pi/ | /roʊ/와 /θ/ 발음은 정확히 |

**2. 강세를 정확하게 주세요.**

아래 단어들은 볼드체 부분에 강세를 주세요.

　ex　re**lax**ing, **o**cean, **co**zy, **bal**cony, **sun**rise, mas**sage**, dis**coun**ted, **get**away

351

### 3. 억양과 강조가 필요한 부분은 확실하게 읽어주세요.

- 첫 문장은 의문문이기 때문에 끝을 살짝 올려서 읽어주세요.
  - **ex** Planning a relaxing trip with your loved **ones**? (↗)
- 브랜드명이나 장소는 또렷하게 강조해서 읽어주세요.
  - **ex** Stay at the **Crystal Hotel** where you can enjoy ocean views while relaxing in a cozy room.
- 'A(↗), B(↗), and C(↘)'처럼 읽지만, C에서 문장이 이어질 경우 억양을 내리지 말고 유지한 채 이어가야 해요.
  - **ex** **massage**,(↗) **sauna**,(↗) and aromatherapy **services**(→) are available

---

### Q2  인물 소개    🔊 MP3  AT21_02

Welcome back to our show. ↘ Today, → / we'll be interviewing Olivia Bennett, → / a Canadian actress ↘ / who made her debut in 2012. ↘ She has appeared in a wide range of films, → / including dramas, ↗ fantasies, ↗ and mysteries. ↘ She is set to star / in the upcoming blockbuster *Echoes*, → / which is scheduled for release next year. ↘

쇼에 다시 오신 것을 환영합니다. 오늘은 2012년에 데뷔한 캐나다 여배우 올리비아 베넷을 인터뷰할 예정입니다. 그녀는 드라마, 판타지, 미스터리 영화 등 다양한 장르의 작품에 출연해 왔으며, 내년에 개봉 예정인 블록버스터 <에코>에 출연할 예정입니다.

---

### 🐬 제니쌤의 발음과외

#### 1. 발음에 주의하며 천천히 연습해 보세요.

| | |
|---|---|
| **actress** /ˈæk.trəs/ | /æk/에 힘을 주고 /trəs/는 짧고 부드럽게 발음하기 |
| **debut** /deɪˈbjuː/ | /deɪ/ 길게, /bjuː/ 길고 부드럽게, 't' 소리 없음에 주의 |
| **appeared** /əˈpɪrd/ | /pɪr/ 부분을 분명히 읽고 /d/는 자연스럽게 마무리 |
| **fantasy** /ˈfæn.tə.si/ | /fæn/에 힘을 주고 부드럽게 연결 |
| **mysteries** /ˈmɪs.tə.riz/ | /mis/에 힘을 주고 리듬감 있게 읽기 |
| **blockbuster** /ˈblɑːkˌbʌs.tɚ/ | /blɑːk/과 /bʌs/ 둘 다 또렷하게 발음하기 |

#### 2. 강세를 정확하게 주세요.

아래 단어들은 볼드체 부분에 강세를 주세요.

  **ex** **wel**come, **act**ress, de**but**, ap**peared**, **fan**tasy, **mys**teries, **block**buster, **sched**uled, re**lease**

### 3. 억양과 강조가 필요한 부분은 확실하게 읽어주세요.

- 고유 명사는 또렷하게 강조해서 읽어요.

    **ex** Today, we'll be interviewing **Olivia Bennett**, a Canadian actress who made her debut in 2012. She is set to star in the upcoming blockbuster *Echoes*.

- 날짜나 특정 정보는 리듬감을 살려 정확히 읽어주세요.

    **ex** Olivia Bennett, a Canadian actress who made her debut in **2012**
    the upcoming blockbuster *Echoes*, which is scheduled for release **next year**

## Questions 3-4: Describe a Picture

**Q3** 서론 ≫ 전체 요약 (생략) ≫ 인물 묘사 ≫ 기타 사물 배경 (생략)   🔊 MP3 AT21_03

| 서론 | This is a picture taken in a warehouse. |
|---|---|
| | 이것은 창고에서 찍힌 사진입니다. |
| 인물 묘사 | In the middle of the picture, three people are working.<br>The man in the middle is holding the handles of a cart.<br>On the cart, there are two boxes.<br>The woman on the right is holding a tablet.<br>The man on the left is doing something.<br>All of them are wearing helmets and yellow vests. |
| | 사진 가운데에는 세 사람이 일하고 있습니다.<br>가운데에 있는 남자는 카트의 손잡이를 잡고 있습니다.<br>카트 위에는 두 개의 상자가 있습니다.<br>오른쪽에 있는 여자는 태블릿을 들고 있습니다.<br>왼쪽에 있는 남자는 무언가를 하고 있습니다.<br>그들 모두는 헬멧과 노란 조끼를 착용하고 있습니다. |

**VOCA** warehouse 창고   in the middle of the picture 사진 가운데에   hold the handles (of a cart) (카트의) 손잡이를 잡다
tablet 태블릿   do something 무언가를 하다   helmet 헬멧   yellow vest 노란 조끼

### 제니쌤의 적중노트

**작업복 표현하기**

일하는 사람들의 복장을 묘사할 때, 아래의 표현들을 사용해 보세요.

| | | | |
|---|---|---|---|
| helmet 헬멧 | vest 조끼 | gloves 장갑 | work clothes 현장 작업복 |
| working uniform (회사가 지급한) 공식 작업복, 유니폼 | | | |

ex  All of them are wearing helmets and yellow vests.
→ 전체가 같은 옷을 입고 있을 때는 'All of them are wearing ~.'으로 복장 설명을 마무리해 주세요!

## Q4   서론 ≫ 전체 요약 (생략) ≫ 인물 묘사 ≫ 기타 사물 배경         🔊 MP3 AT21_04

| 서론 | This is a picture taken at a stationery store.<br>이것은 문구점에서 찍힌 사진입니다. |
|---|---|
| 인물 묘사 | In the middle of the picture, I can see three people.<br>The woman on the right has curly hair and is looking at the two other girls next to her.<br>The girls are holding a notebook and looking at it.<br>사진 가운데에는 세 사람이 보입니다.<br>오른쪽에 있는 여성은 곱슬머리를 하고 있고, 그녀의 옆에 있는 두 소녀를 바라보고 있습니다.<br>그 소녀들은 공책을 들고 그것을 보고 있습니다. |
| 기타 사물 배경 | On both sides of the picture, I can see a lot of notebooks arranged on the shelves.<br>사진 양쪽에는 선반에 정리된 공책들이 많이 보입니다. |

**VOCA**  stationery store 문구점   curly hair 곱슬머리   hold a notebook 공책을 들다
on both sides of the picture 사진의 양쪽에   arranged on the shelves 선반에 정리된

### 제니쌤의 적중노트

물건이 정리된 모습은 이런 표현을 활용해서 묘사하세요.

- arranged(정리된): (순서나 규칙에 맞게) 물건이 정리된 모습
- displayed(진열된): (보기 좋게) 물건이 진열된 모습
- on the shelves(선반 위에)

> **ex** On both sides of the picture, I can see a lot of notebooks arranged on the shelves.
> 사진의 양쪽에는 선반에 정리된 공책들이 많이 보입니다.

## Questions 5-7: Respond to Questions

Imagine that a lifestyle magazine is preparing an article. You have agreed to participate in a telephone interview about online news.

라이프스타일 잡지에서 기사를 준비 중입니다. 당신은 온라인 뉴스에 대한 전화 인터뷰에 참여하기로 했습니다.

**Q5**  🔊 MP3 AT21_05

**Q** How often do you read news online, and what is your favorite news site?
온라인 뉴스를 얼마나 자주 읽고, 어떤 사이트를 가장 좋아하나요?

**A** I read news online almost every day, and my favorite site is BBC News.
저는 거의 매일 온라인 뉴스를 읽으며, 가장 좋아하는 사이트는 BBC 뉴스입니다.

### 🎤 제니쌤의 떠먹여주는 만능문장

**의문사 만능패턴 How**

How often / How frequently / How many times ~? 얼마나 자주 ~하나요?
**twice a week** 일주일에 두 번 / **almost every day** 거의 매일 / **once in a while** 가끔씩

→ I read news online almost every day. 저는 거의 매일 온라인 뉴스를 읽습니다.

온라인 뉴스 사이트를 읽는 빈도를 묻는 문제이므로 'almost every day(거의 매일) / twice a week(일주일에 두 번) / once in a while(가끔씩)' 중에 적합한 것을 골라서 말하면 쉽게 답변할 수 있어요.

**의문사 만능패턴 What**

What / What kind of [명사] / What type of [명사] ~? 무엇을 / 어떤 종류의 [명사]를 ~하나요?
→ **My favorite site is BBC News.** 제가 가장 좋아하는 사이트는 BBC 뉴스입니다.

'What'으로 묻는 질문에는 너무 머뭇거리지 말고 떠오르는 것을 바로 말하는 것이 좋아요.
예를 들어, 가장 좋아하는 온라인 뉴스 사이트에 대해 묻는다면, 'BBC News'처럼 쉽게 떠오르는 것을 바로 말하면 됩니다.

---

**Q6**  MP3 AT21_06

**Q** Do you prefer to check online news at home or in public places like cafés or schools?

온라인 뉴스를 집에서 보는 걸 선호하나요, 아니면 카페나 학교 같은 공공장소에서 보는 걸 선호하나요?

**A** I prefer to check online news at home because I can focus better when I'm at home.

집에서는 더 잘 집중할 수 있기 때문에 저는 집에서 온라인 뉴스를 보는 걸 더 선호합니다.

---

 제니쌤의 떠먹여주는 만능문장

**파트5 | 만능문장 17**

**They can focus better.** 그들은 더 잘 집중할 수 있습니다.
→ **I can focus better when I'm at home.** 저는 집에서 더 잘 집중할 수 있습니다.

- 주어를 'They'에서 'I'로 바꿔 내 이야기처럼 표현합니다.
- 'when I'm at home'을 덧붙여, 집에서 온라인 뉴스를 볼 때의 상황이라는 점을 설명해 답변을 더 구체적으로 만듭니다.

**Q7**  🔊 MP3 AT21_07

**Q** Which of the following reasons best describes why you visit online news sites? And why?
- To stay updated on current events
- To find topics for conversation
- To enjoy entertainment news or lifestyle articles

다음 중 당신이 온라인 뉴스 사이트를 방문하는 이유를 가장 잘 설명하는 것은 무엇인가요? 그리고 그 이유는 무엇인가요?
- 최신 시사 소식을 접하기 위해서
- 대화 주제를 찾기 위해서
- 연예 뉴스나 라이프스타일 관련 기사를 즐기기 위해서

**A** I visit online news sites to stay updated on current events.
First of all, I can get up-to-date information when I visit online new sites every day. Also, I sometimes find useful information in the comment section.
By visiting online news sites, I can get and share a lot of information easily.

저는 최신 시사 소식을 접하기 위해서 온라인 뉴스 사이트를 방문합니다.
우선, 매일 온라인 뉴스 사이트를 방문하면 최신 정보를 얻을 수 있습니다.
또한, 가끔 댓글란에서 유용한 정보를 찾기도 합니다.
온라인 뉴스 사이트를 방문함으로써 많은 정보를 쉽게 얻고 공유할 수 있습니다.

**VOCA** comment section 댓글란

🖊 제니쌤의 떠먹여주는 만능문장

### 파트3 | 만능문장 7

I can get a lot of useful information on the internet. 저는 인터넷에서 많은 유용한 정보를 얻을 수 있습니다.
→ I can get up-to-date information when I visit online news sites every day.
  매일 온라인 뉴스 사이트를 방문하면 최신 정보를 얻을 수 있습니다.

- 'useful information(유용한 정보)' 대신 문제에 맞게 'up-to-date information(최신 정보)'이라는 표현을 사용합니다.
- 문장 끝에 'if/when'을 붙여 이유를 구체화하면 더 풍부한 답변이 돼요.

### 파트3 | 만능문장 7

**I can get a lot of useful information on the internet.** 저는 인터넷에서 많은 유용한 정보를 얻을 수 있습니다.

→ **Also, I sometimes find useful information in the comment section.** 또한, 가끔 댓글란에서 유용한 정보를 찾기도 합니다.

- 늘 그런 것은 아닐 때 단정적으로 표현하지 않기 위해 'sometimes(때때로)'라는 표현을 사용하면 좋습니다.
- 'comment section(댓글란)'이라는 언급해 정보를 찾을 수 있는 장소를 제시해 답변을 구체화합니다.
- 'get information' 대신 'find information'을 사용해 문장 표현을 다양하게 하고, 답변을 더욱 풍성하게 만듭니다.

### 파트5 | 만능문장 23

**They can get information and share it with other people.** 그들은 정보를 얻고 다른 사람들과 공유할 수 있습니다.

→ **By visiting online news sites, I can get and share a lot of information easily.**
온라인 뉴스 사이트를 방문함으로써 많은 정보를 쉽게 얻고 공유할 수 있습니다.

- 'by –ing' 구문을 사용해 '온라인 뉴스 사이트를 방문함으로써'라고 자연스럽게 표현합니다. 'if/when' 대신 활용할 수 있는 간단한 변형 방법입니다.
- 'get information and share it'을 'get and share'로 간결하게 정리하고, 'easily'를 추가해서 '쉽게'라는 의미까지 추가했어요. 이렇게 하면 답변을 더 구체적으로 만들 수 있습니다.

#### 🎯 제니쌤의 적중노트

**'by ~ing' 구문이 궁금해요!**

'by ~ing'는 '~함으로써'라는 뜻을 자연스럽게 표현할 때 써요. 'when'이나 'if'로만 시작하는 문장이 많을 때, 방법을 말하는 표현으로 다양하게 쓸 수 있어요.

**ex** By visiting online news sites, I can get and share a lot of information easily.
온라인 뉴스 사이트를 방문함으로써 정보를 쉽게 얻고 공유할 수 있어요.

## Questions 8-10: Respond to Questions Using Information Provided

📖 문제집 p. 107

---

### 신입 사원 교육 프로그램
#### 5월 5일 월요일 일정

| 시간 | 일정 |
|---|---|
| 오전 9:00 — 10:00 | 강의: 효과적인 화상 회의 및 전화 회의 |
| 오전 10:00 — 11:00 | 워크숍: 팀 기반 소통 방식 |
| 오전 11:00 — 정오 | 신입 사원 환영 오찬 |
| ~~오후 1:00 — 2:00~~ | ~~신입 사원 팀 미팅~~ |
| 오후 2:00 — 3:00 | 실제 화상 회의: 신규 회사 정책 및 규정 |
| 오후 3:00 — 4:00 | 강연: 팀 내 신뢰 구축하기 |

---

**Hi, this is Ralph and I'm planning to attend the new employee training program held on May 5th. Can you answer a couple of questions regarding the program?**

안녕하세요, 저는 랄프이고, 5월 5일에 열리는 신입 사원 교육 프로그램에 참석할 예정입니다. 그 프로그램에 대해 몇 가지 질문을 드려도 될까요?

**VOCA** a couple of 몇 개의   regarding ~에 대해서   video conferencing 화상 회의

---

### Q8
🔊 MP3  AT21_08

**Q** What is the first session on the schedule, and when does it begin?

일정 중 첫 번째 세션은 무엇이며, 언제 시작하나요?

**A** The first session is a lecture on Effective Video Conferencing and Conference Calls, and it will start at 9:00 a.m.

첫 번째 세션은 효과적인 화상 회의 및 전화 회의에 관한 강의이며, 오전 9시에 시작됩니다.

**VOCA** video conferencing 화상 회의

### Q9
🔊 MP3 AT21_09

**Q** I heard I'm scheduled to join a team meeting that day. What time will it be held?

그날 팀 미팅에 참여해야 한다고 들었습니다. 몇 시에 열리나요?

**A** Actually, there were supposed to be team meetings at 1:00 p.m., but they have been canceled.

사실, 팀 미팅은 오후 1시에 예정되어 있었지만, 취소되었습니다.

### Q10
🔊 MP3 AT21_10

**Q** I was told I need to attend a couple of sessions related to video conferencing. Could you give me more details about them?

제가 화상 회의 관련 몇몇 세션에 참여해야 한다고 들었습니다. 좀 더 자세히 알려 주실 수 있나요?

**A** Yes. There are two sessions related to video conferencing. First, from 9:00 to 10:00 a.m., there is a lecture on Effective Video Conferencing and Conference Calls. Then, from 2:00 to 3:00 p.m., there is an actual video conference on New Company Policies and Regulations.

네. 화상 회의와 관련된 세션은 두 개 있습니다. 먼저, 오전 9시부터 10시까지 효과적인 화상 회의 및 전화 회의에 관한 강의가 있습니다. 그다음, 오후 2시부터 3시까지 신규 회사 정책 및 규정에 대한 실제 화상 회의가 있습니다.

---

🎯 **제니쌤의 적중노트**

**Q8** 첫 일정을 묻는 질문에는 'The first session is ~'로 자연스럽게 시작합니다. 세션, 강의, 미팅 등에 모두 쓸 수 있는 표현입니다.

**Q9** 예정된 일이 변경됐을 때는 'be supposed to + 동사원형'을 사용해서 '원래 ~하기로 되어 있었다'로 표현합니다.

 **ex** Actually, there were supposed to be team meetings at 1:00 p.m.

일정 취소는 'has/have been canceled'로 표현합니다.

 **ex** The team meetings have been canceled.

**Q10** 여러 활동을 설명할 때 'First, Next/Then, Finally'를 사용하면 순서대로 정리해 말할 수 있어 답변이 더 깔끔해집니다.

## Question 11: Express an Opinion

**Q11**  MP3 AT21_11

Do you agree or disagree with the following statement:
Schools should stop using letter grades like A, B, or C and give students written comments instead.
Use specific reasons and examples to support your opinion.

다음 진술에 동의하시나요, 동의하지 않으시나요?
학교는 A, B, C와 같은 성적 등급 사용을 중단하고, 대신 학생들에게 서면 코멘트를 제공해야 합니다.
구체적인 이유와 예시를 들어서 의견을 뒷받침하세요.

###  아이디어 만들기

학교가 성적 등급 사용을 중단하고 서면 코멘트를 제공해야 한다는 의견에 동의하지 않습니다.
1. 학교가 성적 등급 사용을 중단하면, 학생들이 공부에 대한 동기를 느끼지 못하고 집중하지 않을 수 있습니다.
2. 경쟁이 치열하고 변화하는 사회에서 성적 등급을 사용하지 않으면 경쟁을 이겨내는 방법을 배우지 못합니다.

###  만능문장 활용하기

| 파트5 \| 만능문장 39 | They can motivate others. 그들은 다른 사람들에게 동기를 부여할 수 있습니다. |

| 파트5 \| 만능문장 6 | They can't focus on their studies/work. 그들은 학업/업무에 집중할 수 없습니다. |

| 파트5 \| 만능문장 8 | They will fall behind in class. 그들은 수업에 뒤처질 것입니다. |

| 파트5 \| 만능문장 40 | Everything is always changing and there is a lot of competition.
모든 것이 항상 변화하고 경쟁이 치열합니다. |

| 파트5 \| 만능문장 42 | He is able to handle a variety of situations due to his [명사].
그는 그의 [명사] 덕분에 다양한 상황에 대처할 수 있습니다. |

## 모범 답안

| | |
|---|---|
| 서론 | **I disagree with the statement.**<br>저는 그 말에 동의하지 않습니다. |
| 연결 문장 | **Let me explain why I think this way.**<br>제가 왜 이렇게 생각하는지 설명하겠습니다. |
| 이유 1 | **Most of all, if schools stop using letter grades, students may not feel motivated to study or focus on their studies.**<br>무엇보다도, 학교가 성적 등급 사용을 중단한다면, 학생들이 공부에 대한 동기를 느끼지 못하고 학업에 집중하지 않을 수 있습니다.<br><br>🎤 제니쌤의 떠먹여주는 만능문장<br><br>**파트5 | 만능문장 39**  They can motivate others.  그들은 다른 사람들에게 동기를 부여할 수 있습니다.<br><br>**파트5 | 만능문장 6**  They can't focus on their studies/work.<br>그들은 학업/업무에 집중할 수 없습니다.<br><br>→ If schools stop using letter grades, students may not feel motivated to study or focus on their studies.<br>학교가 성적 등급을 사용을 중단한다면, 학생들이 공부에 대한 동기를 느끼지 못하고 학업에 집중하지 않을 수 있습니다.<br><br>• 'may(~일지도 모른다, ~일 수도 있다)'를 사용해서 단정적이지 않게 표현해요. 단정적으로 표현하는 것이 애매한 경우에 'may'를 사용하면 답변이 좀 더 자연스럽고 부드럽게 들립니다.<br>• 학생들이 스스로 동기를 느끼는 상황에 맞게 'motivate others'를 'feel motivated to study'로 변형했습니다. 'feel motivated'는 내가 의욕을 느낀다는 의미이고, 'motivate + 목적어'는 남에게 의욕을 불어넣는다는 의미입니다.<br>• 문제에 사용된 문장을 그대로 가져와서 If 구문으로 'If schools stop using letter grades'를 추가했습니다. 이렇게 하면 답변이 문제와 직접 연결되어 일관성 있고 명확하게 들립니다. |

> From my experience, when I was in elementary school, my school gave written comments instead of letter grades. It wasn't helpful at all because it didn't motivate me. As a result, I fell behind in class.

제 경험으로는, 제가 초등학생 때 학교에서 성적 등급 대신 서면 코멘트를 줬습니다. 저에게는 동기 부여가 되지 않아서 전혀 도움이 되지 않았습니다. 결과적으로, 저는 수업에 뒤처지게 되었습니다.

🖋 **제니쌤의 떠먹여주는 만능문장**

**파트5 | 만능문장 39**  They can motivate others.  그들은 다른 사람들에게 동기를 부여할 수 있습니다.

→ It wasn't helpful at all because it didn't motivate me.
   저에게는 동기 부여가 되지 않아서 전혀 도움이 되지 않았습니다.

- 어떤 옵션의 단점을 말할 때 'not helpful at all(전혀 도움이 되지 않았다)'를 사용할 수 있습니다.
- 'others'를 'me'로 바꿔서 내 얘기로 만들고, 시제는 과거형으로 바꿔 'didn't motivate me'로 표현했습니다.

**파트5 | 만능문장 8**  They will fall behind in class.  그들은 수업에 뒤처질 것입니다.

→ As a result, I fell behind in class.  결과적으로, 저는 수업에 뒤처지게 되었습니다.

'As a result'라는 결과를 말해주는 표현을 사용하여 앞 문장과 연결하고, 과거 경험이기 때문에 'fall'의 과거형인 'fell'을 썼습니다.

---

🎯 **제니쌤의 적중노트**

**경험 문장 만들기**

'내가 초등학생 때'를 영어로 표현할 때, 아래 두 가지 표현 모두 사용할 수 있습니다.

> ex  when I was an elementary school student
>     when I was in elementary school

**'helpful'로 경험 문장 만들기**

'도움이 되었다'는 'helpful', '도움이 되지 않았다'는 'not helpful'로 표현할 수 있어요. 전혀 도움이 되지 않았다고 강조하고 싶을 때는 'not helpful at all'이라는 표현을 쓰면 자연스럽습니다.

---

**VOCA**  instead of ~ 대신에

## 이유 2

**On top of that, there is a lot of competition in this society, and everything is always changing.**

게다가, 이 사회에는 경쟁이 치열하고 모든 것은 항상 변화하고 있습니다.

 🖊 제니쌤의 떠먹여주는 만능문장

**파트5 | 만능문장 40**    Everything is always changing and there is a lot of competition.
모든 것이 항상 변화하고 경쟁이 치열합니다.

→ There is a lot of competition in this society, and everything is always changing.
이 사회는 경쟁이 치열하고 모든 것은 항상 변화하고 있습니다.

단순한 경쟁이 아닌, 이 사회 내에서의 경쟁을 강조하기 위해 'in this society'라는 표현을 사용했습니다. 그리고 더 자연스러운 문장 흐름을 위해 어순을 조정합니다.

## 예시 2

**If schools don't use letter grades, students may not learn how to handle competition.**

만약 학교에서 성적 등급을 사용하지 않는다면, 학생들은 경쟁을 다루는 방법을 배우지 못할 수도 있습니다.

🖊 제니쌤의 떠먹여주는 만능문장

**파트5 | 만능문장 42**    He is able to handle a variety of situations due to his [명사].
그는 그의 [명사] 덕분에 다양한 상황에 대처할 수 있습니다.

→ If schools don't use letter grades, students may not learn how to handle competition.
만약 학교에서 성적 등급을 사용하지 않는다면, 학생들은 경쟁을 다루는 방법을 배우지 못할 수도 있습니다.

'how to + 동사원형(~하는 법)' 구조를 사용해 'may not learn how to + 동사원형'(~하는 법을 배우지 못할지도 모른다')라는 구문을 만듭니다. 'competition(경쟁)'과 만능문장의 'handle(처리하다, 다루다)'을 활용해, 경쟁을 다루는 법을 배우지 못할지도 모른다는 내용을 자연스럽게 완성합니다.

## 결론

**Therefore, I disagree with the statement.**

따라서 저는 그 말에 동의하지 않습니다.

# 모범 답안

📖 문제집 pp. 109-113

## 🔖 Questions 1-2: Read a Text Aloud

### Q1 인물 소개
🔊 MP3 AT22_01

Welcome to this week's episode of Academic Voices. ↘ Today, → / we are honored to introduce Dr. Michael Lee, → / a renowned professor of environmental science. ↘ Dr. Lee has been recognized / for his research on climate change adaptation, ↗ urban sustainability, ↗ and renewable energy. ↘ He currently teaches at Green Valley University. ↘ Stay tuned / as we discuss his groundbreaking work and insights / on future environmental policies. ↘

이번 주 아카데믹 보이스 에피소드에 오신 것을 환영합니다. 오늘은 환경 과학 분야의 저명한 교수님이신 마이클 리 박사를 소개하게 되어 영광입니다. 리 박사는 기후 변화 적응, 도시 지속 가능성, 신재생 에너지 분야의 연구로 잘 알려져 있습니다. 그는 현재 그린 밸리 대학교에서 강의하고 있습니다. 그의 혁신적인 연구와 미래 환경 정책에 대한 통찰을 함께 나눌 예정이니 채널을 고정해 주세요.

 제니쌤의 발음과외

**1. 발음에 주의하며 천천히 연습해 보세요.**

| | |
|---|---|
| academic /ˌæk.əˈdem.ɪk/ | /æk/를 짧게 |
| renowned /rɪˈnaʊnd/ | /naʊnd/를 강하고 분명하게 |
| environmental /ɪnˌvaɪ.rənˈmen.təl/ | 첫 음절은 /en/이 아닌 /ɪn/으로 읽는 것에 주의 |
| adaptation /ˌæd.æpˈteɪ.ʃən/ | 두 번째 음절의 /æ/는 '애아'를 빨리 말하는 것처럼 발음하기 |
| sustainability /səˌsteɪ.nəˈbɪ.lə.ti/ | '서스테인+어빌리티'가 아니라 '서스테이너빌리티'처럼 부드럽게 이어서 |
| renewable /rɪˈnuː.ə.bəl/ | 첫 음절 /r/에 유의하고, /nuː/를 길게 |
| policies /ˈpɑː.lə.siːz/ | 첫 음절은 '폴'이 아니라 /pɑː.l/로 발음하기 |

**2. 강세를 정확하게 주세요.**

아래 단어들은 볼드체 부분에 강세를 주세요.

**ex** aca**dem**ic, re**nowned**, environ**men**tal, adap**ta**tion, sustain**a**bility, re**new**able, **ground**breaking, **pol**icies

### 3. 억양과 강조가 필요한 부분은 확실하게 읽어주세요.

- 고유 명사(이름·대학·프로그램명 등)는 분명하게 읽어주세요.
  **ex** Dr. Michael Lee, Academic Voices, Green Valley University

- 나열되는 항목은 중간은 올리고(↗), 마지막은 내려주세요(↘).
  **ex** climate change **adaptation**,(↗) urban **sustainability**,(↗) and **renewable energy**(↘)

---

**Q2** 행사 소개 🔊 MP3 AT22_02

Welcome everyone,→ / and thank you for joining us today. ↘ This event was prepared / to show our appreciation for the employees / who have contributed to the company's growth and success. ↘ We will begin with a short award ceremony / to recognize several outstanding team members. ↘ After the ceremony,→ / please enjoy the buffet / we've prepared for you. ↘ We hope / you have a great time,→ / and thank you again / for your hard work. ↘

여러분, 환영합니다. 오늘 함께해 주셔서 감사합니다. 이번 행사는 회사의 성장과 성공에 기여한 직원 여러분께 감사의 마음을 전하기 위해 준비되었습니다. 여러 우수 직원을 표창하는 간단한 시상식으로 행사를 시작하겠습니다. 시상식 후에는 준비된 뷔페를 마음껏 즐겨주세요. 즐거운 시간 보내시길 바라며, 다시 한 번 여러분의 노고에 감사드립니다.

---

### 🐬 제니쌤의 발음과외

**1. 발음에 주의하며 천천히 연습해 보세요.**

| | |
|---|---|
| **appreciation** /ə.priː.ʃiˈeɪ.ʃən/ | /ʃ/는 입술을 모으고 '시'가 아닌 'sh' 소리 내기 |
| **growth** /groʊθ/ | /θ/는 혀끝을 윗니와 아랫니 사이에 살짝 내밀고 바람 소리 내기 |
| **success** /səkˈses/ | 끝 음절 /ses/를 강하게 |
| **ceremony** /ˈser.ə.moʊ.ni/ | 첫 음절 /ser/를 강하게 |
| **buffet** /ˈbuː.feɪ/ | 프랑스어식 발음으로, 't'는 소리 내지 않고 '부-페이'처럼 발음하기 |
| **outstanding** /ˌaʊtˈstæn.dɪŋ/ | /stæn/의 /æ/는 '애아'를 빨리 말하듯이 |

**2. 강세를 정확하게 주세요.**

아래 단어들은 볼드체 부분에 강세를 주세요.
  **ex** ap**pre**ciation, em**ploy**ees, con**tri**buted, suc**cess**, **cer**emony, bu**ffet**, out**stand**ing

3. 적절한 위치에서 문장을 끊어 읽으세요.

- 문장이 길 때는 to 부정사 앞에서 끊어 읽으면 자연스러워요.
- 관계대명사로 설명이 시작될 때는 앞에서 살짝 쉬어주세요.

> **ex** This event was prepared / to show our appreciation for the employees / who have contributed to the company's growth and success.

## Questions 3-4: Describe a Picture

**Q3**　서론 ≫ 전체 요약 (생략) ≫ 인물 묘사 ≫ 기타 사물 배경 (생략)　　🔊 MP3 AT22_03

| 서론 | This is a picture taken in a subway station.<br>이것은 지하철역에서 찍힌 사진입니다. |
|---|---|
| 인물 묘사 | On the left side of the picture, there is a man playing the guitar and singing.<br>In front of him, I can see a guitar case.<br>On the right side of the picture, I can see two people watching the performance.<br>One of them is a man, and he is wearing a cap.<br>The other is a woman, and she is wearing a scarf.<br><br>사진의 왼쪽에는 기타를 치며 노래하는 한 남성이 있습니다.<br>그 앞에는 기타 케이스가 보입니다.<br>사진 오른쪽에는 공연을 보고 있는 두 사람이 있습니다.<br>그중 한 명은 남성으로, 야구모자를 쓰고 있습니다.<br>다른 한 명은 여성이고, 스카프를 하고 있습니다. |

**VOCA**　subway station 지하철역　play the guitar 기타를 연주하다　guitar case 기타 케이스
　　　　watch the performance 공연을 보다　wear a cap 야구모자를 쓰다

### 제니쌤의 적중노트

**공연 장면을 묘사하는 표현**

- perform 공연하다, 연주하다
- sing 노래하다
- play the guitar/piano 기타/피아노를 연주하다

일반적으로 '공연하다'를 표현할 때 'perform'을 사용합니다. 악기를 연주한다고 말할 때는 악기 앞에 'the'를 붙여 'play the guitar (기타를 연주하다)'처럼 표현하는 것이 일반적입니다.

---

**Q4** 서론 ≫ 전체 요약 (생략) ≫ 인물 묘사 ≫ 기타 사물 배경    🔊 MP3 AT22_04

| | |
|---|---|
| 서론 | This is a picture taken outdoors.<br>이것은 야외에서 찍힌 사진입니다. |
| 인물 묘사 | In the middle of the picture, I can see a man grilling meat on a barbeque grill.<br>Next to him, there is a woman holding a glass.<br>On the left side of the picture, I can see some people.<br>One of them is standing, and the rest of them are sitting at a table.<br><br>사진 중앙에는 바베큐 그릴에서 고기를 굽고 있는 한 남성이 보입니다.<br>그 옆에는 유리잔을 들고 있는 여성이 있습니다.<br>사진 왼쪽에는 몇몇 사람들이 보입니다.<br>그중 한 명은 서 있고, 나머지는 테이블에 앉아 있습니다. |
| 기타 사물 배경 | On the table, I can see a bottle of wine and some wine glasses.<br>테이블 위에는 와인병 하나와 와인잔 몇 개가 보입니다. |

**VOCA** outdoors 야외에서  grill meat (그릴에) 고기를 굽다  barbeque grill 바베큐 그릴  hold a glass 유리잔을 들다  a bottle of wine 와인병 하나  wine glass 와인 잔

### 🎯 제니쌤의 적중노트

비슷한 행동을 하는 사람끼리 묶어서 말해요.

3인 이상의 인물을 묘사할 때, '한 명은(One of them) ~하고, 나머지는(the rest of them) ~하고 있다'라고 간결하게 말할 수 있어요.

**ex** One of them is standing, and the rest of them are sitting at a table.
→ 나머지 사람들을 'the rest of them'으로 묶어서 간단히 묘사할 수 있어요.

## 📍 Questions 5-7: Respond to Questions

Imagine that a marketing company is doing research in your country.
You have agreed to participate in a telephone interview about washing clothes.

한 마케팅 회사가 당신의 나라에서 조사를 하고 있다고 상상해 보세요. 당신은 의류 세탁에 관한 전화 인터뷰에 참여하기로 동의했습니다.

**Q5**  🔊 MP3 AT22_05

  How often do you wash your clothes? What time of the day do you usually wash your clothes?

옷을 얼마나 자주 세탁하시나요? 보통 하루 중 몇 시에 옷을 세탁하시나요?

**A** I wash my clothes twice a week, and I usually wash them in the evening because it's part of my daily routine.

저는 일주일에 두 번 세탁하며, 보통 저녁에 세탁합니다. 그게 제 일과의 일부이기 때문입니다.

 ✏️ 제니쌤의 떠먹여주는 만능문장

### 의문사 만능패턴 How

How often / How frequently / How many times ~? 얼마나 자주 하나요?
twice a week 일주일에 두 번 / almost every day 거의 매일 / once in a while 가끔씩
→ I wash my clothes twice a week. 저는 일주일에 두 번 옷을 세탁합니다.

세탁을 하는 빈도를 묻는 문제입니다. 'almost every day(거의 매일) / twice a week(일주일에 두 번) / once in a while(가끔씩)' 중에서 적절한 표현을 골라 답하면 쉽게 대응할 수 있습니다.

### 의문사 만능패턴 When (What time of the day)

**What time of the day do you usually ~?** 보통 하루 중 언제 ~하나요?
**in the morning** 오전에 / **in the evening** 저녁에

→ **I usually wash them in the evening because it's part of my daily routine.**
저는 보통 저녁에 세탁합니다. 그게 제 일과의 일부이기 때문입니다.

- 하루 중 언제(what time of the day) 어떤 활동을 하는지 묻는 문제에는 '오전(morning) / 오후(afternoon) / 저녁(evening)' 중 하나를 골라 답하면 됩니다.
- 이때 자주 활용할 수 있는 만능문장으로는 'It's part of my daily routine. (매일 하는 일이다.)'이 있으며, 'It's less crowded in the morning. (아침에는 덜 붐빈다.)'도 쓸 수 있습니다.

---

**Q6**  MP3 AT22_06

**Q** Do you prefer to wash clothes in a washing machine or by hand?
세탁기를 사용하는 것과 손빨래 중 어떤 것을 더 선호하시나요?

**A** I prefer to wash clothes in a washing machine because I can save time. I'm a student, so I don't have much time.
저는 시간을 절약할 수 있기 때문에 세탁기를 사용하는 것을 더 선호합니다. 왜냐하면, 저는 학생이라 시간이 많지 않습니다.

---

**VOCA** washing machine 세탁기

 제니쌤의 떠먹여주는 만능문장

### 파트3 | 만능문장 4

**It's faster, so I can save time.** 그것은 더 빨라서 시간을 절약할 수 있습니다.
→ **I prefer to wash clothes in a washing machine because I can save time.**
저는 세탁기를 사용하는 것을 더 선호합니다. 왜냐하면 시간을 절약할 수 있기 때문입니다.

문제를 활용해서 무엇을 선호하는지부터 말하고, 그 이유로 'I can save time.'을 사용합니다.

### 파트3 | 만능문장 20

**I'm a student and I'm so busy with my school work.** 저는 학생이어서 학업에 매우 바쁩니다.

파트3 | 만능문장 21

I don't have much time. 저는 시간이 많지 않습니다.
→ I'm a student, so I don't have much time. 저는 학생이라 시간이 많지 않습니다.

두 개의 만능문장을 적절히 활용해서 어울리는 부연 설명을 만듭니다.

---

**Q7** 🔊 MP3 AT22_07

**Q** When you purchase a washing machine, which of the following do you consider the most?
- Whether it is easy to use
- Capacity
- Eco-friendliness

세탁기를 구매할 때, 다음 중 어떤 것을 가장 중요하게 고려하나요?
- 사용하기 쉬운지 여부
- 용량
- 친환경성

**A** I think eco-friendliness is the most important. It's good for the environment. Pollution is a serious issue these days. If I use an eco-friendly washing machine, I will be able to protect the environment, and it can make a cleaner environment in the future.

저는 친환경성이 가장 중요하다고 생각합니다. 그것은 환경에 좋습니다. 요즘 오염 문제가 심각합니다. 친환경 세탁기를 사용하면 환경을 보호할 수 있고, 미래에는 더 깨끗한 환경을 만들 수 있습니다.

---

**VOCA** eco-friendly 친환경적인

### 제니쌤의 떠먹여주는 만능문장

**파트5 | 만능문장 55**

It is good for the environment. 그것은 환경에 좋습니다.

**파트5 | 만능문장 56**

Pollution is a serious issue these days. 환경 오염은 요즘 심각한 문제입니다.

→ It's good for the environment. Pollution is a serious issue these days.
  그것은 환경에 좋습니다. 요즘 오염 문제가 심각합니다.

환경과 관련된 만능문장들을 그대로 활용해서, 친환경성의 중요성을 뒷받침했습니다.

**파트5 | 만능문장 58**

We will be able to protect the environment. 우리는 환경을 보호할 수 있을 것입니다.

→ If I use an eco-friendly washing machine, I will be able to protect the environment.
  친환경 세탁기를 사용하면 환경을 보호할 수 있습니다.

- If 구문(~ 한다면 … 할 것이다)을 사용해 답변을 구체화합니다.
- 주어 'We'를 'I'로 바꿔서 문제에 맞게 답변합니다.

**파트5 | 만능문장 57**

It can make a cleaner environment. 그것은 더 깨끗한 환경을 만들 수 있습니다.

→ It can make a cleaner environment in the future. 미래에는 더 깨끗한 환경을 만들 수 있습니다.

'in the future(미래에)'를 추가해서 좀 더 구체적인 답변을 만듭니다.

# Questions 8-10: Respond to Questions Using Information Provided

 문제집 p. 112

### 설리반 회사 면접 일정
### 105호 회의실

| 시간 | 지원자 | 지원 직무 | 현재 근무지 |
| --- | --- | --- | --- |
| 오전 9:00 – 9:20 | 에이단 버틀러 | 영업 담당자 | 메디 인터내셔널 |
| 오전 9:30 – 9:50 | 엘리 베넷 | 비즈니스 애널리스트 | 비즈니스 포커스 |
| 오전 10:00 – 10:20 | 에이드리언 머피 | 회계사 | 프라임 어카운팅 |
| 오전 10:30 – 10:50 | 스콧 고메즈 | 고객 서비스 대표 | JK 인터내셔널 |
| ~~오전 11:00 – 11:20~~ | ~~루나 매튜스~~ | ~~영업 담당자~~ | ~~웰니스 푸드~~ |
| 오전 11:30 – 11:50 | 글로리아 벨 | 회계사 | 비즈니스 포커스 |

Hello, I'm the HR manager at Sullivan Company. I'm planning to interview several candidates applying for positions here. However, I don't have the specific details yet. Could I ask you a few questions about the interview schedule?

안녕하세요, 저는 설리번 회사의 인사 담당자입니다. 이곳에 입사 지원한 몇 명의 지원자들을 면접할 계획입니다. 하지만 아직 구체적인 내용을 가지고 있지 않습니다. 면접 일정에 대해 몇 가지 질문을 드려도 될까요?

### Q8

MP3 AT22_08

**Q** What time does the interview start and where will it be held?

면접은 몇 시에 시작되며, 어디에서 진행되나요?

**A** The interview will start at 9:00 a.m., and it will be held in Conference Room 105.

면접은 오전 9시에 시작되며, 105호 회의실에서 진행됩니다.

**Q9** 🔊 MP3 AT22_09

**Q** I heard there are two applicants applying for the sales representative position. Is that right?

영업 담당자 직책에 두 명의 지원자가 지원했다고 들었습니다. 맞나요?

**A** No, actually, there were supposed to be two applicants, but one of the interviews has been canceled. So, we have only one applicant for that position.

아니요, 사실 지원자가 두 명으로 예정되어 있었지만, 한 명의 면접이 취소됐습니다. 그래서 해당 직책의 지원자는 한 명뿐입니다.

**VOCA** applicant 지원자  apply for ~에 지원하다

---

**Q10** 🔊 MP3 AT22_10

**Q** I'd like to know about the applicants from Business Focus. Can you tell me about them?

비즈니스 포커스에서 온 지원자들에 대해 알고 싶습니다. 그들에 대해 알려 주실 수 있나요?

**A** Yes, there are two applicants from Business Focus. First, at 9:30, there is an interview with Eli Bennett, who applied for the business analyst position. Next, at 11:30, there is an interview with Gloria Bell, who applied for the accountant position.

네, 비즈니스 포커스 출신 지원자는 두 명 있습니다. 먼저, 9시 30분에 비즈니스 애널리스트 직무에 지원한 엘리 베넷의 면접이 있고, 다음으로, 11시 30분에 회계직에 지원한 글로리아 벨의 면접이 예정되어 있습니다.

---

### 🎯 제니쌤의 적중노트

**Q8** 8번 문제는 장소와 시작 시간을 묻는 질문이 자주 출제됩니다.
시작 시간은 'It will start at + 시각' 패턴을 자연스럽게 바로 말할 수 있도록 연습해 두세요.
특정한 장소 앞에는 'at'을 사용하고, 방(room)이나 도시(city), 나라(country)처럼 넓은 장소 앞에는 'in'을 사용합니다.

**Q9** 예정된 일이 변경되기 전의 상황은 'be supposed to + 동사원형'으로 표현합니다.

> ex  There were supposed to be two applicants.

일정이 취소되었을 때는 'has/have been canceled'로 표현합니다.

> ex  One of the interviews has been canceled.

**Q10** '~에 지원하다'는 'apply for'로 표현합니다. 아래의 세 가지 형태를 모두 알아 두세요.

| | |
|---|---|
| 과거 시제:<br>지원한 사실을 말할 때 사용 | He applied for the business analyst position.<br>그는 비즈니스 애널리스트 직무에 지원했다. |
| 현재 진행형:<br>지원하는 과정이 진행 중임을 강조할 때 사용 | He is applying for the business analyst position.<br>그는 비즈니스 애널리스트 직무에 지원하고 있다. |
| 관계대명사 who:<br>지원한 사람을 구체적으로 설명할 때 사용 | an applicant who applied for the business analyst position<br>비즈니스 애널리스트 직무에 지원한 지원자 |

## 💧 Question 11: Express an Opinion

**Q11**  🔊 MP3 AT22_11

Do you agree or disagree with the following statement:
Employees should be allowed to listen to music while working.
Use specific reasons and examples to support your opinion.

다음 진술에 동의하시나요, 동의하지 않으시나요?
직원들은 근무 중에 음악을 들을 수 있도록 허용되어야 합니다.
구체적인 이유와 예시를 들어서 의견을 뒷받침하세요.

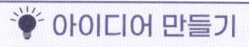 아이디어 만들기

동의하지 않습니다.
1. 일하면서 음악을 들으면, 업무에 집중할 수 없습니다.
2. 음악을 들으면서 일하면, 동료들과 소통하기 어렵습니다.

## 만능문장 활용하기

**파트5 | 만능문장 6**    They can't focus on their studies/work.
그들은 학업/업무에 집중할 수 없습니다.

**파트5 | 만능문장 29**    It is very distracting for students, so students can't focus on their studies.
그것은 학생들의 집중을 분산시켜서 학생들은 공부에 집중할 수 없습니다.

**파트5 | 만능문장 35**    They can communicate with others better.
그들은 다른 사람들과 더 원활하게 소통할 수 있습니다.

## 모범 답안

| | |
|---|---|
| 서론 | I disagree with the statement.<br>저는 그 말에 동의하지 않습니다. |
| 연결 문장 | Let me explain why I think this way.<br>제가 왜 이렇게 생각하는지 설명하겠습니다. |
| 이유 1 | Most of all, employees can't focus on their work if they listen to music while working.<br>무엇보다도, 직원들이 일하면서 음악을 들으면 업무에 집중할 수 없습니다.<br><br>🎤 **제니쌤의 떠먹여주는 만능문장**<br><br>**파트5 \| 만능문장 6**    They can't focus on their studies/work.<br>그들은 학업/업무에 집중할 수 없습니다.<br><br>→ Employees can't focus on their work if they listen to music while working.<br>직원들이 일하면서 음악을 들으면 업무에 집중할 수 없습니다.<br><br>• 문제에 맞게 주어를 'Employees'로 바꾸고, 이에 맞게 '업무(work)에 집중할 수 없다'고 표현합니다.<br>• If 구문을 사용해 '일하면서 음악을 들으면'이라는 의미를 자연스럽게 추가합니다. |

From my experience, I used to listen to music at work. For me, it was not helpful at all because I couldn't concentrate on my tasks. Listening to music was very distracting.

제 경험상, 저는 회사에서 음악을 듣곤 했습니다. 제 경우에는 업무에 집중할 수 없어서 전혀 도움이 되지 않았습니다. 음악을 듣는 것이 매우 산만했습니다.

### 제니쌤의 떠먹여주는 만능문장

**파트5 | 만능문장 6**  They can't focus on their studies/work.  그들은 학업/업무에 집중할 수 없습니다.

→ I couldn't concentrate on my tasks.
　저는 업무에 집중할 수 없었습니다.

- 주어를 'They'에서 'I'로 바꿔 내 경험으로 변형했습니다.
- 'focus' 대신 'concentrate'를 사용하여 다양한 표현을 사용한 답변으로 만들었습니다.

**파트5 | 만능문장 29**  It is very distracting for students, so students can't focus on their studies.
　그것은 학생들의 집중을 분산시켜서 학생들은 공부에 집중할 수 없습니다.

→ Listening to music was very distracting.  음악을 듣는 것이 매우 산만했습니다.

- 주어 'It'을 'Listening to music'으로 바꿔 집중을 방해하는 주체를 구체적으로 나타냈습니다.
- 과거 상황을 나타내야 하므로, 현재형(is)을 과거형(was)으로 바꿨습니다.

---

### 제니쌤의 적중노트

**'used to'로 과거 경험 표현하기**

과거에 습관적으로 했던 일이나 지금은 하지 않는 행동을 말할 때 'used to'를 사용합니다.

　**ex**  From my experience, I used to listen to music at work.

**'not helpful at all'로 부정적인 경험 강조하기**

'도움이 되지 않았다'는 'not helpful'로 표현하고, '전혀 도움이 되지 않았다'는 강한 부정은 'not helpful at all'로 표현할 수 있어요.

　**ex**  For me, it was not helpful at all because I couldn't concentrate on my tasks.

**VOCA**  distracting 집중을 분산시키는  concentrate on ~에 집중하다

예시 1

**On top of that, employees may not communicate well with their colleagues when they listen to music at work.**

게다가, 직원들이 업무 중 음악을 들으면 동료들과 잘 소통하지 못할 수 있습니다.

 🖊 제니쌤의 떠먹여주는 만능문장

이유 2

`파트5 | 만능문장 35`  **They can communicate with others better.**
그들은 다른 사람들과 더 원활하게 소통할 수 있습니다.

→ **Employees may not communicate well with their colleagues when they listen to music at work.** 직원들이 업무 중 음악을 들으면 동료들과 잘 소통하지 못할 수 있습니다.

- 문제 상황에 맞게 주어 'They'를 'Employees'로 바꿨습니다.
- 긍정문을 부정문으로 바꿔 '음악을 들으면 소통이 어려울 수 있다'는 의미를 나타냈습니다.
- 'may(~일지도 모른다, ~일 수도 있다)'를 사용해서 반드시 소통이 안 되는 것은 아니지만 그럴 가능성이 있다는 뉘앙스를 자연스럽게 담았습니다.
- 'when they listen to music at work'를 추가해 소통이 어려워지는 구체적인 상황을 설명했습니다.

예시 2

**According to a recent news report, the majority of successful CEOs in Korea said that employees should not be allowed to listen to music while working because people communicate better when they are not listening to music.**

최근 뉴스 보도에 따르면, 한국의 성공한 CEO 대다수는 직원들이 일할 때 음악을 듣는 것을 허용해서는 안 된다고 말했습니다. 음악을 듣지 않을 때 사람들이 더 원활하게 소통하기 때문입니다.

🎯 제니쌤의 적중노트

**비즈니스 관련 전문가는 'successful CEOs'로 표현하기**
비즈니스나 회사 관련 주제에서 전문가 의견을 인용할 때는 'successful CEOs'를 사용하면 자연스럽고 설득력 있어요.

**반대 상황을 통해 이유 설명하기**
근무 중 음악을 듣는 것을 허용해서는 안 된다는 입장을 명확히 제시하기 위해 음악을 듣는 상황의 단점을 나열하는 데 그치지 않고, 음악을 듣지 않는 상황의 장점을 강조했습니다.
즉, 'when they are not listening to music'이라고 언급하며, 음악을 듣지 않을 때 사람들이 더 원활하게 소통할 수 있다는 긍정적인 측면을 부각한 것이지요. 이처럼 반대 상황에서의 긍정적인 효과를 강조하면 주장을 보다 논리적이고 설득력 있는 주장을 펼칠 수 있습니다.

결론

**Therefore, I disagree with the statement.**

따라서 저는 그 말에 동의하지 않습니다.

# 실전 모의고사 23회

## 모범 답안

📖 문제집 pp. 114-118

### 📍 Questions 1-2: Read a Text Aloud

**Q1** 교통 방송 🔊 MP3 AT23_01

Good morning. ↘ This is today's traffic report. ↘ There will be congestion on Route Two, → / so we expect some delays in West Victoria. ↘ Drivers are advised to detour / through City Downtown, ↗ East Boulevard, ↗ or Highway Three. ↘ For more updates on your commute, → / please stay tuned. ↘

좋은 아침입니다. 오늘의 교통 정보입니다. 2번 도로의 정체가 예상되어, 서부 빅토리아에서 다소 지연이 있을 것으로 보입니다. 운전하시는 분들은 시내 중심부나 이스트 대로, 또는 3번 고속 도로를 통해 우회하시기 바랍니다. 출퇴근길에 대한 추가 업데이트를 원하시는 분들은 계속해서 청취해 주세요.

 제니쌤의 발음과외

**1. 발음에 주의하며 천천히 연습해 보세요.**

| congestion /kənˈdʒes.tʃən/ | /dʒes/를 강하게, /tʃən/은 짧게 |
|---|---|
| delays /dɪˈleɪz/ | /leɪz/를 분명하게 |
| detour /ˈdiː.tʊr/ | /diː/를 강하고 길게, /tʊr/는 부드럽게 |
| boulevard /ˈbʊ.lə.vɑːrd/ | /bʊ.lə/를 강하게, 뒷부분은 /v/ 발음에 유의 |

**2. 강세를 정확하게 주세요.**

아래 단어들은 볼드체 부분에 강세를 주세요.

**ex** con**ges**tion, de**lays**, **de**tour, down**town**, **bou**levard, com**mute**

**3. 억양과 강조가 필요한 부분은 확실하게 읽어주세요.**

나열되는 지명은 중간은 올리고(↗), 마지막은 내려 주세요.(↘)

**ex** Drivers are advised to detour through **City Downtown,**(↗) **East Boulevard,**(↗) or **Highway Three.**(↘)

> **Q2 행사 소개**  🔊 MP3 AT23_02
>
> Welcome to the Sports Competition / at Lincoln Park! ↘ The park offers excellent sports facilities / for all visitors. ↘ Games will be held on the basketball court, ↗ the tennis court, ↗ and the baseball field → / throughout the day. ↘ The basketball game will start in just a minute. ↘ Let's give a big round of applause / for the players! ↘
>
> 링컨 공원에서 열리는 스포츠 대회에 오신 것을 환영합니다! 이 공원은 모든 방문객을 위한 훌륭한 스포츠 시설을 제공합니다. 농구 코트, 테니스 코트, 야구장에서 하루 종일 경기가 열릴 예정입니다. 잠시 후에 농구 경기가 시작됩니다. 선수들에게 큰 박수를 보내 주세요!

🐬 **제니쌤의 발음과외**

**1. 발음에 주의하며 천천히 연습해 보세요.**

| | |
|---|---|
| competition /ˌkɑːm.pəˈtɪʃ.ən/ | /kɑːm.pə/는 약하게 연결해 읽고, /tɪ/를 강하게, /ʃən/은 부드럽게 |
| facilities /fəˈsɪ.lə.tiz/ | /sɪ/를 강하게, /tiz/는 '티즈'가 아니라 '티―즈'처럼 'z' 소리를 길고 진동감 있게 마무리 |
| throughout /θruːˈaʊt/ | /aʊt/을 분명하게 |
| applause /əˈplɑːz/ | /ɑː/는 입을 충분히 열고 길게 늘이며 발음, /z/는 목에 진동이 느껴지도록 부드럽게 마무리 |
| basketball /ˈbæs.kɪt.bɔːl/ | 첫 음절 /bæs/를 강하게, 'ball'의 /l/발음에 유의 |

**2. 강세를 정확하게 주세요.**

아래 단어들은 볼드체 부분에 강세를 주세요.

> **ex** compe**ti**tion, fa**ci**lities, through**out**, ap**plause**, **bas**ketball, **ten**nis, **base**ball

**3. 억양과 강조가 필요한 부분은 확실하게 읽어주세요.**

'all'과 같이 의미를 강조하는 단어는 강조해서 읽어주세요.

> **ex** The park offers excellent sports facilities for **all** visitors.

## Questions 3-4: Describe a Picture

**Q3** 서론 » 전체 요약 » 인물 묘사 » 기타 사물 배경   🔊 MP3 AT23_03

| 서론 | This is a picture taken outdoors.<br>이것은 야외에서 찍힌 사진입니다. |
|---|---|
| 전체 요약 | The first thing I can see in this picture is three women shopping.<br>이 사진에서 가장 먼저 볼 수 있는 것은 쇼핑하고 있는 세 여성입니다. |
| 인물 묘사 | In the middle of the picture, there is a woman wearing a black top and a black checkered skirt.<br>Next to her, I can see another woman wearing a hat and sunglasses.<br>On the right side of the picture, the other woman is holding a jacket and looking at it.<br>All of them are smiling.<br>사진 중앙에는 검은색 상의와 검은색 체크무늬 치마를 입고 있는 한 여성이 있습니다.<br>그녀 옆에는 모자와 선글라스를 쓰고 있는 다른 여성이 보입니다.<br>사진 오른쪽에는 다른 여성이 재킷을 들고 그것을 바라보고 있습니다.<br>그들 모두 웃고 있습니다. |
| 기타 사물 배경 | On the left side of the picture, I can see clothes hanging on a rack.<br>사진 왼쪽에는 옷걸이에 걸려 있는 옷이 보입니다. |

**VOCA** sunglasses 선글라스  hang 물건을 걸다, 매달다  rack 선반, 걸이, 진열대

### 🎯 제니쌤의 적중노트

**물건이 정리된 모습은 이렇게 묘사하세요.**

가게에서 물건이 정리된 모습을 묘사할 때는 'hang / arrange / display' 같은 동사를 잘 활용해 보세요.

**ex** On the left side of the picture, I can see clothes hanging on a rack.  사진 왼쪽에는 옷걸이에 걸려 있는 옷이 보입니다.

**Q4** 서론 ≫ 전체 요약 ≫ 인물 묘사 ≫ 기타 사물 배경 (생략) ≫ 전체적 분위기　　🔊 MP3　AT23_04

| 서론 | **This is a picture taken indoors.**<br>이것은 실내에서 찍힌 사진입니다. |
|---|---|
| 전체 요약 | **The first thing I can see in this picture is a man holding a hammer.**<br>이 사진에서 가장 먼저 볼 수 있는 것은 망치를 들고 있는 한 남성입니다. |
| 인물 묘사 | **He is wearing protective glasses, gloves, and a checkered shirt.**<br>**He is nailing a piece of lumber on a table and holding it with one hand.**<br>그는 보호용 안경과 장갑을 끼고, 체크무늬 셔츠를 입고 있습니다.<br>그는 테이블 위에 있는 목재 조각에 못질하고 있으며, 한 손으로 그것을 잡고 있습니다. |
| 전체적 분위기 | **Overall, it seems like he is busy working.**<br>전반적으로, 그는 바쁘게 일하고 있는 것 같습니다. |

**VOCA** hold a hammer 망치를 들다　protective glasses 보호용 안경　gloves 장갑　checkered shirt 체크무늬 셔츠
nail 못질하다　lumber (건축·목공용) 목재　table 테이블　be busy working 바쁘게 일하다

### 🎯 제니쌤의 적중노트

**1인 묘사에서 발화량 늘리기 - 전체적인 분위기 묘사**

묘사할 대상이 많지 않은 1인 묘사 유형에서는 전체적인 분위기를 언급하여 발화량을 늘릴 수 있어요. 단, 1인 묘사 유형에서만 활용하기를 추천합니다.

**ex** Overall, it seems like he is busy working.　전반적으로, 그는 바쁘게 일하고 있는 것 같습니다.

#  Questions 5-7: Respond to Questions

Imagine that a lifestyle magazine is preparing an article.
You have agreed to participate in a telephone interview about gardening.

라이프스타일 잡지가 기사를 준비하고 있다고 상상해 보세요. 당신은 정원 가꾸기에 관한 전화 인터뷰에 참여하기로 동의했습니다.

**Q5** 🔊 MP3 AT23_05

**Q** Do you enjoy gardening or taking care of plants? Why or why not?

정원을 가꾸는 것이나 식물을 돌보는 것을 좋아하나요? 그 이유는 무엇인가요?

**A** Yes, I enjoy gardening because it relieves my stress, and it also helps me relax. I'm stressed out these days, so I need it.

네, 정원을 가꾸는 것은 스트레스를 풀어주어 제가 편안하게 쉬는 데 도움이 되기 때문에 좋아합니다. 저는 요즘 스트레스를 많이 받아서 그것이 필요합니다.

  제니쌤의 떠먹여주는 만능문장

### 파트5 | 만능문장 52

It relieves their stress and they can relax. 그것은 그들의 스트레스를 풀어주어, 그들은 편안하게 쉴 수 있습니다.
→ It relieves my stress, and it also helps me relax. 그것은 나의 스트레스를 풀어주어 내가 편안하게 쉬는 도움이 됩니다.

- 'their'를 'my'로 바꿔 개인적인 경험으로 자연스럽게 바꿔줬습니다.
- 'and they can relax'를 'it also helps me relax'로 바꿔 더 매끄럽고 정확하게 표현했습니다.
- 'help + 목적어 + 동사원형'은 '~가 …하도록 돕다'는 의미로, 'helps me relax'는 '정원 가꾸기는 내가 편히 쉬도록 돕는다'는 뜻이 됩니다.

### 파트3 | 만능문장 1

It relieves my stress. I'm stressed out these days. So, I need this.
그것은 저의 스트레스를 풀어줍니다. 저는 요즘 스트레스를 많이 받습니다. 그래서 이것이 필요합니다.
→ I'm stressed out these days, so I need it. 저는 요즘 스트레스를 많이 받아서 그것이 필요합니다.

'this'는 보통 눈앞에 있는 구체적인 것을 가리킬 때 쓰고, 'it'은 이미 언급된 상황이나 개념 전체를 받을 때 쓰입니다. 여기서는 나에게 필요한 것이 '정원을 가꾸는 것'이라는 행위나 개념이기 때문에 'this'를 'it'으로 바꿔 답변합니다.

**Q6** 🔊 MP3 AT23_06

**Q** Do you prefer growing flowers or vegetables in your garden?
정원에서 꽃을 기르는 것을 선호하시나요, 채소를 기르는 것을 선호하시나요?

**A** I prefer growing flowers in my garden because they are more beautiful. Flowers make me happy, and I always have a great experience when I grow them.
꽃이 더 아름답기 때문에 저는 꽃을 기르는 것을 선호합니다. 꽃들은 저를 행복하게 해주고, 저는 꽃을 키울 때 늘 좋은 경험을 합니다.

🖋 제니쌤의 떠먹여주는 만능문장

### 파트3 | 만능문장 13

It makes me happy, and I can forget about my worries. 그것은 저를 행복하게 해주고, 저는 걱정 근심을 잊을 수 있습니다.

### 파트3 | 만능문장 36

It makes me happy and I can have a great experience. 그것은 저를 행복하게 해주고, 저는 좋은 경험을 할 수 있습니다.
→ Flowers make me happy, and I always have a great experience when I grow them.
꽃들은 저를 행복하게 해주고, 저는 꽃을 키울 때 늘 좋은 경험을 합니다.

- 'It' 대신 주어를 'Flowers'로 바꿔 나를 행복하게 해주는 주체를 구체화했어요.
- 'and' 다음에는 'I always have a great experience when I grow them.'이라고 표현하여 좀 더 구체적인 답변을 만들었어요.

🎯 제니쌤의 적중노트

비교 대상이 있는 질문에는 비교급을 이용해 답변하면 좋아요.

꽃과 채소 중 어느 것을 더 선호하는지 묻는 말에, 'Flowers are more beautiful.'처럼 비교급을 사용하여 답하면 답변이 명확해져요.

**ex** I prefer growing flowers in my garden because they are more beautiful.
꽃이 더 아름답기 때문에 저는 꽃을 기르는 것을 선호합니다.

**Q7** 🔊 MP3 AT23_07

**Q** Should apartment buildings offer shared garden spaces for residents?
아파트 건물은 주민들을 위한 공용 정원 공간을 제공해야 하나요?

**A** Yes, apartment buildings should offer shared garden spaces for residents. First, gardening with other residents is more fun and enjoyable. Also, people can share tips and information about gardening if they have a shared space.
네, 아파트 단지는 입주민들을 위해 공유 정원 공간을 제공해야 합니다. 첫째, 다른 주민들과 함께 정원을 가꾸는 것은 더 재미있고 즐겁습니다. 또한, 공용 공간이 있으면 정원 가꾸기에 대한 팁이나 정보를 공유할 수 있습니다.

**VOCA** resident 주민  enjoyable 즐거운, 재미있는  tip 팁, 요령, 간단한 조언  shared space 공용 공간

🖊 제니쌤의 떠먹여주는 만능문장

### 파트3 | 만능문장 24

It's more fun and entertaining, so I don't get bored. 그것은 더 재미있고 즐거움을 줘서 저는 지루해지지 않습니다.
→ First, gardening with other residents is more fun and enjoyable.
　첫째, 다른 주민들과 함께 정원을 가꾸는 것이 더 재미있고 즐겁습니다.

- 주어 'It'을 'gardening with other residents(다른 주민들과 함께 정원을 가꾸는 것)'로 바꿔 구체화했습니다.
- 'fun and entertaining'을 'fun and enjoyable'로 바꿔 표현을 다양화했습니다.

### 파트5 | 만능문장 23

They can get information and share it with other people. 그들은 정보를 얻고 다른 사람들과 공유할 수 있습니다.
→ Also, people can share tips and information about gardening if they have a shared space.
　또한, 공용 공간이 있으면 정원 가꾸기에 대한 팁이나 정보를 공유할 수 있습니다.

- 주어 'They'를 'people'로 바꿔 일반적인 사람들의 이야기로 확장했습니다.
- 'information'을 'tips and information about gardening'으로 구체화해 답변을 풍성하게 만들었어요.
- 문제를 참고해서 'if they have a shared space'를 덧붙여 정보를 나눌 수 있는 조건을 자연스럽게 제시했습니다.

### 제니쌤의 적중노트

'fun / enjoyable / entertaining'은 모두 '재미있는'이라는 뜻이지만, 느낌과 쓰임이 조금씩 달라요.

- **fun**: 가볍고 신나는 느낌의 '재미'에 가장 널리 쓰이는 표현이에요.
  - **ex** Playing board games is fun.

- **enjoyable**: 'fun'보다 조금 더 차분하고 격식 있는 표현이에요.
  - **ex** The class was really enjoyable.

- **entertaining**: 남을 즐겁게 해주는 콘텐츠나 활동에 어울려요.
  - **ex** The show was very entertaining.

→ 같은 뜻이라도 단어를 다양하게 바꿔 쓰면, 답변이 더 자연스럽고 표현력이 좋아 보여서 고득점에 도움이 됩니다.

## Questions 8-10: Respond to Questions Using Information Provided

문제집 p. 117

### 신입 사원을 위한 기술 세미나

장소: B 회의실
날짜: 6월 20일

| 시간 | 세션 | 발표자 |
|---|---|---|
| 오전 9:00 – 10:00 | 동영상 편집 소프트웨어 사용법 | 제니 프랭크 |
| 오전 10:00 – 11:00 | 워드 프로세서 더 잘 활용하기 | 오스틴 베넷 |
| 오전 11:00 – 정오 | 동영상 편집 소프트웨어의 고급 기능 | 셸리 브래드 |
| 정오 – 오후 1:00 | 점심시간 | |
| 오후 1:00 – 2:00 | 훌륭한 파워포인트 만들기 | 나탈리 스티븐 |
| 오후 2:00 – 3:00 | 일정 관리 앱으로 하루 계획하기 | 프레드 배런 |
| 오후 3:00 – 4:00 | 윈도우 사용자들을 위한 유용한 팁 | 재닛 모리스 |

**Hello, I am supposed to attend the technology seminar for new employees. But I'm afraid I don't have enough information about it. Can I ask a few questions about the seminar?**

안녕하세요, 저는 신입 사원 기술 세미나에 참석할 예정입니다. 그런데 아쉽게도 정보가 충분하지 않은 것 같습니다. 세미나에 대해 몇 가지 질문 드려도 될까요?

**Q8** 🔊 MP3 AT23_08

 I was told that one of my colleagues, Jennie Frank, is giving a speech at this seminar. Can you tell me what time she will give a speech and the title of the session?

제 동료 중 한 명인 제니 프랭크가 이번 세미나에서 발표를 한다고 들었습니다. 그녀가 몇 시에 발표하는지와 세션의 제목을 알려 주실 수 있나요?

**A** Her session will start at 9:00 a.m., and the title is How to Use Video Editing Software.

그녀의 세션은 오전 9시에 시작되며, 제목은 동영상 편집 소프트웨어 사용법입니다.

---

**Q9** 🔊 MP3 AT23_09

 I have a video conference with my client at 3:00 p.m., so I'm afraid I have to leave after 3:00 p.m. Will I miss any of the sessions?

저는 오후 3시에 고객과 화상 회의가 있어서, 오후 3시 이후엔 자리를 떠야 합니다. 제가 놓치는 세션이 있나요?

**A** Yes, from 3:00 to 4:00 p.m., there is a session on Useful Tips for Windows Users by Jannet Morris. So, you will miss that session.

네, 오후 3시부터 4시까지 재닛 모리스가 진행하는 윈도우 사용자들을 위한 유용한 팁 세션이 있습니다. 따라서 그 세션은 놓치시게 될 거예요.

**VOCA** video conference 화상 회의 | leave 떠나다 | client 고객

> **Q10** 🔊 MP3 AT23_10
>
> **Q** I'm highly interested in learning how to use video editing software. Can you tell me about the sessions that deal with video editing?
>
> 저는 동영상 편집 소프트웨어 사용법에 관심이 많습니다. 동영상 편집과 관련된 세션들을 알려주실 수 있나요?

> **A** Yes. First, from 9:00 to 10:00 a.m., there is How to Use Video Editing Software by Jennie Frank. Next, from 11:00 a.m. to noon, there is Advanced Functions of Video Editing Software by Shelly Brad.
>
> 네. 먼저, 오전 9시부터 10시까지 제니 프랭크의 동영상 편집 소프트웨어 사용법 세션이 있습니다. 그다음, 오전 11시부터 정오까지 셸리 브래드가 진행하는 동영상 편집 소프트웨어의 고급 기능 세션이 있습니다.

**VOCA** deal with 다루다, 처리하다

### 🎯 제니쌤의 적중노트

**Q8** 특정 인물이 진행하는 세션에 대해 물었으므로, 'Her session is ~'로 자연스럽게 시작합니다.

**Q9** 놓치게 되는 세션에 대한 질문이 자주 출제됩니다. 'miss(놓치다)'라는 동사를 활용해서 표현합니다.
아래의 두 가지 표현을 알아 둡시다.
- Yes, you will miss 세션/행사명. 네, 당신은 ~을 놓치게 될 것입니다.
- No, you won't miss anything. 아니요, 당신은 어떤 것도 놓치지 않을 것입니다.

**Q10** 세션 제목을 말할 때는 'there is 세션명'으로 간단하게 표현할 수 있어요. 특히 시간표를 설명하거나 일정표를 말할 때 자주 쓰이는 표현이에요. 시간만 바꾸고 세션 이름만 넣으면 되니까 실전에서 빠르게 말하기 좋아요!

**ex** There is How to Use Video Editing Software by Jennie Frank.
제니 프랭크의 동영상 편집 소프트웨어 사용법 세션이 있습니다.

## Question 11: Express an Opinion

**Q11**  🔊 MP3  AT23_11

What are the disadvantages of being a leader of a team?
Use specific reasons and examples to support your opinion.

팀의 리더가 되는 것의 단점은 무엇인가요?
구체적인 이유와 예시를 들어서 의견을 뒷받침하세요.

### 💡 아이디어 만들기

팀의 리더가 되면 시간이 많이 들고 산만해질 수 있습니다.
1. 다른 사람들을 도와주느라 시간을 써야 하기 때문에 공부에 집중하지 못합니다.
2. 그래서 좋은 성적을 받을 수 없고, 수업 진도도 따라가지 못합니다.

### ✏️ 만능문장 활용하기

| 파트5 | 만능문장 29 | It is very distracting for students, so students can't focus on their studies.
그것은 학생들의 집중을 분산시켜서 학생들은 공부에 집중할 수 없습니다.

| 파트3 | 만능문장 22 | I don't want to waste too much time on that.
저는 그것에 너무 많은 시간을 낭비하고 싶지 않다.

| 파트5 | 만능문장 7 | They can't get good grades at school.
그들은 학교에서 좋은 성적을 받을 수 없습니다.

| 파트5 | 만능문장 8 | They will fall behind in class.
그들은 수업에 뒤처질 것입니다.

## 🏆 모범 답안

| | |
|---|---|
| 서론 | **There are some disadvantages of being a leader of a team.**<br>팀의 리더가 되는 데는 몇 가지 단점이 있습니다. |
| 연결 문장 | **Let me explain why I think this way.**<br>제가 왜 이렇게 생각하는지 설명하겠습니다. |
| 이유 1 | **Most of all, it takes a lot of time and can be very distracting.**<br>무엇보다도, 시간이 많이 들고 매우 산만해질 수 있습니다.<br><br>🖊 **제니쌤의 떠먹여주는 만능문장**<br><br>**파트5 | 만능문장 29**　**It is very distracting for students, so students can't focus on their studies.**<br>그것은 학생들의 집중을 분산시켜서 학생들은 공부에 집중할 수 없습니다.<br><br>→ **It takes a lot of time and can be very distracting.**　시간이 많이 들고 매우 산만해질 수 있습니다.<br><br>• 집중을 방해한다는 핵심 의미는 그대로 살리되, 시간이 많이 걸린다는 표현(it takes a lot of time)을 앞에 추가해 더 구체적인 단점을 보여줬습니다.<br>• 'can be very distracting'으로 표현을 바꾸어 강하게 단정하지 않고, 단점이 있을 가능성을 부드럽게 전달했습니다. |
| 예시 1 | **From my experience, when I was a college student, I was the leader of a team project. For me, it was not helpful at all because I had to spend extra time helping other people. It was very distracting. I couldn't focus on my studies or get good grades. I even fell behind in class.**<br>제 경험에 따르면, 저는 대학생이었을 때 팀 프로젝트의 리더를 맡았습니다. 다른 사람을 도와주느라 추가적인 시간을 써야 했기 때문에 그것은 전혀 도움이 되지 않았습니다. 매우 산만했습니다. 공부에 집중할 수도, 좋은 성적을 받을 수도 없었습니다. 심지어 수업에 뒤처졌습니다. |

### 제니쌤의 떠먹여주는 만능문장

**예시 1**

`파트3 | 만능문장 22` **I don't want to waste too much time on that.**
저는 그것에 너무 많은 시간을 낭비하고 싶지 않습니다.

→ **I had to spend extra time helping other people.**
저는 다른 사람을 도와주느라 추가적인 시간을 써야 했습니다.

- 과거 시제에 맞게 과거형 'had to spend'를 사용했습니다.
- 'have to(~해야 한다)'의 과거형인 'had to(~해야만 했다)'는 부득이하게 시간이나 노력을 들여야 했던 상황을 설명할 때 자연스럽게 사용됩니다.
- 'waste'는 '낭비하다'는 부정적인 의미가 강한 반면, 'spend'는 '시간을 쓰다'는 중립적인 표현이라서 이 문제의 도움을 주는 상황에 더 어울립니다.
- 'extra'는 '추가의, 더 많은'이라는 뜻으로, 예상보다 시간이 더 들었다는 느낌을 강조할 수 있어요.

`파트5 | 만능문장 29` **It is very distracting for students, so students can't focus on their studies.**
그것은 학생들의 집중을 분산시켜서 학생들은 공부에 집중할 수 없습니다.

`파트5 | 만능문장 7` **They can't get good grades at school.**
그들은 학교에서 좋은 성적을 받을 수 없습니다.

→ **It was very distracting. I couldn't focus on my studies or get good grades.**
매우 산만했습니다. 공부에 집중할 수도, 좋은 성적을 받을 수도 없었습니다.

- 'It was very distracting.'으로 상황의 문제점을 간결하게 제시했고, 'I couldn't focus on my studies or get good grades.'로 집중 부족 → 성적 하락이라는 흐름으로 논리적으로 표현했습니다.
- 'or'를 사용해 두 가지 부정 결과를 자연스럽게 이어주면 문장이 더 깔끔하게 들립니다.
- 현재형 문장을 과거형으로, 'They → I / their → my'로 바꿔 나의 경험을 표현하는 흐름으로 자연스럽게 변형했습니다.

`파트5 | 만능문장 8` **They will fall behind in class.** 그들은 수업에 뒤처질 것입니다.

→ **I even fell behind in class.** 저는 심지어 수업에 뒤처졌습니다.

- 주어를 'They'에서 'I'로 바꿔 내 경험을 강조했습니다.
- 과거 시제에 맞게 'will fall'을 'fell'로 바꿨습니다.
- 'even(심지어)'을 추가해 부정적인 경험을 강조했습니다.

## 예시 1

> **제니쌤의 적중노트**
>
> **경험 문장 만들기**
>
> '내가 대학생일 때'는 'when I was a college student'로 표현할 수 있어요. 특정 역할을 맡았다는 표현은 'I was the leader of a team project'처럼 구체적으로 말해주면 좋습니다.
>
> **ex** When I was a college student, I was the leader of a team project.
> 제가 대학생이었을 때, 팀 프로젝트의 리더를 맡은 적이 있습니다.
>
> **'not helpful'로 부정적인 경험 표현하기**
>
> 도움이 되지 않았던 경험은 'not helpful'로, 더욱 강하게 부정하고 싶을 때는 'not helpful at all'로 표현하면 자연스럽습니다.
>
> **ex** It was not helpful at all because I had to spend extra time helping other people.
> 그것은 전혀 도움이 되지 않았습니다. 왜냐하면 다른 사람들을 도와주느라 추가 시간을 써야 했기 때문입니다.

**VOCA** extra 추가의

## 예시 2

**On top of that, according to a recent news report, the majority of college students in Korea said that being a team leader is not beneficial because it is too distracting for them.**

게다가, 최근 뉴스 보도에 따르면, 한국의 많은 대학생들이 팀의 리더가 되는 것은 너무 산만하기 때문에 도움이 되지 않는다고 말했습니다.

**제니쌤의 떠먹여주는 만능문장**

**파트5 | 만능문장 29**  It is very distracting for students, so students can't focus on their studies.
그것은 학생들의 집중을 분산시켜서 학생들은 공부에 집중할 수 없습니다.

→ It is too distracting for them.  너무 산만합니다.

- 'very distracting' 대신 'too distracting'을 사용해 지나치게 방해가 된다는 부정적인 뉘앙스를 더 강조했습니다.
- 'for students'를 'for them'으로 바꿔 반복을 피하고 문장을 더 간결하게 만들었습니다.

## 결론

**Therefore, I believe that being a team leader has more disadvantages than advantages.**

그러므로, 저는 팀 리더가 되는 것은 장점보다 단점이 더 많다고 생각합니다.

# 실전 모의고사 24회

## 모범 답안

문제집 pp. 119-123

### Questions 1-2: Read a Text Aloud

**Q1** 안내 방송

🔊 MP3 AT24_01

Attention,→ / all visitors. ↘ The museum will be closing early today / due to maintenance. ↘ The main exhibition hall,↗ the gift shop,↗ and the information desk will close at 5 p.m. ↘ Please make sure / to finish your visit before then,→ / and don't forget to take all your belongings with you. ↘ We apologize for the inconvenience / and appreciate your understanding. ↘

방문객 여러분께 안내 말씀드립니다. 오늘 박물관은 보수 공사로 인해 일찍 문을 닫습니다. 본 전시관과 기념품점, 안내 데스크는 오후 5시에 운영을 종료합니다. 그 전에 관람을 마치시고, 개인 소지품을 꼭 챙기시기 바랍니다. 불편을 드린 점 깊이 사과드리며, 여러분의 양해에 감사드립니다.

### 🦌 제니쌤의 발음과외

**1. 발음에 주의하며 천천히 연습해 보세요.**

| maintenance /ˈmeɪn.tən.əns/ | /meɪn/에 강세, /tən/은 거의 생략하듯 |
|---|---|
| exhibition /ˌek.səˈbɪʃ.ən/ | 시작 부분에서 /eks/처럼 발음하기 |
| belongings /bɪˈlɔːŋ.ɪŋz/ | /lɔːŋ/에 힘을 주고, /ɪŋz/는 부드럽게 |
| inconvenience /ˌɪn.kənˈviː.njəns/ | /v/ 발음에 주의! |
| appreciate /əˈpriː.ʃi.eɪt/ | /priː/에 강세, /ʃieɪt/는 부드럽게 |

**2. 강세를 정확하게 주세요.**

아래 단어들은 볼드체 부분에 강세를 주세요.

**ex** at**ten**tion, **main**tenance, exhi**bi**tion, be**long**ings, incon**ve**nience, ap**pre**ciate, infor**ma**tion

**3. 억양과 강조가 필요한 부분은 확실하게 읽어주세요.**

숫자, 날짜, 시간은 전체에서 강조해서 읽어주세요.

**ex** The main exhibition hall, the gift shop, and the information desk will close at **5 p.m.**

> **Q2** 광고  🔊 MP3 AT24_02
>
> Looking for a new phone? ↗ Check out the latest model at Sunrise Electronics. With a sleek design, ↗ advanced camera, ↗ and long battery life, → / it's the perfect choice for you. ↘ Visit your nearest store today / and get a special discount this weekend only. ↘ Online orders also qualify for free same-day delivery / in select areas. ↘

새 휴대폰을 찾고 계신가요? 선라이즈 일렉트로닉스의 최신 모델을 확인해 보세요. 세련된 디자인, 고급 카메라, 오래가는 배터리까지 갖춘 이 제품은 당신을 위한 완벽한 선택입니다. 오늘 가까운 매장을 방문하여 이번 주말 한정의 특별 할인을 받으세요. 일부 지역에서는 온라인 주문 시 당일 무료 배송도 가능합니다.

### 🐬 제니쌤의 발음과외

**1. 발음에 주의하며 천천히 연습해 보세요.**

| | |
|---|---|
| understanding /ˌʌn.dəˈstæn.dɪŋ/ | /stæn/에 힘 주고, /æ/ 부분은 '애아'를 빨리하는 것처럼 |
| electronics /ɪˌlekˈtrɑː.nɪks/ | /trɑː/ 부분이 '츄라'처럼 발음되게 |
| sleek /sliːk/ | /liː/를 길게 발음하기 |
| advanced /ədˈvænst/ | /vænst/에 강세, /æ/ 부분은 '애아'를 빨리하는 것처럼 |
| qualify /ˈkwɑː.lə.faɪ/ | 'qua'에 강세, 'li'는 '러'처럼 부드럽게 |
| delivery /dɪˈlɪ.və.i/ | /lɪ/에 강세, /v/ 발음에 유의 |

**2. 강세를 정확하게 주세요.**

아래 단어들은 볼드체 부분에 강세를 주세요.

> **ex** apo**lo**gize, under**stan**ding, E**lec**tronics, ad**van**ced, **bat**tery, **qual**ify, de**li**very

**3. 억양과 강조가 필요한 부분은 확실하게 읽어주세요.**

- 의문사가 없는 의문문은 끝을 올려 읽어줍니다.
  > **ex** Looking for a new **phone**? (↗)

- 'check out'처럼 '동사 + 부사'로 이루어진 단어는 의미를 완성하는 부사 쪽(out)에 강세가 실리는 경우가 많습니다.
  > **ex** turn **off**, log **in**

- 명령문의 동사는 강조해서 읽어줍니다.
  > **ex Visit** your nearest store today / and **get** a special discount / this weekend only.

## Questions 3-4: Describe a Picture

**Q3** 서론 》 전체 요약 》 인물 묘사 》 기타 사물 배경   MP3 AT24_03

| 서론 | This is a picture taken at a warehouse.<br>이것은 창고에서 찍힌 사진입니다. |
|---|---|
| 전체 요약 | The first thing I can see in this picture is two people.<br>이 사진에서 가장 먼저 눈에 띄는 것은 두 사람입니다. |
| 인물 묘사 | One of them is a man.<br>He is holding a box and pointing at a tablet PC.<br>The other person is a woman, and she is holding the tablet PC.<br>Both of them are wearing blue shirts.<br>그중 한 명은 남자입니다.<br>그는 상자를 들고 있고 태블릿을 가리키고 있습니다.<br>다른 한 사람은 여자이고, 그녀는 그 태블릿을 들고 있습니다.<br>두 사람 모두 파란 셔츠를 입고 있습니다. |
| 기타 사물 배경 | In the background of the picture, I can see many boxes on the shelves.<br>배경에는 선반 위에 많은 상자들이 보입니다. |

 warehouse 창고   hold a box 상자를 들다   point at a tablet PC 태블릿을 가리키다
hold a tablet PC 태블릿을 들다   blue shirt 파란 셔츠   boxes on the shelves 선반 위의 상자들

### 제니쌤의 적중노트

**무언가를 '들다 / 잡다 / 안다'라고 표현할 때는 'hold'를 써요.**

예를 들면, '태블릿을 들다'는 'hold a tablet PC' 또는 'hold a tablet'으로 표현합니다.

ex She is holding the tablet PC.

**'둘 다 ~'는 'both of them'으로 묶어줘요.**

반복을 줄이고 자연스럽게 공통점을 설명할 수 있어요.

ex Both of them are wearing blue shirts.

### Q4 서론 ≫ 전체 요약 (생략) ≫ 인물 묘사 ≫ 기타 사물 배경    MP3 AT24_04

| 서론 | This is a picture taken at a market.<br>이것은 시장에서 찍힌 사진입니다. |
|---|---|
| 인물 묘사 | On the right side of the picture, I can see a woman putting some fruit into a net bag.<br>She is wearing a yellow T-shirt and carrying a white bag on her shoulder.<br>Next to her, there is a girl looking at the fruit.<br>사진 오른쪽에는 한 여성이 과일을 망에 담고 있는 모습이 보입니다.<br>그녀는 노란색 티셔츠를 입고 어깨에 흰 가방을 메고 있습니다.<br>그녀 옆에는 그 과일을 바라보는 소녀가 있습니다. |
| 기타 사물 배경 | In front of them, I can see a box full of fruit.<br>In the background of the picture, I can see many other kinds of fruit arranged on the shelves.<br>그들 앞에는 과일이 가득 담긴 상자가 있습니다.<br>사진 배경에는 선반 위에 정리된 다양한 다른 종류의 과일들이 보입니다. |

**VOCA** market 시장  put fruit into a net bag 과일을 망에 담다  carry a bag on one's shoulder 어깨에 가방을 메다  look at the fruit 과일을 바라보다  box full of fruit 과일이 가득 담긴 상자  arranged on the shelves 선반 위에 정리된

### 제니쌤의 적중노트

물건을 담거나 넣는 동작은 'put A(물건) into B(용기)'를 사용해요.

**ex** She is putting some fruit into a net bag.

'어깨에 가방을 메다'는 'carry a bag on one's shoulder'로 표현해요.

**ex** She is carrying a white bag on her shoulder.

## Questions 5-7: Respond to Questions

Imagine that you are talking on the telephone with your friend. You are having a conversation about a study group.

친구와 전화 통화를 하고 있다고 상상해 보세요. 당신은 스터디 그룹에 대해 대화를 나누고 있습니다.

**Q5**  MP3  AT24_05

**Q** When was the last time you had to finish an assignment or project outside your home? Where did you go?

마지막으로 집 밖에서 과제나 프로젝트를 끝내야 했던 게 언제였나요? 어디로 가셨나요?

**A** The last time I had to finish an assignment or project outside my home was two weeks ago. I went to a café to work with other people.

제가 마지막으로 집 밖에서 과제나 프로젝트를 끝내야 했던 것은 2주 전이었습니다. 다른 사람들과 함께 일하기 위해 카페에 갔습니다.

 **제니쌤의 떠먹여주는 만능문장**

### 의문사 만능패턴 When

**When was the last time you [과거 동사] ~?** 마지막으로 언제 ~했나요?
**The last time I [과거 동사] was two weeks ago / yesterday / last year.** 저는 마지막으로 ~한 게 2주 전 / 어제 / 작년입니다.

→ **The last time I had to finish an assignment or project outside my home was two weeks ago.**
제가 마지막으로 집 밖에서 숙제나 프로젝트를 끝내야 했던 것은 2주 전이었습니다.

'had to finish an assignment or project outside my home'이라는 표현을 문제를 참고해서 넣고, 만능패턴에서 제시한 시간 표현 중 'two weeks ago'를 골라서 완성한 문장이에요. 위 문제에서는 'two weeks ago(2주 전) / yesterday(어제)'와 같은 표현이 가장 적절합니다.

**Q6**   MP3  AT24_06

**Q** If you had to study for an exam that requires complete concentration, would you choose a small, quiet café or a study room in a public library? Why?

완전한 집중력이 필요한 시험을 공부해야 한다면 작고 조용한 카페를 선택하시겠나요, 아니면 공공 도서관의 스터디룸을 선택하시겠나요? 왜 그러한가요?

**A** If I had to study for an exam that requires complete concentration, I would choose a small, quiet café because it has a better atmosphere.

완전한 집중력이 필요한 시험 공부를 해야 한다면, 분위기가 더 좋기 때문에 저는 작고 조용한 카페를 선택하겠습니다.

**VOCA** concentration 집중

 제니쌤의 떠먹여주는 만능문장

**파트3 | 만능문장 14**

**It has great facilities.** 그것은 좋은 시설을 갖추고 있습니다.

→ I would choose a small, quiet café because it has a better atmosphere.
　분위기가 더 좋기 때문에 저는 작고 조용한 카페를 선택하겠습니다.

- 'great facilities(좋은 시설)' 대신 'a better atmosphere(더 나은 분위기)'로 바꿔, 장소의 분위기를 중점적으로 설명했습니다.
- 'a small, quiet café'를 사용해 구체적인 장소를 표현했고,
- 비교 대상이 있는 질문에 맞게 'better'를 사용해 답변을 더 설득력 있게 만들었습니다.

---

**Q7**  MP3　AT24_07

**Q** When studying in a group, which of the following is a better option for you?
- Meeting often to study together
- Studying alone and only meeting sometimes to check your progress

그룹으로 공부할 때, 다음 중 당신에게 더 나은 방법은 무엇인가요?
- 함께 공부하기 위해 자주 만나는 것
- 혼자 공부하고 가끔 만나서 진행 상황을 점검하는 것

**A** I think meeting often to study together is a better option for me. First, it's more fun to study in a group. I can stay motivated when I'm with other members. Also, I can get a lot of information from them and share my own ideas too.

저는 자주 만나서 함께 공부하는 것이 더 낫다고 생각합니다. 첫째, 그룹으로 공부하면 더 재미있습니다. 저는 다른 사람들과 함께 있으면 동기 부여가 됩니다. 또한, 그들로부터 많은 정보를 얻고, 제 아이디어도 나눌 수 있습니다.

 🖋 제니쌤의 떠먹여주는 만능문장

### 파트3 | 만능문장 25

I think it's more fun to do things in a group.  저는 여럿이 함께 하는 것이 더 재미있다고 생각합니다.
→ It's more fun to study in a group.  그룹으로 공부하면 더 재미있습니다.

- 'do things'를 'study'로 바꿔서 문제에 더 적합한 답변을 만들었습니다.
- 'in a group'은 그대로 사용해서 함께하는 즐거움을 강조했습니다.

### 파트5 | 만능문장 39

They can motivate others.  그들은 다른 사람들에게 동기를 부여할 수 있습니다.
→ I can stay motivated when I'm with other members.  다른 사람들과 함께 있으면 동기 부여가 됩니다.

- 주어를 'They'에서 'I'로 바꿔 개인의 경험으로 나타냈습니다.
- 동기를 부여한다는 'stay motivated'로 바꿔, 내가 영향을 받는 입장으로 표현했습니다.
- 'when I'm with other members'를 덧붙여 함께할 때 생기는 긍정적인 효과를 명확히 했습니다.

### 파트5 | 만능문장 23

They can get information and share it with other people.  그들은 정보를 얻고 다른 사람들과 공유할 수 있습니다.
→ Also, I can get a lot of information from them and share my own ideas too.
또한, 그들로부터 많은 정보를 얻고, 제 아이디어도 나눌 수 있습니다.

- 주어를 'They'에서 'I'로 바꿔 개인의 경험으로 나타냈습니다.
- 'get information'을 'get a lot of information from them'으로 구체화해 정보의 출처를 명확히 했습니다.
- 'share it' 대신 'share my own ideas'로 바꿔 일방적인 정보 수용이 아닌 쌍방향 소통을 강조했습니다.
- 'too'를 덧붙여 추가적인 느낌을 자연스럽게 표현했습니다.

# Questions 8-10: Respond to Questions Using Information Provided

 문제집 p. 122

### 공개 강연 일정
장소: 맥스웰 강의실
날짜: 6월 13일

| 시간 | 강연 주제 | 대상 |
|---|---|---|
| 오전 10:00 − 11:00 | 공부할 때 집중하는 방법 | 학생 (13세 − 18세) |
| 오전 11:00 − 정오 | 바쁜 성인을 위한 건강한 습관 | 성인 |
| 정오 − 오후 1:00 | 점심시간 | |
| 오후 1:00 − 2:00 | 일상생활에서 AI 도구 활용법 | 학생 (17세 − 19세) |
| 오후 2:00 − 3:00 | 청년을 위한 스마트한 재정 팁 | 학생 (16세 − 22세) |
| 오후 3:00 − 4:00 | 직장인을 위한 시간 관리법 | 성인 |

- 웹사이트에서 온라인으로 등록할 수 있습니다: www.maxwelllectures.org
- 종일 등록비: 25달러 (점심은 포함되지 않습니다.)

---

Hi, I'm thinking of attending a public lecture with my teenage daughter. However, I don't have detailed information about the event. Could you tell me more about the schedule and how to register?

안녕하세요. 저는 10대 딸과 함께 공개 강의를 들어볼까 생각 중이에요. 그런데 행사에 대한 자세한 정보를 알지 못해서요. 일정과 등록 방법에 대해 알려 주실 수 있을까요?

---

**Q8** 　MP3　AT24_08

**Q** Where and when will the lectures be held?

강의는 언제, 어디에서 열리나요?

**A** The lectures will be held on June 13th at the Maxwell Lecture Hall.

강의는 6월 13일 목요일, 맥스웰 강의 홀에서 열립니다.

### Q9  🔊 MP3 AT24_09

**Q** How can I sign up for the lectures and how much do I have to pay?

강의에 어떻게 등록할 수 있고, 비용은 얼마인가요?

**A** You can sign up online through our website, and the full-day registration fee is 25 dollars.

웹사이트를 통해 온라인으로 등록할 수 있고, 종일 등록비는 25달러입니다.

### Q10  🔊 MP3 AT24_10

**Q** I have a teenage daughter. Can you tell me about any afternoon session that would be suitable for her?

10대 딸이 있습니다. 딸에게 적합한 오후 강의에 대해 알려 주실 수 있나요?

**A** Yes. There are two lectures. First, at 1:00 p.m., there is a lecture on How to Use AI Tools in Everyday Life. It's for students aged 17 to 19. Next, at 2:00 p.m., there's another one called Smart Money Tips for Young People. It's for students aged 16 to 22.

네. 두 개의 강좌가 있습니다. 첫째로, 오후 1시에 일상에서 AI 도구 활용법에 대한 강의가 있습니다. 17세에서 19세 학생들을 위한 강의입니다. 다음으로, 오후 2시에 청년을 위한 스마트한 재정 팁이라는 또 다른 강의가 있습니다. 16세에서 22세 학생들 대상입니다.

---

🎯 **제니쌤의 적중노트**

**Q8** 날짜는 서수로 읽어요.

| 1st → first | 2nd → second | 3rd → third | 4th → fourth |
|---|---|---|---|
| 13th → thirteenth | 21st → twenty-first | | |

ex on June 13th → on June thirteenth

**Q9** '~을 통해 등록하다'라고 말할 때는 'sign up through + 수단'으로 표현해요.

ex You can sign up online through our website. 웹사이트를 통해 온라인으로 등록할 수 있습니다.

**Q10** 연령대는 'students aged + 나이' 또는 'people aged + 나이'로 표현해요.
연령별 추천 강의에 대한 문제가 자주 출제되므로, 이 표현을 익혀 두세요.

 There is a lecture for students aged 17 to 19. 17세에서 19세 학생들을 위한 강의가 있습니다.

## Question 11: Express an Opinion

**Q11**  🔊 MP3 AT24_11

Do you think handwritten letters are still meaningful in today's digital world?
Why or why not?
Use specific reasons and examples to support your opinion.

오늘날과 같은 디지털 시대에도 손 편지가 여전히 의미 있다고 생각하시나요?
그 이유는 무엇인가요?
구체적인 이유와 예시를 들어서 의견을 뒷받침하세요.

### 💡 아이디어 만들기

디지털 시대에도 손 편지가 여전히 의미 있습니다.
1. 손 편지는 더 개인적으로 느껴지기 때문에, 사람들이 더 가까운 관계를 맺는 데 도움이 됩니다.
2. 손 편지는 감성적인 가치도 가지고 있습니다.

### ✏️ 만능문장 활용하기

**파트3 | 만능문장 10**  It is more personal, and builds a closer relationship.
그것은 더 개인적이고, 더 밀접한 인간관계를 쌓을 수 있습니다.

**파트5 | 만능문장 33**  I can understand the feelings of the speaker more accurately.
저는 화자의 감정을 더 정확하게 이해할 수 있습니다.

**파트3 | 만능문장 40**  It has sentimental value. 그것은 감성적인 가치가 있습니다.

**파트3 | 만능문장 36**  It makes me happy and I can have a great experience.
그것은 저를 행복하게 해주고, 저는 좋은 경험을 할 수 있습니다.

## 🏆 모범 답안

| 서론 | I think handwritten letters are still meaningful in today's digital world.<br>오늘날 디지털 시대에도 손 편지가 여전히 의미가 있다고 생각합니다. |
|---|---|
| 연결 문장 | Let me explain why I think this way.<br>제가 왜 이렇게 생각하는지 설명하겠습니다. |
| 이유 1 | Most of all, handwritten letters feel more personal, so they can help people build closer relationships.<br>무엇보다도, 손 편지는 더 개인적으로 느껴지기 때문에, 사람들이 더 밀접한 인간관계를 쌓는 데 도움이 됩니다.<br><br>🥄 **제니쌤의 떠먹여주는 만능문장**<br><br>**파트3 \| 만능문장 10**  It is more personal, and builds a closer relationship.<br>그것은 더 개인적이고, 더 밀접한 인간관계를 쌓을 수 있습니다.<br><br>→ Most of all, handwritten letters feel more personal, so they can help people build closer relationships.<br>무엇보다도, 손 편지는 더 개인적으로 느껴지기 때문에, 사람들이 더 밀접한 인간관계를 쌓는 데 도움이 됩니다.<br><br>• 주어 'It'을 'handwritten letters'로 바꿔 좀 더 구체적인 답변을 만들었습니다.<br>• 'more personal'을 그대로 유지해 손 편지의 특징을 강조했습니다.<br>• 'build a closer relationship'을 'help people build closer relationships'로 바꿔, 사람들이 더 가까운 관계를 맺는 데 도움이 된다고 하여 더 자연스러운 답변을 만듭니다.<br><br>**VOCA** handwritten letter 손 편지 |

## 예시 1

**From my experience, I used to write many handwritten letters to my friends. It was great because we were able to understand each other's feelings better and stay close.**

제 경험상, 저는 친구들에게 손 편지를 많이 쓰곤 했습니다. 서로의 감정을 더 잘 이해하고 가까운 관계를 유지할 수 있어서 좋았습니다.

### 🖊 제니쌤의 떠먹여주는 만능문장

**파트5 | 만능문장 33**　I can understand the feelings of the speaker more accurately.
　　　　　　　　　　　저는 화자의 감정을 더 정확하게 이해할 수 있습니다.

→ We were able to understand each other's feelings better and stay close.
　서로의 감정을 더 잘 이해하고 가까운 관계를 유지할 수 있었습니다.

- 주어 'I'를 'We'로 바꿔 서로 간의 감정 교류를 강조했습니다.
- 현재형 'can' 대신 과거형 'were able to'를 써서 과거의 실제 경험으로 자연스럽게 변형했습니다.
- 'the feelings of the speaker(화자의 감정)'를 'each other's feelings(서로의 감정)'으로 바꿔서 서로의 감정 교류를 원활하게 해주는 손 편지의 강점을 강조했습니다.
- 'stay close'를 덧붙여 더 구체화된 고득점 답변을 만들었습니다.

**VOCA**　stay close 가까운 관계를 유지하다

## 이유 2

**On top of that, handwritten letters have sentimental value.**

게다가, 손 편지는 감성적인 가치가 있습니다.

### 🖊 제니쌤의 떠먹여주는 만능문장

**파트3 | 만능문장 40**　It has sentimental value.　그것은 감성적인 가치가 있습니다.

→ Handwritten letters have sentimental value.　손 편지는 감성적인 가치가 있습니다.

- 주어 'It'을 'Handwritten letters'로 바꿔 구체적인 답변을 만듭니다.
- 주어가 복수형이므로, 'has'를 'have'로 바꿔 말하는 것에 유의하세요.

It's very meaningful to keep letters from family members and friends. As you know, getting letters from your best friends or family members makes you happy and gives you a great and meaningful experience.

가족이나 친구에게서 받은 편지를 간직하는 건 매우 의미 있는 일입니다. 아시다시피, 친한 친구나 가족으로부터 편지를 받는다는 것은 행복하게 해주고, 의미 있는 좋은 경험을 선사합니다.

### 🖌 제니쌤의 떠먹여주는 만능문장

**파트3 | 만능문장 36** It makes me happy and I can have a great experience.

그것은 저를 행복하게 해주고, 저는 좋은 경험을 할 수 있습니다.

→ Getting letters from your best friends or family members makes you happy and gives you a great and meaningful experience.

친한 친구나 가족으로부터 편지를 받는다는 것은 행복하게 해주고, 의미 있는 좋은 경험을 선사합니다.

**예시 2**

- 주어 'It'을 'Getting letters from your best friends or family members'로 바꿔서 문제에 맞는 구체적인 답변을 만듭니다.
- 'makes me happy'를 'makes you happy'로 대상을 바꿔줍니다. 여기서 'you'는 일반적인 사람들을 지칭합니다.
- 'have a great experience(의미 있는 경험을 하다)' 대신 'gives you a great and meaningful experience(의미 있는 좋은 경험을 주다)'를 써서, 손 편지가 의미 있는 경험을 선사한다는 느낌을 더 살렸습니다.

#### 🎯 제니쌤의 적중노트

'you'는 문맥에 따라 '일반적인 사람들(누구나)'을 뜻할 때도 있어요.

**ex** Getting letters from your best friends or family members makes you happy and gives you a great and meaningful experience.

친한 친구나 가족으로부터 편지를 받는다는 것은 행복하게 해주고, 의미 있는 좋은 경험을 선사합니다.

→ 이 문장에서 'you'는 모든 사람을 아우르는 일반적인 대상을 가리킵니다. 이처럼 'you'를 쓰면, 개인적인 이야기를 하듯 친근하게 다가가면서도 보편적인 공감을 이끌어 낼 수 있습니다.

**결론**

So, I think handwritten letters are still meaningful.

그래서 저는 손 편지가 여전히 의미가 있다고 생각합니다.

# 실전 모의고사 25회 — 모범 답안

문제집 pp. 124-128

## Questions 1-2: Read a Text Aloud

### Q1 광고

MP3 AT25_01

Looking to refresh your home with smart and budget-friendly gadgets? ↗ Come visit BrightNest Electronics today. ↘ Conveniently located just around the corner, → / we offer a wide variety of must-have items / including smart vacuum cleaners, ↗ energy-saving fans, ↗ and high-performance blenders. ↘ Discover our latest arrivals / and enjoy unbeatable launch prices. ↘ Give your home the upgrade it deserves today! ↘

스마트하고 저렴한 도구로 집을 새 단장 하고 싶으신가요? 오늘 브라이트네스트 일렉트로닉스를 방문해 보세요! 편리하게 바로 근처에 위치한 저희 매장에는 스마트 청소기, 에너지 절약 선풍기, 고성능 블렌더 등 필수 아이템이 다양하게 준비되어 있습니다. 최신 입고 제품을 확인하시고, 파격적인 출시 특별가를 만나 보세요. 오늘 여러분의 집에 꼭 필요한 업그레이드를 해 보세요!

### 1. 발음에 주의하며 천천히 연습해 보세요.

| | |
|---|---|
| **conveniently** /kənˈviː.ni.ənt.li/ | /vi/에 강세, /v/ 발음에 주의 |
| **variety** /vəˈraɪ.ə.t̬i/ | /raɪ/에 강세, /ti/는 분명한 발음 또는 부드러운 발음 모두 가능! |
| **vacuum** /ˈvæk.juːm/ | /v/ 발음에 유의해서, /væ/ 발음 시 입을 크게 벌리기 |
| **unbeatable** /ʌnˈbiː.t̬ə.bəl/ | /biː/에 강세, /t̬əbəl/은 가볍게 |
| **upgrade** /ʌpˈgreɪd/ | /ʌp/은 짧고 가볍게, /greɪd/는 길고 강하게 |

### 2. 강세를 정확하게 주세요.

아래 단어들은 볼드체 부분에 강세를 주세요.

> **ex** re**fresh**, con**ve**niently, va**ri**ety, **va**cuum, un**bea**table, up**grade**

### 3. 억양과 강조가 필요한 부분은 확실하게 읽어주세요.

- 브랜드명은 고유 명사이므로 전체에서 강조해서 읽어주세요.
  > **ex** Come visit **BrightNest Electronics** today.

- 명령문의 동사는 강조해서 읽어주세요.
  > **ex** **Discover** our latest arrivals and **enjoy** unbeatable launch prices.

## Q2 안내 방송

🔊 MP3 AT25_02

Attention all guests, just a quick reminder / that our store will be closing in 30 minutes. ↘ We've truly enjoyed sharing our collection with you today, → / including gripping thrillers, ↗ inspiring biographies, ↗ and the latest fashion magazines. ↘ Before you leave, → / please make sure you have all your personal belongings with you. ↘ We sincerely appreciate your visit this weekend / and hope to see you again soon. ↘ / Thank you! ↘

고객 여러분께 안내 말씀드립니다. 저희 매장은 30분 후에 영업을 종료할 예정입니다. 오늘 저희 매장을 방문해주셔서 감사드리며, 흥미진진한 스릴러, 감동적인 자서전, 최신 패션 매거진까지 저희의 컬렉션을 여러분과 함께 나눌 수 있어 기뻤습니다. 매장을 나가시기 전에 개인 소지품을 모두 챙기시기 바랍니다. 이번 주말에 저희를 찾아주셔서 진심으로 감사드리며, 곧 다시 만나 뵙기를 바랍니다. 감사합니다!

### 1. 발음에 주의하며 천천히 연습해 보세요.

| reminder /rɪˈmaɪn.dɚ/ | 'min'에 강세, 'der'는 가볍게 |
|---|---|
| collection /kəˈlek.ʃən/ | /lek/에 강세, /ʃən/은 부드럽게 |
| inspiring /ɪnˈspaɪr.ɪŋ/ | /spaɪr/은 강하고 분명하게, '스파이얼' 느낌으로 |
| biographies /baɪˈɑː.grə.fiːz/ | /ɑː/는 '아'처럼 들리게, 'ph'는 /f/ 발음으로 |
| sincerely /sɪnˈsɪr.li/ | 'cere'는 '씨얼'처럼, /r/ 발음을 명확히! |

### 2. 강세를 정확하게 주세요.

아래 단어들은 볼드체 부분에 강세를 주세요.

> **ex** at**ten**tion, re**min**der, col**lec**tion, **grip**ping, in**spir**ing, bio**graph**ies, be**long**ings, sin**cere**ly, ap**pre**ciate

### 3. 억양과 강조가 필요한 부분은 확실하게 읽어주세요.

숫자, 시간, 날짜는 강조해서 읽어주세요.

> **ex** Attention all guests, just a quick reminder that our store will be closing in **30 minutes.**

## Questions 3-4: Describe a Picture

**Q3** 서론 » 전체 요약 » 인물 묘사 » 기타 사물 배경　　MP3  AT25_03

| | |
|---|---|
| 서론 | This is a picture taken at an airport.<br>이것은 공항에서 찍힌 사진입니다. |
| 전체 요약 | The first thing I can see from this picture is a woman carrying a suitcase.<br>사진에서 가장 먼저 눈에 띄는 것은 여행 가방을 끌고 있는 한 여성입니다. |
| 인물 묘사 | She is wearing a mask and holding a bag.<br>On the left side of the picture, a woman and a girl are standing together.<br>Next to them, I can see their suitcases.<br>그녀는 마스크를 쓰고 가방을 들고 있습니다.<br>사진의 왼쪽에는 한 여성과 한 소녀가 함께 서 있습니다.<br>그들 옆에는 그들의 여행 가방이 놓여 있습니다. |
| 기타 사물 배경 | In the background of the picture, there are check-in counters, display screens, and people waiting in line.<br>사진 배경에는 체크인 카운터, 전광판, 그리고 줄을 서서 기다리는 사람들이 보입니다. |

**VOCA**　at an airport 공항에서   carry a suitcase 여행 가방을 끌다   wear a mask 마스크를 쓰다   hold a bag 가방을 들다   stand together 함께 서 있다   check-in counter 체크인 카운터   display screen 전광판   wait in line 줄을 서서 기다리다

### 제니쌤의 적중노트

'여행 가방을 끌다'는 'carry / pull / wheel a suitcase'로 표현해요.

'carry'는 들고 있는 상태뿐 아니라 끌고 가는 상황에도 자연스럽게 쓰입니다.
끌고 가는 상황에는 'pull' 또는 'wheel'도 사용할 수 있어요.

**ex**　The first thing I can see from this picture is a woman carrying a suitcase.

가방 종류 표현을 알아두면, 더 자세히 묘사할 수 있어요.

| 영어 표현 | 뜻 | 예문 |
|---|---|---|
| bag | 가방 (일반적인 표현) | She is holding a bag. |
| backpack | 배낭, 백팩 | He is wearing a backpack. |
| purse | (여성용) 핸드백 / 지갑 | She is holding a purse in her hand. |
| suitcase | 여행용 가방 | She is pulling a suitcase. |

## Q4　서론 ≫ 전체 요약 (생략) ≫ 인물 묘사 ≫ 기타 사물 배경　🔊 MP3　AT25_04

| | |
|---|---|
| 서론 | **This is a picture taken outdoors.**<br>이것은 야외에서 찍은 사진입니다. |
| 인물 묘사 | **On the left side of the picture, a woman is wearing a black top and a checkered skirt.**<br>**On the right side of the picture, I can see two other women.**<br>**All of them are wearing sunglasses and smiling.**<br>**They are holding glasses of wine.**<br>사진의 왼쪽에는 검은색 상의와 체크무늬 치마를 입은 여성이 있습니다.<br>사진 오른쪽에는 다른 두 여성이 보입니다.<br>세 사람 모두 선글라스를 끼고 있고, 웃고 있습니다.<br>그들은 와인 잔을 들고 있습니다. |
| 기타 사물 배경 | **On the table, there is a small plant and some food.**<br>테이블 위에는 작은 식물과 음식이 놓여 있습니다. |

**VOCA**　checkered skirt 체크무늬 스커트　plant 식물

## 제니쌤의 적중노트

**모든 사람의 공통된 행동은 'all of them'으로 표현해요**

 All of them are wearing sunglasses and smiling.

**용기에 담긴 음료에 대한 표현을 알아 두세요.**

- a glass of water / wine / juice  유리잔에 담긴 물 / 와인 / 주스
- a cup of coffee / tea  손잡이 컵에 담긴 커피 / 차
- a bottle of water / a can of soda  병에 담긴 물 / 캔에 담긴 음료

## Questions 5-7: Respond to Questions

Imagine that a British marketing firm is doing research in your country. You have agreed to participate in a telephone interview about fashion.

영국의 한 마케팅 회사가 당신의 나라에서 조사를 하고 있다고 상상해 보세요. 당신은 패션에 관한 전화 인터뷰에 참여하기로 동의했습니다.

### Q5    MP3 AT25_05

**Q** When was the last time you watched fashion videos and online content? What was it about?

패션 영상과 온라인 콘텐츠를 마지막으로 본 것은 언제였나요? 어떤 내용이었나요?

**A** The last time I watched fashion videos and online content was two weeks ago. It was a bag review.

제가 마지막으로 패션 영상과 온라인 콘텐츠를 본 것은 2주 전이었습니다. 그건 가방 리뷰 영상이었습니다.

**🎤 제니쌤의 떠먹여주는 만능문장**

### 의문사 만능패턴 When

**When was the last time you [과거 동사] ~?** 마지막으로 언제 ~했나요?
**The last time I [과거 동사] was two weeks ago / yesterday / last year.** 저는 마지막으로 ~한 게 2주 전 / 어제 / 작년입니다.

→ **The last time I watched fashion videos and online content was two weeks ago. It was a bag review.**
제가 마지막으로 패션 영상과 온라인 콘텐츠를 본 것은 2주 전이었습니다. 그건 가방 리뷰 영상이었습니다.

문제를 참고해서 'watched fashion videos and online content'라는 표현을 넣고, 만능패턴에서 제시한 시간 표현 중 'two weeks ago'를 골라서 완성한 문장이에요. 위 문제에서는 'two weeks ago(2주 전) / yesterday(어제)'와 같은 시간 표현이 가장 적절합니다.

### 의문사 만능패턴 What

**What / What kind of [명사] / What type of [명사] ~?** 무엇을 / 어떤 종류의 [명사]를 ~하나요?

→ **It was a bag review.** 그건 가방 리뷰 영상이었습니다.

'What'으로 묻는 질문에는 머뭇거리지 말고 떠오르는 것을 바로 말하는 것이 좋아요. 예를 들면, 'bag review(가방 리뷰) / a fashion lookbook(패션 룩북) / a styling tips video(스타일링 팁을 알려 주는 영상)'등이 있어요.

---

**Q6**  MP3 AT25_06

**Q** Do you usually check fashion videos or online content for ideas before deciding what to buy?

무엇을 살지 결정하기 전에 패션 영상이나 온라인 콘텐츠를 참고하는 편인가요?

**A** Yes, I usually check fashion videos or online content for ideas. This way, I don't have to waste too much time visiting many stores.

네, 저는 아이디어를 얻기 위해 보통 패션 영상이나 온라인 콘텐츠를 확인합니다. 이렇게 하면, 여러 매장을 돌아다니느라 시간을 낭비하지 않아도 됩니다.

 제니쌤의 떠먹여주는 만능문장

### 파트3 | 만능문장 28

I don't have to waste time waiting for other people. 저는 다른 사람들을 기다리느라 시간을 낭비할 필요가 없습니다.

→ This way, I don't have to waste too much time visiting many stores.

이렇게 하면, 여러 매장을 돌아다니느라 시간을 낭비하지 않아도 됩니다.

- 'waiting for other people'을 'visiting many stores'로 바꿔 시간이 낭비되는 구체적인 상황을 제시했습니다.
- 'too much time'을 사용해 시간 낭비가 크다는 점을 강조했습니다.
- 'this way(이렇게 하면)'를 문장 앞에 넣어, 이 방법을 선택하면 이런 장점이 있다는 흐름으로 답변했습니다.

---

**Q7** 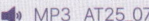 MP3 AT25_07

**Q** Which of the following do you usually go to for fashion inspiration?
- Follow social media influencers
- Ask fashion savvy friends for advice
- Visit popular offline stores and go window shopping

다음 중 주로 어떤 곳에서 패션 영감을 얻으시나요?
- 소셜 미디어 인플루언서를 팔로우하기
- 패션을 잘 아는 친구에게 조언 구하기
- 인기 있는 오프라인 매장을 방문해 윈도우 쇼핑하기

**A** I usually follow social media influencers. First, they give me up-to-date fashion tips and useful advice. I can get a lot of helpful information from them, such as trends, styles, and prices. Also, they are very fashionable, so I can get a lot of fashion inspiration.

저는 보통 소셜 미디어 인플루언서를 팔로우합니다. 우선, 그들은 최신 패션 팁과 유용한 조언을 줍니다. 저는 트렌드, 스타일, 가격과 같은 유용한 정보를 얻을 수 있습니다. 또한, 그들은 매우 패셔너블하기 때문에 많은 패션 영감을 받을 수 있습니다.

**VOCA** social media influencer 소셜 미디어 인플루언서  up-to-date 최신의  tip 조언  trend 트렌드  inspiration 영감

### 🖋 제니쌤의 떠먹여주는 만능문장

**파트3 | 만능문장 7**

**I can get a lot of useful information on the internet.** 저는 인터넷에서 많은 유용한 정보를 얻을 수 있습니다.
→ **I can get a lot of helpful information from them, such as trends, styles, and prices.**
저는 트렌드, 스타일, 가격과 같은 많은 유용한 정보를 얻을 수 있습니다.

- 'useful information'을 'helpful information'으로 바꿔서 중복을 피하고 더 자연스러운 답변을 만들었습니다.
- 'on the internet' 대신 'from them'을 사용해 정보의 출처를 소셜 미디어 인플루언서로 밝힘으로써 문제와 좀 더 어울리는 답변을 만들었습니다.
- 'such as' 이하를 덧붙여 어떤 정보인지 예시로 구체화해 답변을 풍성하게 만들었습니다.

**파트3 | 만능문장 7**

**I can get a lot of useful information on the internet.** 저는 인터넷에서 많은 유용한 정보를 얻을 수 있습니다.
→ **I can get a lot of fashion inspiration.** 저는 많은 패션 영감을 얻을 수 있습니다.

'useful information' 대신 'fashion inspiration'이라는 표현으로 바꿔 단순한 정보에서 아이디어와 영감이라는 느낌으로 확장했습니다.

### 🎯 제니쌤의 적중노트

**정보 확장하기**

패션, 건강, 여행처럼 '어디에서 조언을 얻나요?'라는 질문은 토익 스피킹 PART 3에서 자주 나와요.

**They can give me some good advice.** 그들은 나에게 좋은 조언을 해줄 수 있어요.

이 문장은 간단하지만 다양한 주제에 두루 쓸 수 있는 유용한 표현이에요. 기본형으로 알아두는 것도 좋지만, 조언의 내용을 구체적으로 말하면 답변이 훨씬 좋아져요.

→ **First, they give me up-to-date fashion tips and useful advice.**

이렇게 바꾸면 최신 트렌드와 실생활에 도움이 되는 팁을 받는다는 걸 더 명확하게 전달할 수 있어요.

# Questions 8-10: Respond to Questions Using Information Provided

 문제집 p. 127

## 시티 뮤지컬 쇼케이스

날짜: 7월 20일
장소: 그랜드 시티 극장

| 시간 | 뮤지컬 제목 | 장르 | 공연장 |
| --- | --- | --- | --- |
| 오전 10:00 - 11:30 | <댄싱 온 에어> | 로맨스 | 오로라 홀 |
| 오후 12:00 - 1:30 | <그림자와 빛> | 스릴러 | 오리온 홀 |
| 오후 2:00 - 3:30 | <봄의 목소리> | 가족 | 스텔라 홀 |
| 오후 4:00 - 5:30 | <마지막 심포니> | 드라마 | 센트럴 홀 |
| 오후 6:00 - 7:30 | <계속 나아가> | 가족 | 피닉스 홀 |

- 티켓 가격: 전 공연 35달러
- 사전 등록: 7월 10일 이전 등록 시 티켓당 5달러 할인

---

Hi, I'm planning to attend the City Musical Showcase this year to see the performance. But I don't have any details yet. Could you help me with a few questions?

안녕하세요. 저는 올해 시티 뮤지컬 쇼케이스에 공연을 보러 갈 계획이에요. 그런데 아직 아무 정보도 없어서요. 몇 가지 질문에 답해 주실 수 있나요?

### Q8
MP3 AT25_08

**Q** When is the musical showcase scheduled, and what time does the first performance begin?

뮤지컬 쇼케이스 일정은 언제이며, 첫 공연은 몇 시에 시작하나요?

**A** It will be held on July 20th, and the first show will start at 10:00 a.m.

뮤지컬 쇼케이스는 7월 20일에 열리고, 첫 공연은 오전 10시에 시작됩니다.

**Q9**  🔊 MP3 AT25_09

**Q** I heard there's an early registration discount. Can you tell me how much discount I can get and how to get it?

사전 등록 할인이 있다고 들었습니다. 얼마나 할인이 되고 어떻게 받을 수 있는지 알려 주실 수 있나요?

**A** Yes, if you register before July 10th, you can get $5 off per ticket.

네, 7월 10일 이전에 등록하시면 티켓당 5달러 할인을 받을 수 있습니다.

**VOCA** an early registration discount 사전 등록 할인

---

**Q10**  🔊 MP3 AT25_10

**Q** I'm really interested in family-friendly shows. Could you tell me the details of any musicals that fall under the "Family" genre?

저는 가족이 함께 볼 수 있는 공연에 정말 관심이 많아요. '가족' 장르에 해당하는 공연 정보를 알려 주실 수 있나요?

**A** Yes, there are two musicals. First, at 2 p.m., there is *Voices of Spring*. It will be held in Stella Hall. Next, at 6 p.m., there is *Keep Going*. It'll be held in Phoenix Hall.

네, 두 편의 뮤지컬이 있습니다. 첫 번째는 오후 2시에 <봄의 목소리>가 있고, 스텔라 홀에서 열립니다.
다음은 오후 6시에 <계속 나아가>가 있고, 피닉스 홀에서 열립니다.

**VOCA** fall under ~에 해당되다  genre 장르

---

### 🎯 제니쌤의 적중노트

**Q8** 날짜 앞에 전치사 'on', 시각 앞에 전치사 'at'을 쓴다는 점을 유의하세요.
첫 공연 시작 시간을 묻는 질문에는 'The first show will start at ~'로 답변합니다.

**Q9** '등록하다'는 'sign up' 외에도 'register for'로 말할 수 있어요.

**ex** You can register for the event online.  행사에 온라인으로 등록하실 수 있습니다.

할인을 말할 때는 'get a discount' 또는 'get + 가격 + off' 표현을 활용하세요.

**ex** You can get a 5% discount.  5% 할인을 받을 수 있습니다.
You can get $5 off per ticket.  티켓당 5달러 할인을 받을 수 있습니다.

'5% discount'는 가격의 5%만큼 깎아주는 거고, '$5 off per ticket'은 티켓 한 장마다 5달러씩 깎아주는 것이라는 점을 참고로 알아두세요.

조건부 할인 안내는 'if you register by + 날짜'로 표현하세요.

> **ex** Yes, if you register before July 10th, you can get $5 off per ticket.
> 네, 7월 10일 이전에 등록하시면 티켓당 5달러 할인을 받을 수 있습니다.

**Q10** 벽이나 경계로 둘러싸인 실내 공간에는 'in'을 씁니다.

'in'은 '어떤 공간 안에 있는' 느낌을 줄 때 사용하는 전치사입니다. 그래서 방(room), 강의실/홀(hall), 교실(classroom)에는 'in'을 사용합니다.

> **ex** It'll be held in Phoenix Hall.

## Question 11: Express an Opinion

**Q11**  🔊 MP3 AT25_11

If your school decided to switch all textbooks to e-Books, would you support the change? Why or why not?
Use specific reasons and examples to support your opinion.

당신의 학교가 모든 교과서를 전자책으로 바꾸기로 결정한다면, 그 변화에 찬성하시겠나요? 그 이유는 무엇인가요? 구체적인 이유와 예시를 들어서 의견을 뒷받침하세요.

### 💡 아이디어 만들기

모든 교과서를 전자책으로 바꾸는 결정에 찬성하지 않을 것입니다.
1. 모든 교과서가 전자책으로 바뀐다면, 학생들이 주의가 산만해지기 쉬워서 공부에 집중하기 어려울 수 있습니다.
2. 전자책을 너무 많이 사용하는 건 신체 건강에도 좋지 않습니다.

### ✏️ 만능문장 활용하기

| 파트5 \| 만능문장 6 | They can't focus on their studies/work.  그들은 학업/업무에 집중할 수 없습니다. |
| 파트5 \| 만능문장 29 | It is very distracting for students, so students can't focus on their studies.
그것은 학생들의 집중을 분산시켜서 학생들은 공부에 집중할 수 없습니다. |
| 파트5 \| 만능문장 7 | They can't get good grades at school.  그들은 학교에서 좋은 성적을 받을 수 없습니다. |
| 파트5 \| 만능문장 8 | They will fall behind in class.  그들은 수업에 뒤처질 것입니다. |
| 파트5 \| 만능문장 53 | It is good for their (physical/mental) health.  그것은 그들의 (신체적/정신적) 건강에 좋습니다. |

| | |
|---|---|
| 서론 | **If my school decided to switch all textbooks to e-Books, I would not support the change.**<br>학교에서 모든 교과서를 전자책으로 전환하기로 결정한다면, 저는 그 변경을 지지하지 않을 것입니다. |
| 연결 문장 | **Let me explain why I think this way.**<br>제가 왜 이렇게 생각하는지 설명하겠습니다. |
| 이유 1 | **Most of all, students might not be able to focus well if all textbooks are switched to e-Books.**<br>무엇보다도, 모든 교과서가 전자책으로 바뀌면 학생들이 집중하기 어려울 수 있습니다.<br><br>🖊 **제니쌤의 떠먹여주는 만능문장**<br><br>**파트5 ｜ 만능문장 6**　They can't focus on their studies/work.　그들은 학업/업무에 집중할 수 없습니다.<br><br>→ **Most of all, students might not be able to focus well if all textbooks are switched to e-Books.**　무엇보다도, 모든 교과서가 전자책으로 바뀐다면 학생들이 집중하기 어려울 수 있습니다.<br><br>• 주어를 'They'에서 'students'로 더 구체적으로 바꿨습니다.<br>• 'can't' 대신 'might not be able to'를 사용해 단정적이지 않은 표현으로 자연스럽게 바꾸었습니다.<br>• 'if all textbooks are switched to e-Books'라는 표현을 넣어서 문제와의 연결성을 강화했습니다. |
| 예시 1 | **E-books can be very distracting, and students may not get good grades. They might even fall behind in class.**<br>전자책은 주의를 산만하게 해서 학생들이 좋은 성적을 받기 어려울 수 있습니다. 그들은 심지어 수업을 따라가지 못할 수도 있습니다.<br><br>🖊 **제니쌤의 떠먹여주는 만능문장**<br><br>**파트5 ｜ 만능문장 29**　It is very distracting for students, so students can't focus on their studies.　그것은 학생들의 집중을 분산시켜서 학생들은 공부에 집중할 수 없습니다.<br><br>**파트5 ｜ 만능문장 7**　They can't get good grades at school.　그들은 학교에서 좋은 성적을 받을 수 없습니다.<br><br>→ **E-books can be very distracting, and students may not get good grades.**　전자책은 주의를 산만하게 해서 학생들이 좋은 성적을 받기 어려울 수 있습니다.<br><br>• 주어를 'It'에서 'E-books'로 구체적으로 바꿨습니다.<br>• 'can't' 대신 'may not'을 사용해 단정적이지 않은 표현으로 답변을 더 자연스럽게 만들었습니다.<br>• 두 가지 영향을 'and'로 이어 '주의 산만'에서 '성적 저하'로 이어지는 흐름을 자연스럽게 설명했습니다. |

예시 1

파트5 | 만능문장 8  **They will fall behind in class.** 그들은 수업에 뒤처질 것입니다.

→ **They might even fall behind in class.** 그들은 심지어 수업을 따라가지 못할 수도 있습니다.

- 'will' 대신 'might'를 사용해 단정적이지 않은 표현을 사용했습니다.
- 'even(심지어 ~조차도)'을 넣어 강조 효과를 주었습니다.

> 🎯 **제니쌤의 적중노트**
>
> 예시를 들 때 다음의 연결어들을 활용할 수 있어요.
> 'may'와 'might'를 사용하면 더 부드러운 답변을 만들 수 있어요.
> 'will'은 강하게 단정하는 표현이지만, 'may/might'는 확정된 결과가 아니라 '그럴 가능성이 있다'라는 의미로 조심스럽고 부드럽게 말할 때 써요.
>
> **ex** They will fall behind in class. 그들은 수업에 분명히 뒤처질 것이다. (확정 느낌)
> They might fall behind in class. 그들은 수업에 뒤처질 수도 있다. (가능성 표현, 더 부드러움)
>
> → 토익스피킹에서 의견을 말할 때, 상황에 따라 강하게 단정하지 않고 'may/might'로 조심스럽게 가능성을 말하는 게 더 자연스러운 경우가 있습니다.

이유 2

**On top of that, using e-Books too much is not good for students' physical health.**

게다가, 전자책을 너무 많이 사용하는 건 학생들의 신체 건강에 좋지 않습니다.

 제니쌤의 떠먹여주는 만능문장

파트5 | 만능문장 53  **It is good for their (physical/mental) health.**
그것은 그들의 (신체적/정신적) 건강에 좋습니다.

→ **On top of that, using e-Books too much is not good for students' physical health.**
게다가, 전자책을 너무 많이 사용하는 건 학생들의 신체 건강에 좋지 않습니다.

- 'is good for'을 부정형 'is not good for'로 바꿔 문제점을 강조했습니다.
- 주어를 'using e-Books too much'로 바꿔 행동의 과도함이 문제라는 점을 명확히 했습니다.
- 'physical health'를 그대로 살려 신체적인 건강에 미치는 영향을 강조했습니다.

**If they spend too much time reading e-Books, it can be very harmful to their eyes. According to a recent news report, most doctors in Korea said that spending too much time reading e-Books can be harmful to students' health.**

오랫동안 전자책을 보면 눈 건강에 매우 해롭습니다. 최근 뉴스 보도에 따르면, 한국의 대부분의 의사들은 전자책을 너무 오래 읽는 것이 학생들의 건강에 해로울 수 있다고 말했습니다.

### 🖊 제니쌤의 떠먹여주는 만능문장

**파트5 | 만능문장 53**　**It is good for their (physical/mental) health.**
그것은 그들의 (신체적/정신적) 건강에 좋습니다.

예시 2

→ If they spend too much time reading e-Books, it can be very harmful to their eyes.
오랫동안 전자책을 보면 눈 건강에 매우 해롭습니다.

→ Spending too much time reading e-Books can be harmful to students' health.
전자책을 너무 오래 읽는 것은 학생들의 건강에 해로울 수 있습니다.

- 'it is harmful'(이것은 해롭다)이라는 단정적 표현 대신에 'it can be harmful'(이것은 해로울 수 있다)로 좀 더 부드럽게 표현했습니다.
- 'be harmful to(~에 해롭다)'라는 표현을 알아 두면 좋습니다.
- 'not beneficial(유익하지 않은)'로 표현할 수도 있지만, 직접적으로 해를 끼치는 요소를 말할 때는 'harmful(해로운)'이라는 단어를 쓰는 것이 이 문제에서는 더 적절합니다.
- 'It is good for their health.'를 'can be harmful to students' health'로 바꿔 대상을 학생으로 구체화하고 문제점을 강조했습니다.

### 🎯 제니쌤의 적중노트

**보도 자료 말하기**

보도 자료에서는 'most of(대부분) / the majority of(대다수) / about 70% of~(약 70%)'와 같은 표현을 사용해 많은 사람들이 그렇게 말했다는 의미를 전달할 수 있습니다.

결론

**Therefore, I would not support the change.**
그래서 저는 그 변경을 지지하지 않습니다.

## 단 하나로 올킬
# 토익스피킹 프리패스

**IH부터 만점까지** 프리패스 하나로!
후기가 증명하는 프리미엄 온라인 강의!
다음 후기는 바로 당신의 이야기입니다.

### 첫 토스에 AL 달성했어요!
선생님 교재와 강의로만 공부해서 2주만에 AL 달성했습니다!
선생님이 아니었다면 스피킹 공부 시작도 못했을 겁니다ㅠㅠ

### 영포자도 2주만에 150점!
수능 4등급 나오던 영포자였는데 선생님 강의와 책으로 공부하고
처음으로 영어에 흥미를 느끼게 되었어요. 오늘 성적 나온 것 보고 소리질렀어요!

### AL의 높은 벽도 넘을 수 있습니다!
이것저것 꾸준히 해봤지만 만년 150의 벽을 넘지 못해 대기업 공채에서
번번이 떨어졌었는데, 선생님을 만난 후에야 꿈에 그리던 AL을 받게 되었습니다!

## 프리패스를 들어야 하는 이유

| 시계토끼 제니쌤 | 제니쌤이 보장하는 여유 |
|---|---|
| **전 강의 무제한 수강** | **총 120일의 넉넉한 수강 기간** |
| 제니쌤의 애정 어린 | |
| **1:1 질의응답 & 공부 계획 컨설팅** | **비공개 최신 모의고사 5회<br>& 해설 영상 제공** |

만능문장으로 끝내는
# 토익스피킹
## 실전모의고사 25회
# 문제집

시계토끼

ACTUAL TEST

실전
모의고사
문제집

실전모의고사 1 ~ 25회

ACTUAL TEST 1
ACTUAL TEST 2
ACTUAL TEST 3
ACTUAL TEST 4
ACTUAL TEST 5

ACTUAL TEST 6
ACTUAL TEST 7
ACTUAL TEST 8
ACTUAL TEST 9
ACTUAL TEST 10

ACTUAL TEST 11
ACTUAL TEST 12
ACTUAL TEST 13
ACTUAL TEST 14
ACTUAL TEST 15

ACTUAL TEST 16
ACTUAL TEST 17
ACTUAL TEST 18
ACTUAL TEST 19
ACTUAL TEST 20

ACTUAL TEST 21
ACTUAL TEST 22
ACTUAL TEST 23
ACTUAL TEST 24
ACTUAL TEST 25

# ACTUAL TEST 1

## TOEIC Speaking

### Speaking Test Directions

This is the TOEIC Speaking Test. This test includes eleven questions that measure different aspects of your speaking ability. The test lasts approximately 20 minutes.

| Question | Task | Evaluation Criteria |
|---|---|---|
| 1 - 2 | Read a text aloud | • pronunciation<br>• intonation and stress |
| 3 - 4 | Describe a picture | all of the above, plus<br>• grammar<br>• vocabulary<br>• cohesion |
| 5 - 7 | Respond to questions | all of the above, plus<br>• relevance of content<br>• completeness of content |
| 8 - 10 | Respond to questions using information provided | all of the above |
| 11 | Express an opinion | all of the above |

## TOEIC Speaking

### Questions 1-2: Read a text aloud

**Directions:** In this part of the test, you will read aloud the text on the screen. You will have 45 seconds to prepare. Then you will have 45 seconds to read the text aloud.

## TOEIC Speaking

**Actual Test 1** — Question 1 of 11

Are you looking for the best sports equipment in the city? Look no further than Boston City Sports. We offer various sports equipment you need, including basketballs, baseball bats, and protective gear. You can enjoy the best prices and great customer service from our friendly sales representatives. Call us today and get the best deal.

PREPARATION TIME 00:00:45
RESPONSE TIME 00:00:45

## TOEIC Speaking

**Actual Test 1** — Question 2 of 11

Attention all shoppers visiting Rogers Electronic Store. To celebrate our store's 10th anniversary, we are offering a 10% discount on all products. You can find a great range of electronics, such as vacuum cleaners, microwaves, and refrigerators, at the best price. Thank you all for shopping at our store, and I hope you will have a great time here.

PREPARATION TIME 00:00:45
RESPONSE TIME 00:00:45

## Questions 3-4: Describe a picture

**Directions:** In this part of the test, you will describe the picture on the screen in as much detail as you can. You will have 45 seconds to prepare your response. Then you will have 30 seconds to speak about the picture.

## Questions 5-7: Respond to questions

**Directions:** In this part of the test, you will answer three questions. You will have three seconds to prepare after you hear each question. You will have 15 seconds to respond to Questions 5 and 6 and 30 seconds to respond to Question 7.

### Question 5 of 11

Imagine that a marketing company is doing research in your country. You have agreed to participate in a telephone interview about video clips.

When was the last time you watched video clips online? Where were you?

PREPARATION TIME 00:00:03
RESPONSE TIME 00:00:15

### Question 6 of 11

Imagine that a marketing company is doing research in your country. You have agreed to participate in a telephone interview about video clips.

Would you consider paying for an online video platform that doesn't show any advertisements? Why or why not?

PREPARATION TIME 00:00:03
RESPONSE TIME 00:00:15

### Question 7 of 11

Imagine that a marketing company is doing research in your country. You have agreed to participate in a telephone interview about video clips.

Which of the following video clips would capture your attention the most? Why?

- Video clips about learning English
- Video clips focused on entertainment
- Video clips discussing finance-related topics

PREPARATION TIME 00:00:03
RESPONSE TIME 00:00:30

## Questions 8-10: Respond to questions using information provided

**Directions:** In this part of the test, you will answer three questions based on the information provided. You will have 45 seconds to read the information before the questions begin. You will have three seconds to prepare and 15 seconds to respond to Questions 8 and 9. You will hear Question 10 two times. You will have three seconds to prepare and 30 seconds to respond to Question 10.

## Online Marketing Conference Convention

Summit Convention Center
April 4th – 5th

**April 4th**

| | | |
|---|---|---|
| 10:00 – 11:00 a.m. | Workshop: Building an Online Presence | Isabella Smith |
| 11:00 a.m. – noon | Lecture: Online Data Protection | Kim Johnson |
| noon – 1:00 p.m. | Presentation: Using Social Media for Marketing | Emily Pond |

**April 5th**

| | | |
|---|---|---|
| 11:00 a.m. – noon | Demonstration: Practical Use of Online Media for Marketers | Joe Murat |
| noon – 1:00 p.m. | Lecture: Providing Customer Service Online | Chris Garrison |
| 1:00 – 2:00 p.m. | Presentation: Online Marketing for Small Business Owners | Justin Brown |

- Early Registration: $15/day (Before April 1st)
- Registration: $30/day (On-site)

PREPARTION TIME
00:00:45

## Question 11: Express an opinion

**Directions:** In this part of the test, you will give your opinion about a specific topic. Be sure to say as much as you can in the time allowed. You will have 45 seconds to prepare. Then you will have 60 seconds to speak.

### Question 11 of 11

Which of the following skills do you think are most important for children to learn from their parents?

- Money management skills
- Polite manners
- Developing good habits

Use specific reasons and examples to support your opinion.

| PREPARATION TIME | RESPONSE TIME |
|---|---|
| 00:00:45 | 00:01:00 |

---

### Questions 8-10 of 11

## Online Marketing Conference Convention

Summit Convention Center

April 4th – 5th

**April 4th**

| Time | Session | Speaker |
|---|---|---|
| 10:00 – 11:00 a.m. | Workshop: Building an Online Presence | Isabella Smith |
| 11:00 a.m. – noon | Lecture: Online Data Protection | Kim Johnson |
| noon – 1:00 p.m. | Presentation: Using Social Media for Marketing | Emily Pond |

**April 5th**

| Time | Session | Speaker |
|---|---|---|
| 11:00 a.m. – noon | Demonstration: Practical Use of Online Media for Marketers | Joe Murat |
| noon – 1:00 p.m. | Lecture: Providing Customer Service Online | Chris Garrison |
| 1:00 – 2:00 p.m. | Presentation: Online Marketing for Small Business Owners | Justin Brown |

- Early Registration: $15/day (Before April 1st)
- Registration: $30/day (On-site)

| PREPARATION TIME | RESPONSE TIME |
|---|---|
| 00:00:03 | 00:00:15 |
| 00:00:03 | 00:00:15 |
| 00:00:03 | 00:00:30 |

# ACTUAL TEST 2

**TOEIC Speaking**

## Speaking Test Directions

This is the TOEIC Speaking Test. This test includes eleven questions that measure different aspects of your speaking ability. The test lasts approximately 20 minutes.

| Question | Task | Evaluation Criteria |
|---|---|---|
| 1 - 2 | Read a text aloud | • pronunciation<br>• intonation and stress |
| 3 - 4 | Describe a picture | all of the above, plus<br>• grammar<br>• vocabulary<br>• cohesion |
| 5 - 7 | Respond to questions | all of the above, plus<br>• relevance of content<br>• completeness of content |
| 8 - 10 | Respond to questions using information provided | all of the above |
| 11 | Express an opinion | all of the above |

**TOEIC Speaking**

## Questions 1-2: Read a text aloud

**Directions:** In this part of the test, you will read aloud the text on the screen. You will have 45 seconds to prepare. Then you will have 45 seconds to read the text aloud.

---

**Actual Test 2** — Question 1 of 11 — **TOEIC Speaking**

You have reached Best Autos. I'm sorry to tell you that all our customer representatives are currently answering other calls. If you want to learn about our daily business hours, please press one. For information on our location, please press two. If you require assistance with other car-related services, please stay on the line to speak with our representatives.

PREPARATION TIME 00:00:45　　RESPONSE TIME 00:00:45

---

**Actual Test 2** — Question 2 of 11 — **TOEIC Speaking**

Now for today's traffic update. We are seeing the evening rush hour kicking in around 7 p.m., since there has been repaving of several roads in this area. Cooper Street, Maple Avenue, and Pearl Street are temporarily closed because of the current construction. We advise using alternatives like Central Street to avoid congestion.

PREPARATION TIME 00:00:45　　RESPONSE TIME 00:00:45

## Questions 3-4: Describe a picture

**Directions:** In this part of the test, you will describe the picture on the screen in as much detail as you can. You will have 45 seconds to prepare your response. Then you will have 30 seconds to speak about the picture.

Question 3 of 11

PREPARATION TIME 00:00:45

RESPONSE TIME 00:00:30

Question 4 of 11

PREPARATION TIME 00:00:45

RESPONSE TIME 00:00:30

TOEIC Speaking

## Questions 5-7: Respond to questions

**Directions:** In this part of the test, you will answer three questions. You will have three seconds to prepare after you hear each question. You will have 15 seconds to respond to Questions 5 and 6 and 30 seconds to respond to Question 7.

---

Actual Test 2 | Question 5 of 11 | TOEIC Speaking

Imagine that a lifestyle magazine is conducting research in your area. You have agreed to participate in a telephone interview about text messages.

What time of the day do you usually check your text messages? Where do you do so?

PREPARATION TIME 00:00:03
RESPONSE TIME 00:00:15

---

Actual Test 2 | Question 6 of 11 | TOEIC Speaking

Imagine that a lifestyle magazine is conducting research in your area. You have agreed to participate in a telephone interview about text messages.

Do you prefer to send text messages or emails when you send business-related messages? Why?

PREPARATION TIME 00:00:03
RESPONSE TIME 00:00:15

---

Actual Test 2 | Question 7 of 11 | TOEIC Speaking

Imagine that a lifestyle magazine is conducting research in your area. You have agreed to participate in a telephone interview about text messages.

Do you typically send text messages to individuals or groups of people? Why?

PREPARATION TIME 00:00:03
RESPONSE TIME 00:00:30

## Questions 8-10: Respond to questions using information provided

**Directions:** In this part of the test, you will answer three questions based on the information provided. You will have 45 seconds to read the information before the questions begin. You will have three seconds to prepare and 15 seconds to respond to Questions 8 and 9. You will hear Question 10 two times. You will have three seconds to prepare and 30 seconds to respond to Question 10.

### Riverside City Bicycle Trail

Open to cyclists every day from 6 a.m. to 9 p.m.

| Trail Course | Difficulty | Length |
| --- | --- | --- |
| Green River Trail | Intermediate | 5 miles |
| Boston Path Trail | Easy | 2.3 miles |
| Riverside Trail | Easy | 3 miles |
| Nature Loop Trail | Advanced | 7.8 miles |

- Residents: free
- Non-residents: $3

PREPARTION TIME
00:00:45

## Questions 8-10 of 11

### Riverside City Bicycle Trail

Open to cyclists every day from 6 a.m. to 9 p.m.

| Trail Course | Difficulty | Length |
|---|---|---|
| Green River Trail | Intermediate | 5 miles |
| Boston Path Trail | Easy | 2.3 miles |
| Riverside Trail | Easy | 3 miles |
| Nature Loop Trail | Advanced | 7.8 miles |

- Residents: free
- Non-residents: $3

| PREPARATION TIME | RESPONSE TIME |
|---|---|
| 00:00:03 | 00:00:15 |

| PREPARATION TIME | RESPONSE TIME |
|---|---|
| 00:00:03 | 00:00:15 |

| PREPARATION TIME | RESPONSE TIME |
|---|---|
| 00:00:03 | 00:00:30 |

## Question 11: Express an opinion

**Directions:** In this part of the test, you will give your opinion about a specific topic. Be sure to say as much as you can in the time allowed. You will have 45 seconds to prepare. Then you will have 60 seconds to speak.

### Question 11 of 11

If a school was considering taking students on a school trip, which location would be best for the students?

- A history museum
- A company tour
- An amusement park

Use specific reasons and examples to support your opinion.

| PREPARATION TIME | RESPONSE TIME |
|---|---|
| 00:00:45 | 00:01:00 |

# ACTUAL TEST 3

**TOEIC Speaking**

## Speaking Test Directions

This is the TOEIC Speaking Test. This test includes eleven questions that measure different aspects of your speaking ability. The test lasts approximately 20 minutes.

| Question | Task | Evaluation Criteria |
|---|---|---|
| 1–2 | Read a text aloud | • pronunciation<br>• intonation and stress |
| 3–4 | Describe a picture | all of the above, plus<br>• grammar<br>• vocabulary<br>• cohesion |
| 5–7 | Respond to questions | all of the above, plus<br>• relevance of content<br>• completeness of content |
| 8–10 | Respond to questions using information provided | all of the above |
| 11 | Express an opinion | all of the above |

**TOEIC Speaking**

## Questions 1-2: Read a text aloud

**Directions:** In this part of the test, you will read aloud the text on the screen. You will have 45 seconds to prepare. Then you will have 45 seconds to read the text aloud.

**TOEIC Speaking**

**Actual Test 3**     **Question 1 of 11**

Welcome to this self-help course where you can get some help managing your time and leading yourself to success. Over the course of this lecture, we will discuss how to make a larger goal, stick with the plan, and make investments for the future. We intend to enhance our ability to make plans and change your life.

| PREPARATION TIME | RESPONSE TIME |
|---|---|
| 00:00:45 | 00:00:45 |

**TOEIC Speaking**

**Actual Test 3**     **Question 2 of 11**

Thank you for tuning into today's episode of our show. Today, we're very excited to invite the author of a best-selling book, *Don't Forget*, Peter Westwood. His book is renowned for its sophisticated plot, intriguing characters, and compelling messages. Stay tuned to learn more about Peter Westwood's piece of art.

| PREPARATION TIME | RESPONSE TIME |
|---|---|
| 00:00:45 | 00:00:45 |

## Questions 3-4: Describe a picture

**Directions:** In this part of the test, you will describe the picture on the screen in as much detail as you can. You will have 45 seconds to prepare your response. Then you will have 30 seconds to speak about the picture.

### Question 3 of 11

### Question 4 of 11

## Questions 5-7: Respond to questions

**Directions:** In this part of the test, you will answer three questions. You will have three seconds to prepare after you hear each question. You will have 15 seconds to respond to Questions 5 and 6 and 30 seconds to respond to Question 7.

---

### Question 5 of 11

Imagine that a Canadian marketing firm is doing research in your country. You have agreed to participate in a telephone interview about amusement parks.

Do you like to visit amusement parks? How frequently do you visit them?

PREPARATION TIME 00:00:03
RESPONSE TIME 00:00:15

---

### Question 6 of 11

Imagine that a Canadian marketing firm is doing research in your country. You have agreed to participate in a telephone interview about amusement parks.

What do you like to do when you visit amusement parks?

PREPARATION TIME 00:00:03
RESPONSE TIME 00:00:15

---

### Question 7 of 11

Imagine that a Canadian marketing firm is doing research in your country. You have agreed to participate in a telephone interview about amusement parks.

If you were going to spend the whole day at an amusement park, which of the following items would you bring?

- Funny costume
- A cardigan
- A portable phone battery charger

PREPARATION TIME 00:00:03
RESPONSE TIME 00:00:30

## Questions 8-10: Respond to questions using information provided

**Directions:** In this part of the test, you will answer three questions based on the information provided. You will have 45 seconds to read the information before the questions begin. You will have three seconds to prepare and 15 seconds to respond to Questions 8 and 9. You will hear Question 10 two times. You will have three seconds to prepare and 30 seconds to respond to Question 10.

## Interview Schedule for Staff at American Theater

May 10th, Meeting Room C

| Time | Applicant | Position | Years of Experience |
|---|---|---|---|
| 10:15 – 11:00 a.m. | Sarah Wang | Music Director | 3 years |
| 11:00 – 11:45 a.m. | Anne Hey | Lighting Designer | 5 years |
| 11:45 a.m. – 12:15 p.m. | Julian Jensen | Acting Director | 4 years |
| ~~2:00 – 2:45 p.m.~~ | ~~Shawn Vida~~ | ~~Lighting Designer~~ (canceled) | ~~2 years~~ |
| 2:45 – 3:15 p.m. | Paul Watts | Acting Director | 3 years |

PREPARTION TIME
00:00:45

## Question 11: Express an opinion

**Directions:** In this part of the test, you will give your opinion about a specific topic. Be sure to say as much as you can in the time allowed. You will have 45 seconds to prepare. Then you will have 60 seconds to speak.

### Question 11 of 11

Do you agree or disagree with the following statement?
Technological advances will bring about improvements to the music industry in the future.
Use specific reasons and examples to support your opinion.

| PREPARATION TIME | RESPONSE TIME |
| --- | --- |
| 00:00:45 | 00:01:00 |

### Questions 8-10 of 11

## Interview Schedule for Staff at American Theater

May 10th, Meeting Room C

| Time | Applicant | Position | Years of Experience |
| --- | --- | --- | --- |
| 10:15 – 11:00 a.m. | Sarah Wang | Music Director | 3 years |
| 11:00 – 11:45 a.m. | Anne Hey | Lighting Designer | 5 years |
| 11:45 a.m. – 12:15 p.m. | Julian Jensen | Acting Director | 4 years |
| 2:00 – 2:45 p.m. | Shawn Vida | Lighting Designer (canceled) | 2 years |
| 2:45 – 3:15 p.m. | Paul Watts | Acting Director | 3 years |

| PREPARATION TIME | RESPONSE TIME |
| --- | --- |
| 00:00:03 | 00:00:15 |

| PREPARATION TIME | RESPONSE TIME |
| --- | --- |
| 00:00:03 | 00:00:15 |

| PREPARATION TIME | RESPONSE TIME |
| --- | --- |
| 00:00:03 | 00:00:30 |

# ACTUAL TEST 4

## TOEIC Speaking

### Speaking Test Directions

This is the TOEIC Speaking Test. This test includes eleven questions that measure different aspects of your speaking ability. The test lasts approximately 20 minutes.

| Question | Task | Evaluation Criteria |
|---|---|---|
| 1 - 2 | Read a text aloud | • pronunciation<br>• intonation and stress |
| 3 - 4 | Describe a picture | all of the above, plus<br>• grammar<br>• vocabulary<br>• cohesion |
| 5 - 7 | Respond to questions | all of the above, plus<br>• relevance of content<br>• completeness of content |
| 8 - 10 | Respond to questions using information provided | all of the above |
| 11 | Express an opinion | all of the above |

## TOEIC Speaking

### Questions 1-2: Read a text aloud

**Directions:** In this part of the test, you will read aloud the text on the screen. You will have 45 seconds to prepare. Then you will have 45 seconds to read the text aloud.

## TOEIC Speaking

**Actual Test 4** — **Question 1 of 11**

Are you a movie-goer? If so, you will love to visit Cine Theater. Here, we have all you need for a great movie experience, like comfortable seats, incredible sound, and tasty popcorn. Also, our online ticketing system will save you from wasting your precious time waiting in line. Please check out our social media for our new offers.

| PREPARATION TIME | RESPONSE TIME |
|---|---|
| 00:00:45 | 00:00:45 |

## TOEIC Speaking

**Actual Test 4** — **Question 2 of 11**

Good morning, Central Communications employees. Today, we will have a monthly staff meeting. We will cover current customer reviews of our products, including wireless internet, mobile, and cable service. I'm sure today's meeting will boost our sales for the next quarter. Please keep questions until the end of the presentation.

| PREPARATION TIME | RESPONSE TIME |
|---|---|
| 00:00:45 | 00:00:45 |

## Questions 3-4: Describe a picture

**Directions:** In this part of the test, you will describe the picture on the screen in as much detail as you can. You will have 45 seconds to prepare your response. Then you will have 30 seconds to speak about the picture.

**TOEIC Speaking** — Question 3 of 11

PREPARATION TIME 00:00:45
RESPONSE TIME 00:00:30

**TOEIC Speaking** — Question 4 of 11

PREPARATION TIME 00:00:45
RESPONSE TIME 00:00:30

TOEIC Speaking

## Questions 5-7: Respond to questions

**Directions:** In this part of the test, you will answer three questions. You will have three seconds to prepare after you hear each question. You will have 15 seconds to respond to Questions 5 and 6 and 30 seconds to respond to Question 7.

---

Actual Test 4 — Question 5 of 11 — TOEIC Speaking

Imagine that your friend is planning a house party. You and your friend are having a telephone conversation about house parties.

When was the last time you went to a house party? How did you like it?

PREPARATION TIME 00:00:03    RESPONSE TIME 00:00:15

---

Actual Test 4 — Question 6 of 11 — TOEIC Speaking

Imagine that your friend is planning a house party. You and your friend are having a telephone conversation about house parties.

If you were planning a house party, who would you choose to join you?

PREPARATION TIME 00:00:03    RESPONSE TIME 00:00:15

---

Actual Test 4 — Question 7 of 11 — TOEIC Speaking

Imagine that your friend is planning a house party. You and your friend are having a telephone conversation about house parties.

Do you prefer to make your own food or use a catering service when you throw a party?

PREPARATION TIME 00:00:03    RESPONSE TIME 00:00:30

## Questions 8-10: Respond to questions using information provided

**Directions:** In this part of the test, you will answer three questions based on the information provided. You will have 45 seconds to read the information before the questions begin. You will have three seconds to prepare and 15 seconds to respond to Questions 8 and 9. You will hear Question 10 two times. You will have three seconds to prepare and 30 seconds to respond to Question 10.

## New York Fashion Magazine Monthly Meeting Conference

Location: Conference Room A

| Time | Agenda | Presenter |
|---|---|---|
| 8:00 – 8:30 a.m. | Opening | Chandler Roberts |
| 8:30 – 9:00 a.m. | Beauty Coverage: Best Cosmetic Brands<br>• completed: selecting brands<br>• needed: interviews | Adam Stevenson |
| 9:00 – 9:30 a.m. | Monthly sales report | Michael Yang |
| 9:30 – 10:00 a.m. | Celebrity Style: Celebrity's Pick<br>• completed: celebrity interviews<br>• needed: editing | David Hudson |
| 10:00 – 11:00 a.m. | Questions and Answers | Cady Dalton |

PREPARTION TIME
00:00:45

## Question 11: Express an opinion

**Directions:** In this part of the test, you will give your opinion about a specific topic. Be sure to say as much as you can in the time allowed. You will have 45 seconds to prepare. Then you will have 60 seconds to speak.

### Question 11 of 11

Do you think parents should limit the time their children use the internet? Use specific reasons and examples to support your opinion.

| PREPARATION TIME | RESPONSE TIME |
|---|---|
| 00:00:45 | 00:01:00 |

---

## Questions 8-10 of 11

### New York Fashion Magazine Monthly Meeting Conference

Location: Conference Room A

| Time | Topic | Presenter |
|---|---|---|
| 8:00 – 8:30 a.m. | Opening | Chandler Roberts |
| 8:30 – 9:00 a.m. | Beauty Coverage: Best Cosmetic Brands<br>• completed: selecting brands<br>• needed: interviews | Adam Stevenson |
| 9:00 – 9:30 a.m. | Monthly sales report | Michael Yang |
| 9:30 – 10:00 a.m. | Celebrity Style: Celebrity's Pick<br>• completed: celebrity interviews<br>• needed: editing | David Hudson |
| 10:00 – 11:00 a.m. | Questions and Answers | Cady Dalton |

| PREPARATION TIME | RESPONSE TIME |
|---|---|
| 00:00:03 | 00:00:15 |

| PREPARATION TIME | RESPONSE TIME |
|---|---|
| 00:00:03 | 00:00:15 |

| PREPARATION TIME | RESPONSE TIME |
|---|---|
| 00:00:03 | 00:00:30 |

# ACTUAL TEST 5

**TOEIC Speaking**

## Speaking Test Directions

This is the TOEIC Speaking Test. This test includes eleven questions that measure different aspects of your speaking ability. The test lasts approximately 20 minutes.

| Question | Task | Evaluation Criteria |
| --- | --- | --- |
| 1 - 2 | Read a text aloud | • pronunciation<br>• intonation and stress |
| 3 - 4 | Describe a picture | all of the above, plus<br>• grammar<br>• vocabulary<br>• cohesion |
| 5 - 7 | Respond to questions | all of the above, plus<br>• relevance of content<br>• completeness of content |
| 8 - 10 | Respond to questions using information provided | all of the above |
| 11 | Express an opinion | all of the above |

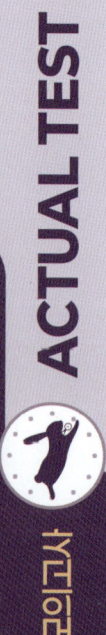

**TOEIC Speaking**

## Questions 1-2: Read a text aloud

**Directions:** In this part of the test, you will read aloud the text on the screen. You will have 45 seconds to prepare. Then you will have 45 seconds to read the text aloud.

**Actual Test 5**  **TOEIC Speaking**

### Question 1 of 11

Hello, you've reached National Botanical Park. For information about admission fees and operating hours, please press one. To learn about the many plants you can enjoy while visiting our park, press two. For other inquiries, please press three to speak with our customer service representatives.

PREPARATION TIME 00:00:45

RESPONSE TIME 00:00:45

**Actual Test 5**  **TOEIC Speaking**

### Question 2 of 11

You are listing to Prime Morning News. Here is your weather forecast for today. We are expecting warm temperatures, light winds, and strong sunshine. If you plan to go outside, we recommend you put on some sunscreen, stay in the shade and bring a bottle of water. As the weekend approaches, you can expect rain showers.

PREPARATION TIME 00:00:45

RESPONSE TIME 00:00:45

## Questions 3-4: Describe a picture

**Directions:** In this part of the test, you will describe the picture on the screen in as much detail as you can. You will have 45 seconds to prepare your response. Then you will have 30 seconds to speak about the picture.

### Question 3 of 11

PREPARATION TIME 00:00:45
RESPONSE TIME 00:00:30

### Question 4 of 11

PREPARATION TIME 00:00:45
RESPONSE TIME 00:00:30

TOEIC Speaking

## Questions 5-7: Respond to questions

**Directions:** In this part of the test, you will answer three questions. You will have three seconds to prepare after you hear each question. You will have 15 seconds to respond to Questions 5 and 6 and 30 seconds to respond to Question 7.

---

Actual Test 5 | Question 5 of 11 | TOEIC Speaking

Imagine that a British marketing firm is doing research in your country. You have agreed to participate in a telephone interview about playing musical instruments.

Have you ever played any musical instruments? When was the last time you played an instrument?

PREPARATION TIME 00:00:03    RESPONSE TIME 00:00:15

---

Actual Test 5 | Question 6 of 11 | TOEIC Speaking

Imagine that a British marketing firm is doing research in your country. You have agreed to participate in a telephone interview about playing musical instruments.

What kind of musical instrument do you like the most? Why?

PREPARATION TIME 00:00:03    RESPONSE TIME 00:00:15

---

Actual Test 5 | Question 7 of 11 | TOEIC Speaking

Imagine that a British marketing firm is doing research in your country. You have agreed to participate in a telephone interview about playing musical instruments.

What do you think is the most important quality of a concert?

- Amazing musicians
- A good music director
- The concert hall

PREPARATION TIME 00:00:03    RESPONSE TIME 00:00:30

## Questions 8-10: Respond to questions using information provided

**Directions:** In this part of the test, you will answer three questions based on the information provided. You will have 45 seconds to read the information before the questions begin. You will have three seconds to prepare and 15 seconds to respond to Questions 8 and 9. You will hear Question 10 two times. You will have three seconds to prepare and 30 seconds to respond to Question 10.

## Boston City Film Festival

| Date | Movie Title | Genre | Director |
|---|---|---|---|
| June 17th | Monster | Action | Jamie Hopkins |
| | ~~The Sin of Devils~~ (canceled) | Horror | Bene Bradshaw |
| June 18th | Forgotten Village | Thriller | Daniel Abby |
| | The Loved Ones | Drama | Thomas West |
| June 19th | Never Look Back | Thriller | Charlie McAdams |
| | Way Back to Love | Romance | Peter Jackson |
| | Last Christmas | Drama | Jane Park |

PREPARATION TIME
00:00:45

# Question 11: Express an opinion

**Directions:** In this part of the test, you will give your opinion about a specific topic. Be sure to say as much as you can in the time allowed. You will have 45 seconds to prepare. Then you will have 60 seconds to speak.

## Question 11 of 11

Which of the following do you think is the best use of time?

- Reading books
- Watching movies
- Traveling overseas

Use specific reasons and examples to support your opinion.

PREPARATION TIME 00:00:45    RESPONSE TIME 00:01:00

## Questions 8-10 of 11

### Boston City Film Festival

| Date | Movie Title | Genre | Director |
|---|---|---|---|
| June 17th | Monster | Action | Jamie Hopkins |
| | The Sin of Devils (canceled) | Horror | Bene Bradshaw |
| June 18th | Forgotten Village | Thriller | Daniel Abby |
| | The Loved Ones | Drama | Thomas West |
| June 19th | Never Look Back | Thriller | Charlie McAdams |
| | Way Back to Love | Romance | Peter Jackson |
| | Last Christmas | Drama | Jane Park |

PREPARATION TIME 00:00:03    RESPONSE TIME 00:00:15
PREPARATION TIME 00:00:03    RESPONSE TIME 00:00:15
PREPARATION TIME 00:00:03    RESPONSE TIME 00:00:30

# ACTUAL TEST 6

## TOEIC Speaking

### Speaking Test Directions

This is the TOEIC Speaking Test. This test includes eleven questions that measure different aspects of your speaking ability. The test lasts approximately 20 minutes.

| Question | Task | Evaluation Criteria |
| --- | --- | --- |
| 1 - 2 | Read a text aloud | • pronunciation<br>• intonation and stress |
| 3 - 4 | Describe a picture | all of the above, plus<br>• grammar<br>• vocabulary<br>• cohesion |
| 5 - 7 | Respond to questions | all of the above, plus<br>• relevance of content<br>• completeness of content |
| 8 - 10 | Respond to questions using information provided | all of the above |
| 11 | Express an opinion | all of the above |

## Questions 1-2: Read a text aloud

**Directions:** In this part of the test, you will read aloud the text on the screen. You will have 45 seconds to prepare. Then you will have 45 seconds to read the text aloud.

---

**Actual Test 6** — **TOEIC Speaking**

### Question 1 of 11

Thank you for attending this event to celebrate Mr. Jefferson's promotion to our company's Chief Executive Officer. Before we start, I want to express my gratitude to Mr. Jefferson for his dedication, hard work, and the ongoing support he's providing for our company. As a token of our appreciation, he will receive gifts from our employees.

PREPARATION TIME 00:00:45

RESPONSE TIME 00:00:45

---

**Actual Test 6** — **TOEIC Speaking**

### Question 2 of 11

Greetings everyone! Before we start our daily staff meeting, I want to introduce Ms. Rene Edwards, who has been hired as an executive officer of our company. Over the course of her long career, she has worked as an intern, manager, and head of departments both in our company and in others. Let's welcome Ms. Edwards, who will be such a great help to our team.

PREPARATION TIME 00:00:45

RESPONSE TIME 00:00:45

## Questions 3-4: Describe a picture

**Directions:** In this part of the test, you will describe the picture on the screen in as much detail as you can. You will have 45 seconds to prepare your response. Then you will have 30 seconds to speak about the picture.

### Question 3 of 11

PREPARATION TIME 00:00:45
RESPONSE TIME 00:00:30

### Question 4 of 11

PREPARATION TIME 00:00:45
RESPONSE TIME 00:00:30

## Questions 5-7: Respond to questions

**Directions:** In this part of the test, you will answer three questions. You will have three seconds to prepare after you hear each question. You will have 15 seconds to respond to Questions 5 and 6 and 30 seconds to respond to Question 7.

### Question 5 of 11

Imagine that your friend is planning to go on a picnic. You are having a telephone conversation about going on a picnic.

When was the last time you went on a picnic? Who were you with?

PREPARATION TIME 00:00:03
RESPONSE TIME 00:00:15

### Question 6 of 11

Imagine that your friend is planning to go on a picnic. You are having a telephone conversation about going on a picnic.

Would you prefer to go on a picnic with a large group of people or with a few people?

PREPARATION TIME 00:00:03
RESPONSE TIME 00:00:15

### Question 7 of 11

Imagine that your friend is planning to go on a picnic. You are having a telephone conversation about going on a picnic.

If you were to go on a picnic, would you prefer to do it at a park or in a backyard?

PREPARATION TIME 00:00:03
RESPONSE TIME 00:00:30

## Questions 8-10: Respond to questions using information provided

**Directions:** In this part of the test, you will answer three questions based on the information provided. You will have 45 seconds to read the information before the questions begin. You will have three seconds to prepare and 15 seconds to respond to Questions 8 and 9. You will hear Question 10 two times. You will have three seconds to prepare and 30 seconds to respond to Question 10.

## International Architecture Conference

Alpha Events Hall
Friday, December 2nd
Deadline for registration: November 20th

| Time | Session | Presenter |
|---|---|---|
| 9:00 – 10:00 a.m. | Welcoming Speech | Dennis Christopher (President of City Architect Community) |
| 10:00 – 11:00 a.m. | Video: Future of Architecture | |
| 11:00 a.m – noon | Presentation: Collaborating with Artists Rescheduled to 3rd, 1:00 p.m. | Kristine Brook |
| noon – 1:00 p.m. | Discussion: Elements of Good Architecture | Donna Wattson (Professor at Bringston University) |
| 1:00 – 2:00 p.m. | Lunch | |
| 2:00 – 3:00 p.m. | Discussion: Blending Technologies into Architecture | Jim Reynolds (Executive Director of SJ Company) |
| 3:00 – 4:00 p.m. | Tour: Landmark of the City | |

PREPARTION TIME
00:00:45

## Question 11: Express an opinion

**Directions:** In this part of the test, you will give your opinion about a specific topic. Be sure to say as much as you can in the time allowed. You will have 45 seconds to prepare. Then you will have 60 seconds to speak.

### Question 11 of 11

Do you think managers should be strict to lead a team to success? Use specific reasons and examples to support your opinion.

| PREPARATION TIME | RESPONSE TIME |
|---|---|
| 00:00:45 | 00:01:00 |

---

### Questions 8-10 of 11

## International Architecture Conference

Alpha Events Hall
Friday, December 2$^{nd}$
Deadline for registration: November 20$^{th}$

| Time | Session | Presenter |
|---|---|---|
| 9:00 – 10:00 a.m. | Welcoming Speech | Dennis Christopher (President of City Architect Community) |
| 10:00 – 11:00 a.m. | Video: Future of Architecture | |
| 11:00 a.m – noon | Presentation: Collaborating with Artists Rescheduled to 3$^{rd}$, 1:00 p.m. | Kristine Brook |
| noon – 1:00 p.m. | Discussion: Elements of Good Architecture | Donna Wattson (Professor at Bringston University) |
| 1:00 – 2:00 p.m. | Lunch | |
| 2:00 – 3:00 p.m. | Discussion: Blending Technologies into Architecture | Jim Reynolds (Executive Director of SJ Company) |
| 3:00 – 4:00 p.m. | Tour: Landmark of the City | |

| PREPARATION TIME | RESPONSE TIME |
|---|---|
| 00:00:03 | 00:00:15 |

| PREPARATION TIME | RESPONSE TIME |
|---|---|
| 00:00:03 | 00:00:15 |

| PREPARATION TIME | RESPONSE TIME |
|---|---|
| 00:00:03 | 00:00:30 |

# ACTUAL TEST 7

## TOEIC Speaking

### Speaking Test Directions

This is the TOEIC Speaking Test. This test includes eleven questions that measure different aspects of your speaking ability. The test lasts approximately 20 minutes.

| Question | Task | Evaluation Criteria |
|---|---|---|
| 1 - 2 | Read a text aloud | • pronunciation<br>• intonation and stress |
| 3 - 4 | Describe a picture | all of the above, plus<br>• grammar<br>• vocabulary<br>• cohesion |
| 5 - 7 | Respond to questions | all of the above, plus<br>• relevance of content<br>• completeness of content |
| 8 - 10 | Respond to questions using information provided | all of the above |
| 11 | Express an opinion | all of the above |

## TOEIC Speaking

### Questions 1-2: Read a text aloud

**Directions:** In this part of the test, you will read aloud the text on the screen. You will have 45 seconds to prepare. Then you will have 45 seconds to read the text aloud.

## TOEIC Speaking

**Actual Test 7**  **Question 1 of 11**

Do you love music as much as we do? Then, visit Dean Music Bar to enjoy the best music and drinks in the area. Here, you can watch performances by many local bands with beers, whiskey, and cocktails. Whatever you are looking for as a music lover, you can find it here at Dean Music Bar. Don't hesitate to make an online reservation now.

PREPARATION TIME 00:00:45

RESPONSE TIME 00:00:45

## TOEIC Speaking

**Actual Test 7**  **Question 2 of 11**

The next guest for tonight's event is Kurt Fell, a dean of Sierra University in Chicago. He has been working at the university for ten years. Today, he will share strategies, know-how, and insights into running a university. Also, he will discuss his educational philosophy for a moment. Let's welcome Mr. Fell to the stage.

PREPARATION TIME 00:00:45

RESPONSE TIME 00:00:45

## Questions 3-4: Describe a picture

**Directions:** In this part of the test, you will describe the picture on the screen in as much detail as you can. You will have 45 seconds to prepare your response. Then you will have 30 seconds to speak about the picture.

### Question 3 of 11

PREPARATION TIME 00:00:45

RESPONSE TIME 00:00:30

### Question 4 of 11

PREPARATION TIME 00:00:45

RESPONSE TIME 00:00:30

**TOEIC Speaking**

## Questions 5-7: Respond to questions

**Directions:** In this part of the test, you will answer three questions. You will have three seconds to prepare after you hear each question. You will have 15 seconds to respond to Questions 5 and 6 and 30 seconds to respond to Question 7.

---

**Actual Test 7** — **Question 5 of 11** — **TOEIC Speaking**

Imagine that an American marketing firm is doing research in your country. You have agreed to participate in a telephone interview about traveling.

When was the last time you traveled abroad to visit a famous place? Who did you go with?

PREPARATION TIME 00:00:03
RESPONSE TIME 00:00:15

---

**Actual Test 7** — **Question 6 of 11** — **TOEIC Speaking**

Imagine that an American marketing firm is doing research in your country. You have agreed to participate in a telephone interview about traveling.

If you had to visit another country to visit a famous place, would you like to book a hotel or stay at a friend's or relative's house?

PREPARATION TIME 00:00:03
RESPONSE TIME 00:00:15

---

**Actual Test 7** — **Question 7 of 11** — **TOEIC Speaking**

Imagine that an American marketing firm is doing research in your country. You have agreed to participate in a telephone interview about traveling.

Other than visiting famous places, which of the following would you prefer to do when you travel abroad?

- Go shopping
- Meet local people
- Try local food

PREPARATION TIME 00:00:03
RESPONSE TIME 00:00:30

## Questions 8-10: Respond to questions using information provided

**Directions:** In this part of the test, you will answer three questions based on the information provided. You will have 45 seconds to read the information before the questions begin. You will have three seconds to prepare and 15 seconds to respond to Questions 8 and 9. You will hear Question 10 two times. You will have three seconds to prepare and 30 seconds to respond to Question 10.

## Blue Mountain Park

April Events Schedule

| Date | Time | Event | Notes |
| --- | --- | --- | --- |
| April 3 | 5 – 9 p.m. | Live Concert | All ages |
| April 4 | 1 – 3 p.m. | Face Painting Competition | Ages 6 – 11 |
| April 10 | 3 – 8 p.m. | Art Exhibition | All ages |
| April 13 | 7 – 10 p.m. | Night Light Show | All ages |
| April 15 | 2 – 5 p.m. | Parade for Kids | Ages 3 – 12 |
| April 20 | 1 – 8 p.m. | Cherry Blossom Festival | All ages |

PREPARATION TIME
00:00:45

## Question 11: Express an opinion

**Directions:** In this part of the test, you will give your opinion about a specific topic. Be sure to say as much as you can in the time allowed. You will have 45 seconds to prepare. Then you will have 60 seconds to speak.

## Question 11 of 11

Some people like to throw away clothes they no longer use and buy new ones while others prefer to save old clothes. Which one do you prefer? Use specific reasons and examples to support your opinion.

PREPARATION TIME 00:00:45
RESPONSE TIME 00:01:00

## Questions 8-10 of 11

### Blue Mountain Park

April Events Schedule

| Date | Time | Event | Notes |
|---|---|---|---|
| April 3 | 5 – 9 p.m. | Live Concert | All ages |
| April 4 | 1 – 3 p.m. | Face Painting Competition | Ages 6 – 11 |
| April 10 | 3 – 8 p.m. | Art Exhibition | All ages |
| April 13 | 7 – 10 p.m. | Night Light Show | All ages |
| April 15 | 2 – 5 p.m. | Parade for Kids | Ages 3 – 12 |
| April 20 | 1 – 8 p.m. | Cherry Blossom Festival | All ages |

PREPARATION TIME 00:00:03
RESPONSE TIME 00:00:15

PREPARATION TIME 00:00:03
RESPONSE TIME 00:00:15

PREPARATION TIME 00:00:03
RESPONSE TIME 00:00:30

# ACTUAL TEST 8

## Speaking Test Directions

This is the TOEIC Speaking Test. This test includes eleven questions that measure different aspects of your speaking ability. The test lasts approximately 20 minutes.

| Question | Task | Evaluation Criteria |
|---|---|---|
| 1-2 | Read a text aloud | • pronunciation<br>• intonation and stress |
| 3-4 | Describe a picture | all of the above, plus<br>• grammar<br>• vocabulary<br>• cohesion |
| 5-7 | Respond to questions | all of the above, plus<br>• relevance of content<br>• completeness of content |
| 8-10 | Respond to questions using information provided | all of the above |
| 11 | Express an opinion | all of the above |

## Questions 1-2: Read a text aloud

**Directions:** In this part of the test, you will read aloud the text on the screen. You will have 45 seconds to prepare. Then you will have 45 seconds to read the text aloud.

---

**Actual Test 8** — Question 1 of 11

Here's today's traffic report. Commuters near Madison Avenue are expected to have a long day, as we can see traffic jams, rush-hour cars, and several accidents. As many residents are leaving on their holidays, commuters are advised to use public transportation. Next week, we can expect better traffic conditions as the holidays end.

PREPARATION TIME 00:00:45    RESPONSE TIME 00:00:45

---

**Actual Test 8** — Question 2 of 11

Thanks for tuning into our morning weather report. Yesterday, we experienced a big drop in temperature as well as the first snow in our area. Tonight, we are also expecting heavy rainfall that will hit our area soon, so don't forget to bring your umbrella, wear warm clothes and drive cautiously.

PREPARATION TIME 00:00:45    RESPONSE TIME 00:00:45

## Questions 3-4: Describe a picture

**Directions:** In this part of the test, you will describe the picture on the screen in as much detail as you can. You will have 45 seconds to prepare your response. Then you will have 30 seconds to speak about the picture.

### Question 3 of 11

PREPARATION TIME 00:00:45
RESPONSE TIME 00:00:30

### Question 4 of 11

PREPARATION TIME 00:00:45
RESPONSE TIME 00:00:30

## Questions 5-7: Respond to questions

**Directions:** In this part of the test, you will answer three questions. You will have three seconds to prepare after you hear each question. You will have 15 seconds to respond to Questions 5 and 6 and 30 seconds to respond to Question 7.

---

**Question 5 of 11**

Imagine that an Australian marketing firm is doing research in your country. You have agreed to participate in a telephone interview about driving.

Have you ever attended a driving school? How did you like it?

| PREPARATION TIME | RESPONSE TIME |
| --- | --- |
| 00:00:03 | 00:00:15 |

---

**Question 6 of 11**

Imagine that an Australian marketing firm is doing research in your country. You have agreed to participate in a telephone interview about driving.

Do you think teenagers should be allowed to drive?

| PREPARATION TIME | RESPONSE TIME |
| --- | --- |
| 00:00:03 | 00:00:15 |

---

**Question 7 of 11**

Imagine that an Australian marketing firm is doing research in your country. You have agreed to participate in a telephone interview about driving.

What do you think is the best way to learn how to drive?

- Learning from a family member
- Training by themselves
- Learning from an expert

| PREPARATION TIME | RESPONSE TIME |
| --- | --- |
| 00:00:03 | 00:00:30 |

## Questions 8-10: Respond to questions using information provided

**Directions:** In this part of the test, you will answer three questions based on the information provided. You will have 45 seconds to read the information before the questions begin. You will have three seconds to prepare and 15 seconds to respond to Questions 8 and 9. You will hear Question 10 two times. You will have three seconds to prepare and 30 seconds to respond to Question 10.

## Pharmaceutical Association Conference

### Nebraska University

**November 20th**

| | |
|---|---|
| Workshop: History of Medicine | Simon Butler |
| Seminar: the Development of a New Medicine | Ash Dobrik |
| Lunch (catered by Delimarket restaurant) | |

**November 21st**

| | |
|---|---|
| Panel discussion: Adverse Effects of 5 Newly Developed Medicine | Emily Panda |
| Demonstration: Research Practices | Laura Chang |
| Seminar: General Information on the Current Pharmaceutical Market | Ash Dobrik |

PREPARTION TIME
00:00:45

## Question 11: Express an opinion

**Directions:** In this part of the test, you will give your opinion about a specific topic. Be sure to say as much as you can in the time allowed. You will have 45 seconds to prepare. Then you will have 60 seconds to speak.

### Question 11 of 11

Which of the following skills do you think a good colleague should have?

- Communication skills
- Willingness to help others
- Stress management skills

Use specific reasons and examples to support your opinion.

| PREPARATION TIME | RESPONSE TIME |
|---|---|
| 00:00:45 | 00:01:00 |

### Questions 8-10 of 11

## Pharmaceutical Association Conference

Nebraska University

**November 20th**

| Workshop: History of Medicine | Simon Butler |
|---|---|
| Seminar: the Development of a New Medicine | Ash Dobrik |
| Lunch (catered by Delimarket restaurant) | |

**November 21st**

| Panel discussion: Adverse Effects of 5 Newly Developed Medicine | Emily Panda |
|---|---|
| Demonstration: Research Practices | Laura Chang |
| Seminar: General Information on the Current Pharmaceutical Market | Ash Dobrik |

| PREPARATION TIME | RESPONSE TIME |
|---|---|
| 00:00:03 | 00:00:15 |
| 00:00:03 | 00:00:15 |
| 00:00:03 | 00:00:30 |

# ACTUAL TEST 9

## Speaking Test Directions

This is the TOEIC Speaking Test. This test includes eleven questions that measure different aspects of your speaking ability. The test lasts approximately 20 minutes.

| Question | Task | Evaluation Criteria |
|---|---|---|
| 1 - 2 | Read a text aloud | - pronunciation<br>- intonation and stress |
| 3 - 4 | Describe a picture | all of the above, plus<br>- grammar<br>- vocabulary<br>- cohesion |
| 5 - 7 | Respond to questions | all of the above, plus<br>- relevance of content<br>- completeness of content |
| 8 - 10 | Respond to questions using information provided | all of the above |
| 11 | Express an opinion | all of the above |

## Questions 1-2: Read a text aloud

**Directions:** In this part of the test, you will read aloud the text on the screen. You will have 45 seconds to prepare. Then you will have 45 seconds to read the text aloud.

---

**Actual Test 9**  Question 1 of 11

Greetings everyone! Welcome to the Star Museum. Today, we will tour our museum to see the best pieces of art created by artists from around the world, including New Zealand, Europe, and South America. You will be more than amazed to see our exclusive artwork. Please note that cameras are not allowed inside the museum.

PREPARATION TIME 00:00:45    RESPONSE TIME 00:00:45

---

**Actual Test 9**  Question 2 of 11

I'd like to welcome today's speaker, Jasmine Williams, a renowned writer and lecturer who is well-known in the world of self-help. Today, she will discuss desired mindsets, habits, and daily routines of successful people. Her speech is mainly focused on how to be a successful entrepreneur as you are running your own business. Please join me in welcoming Ms. Williams.

PREPARATION TIME 00:00:45    RESPONSE TIME 00:00:45

## Questions 3-4: Describe a picture

**Directions:** In this part of the test, you will describe the picture on the screen in as much detail as you can. You will have 45 seconds to prepare your response. Then you will have 30 seconds to speak about the picture.

**Question 3 of 11**

PREPARATION TIME
00:00:45

RESPONSE TIME
00:00:30

**Question 4 of 11**

PREPARATION TIME
00:00:45

RESPONSE TIME
00:00:30

## Questions 5-7: Respond to questions

**Directions:** In this part of the test, you will answer three questions. You will have three seconds to prepare after you hear each question. You will have 15 seconds to respond to Questions 5 and 6 and 30 seconds to respond to Question 7.

### Question 5 of 11

Imagine that a British marketing firm is doing research in your country. You have agreed to participate in a telephone interview about vending machines.

What was the last thing you bought from a vending machine in your school or workplace?

PREPARATION TIME 00:00:03
RESPONSE TIME 00:00:15

### Question 6 of 11

Imagine that a British marketing firm is doing research in your country. You have agreed to participate in a telephone interview about vending machines.

Would you ever want to buy things such as earphones or chargers from a vending machine?

PREPARATION TIME 00:00:03
RESPONSE TIME 00:00:15

### Question 7 of 11

Imagine that a British marketing firm is doing research in your country. You have agreed to participate in a telephone interview about vending machines.

If you were going to buy some snacks, would you be more likely to use a vending machine or to go to a convenience store? Why?

PREPARATION TIME 00:00:03
RESPONSE TIME 00:00:30

## Questions 8-10: Respond to questions using information provided

**Directions:** In this part of the test, you will answer three questions based on the information provided. You will have 45 seconds to read the information before the questions begin. You will have three seconds to prepare and 15 seconds to respond to Questions 8 and 9. You will hear Question 10 two times. You will have three seconds to prepare and 30 seconds to respond to Question 10.

### Daniel Bradshaw

Apex Advertising Company
Schedule for Tuesday, March 2nd

| | |
|---|---|
| 9:00 – 10:00 a.m. | Meeting - Robert Son (Director, Simple Advertising) |
| 10:00 – 11:00 a.m. | Video Conference - Cindy West (Marketing manager, Summit Advertising) |
| 11:00 a.m. – noon | New Advertisement Copywriting Reviews |
| noon – 1:00 p.m. | Lunch |
| 1:00 – 2:00 p.m. | Meeting - Shawn Kim (the HR manager, Topic: Selecting the Best Candidates for the Marketing Director Position) |
| 2:00 – 3:00 p.m. | Leave the office for a business trip (Flight to New York at 5 p.m.) |

PREPARTION TIME
00:00:45

**Actual Test 9** — TOEIC Speaking

## Question 11: Express an opinion

**Directions:** In this part of the test, you will give your opinion about a specific topic. Be sure to say as much as you can in the time allowed. You will have 45 seconds to prepare. Then you will have 60 seconds to speak.

---

**Actual Test 9** — TOEIC Speaking

## Question 11 of 11

Do you agree or disagree with the following statement?
The government should provide financial support to maintain historical buildings and artifacts.
Use specific reasons and examples to support your opinion.

| PREPARATION TIME | RESPONSE TIME |
|---|---|
| 00:00:45 | 00:01:00 |

---

**Actual Test 9** — TOEIC Speaking

## Questions 8-10 of 11

### Daniel Bradshaw

Apex Advertising Company
Schedule for Tuesday, March 2$^{nd}$

| | |
|---|---|
| 9:00 – 10:00 a.m. | Meeting - Robert Son (Director, Simple Advertising) |
| 10:00 – 11:00 a.m. | Video Conference - Cindy West (Marketing manager, Summit Advertising) |
| 11:00 a.m. – noon | New Advertisement Copywriting Reviews |
| noon – 1:00 p.m. | Lunch |
| 1:00 – 2:00 p.m. | Meeting - Shawn Kim (the HR manager, Topic: Selecting the Best Candidates for the Marketing Director Position) |
| 2:00 – 3:00 p.m. | Leave the office for a business trip (Flight to New York at 5 p.m.) |

| PREPARATION TIME | RESPONSE TIME |
|---|---|
| 00:00:03 | 00:00:15 |
| 00:00:03 | 00:00:15 |
| 00:00:03 | 00:00:30 |

# ACTUAL TEST 10

**TOEIC Speaking**

## Speaking Test Directions

This is the TOEIC Speaking Test. This test includes eleven questions that measure different aspects of your speaking ability. The test lasts approximately 20 minutes.

| Question | Task | Evaluation Criteria |
| --- | --- | --- |
| 1 - 2 | Read a text aloud | • pronunciation<br>• intonation and stress |
| 3 - 4 | Describe a picture | all of the above, plus<br>• grammar<br>• vocabulary<br>• cohesion |
| 5 - 7 | Respond to questions | all of the above, plus<br>• relevance of content<br>• completeness of content |
| 8 - 10 | Respond to questions using information provided | all of the above |
| 11 | Express an opinion | all of the above |

**TOEIC Speaking**

## Questions 1-2: Read a text aloud

**Directions:** In this part of the test, you will read aloud the text on the screen. You will have 45 seconds to prepare. Then you will have 45 seconds to read the text aloud.

---

**TOEIC Speaking**

Actual Test 10 | Question 1 of 11 | TOEIC Speaking

Is it time to buy the best brand-name products that suit your needs? Quick Shop App will help you find the best products. It's a mobile app where you can get help checking out the latest brand-name goods, ordering products, and getting a discount. Don't forget to download it now and get the best deal!

PREPARATION TIME 00:00:45   RESPONSE TIME 00:00:45

Actual Test 10 | Question 2 of 11 | TOEIC Speaking

Welcome to today's traffic report. Fortunately, 21st Avenue isn't too crowded this morning. However, I-15 is currently closed because of construction starting this week. If you plan to take this route, we recommend using Morris Tunnel as a detour. If you drive a large vehicle like a bus or a truck, be sure to use the yellow lanes on weekdays.

PREPARATION TIME 00:00:45   RESPONSE TIME 00:00:45

## Questions 3-4: Describe a picture

**Directions:** In this part of the test, you will describe the picture on the screen in as much detail as you can. You will have 45 seconds to prepare your response. Then you will have 30 seconds to speak about the picture.

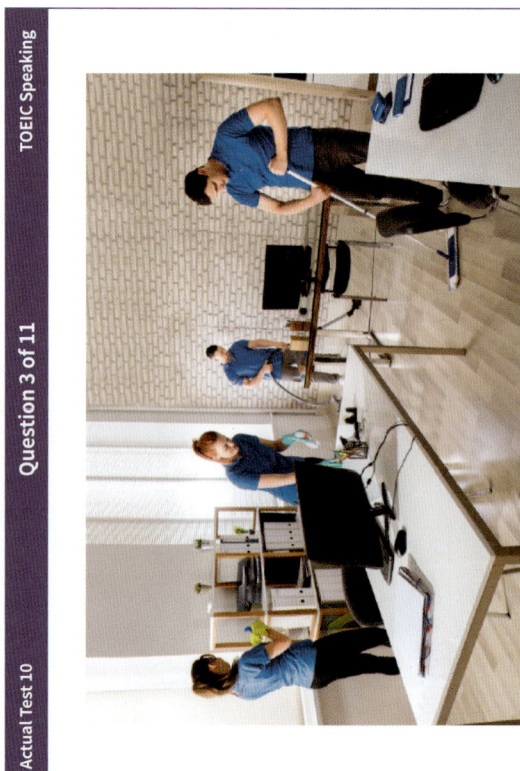

## Questions 5-7: Respond to questions

**Directions:** In this part of the test, you will answer three questions. You will have three seconds to prepare after you hear each question. You will have 15 seconds to respond to Questions 5 and 6 and 30 seconds to respond to Question 7.

---

### Question 5 of 11

Imagine that a lifestyle magazine is conducting research in your area. You have agreed to participate in a telephone interview about your neighbors and neighborhood.

Do you have neighbors you are close to? How did you get to know them?

PREPARATION TIME 00:00:03
RESPONSE TIME 00:00:15

---

### Question 6 of 11

Imagine that a lifestyle magazine is conducting research in your area. You have agreed to participate in a telephone interview about your neighbors and neighborhood.

How do you like your neighborhood? Why?

PREPARATION TIME 00:00:03
RESPONSE TIME 00:00:15

---

### Question 7 of 11

Imagine that a lifestyle magazine is conducting research in your area. You have agreed to participate in a telephone interview about your neighbors and neighborhood.

What do you think is the most important quality of good neighbors?

- How friendly they are
- How close they live
- How quiet they are

PREPARATION TIME 00:00:03
RESPONSE TIME 00:00:30

## Questions 8-10 of 11

### Luke Owen

Address: St. Maris Avenue, West Vancouver, British Columbia
Phone: (081)252-1945
Email: owen_luke22@1nyu.com

| | |
|---|---|
| Desired Position | Chief Editor |
| Education | Master of Journalism, California State University (2011) <br> Bachelor of English Literature, Southern California University (2010) |
| Work Experience | Current Times Magazine, Editor (2019 – present) <br> New York Newspaper, Journalist (2015 – 2019) |
| Qualification | Fluent in German, beginner-level of Japanese |

PREPARTION TIME
00:00:45

## Questions 8-10: Respond to questions using information provided

**Directions:** In this part of the test, you will answer three questions based on the information provided. You will have 45 seconds to read the information before the questions begin. You will have three seconds to prepare and 15 seconds to respond to Questions 8 and 9. You will hear Question 10 two times. You will have three seconds to prepare and 30 seconds to respond to Question 10.

## Question 11: Express an opinion

**Directions:** In this part of the test, you will give your opinion about a specific topic. Be sure to say as much as you can in the time allowed. You will have 45 seconds to prepare. Then you will have 60 seconds to speak.

### Question 11 of 11

Do you prefer to have a business meeting in person or to have a video conference?
Use specific reasons and examples to support your opinion.

| PREPARATION TIME | RESPONSE TIME |
|---|---|
| 00:00:45 | 00:01:00 |

### Questions 8-10 of 11

## Luke Owen

Address: St. Maris Avenue, West Vancouver, British Columbia
Phone: (081)252-1945
Email: owen_luke22@1nyu.com

| | |
|---|---|
| Desired Position | Chief Editor |
| Education | Master of Journalism, California State University (2011)<br>Bachelor of English Literature, Southern California University (2010) |
| Work Experience | Current Times Magazine, Editor (2019 – present)<br>New York Newspaper, Journalist (2015 – 2019) |
| Qualification | Fluent in German, beginner-level of Japanese |

| PREPARATION TIME | RESPONSE TIME |
|---|---|
| 00:00:03 | 00:00:15 |

| PREPARATION TIME | RESPONSE TIME |
|---|---|
| 00:00:03 | 00:00:15 |

| PREPARATION TIME | RESPONSE TIME |
|---|---|
| 00:00:03 | 00:00:30 |

# ACTUAL TEST 11

## TOEIC Speaking

### Speaking Test Directions

This is the TOEIC Speaking Test. This test includes eleven questions that measure different aspects of your speaking ability. The test lasts approximately 20 minutes.

| Question | Task | Evaluation Criteria |
|---|---|---|
| 1 - 2 | Read a text aloud | • pronunciation<br>• intonation and stress |
| 3 - 4 | Describe a picture | all of the above, plus<br>• grammar<br>• vocabulary<br>• cohesion |
| 5 - 7 | Respond to questions | all of the above, plus<br>• relevance of content<br>• completeness of content |
| 8 - 10 | Respond to questions using information provided | all of the above |
| 11 | Express an opinion | all of the above |

## Questions 1-2: Read a text aloud

**Directions:** In this part of the test, you will read aloud the text on the screen. You will have 45 seconds to prepare. Then you will have 45 seconds to read the text aloud.

---

MP3 AT11_Q

## TOEIC Speaking

**Actual Test 11**                **Question 1 of 11**

Good afternoon. You're now tuned into this week's episode of Home Cooking Show. Today, I will show you an easy recipe to make the best spaghetti for your kids. We will use common ingredients like an egg, tomatoes, and bread crumbs. You don't need anything more than the basic kitchen utensils you use daily. So, let's get started with our beloved chef, Ashley Wright.

PREPARATION TIME    RESPONSE TIME
00:00:45            00:00:45

## TOEIC Speaking

**Actual Test 11**                **Question 2 of 11**

Are you looking for a place to relax with a cup of Joe? Marriot Café is finally opening a new branch in this area this week. We offer a variety of coffee, donuts, and bagels that will definitely impress you. As an opening promotion, we are giving complimentary chocolate cookies to everyone. Don't miss out on this great opportunity!

PREPARATION TIME    RESPONSE TIME
00:00:45            00:00:45

# Questions 3-4: Describe a picture

**Directions:** In this part of the test, you will describe the picture on the screen in as much detail as you can. You will have 45 seconds to prepare your response. Then you will have 30 seconds to speak about the picture.

## Questions 5-7: Respond to questions

**Directions:** In this part of the test, you will answer three questions. You will have three seconds to prepare after you hear each question. You will have 15 seconds to respond to Questions 5 and 6 and 30 seconds to respond to Question 7.

---

**Question 5 of 11**

Imagine that a Canadian marketing firm is conducting research in your country. You have agreed to participate in a telephone interview about your job.

What is your current job? What time do you start work?

| PREPARATION TIME | RESPONSE TIME |
|---|---|
| 00:00:03 | 00:00:15 |

---

**Question 6 of 11**

Imagine that a Canadian marketing firm is conducting research in your country. You have agreed to participate in a telephone interview about your job.

Would you be willing to work night shifts if a company paid you well?

| PREPARATION TIME | RESPONSE TIME |
|---|---|
| 00:00:03 | 00:00:15 |

---

**Question 7 of 11**

Imagine that a Canadian marketing firm is conducting research in your country. You have agreed to participate in a telephone interview about your job.

Do you prefer to work in a busy outdoor area or in a quiet indoor area?

| PREPARATION TIME | RESPONSE TIME |
|---|---|
| 00:00:03 | 00:00:30 |

## Questions 8-10: Respond to questions using information provided

**Directions:** In this part of the test, you will answer three questions based on the information provided. You will have 45 seconds to read the information before the questions begin. You will have three seconds to prepare and 15 seconds to respond to Questions 8 and 9. You will hear Question 10 two times. You will have three seconds to prepare and 30 seconds to respond to Question 10.

## French Motors

Travel Itinerary for Collin Raynold, Vice President

### Flight Details

| Depart | Paris, Master Airlines, Flight 105 | 10:30 a.m. | Jan. 10th |
| Arrive | Los Angeles | 6:45 p.m. | |
| Depart | Los Angeles, Master Airlines, Flight 120 | noon | Jan. 13th |
| Arrive | Paris | 8:45 p.m. | |

### Accommodation

Vegas Hotel, Los Angeles (Suites)
Complimentary Breakfast Buffet
Free Shuttle Bus to the Los Angeles Airport

PREPARTION TIME
00:00:45

## Question 11: Express an opinion

**Directions:** In this part of the test, you will give your opinion about a specific topic. Be sure to say as much as you can in the time allowed. You will have 45 seconds to prepare. Then you will have 60 seconds to speak.

### Question 11 of 11

What are some disadvantages of always working with the same people at a company?
Use specific reasons and examples to support your opinion.

| PREPARATION TIME | RESPONSE TIME |
|---|---|
| 00:00:45 | 00:01:00 |

### Questions 8-10 of 11

## French Motors

Travel Itinerary for Collin Raynold, Vice President

**Flight Details**

| Depart | Paris, Master Airlines, Flight 105 | 10:30 a.m. | Jan. 10th |
| --- | --- | --- | --- |
| Arrive | Los Angeles | 6:45 p.m. | |
| Depart | Los Angeles, Master Airlines, Flight 120 | noon | Jan. 13th |
| Arrive | Paris | 8:45 p.m. | |

**Accommodation**

Vegas Hotel, Los Angeles (Suites)
Complimentary Breakfast Buffet
Free Shuttle Bus to the Los Angeles Airport

| PREPARATION TIME | RESPONSE TIME |
|---|---|
| 00:00:03 | 00:00:15 |

| PREPARATION TIME | RESPONSE TIME |
|---|---|
| 00:00:03 | 00:00:15 |

| PREPARATION TIME | RESPONSE TIME |
|---|---|
| 00:00:03 | 00:00:30 |

# ACTUAL TEST 12

**TOEIC Speaking**

## Speaking Test Directions

This is the TOEIC Speaking Test. This test includes eleven questions that measure different aspects of your speaking ability. The test lasts approximately 20 minutes.

| Question | Task | Evaluation Criteria |
| --- | --- | --- |
| 1 - 2 | Read a text aloud | • pronunciation<br>• intonation and stress |
| 3 - 4 | Describe a picture | all of the above, plus<br>• grammar<br>• vocabulary<br>• cohesion |
| 5 - 7 | Respond to questions | all of the above, plus<br>• relevance of content<br>• completeness of content |
| 8 - 10 | Respond to questions using information provided | all of the above |
| 11 | Express an opinion | all of the above |

**TOEIC Speaking**

## Questions 1-2: Read a text aloud

**Directions:** In this part of the test, you will read aloud the text on the screen. You will have 45 seconds to prepare. Then you will have 45 seconds to read the text aloud.

---

**Actual Test 12**

### Question 1 of 11

We are honored to welcome Amelia Brown to this episode of Interview with Celebrities. Ms. Brown has played many major roles in popular blockbuster movies. She is famous for her incredibly skilled acting, one-of-a-kind mask, and luxurious image. Even for those who are already big fans of her, there's still more it learn.

| PREPARATION TIME | RESPONSE TIME |
| --- | --- |
| 00:00:45 | 00:00:45 |

---

**Actual Test 12**

### Question 2 of 11

Attention passengers boarding Vancouver Airlines bound for Paris. We are about to land in 10 minutes. Please make sure to fasten your seatbelt and stay seated while we are landing because the plane might be shaking a bit. Make sure to turn off your electronic devices, including smartphones, game consoles, and smart watches. Thank you for flying with us, and have a nice trip!

| PREPARATION TIME | RESPONSE TIME |
| --- | --- |
| 00:00:45 | 00:00:45 |

## Questions 3-4: Describe a picture

**Directions:** In this part of the test, you will describe the picture on the screen in as much detail as you can. You will have 45 seconds to prepare your response. Then you will have 30 seconds to speak about the picture.

# Questions 5-7: Respond to questions

**Directions:** In this part of the test, you will answer three questions. You will have three seconds to prepare after you hear each question. You will have 15 seconds to respond to Questions 5 and 6 and 30 seconds to respond to Question 7.

## Question 5 of 11

Imagine that an American marketing firm is doing research in your country. You have agreed to participate in a telephone interview about festivals.

When was the last time you visited a fair or a festival? What kind of festival was it?

PREPARATION TIME 00:00:03
RESPONSE TIME 00:00:15

## Question 6 of 11

Imagine that an American marketing firm is doing research in your country. You have agreed to participate in a telephone interview about festivals.

Would you buy souvenirs when you visit a fair or a festival? Why or why not?

PREPARATION TIME 00:00:03
RESPONSE TIME 00:00:15

## Question 7 of 11

Imagine that an American marketing firm is doing research in your country. You have agreed to participate in a telephone interview about festivals.

Would you like to visit more festivals or fairs in your community? Why?

PREPARATION TIME 00:00:03
RESPONSE TIME 00:00:30

## Questions 8-10: Respond to questions using information provided

**Directions:** In this part of the test, you will answer three questions based on the information provided. You will have 45 seconds to read the information before the questions begin. You will have three seconds to prepare and 15 seconds to respond to Questions 8 and 9. You will hear Question 10 two times. You will have three seconds to prepare and 30 seconds to respond to Question 10.

## Conference of Tourism

Kingston Convention Center

**Monday, June 22<sup>nd</sup>**

| | |
|---|---|
| 9:30 – 10:30 a.m. | Keynote Speech: Tourism Boom in Domestic Market |
| 10:30 – 11:30 a.m. | Lecture: Current Trends in Tourism |
| 11:30 a.m. – 1:00 p.m. | Lunch |
| 1:00 – 2:00 p.m. | Seminar: Current Preference in Accommodations |

**Tuesday, June 23<sup>rd</sup>**

| | |
|---|---|
| 10:00 – 11:00 a.m. | Lecture: Strategies for Developing Good Travel Packages |
| 11:00 a.m. – noon | Conference Lunch |
| noon – 1:00 p.m. | Panel Discussion: How to Promote Tourism |
| 1:00 – 2:00 p.m. | Workshop: Collaborating with Other Companies |

- Registration fee: $100

PREPARTION
00:00:45

## Question 11: Express an opinion

**Directions:** In this part of the test, you will give your opinion about a specific topic. Be sure to say as much as you can in the time allowed. You will have 45 seconds to prepare. Then you will have 60 seconds to speak.

### Question 11 of 11

Do you think having a lot of social life is more important than getting a high salary?
Use specific reasons and examples to support your opinion.

| PREPARATION TIME | RESPONSE TIME |
|---|---|
| 00:00:45 | 00:01:00 |

### Questions 8-10 of 11

## Conference of Tourism

Kingston Convention Center

**Monday, June 22nd**

| Time | Event |
|---|---|
| 9:30 – 10:30 a.m. | Keynote Speech: Tourism Boom in Domestic Market |
| 10:30 – 11:30 a.m. | Lecture: Current Trends in Tourism |
| 11:30 a.m. – 1:00 p.m. | Lunch |
| 1:00 – 2:00 p.m. | Seminar: Current Preference in Accommodations |

**Tuesday, June 23rd**

| Time | Event |
|---|---|
| 10:00 – 11:00 a.m. | Lecture: Strategies for Developing Good Travel Packages |
| 11:00 a.m. – noon | Conference Lunch |
| noon – 1:00 p.m. | Panel Discussion: How to Promote Tourism |
| 1:00 – 2:00 p.m. | Workshop: Collaborating with Other Companies |

- Registration fee: $100

| PREPARATION TIME | RESPONSE TIME |
|---|---|
| 00:00:03 | 00:00:15 |
| 00:00:03 | 00:00:15 |
| 00:00:03 | 00:00:30 |

# ACTUAL TEST 13

## TOEIC Speaking

### Speaking Test Directions

This is the TOEIC Speaking Test. This test includes eleven questions that measure different aspects of your speaking ability. The test lasts approximately 20 minutes.

| Question | Task | Evaluation Criteria |
|---|---|---|
| 1 - 2 | Read a text aloud | • pronunciation<br>• intonation and stress |
| 3 - 4 | Describe a picture | all of the above, plus<br>• grammar<br>• vocabulary<br>• cohesion |
| 5 - 7 | Respond to questions | all of the above, plus<br>• relevance of content<br>• completeness of content |
| 8 - 10 | Respond to questions using information provided | all of the above |
| 11 | Express an opinion | all of the above |

## Questions 1-2: Read a text aloud

**Directions:** In this part of the test, you will read aloud the text on the screen. You will have 45 seconds to prepare. Then you will have 45 seconds to read the text aloud.

---

**Actual Test 13**

### Question 1 of 11

Good morning, Sports Today listeners. Today, we are going to broadcast long-awaited basketball matches. Expect to see fierce competition among star players, as you are about to enjoy the thrill, excitement, and fun of Olympic basketball. You won't regret joining us for the best coverage.

PREPARATION TIME 00:00:45
RESPONSE TIME 00:00:45

---

**Actual Test 13**

### Question 2 of 11

Greetings and welcome everyone to the International News. Arthur Oliver, a globally celebrated cellist, announced that he will begin his world tour this month. He is renowned for his peaceful, tender, and tranquil music that attracts music lovers from around the globe. In response to questions regarding his tour, he expressed his gratitude to his world fans.

PREPARATION TIME 00:00:45
RESPONSE TIME 00:00:45

## Questions 3-4: Describe a picture

**Directions:** In this part of the test, you will describe the picture on the screen in as much detail as you can. You will have 45 seconds to prepare your response. Then you will have 30 seconds to speak about the picture.

### Question 3 of 11

PREPARATION TIME 00:00:45

RESPONSE TIME 00:00:30

### Question 4 of 11

PREPARATION TIME 00:00:45

RESPONSE TIME 00:00:30

## Questions 5-7: Respond to questions

**Directions:** In this part of the test, you will answer three questions. You will have three seconds to prepare after you hear each question. You will have 15 seconds to respond to Questions 5 and 6 and 30 seconds to respond to Question 7.

---

**Actual Test 13** — **Question 5 of 11** — TOEIC Speaking

Imagine that an Australian marketing firm is doing research in your area. You have agreed to participate in a telephone interview about smartphones.

If you had to buy a new smartphone, would you buy a new one or a second-hand one? Why?

| PREPARATION TIME | RESPONSE TIME |
|---|---|
| 00:00:03 | 00:00:15 |

---

**Actual Test 13** — **Question 6 of 11** — TOEIC Speaking

Imagine that an Australian marketing firm is doing research in your area. You have agreed to participate in a telephone interview about smartphones.

How long have you used your own smartphone? Are you satisfied with it?

| PREPARATION TIME | RESPONSE TIME |
|---|---|
| 00:00:03 | 00:00:15 |

---

**Actual Test 13** — **Question 7 of 11** — TOEIC Speaking

Imagine that an Australian marketing firm is doing research in your area. You have agreed to participate in a telephone interview about smartphones.

If you were planning to buy a new smartphone, which of the following do you think would be the most important?

- Sleek design
- Camera performance
- Brand

| PREPARATION TIME | RESPONSE TIME |
|---|---|
| 00:00:03 | 00:00:30 |

# TOEIC Speaking

## Questions 8-10: Respond to questions using information provided

**Directions:** In this part of the test, you will answer three questions based on the information provided. You will have 45 seconds to read the information before the questions begin. You will have three seconds to prepare and 15 seconds to respond to Questions 8 and 9. You will hear Question 10 two times. You will have three seconds to prepare and 30 seconds to respond to Question 10.

## Dayton Community Center

Summer Schedule of Floral Design Courses
July 1st ~ August 20th

| Course | Days | Instructor |
|---|---|---|
| Introduction to Floral Design | Mondays | Simon Janet |
| History of Floral Design | Tuesdays | Jane Panda |
| Careers as a Certified Florist | Wednesdays | Samantha West |
| Marketing in Floral Business | Thursdays | Nolan Wells |
| Floral Design for Weddings | Fridays | Samantha West |

PREPARTION TIME
00:00:45

## Question 11: Express an opinion

**Directions:** In this part of the test, you will give your opinion about a specific topic. Be sure to say as much as you can in the time allowed. You will have 45 seconds to prepare. Then you will have 60 seconds to speak.

### Question 11 of 11

If you were a new employee, what kind of training method would you prefer: attending a training session with an expert or working with an experienced employee?
Use specific reasons and examples to support your opinion.

| PREPARATION TIME | RESPONSE TIME |
|---|---|
| 00:00:45 | 00:01:00 |

---

### Dayton Community Center

Summer Schedule of Floral Design Courses
July 1st ~ August 20th

| Course | Days | Instructor |
|---|---|---|
| Introduction to Floral Design | Mondays | Simon Janet |
| History of Floral Design | Tuesdays | Jane Panda |
| Careers as a Certified Florist | Wednesdays | Samantha West |
| Marketing in Floral Business | Thursdays | Nolan Wells |
| Floral Design for Weddings | Fridays | Samantha West |

| PREPARATION TIME | RESPONSE TIME |
|---|---|
| 00:00:03 | 00:00:15 |

| PREPARATION TIME | RESPONSE TIME |
|---|---|
| 00:00:03 | 00:00:15 |

| PREPARATION TIME | RESPONSE TIME |
|---|---|
| 00:00:03 | 00:00:30 |

# ACTUAL TEST 14

## Speaking Test Directions

This is the TOEIC Speaking Test. This test includes eleven questions that measure different aspects of your speaking ability. The test lasts approximately 20 minutes.

| Question | Task | Evaluation Criteria |
|---|---|---|
| 1 - 2 | Read a text aloud | ▪ pronunciation<br>▪ intonation and stress |
| 3 - 4 | Describe a picture | all of the above, plus<br>▪ grammar<br>▪ vocabulary<br>▪ cohesion |
| 5 - 7 | Respond to questions | all of the above, plus<br>▪ relevance of content<br>▪ completeness of content |
| 8 - 10 | Respond to questions using information provided | all of the above |
| 11 | Express an opinion | all of the above |

## Questions 1-2: Read a text aloud

**Directions:** In this part of the test, you will read aloud the text on the screen. You will have 45 seconds to prepare. Then you will have 45 seconds to read the text aloud.

---

**Actual Test 14** — Question 1 of 11

This is the Auckland weather report for the first day of the year. It's scorching hot, humid, and there's not a cloud in the sky. If you have any plans to go sunbathing, never forget to put on your sunscreen before you head to the beach. However, the temperature is expected to drop dramatically at night, so be extra careful not to catch a cold.

PREPARATION TIME 00:00:45   RESPONSE TIME 00:00:45

---

**Actual Test 14** — Question 2 of 11

Thank you for calling Central Bank. We are proud to announce that we have been ranked one of the top 5 customer-service-oriented banks in the city. If you would like to check a balance or open a savings account, please press one. If you would like to speak with our friendly support agents, please hold on the line for a moment.

PREPARATION TIME 00:00:45   RESPONSE TIME 00:00:45

## Questions 3-4: Describe a picture

**Directions:** In this part of the test, you will describe the picture on the screen in as much detail as you can. You will have 45 seconds to prepare your response. Then you will have 30 seconds to speak about the picture.

### Question 3 of 11

PREPARATION TIME 00:00:45
RESPONSE TIME 00:00:30

### Question 4 of 11

PREPARATION TIME 00:00:45
RESPONSE TIME 00:00:30

## Questions 5-7: Respond to questions

**Directions:** In this part of the test, you will answer three questions. You will have three seconds to prepare after you hear each question. You will have 15 seconds to respond to Questions 5 and 6 and 30 seconds to respond to Question 7.

---

### Question 5 of 11

Imagine that a fashion magazine is conducting research in your area. You have agreed to participate in a telephone interview about buying clothes.

If you were to buy some clothes for a school party or company party, what kind of clothing would you buy?

PREPARATION TIME 00:00:03
RESPONSE TIME 00:00:15

---

### Question 6 of 11

Imagine that a fashion magazine is conducting research in your area. You have agreed to participate in a telephone interview about buying clothes.

Are there many places to buy clothes in your area? And, do you often visit them?

PREPARATION TIME 00:00:03
RESPONSE TIME 00:00:15

---

### Question 7 of 11

Imagine that a fashion magazine is conducting research in your area. You have agreed to participate in a telephone interview about buying clothes.

If you chose some new clothes to buy, which of the following would most likely affect your decision? Why?

- Samples at a store
- Advertisements on social media
- Recommendations from celebrities

PREPARATION TIME 00:00:03
RESPONSE TIME 00:00:30

## Questions 8-10: Respond to questions using information provided

**Directions:** In this part of the test, you will answer three questions based on the information provided. You will have 45 seconds to read the information before the questions begin. You will have three seconds to prepare and 15 seconds to respond to Questions 8 and 9. You will hear Question 10 two times. You will have three seconds to prepare and 30 seconds to respond to Question 10.

## Wellness Sports Center

Central Street

Operating Hours: 7 a.m. – 10 p.m.

| Time | Days | Classes | Material |
|---|---|---|---|
| 10 – 11 a.m. | Mondays | Zumba for Beginners | towels |
| 8 – 9 a.m. | Wednesdays | Senior Mat Pilates | mat |
| 12 – 1 p.m. | Thursdays | Mini Golf for Children | golf club |
| 6 – 7 p.m. | Wednesdays | Circuit Training for Adults | towels |
| 8 – 9 p.m. | Saturdays | Senior Aqua Fit | swimsuits |
| 10 – 11 a.m. | Sundays | Kids' Swimming | swimsuits |

• All students are required to prepare materials for their classes.

PREPARTION TIME
00:00:45

## Questions 8-10 of 11

### Wellness Sports Center

Central Street
Operating Hours: 7 a.m. – 10 p.m.

| Time | Days | Classes | Material |
|---|---|---|---|
| 10 – 11 a.m. | Mondays | Zumba for Beginners | towels |
| 8 – 9 a.m. | Wednesdays | Senior Mat Pilates | mat |
| 12 – 1 p.m. | Thursdays | Mini Golf for Children | golf club |
| 6 – 7 p.m. | Wednesdays | Circuit Training for Adults | towels |
| 8 – 9 p.m. | Saturdays | Senior Aqua Fit | swimsuits |
| 10 – 11 a.m. | Sundays | Kids' Swimming | swimsuits |

• All students are required to prepare materials for their classes.

| PREPARATION TIME | RESPONSE TIME |
|---|---|
| 00:00:03 | 00:00:15 |

| PREPARATION TIME | RESPONSE TIME |
|---|---|
| 00:00:03 | 00:00:15 |

| PREPARATION TIME | RESPONSE TIME |
|---|---|
| 00:00:03 | 00:00:30 |

## Question 11: Express an opinion

**Directions:** In this part of the test, you will give your opinion about a specific topic. Be sure to say as much as you can in the time allowed. You will have 45 seconds to prepare. Then you will have 60 seconds to speak.

### Question 11 of 11

What do you think is the best reward a company can give to dedicated employees to recognize their hard work?
Use specific reasons and examples to support your opinion.

| PREPARATION TIME | RESPONSE TIME |
|---|---|
| 00:00:45 | 00:01:00 |

# ACTUAL TEST 15

## TOEIC Speaking

## Speaking Test Directions

This is the TOEIC Speaking Test. Th s test includes eleven questions that measure different aspects of your speaking ability. The test lasts approximately 20 minutes.

| Question | Task | Evaluation Criteria |
|---|---|---|
| 1-2 | Read a text aloud | • pronunciation<br>• intonation and stress |
| 3-4 | Describe a picture | all of the above, plus<br>• grammar<br>• vocabulary<br>• cohesion |
| 5-7 | Respond to questions | all of the above, plus<br>• relevance of content<br>• completeness of content |
| 8-10 | Respond to questions using information provided | all of the above |
| 11 | Express an opinion | all of the above |

## TOEIC Speaking

## Questions 1-2: Read a text aloud

**Directions:** In this part of the test, you will read aloud the text on the screen. You will have 45 seconds to prepare. Then you will have 45 seconds to read the text aloud.

---

**Actual Test 15** — **Question 1 of 11** — **TOEIC Speaking**

In this episode, we're going to have an interview with famous architect Cha Yoon. Over the past decade, she has designed many architectural structures including stadiums, ground-breaking glass structures, and other important landmarks. Let's welcome her to our show.

PREPARATION TIME 00:00:45    RESPONSE TIME 00:00:45

---

**Actual Test 15** — **Question 2 of 11** — **TOEIC Speaking**

Welcome to the Greenville Museum. Our tour will begin shortly. During this tour, you will learn about Greenville's culture, art, and history with our best docent. I have no doubt this tour will give you an experience that you will never forget. Also, various souvenirs will be offered at the entrance.

PREPARATION TIME 00:00:45    RESPONSE TIME 00:00:45

## Questions 3-4: Describe a picture

**Directions:** In this part of the test, you will describe the picture on the screen in as much detail as you can. You will have 45 seconds to prepare your response. Then you will have 30 seconds to speak about the picture.

### Question 3 of 11

PREPARATION TIME 00:00:45
RESPONSE TIME 00:00:30

### Question 4 of 11

PREPARATION TIME 00:00:45
RESPONSE TIME 00:00:30

## Questions 5-7: Respond to questions

**Directions:** In this part of the test, you will answer three questions. You will have three seconds to prepare after you hear each question. You will have 15 seconds to respond to Questions 5 and 6 and 30 seconds to respond to Question 7.

---

**Question 5 of 11**

Imagine that a Canadian marketing firm is doing research in your area. You have agreed to participate in a telephone interview about holding a party.

When was the last time you held a party? Where did you hold the party?

PREPARATION TIME 00:00:03
RESPONSE TIME 00:00:15

---

**Question 6 of 11**

Imagine that a Canadian marketing firm is doing research in your area. You have agreed to participate in a telephone interview about holding a party.

If you were planning to hold a party, whom would you like to invite? Why?

PREPARATION TIME 00:00:03
RESPONSE TIME 00:00:15

---

**Question 7 of 11**

Imagine that a Canadian marketing firm is doing research in your area. You have agreed to participate in a telephone interview about holding a party.

Do you prefer to make your own food for a party or use a catering service?

PREPARATION TIME 00:00:03
RESPONSE TIME 00:00:30

## Questions 8-10: Respond to questions using information provided

**Directions:** In this part of the test, you will answer three questions based on the information provided. You will have 45 seconds to read the information before the questions begin. You will have three seconds to prepare and 15 seconds to respond to Questions 8 and 9. You will hear Question 10 two times. You will have three seconds to prepare and 30 seconds to respond to Question 10.

### Denver Library Events Schedule

| Date | Time | Event | Details |
| --- | --- | --- | --- |
| Feb. 25th | 10 a.m. – 12 p.m. | Book Club | Materials provided |
| Mar. 3rd | 1 – 2 p.m. | Writing Class | |
| Mar. 1st | 3 – 5 p.m. | Movie Screening | Ages over 15 |
| Mar. 5th | 1 – 2 p.m. | Poetry Class | |
| Mar. 6th | 3 – 5 p.m. | Literature Workshop | Registration required in advance |

PREPARTION TIME
00:00:45

## Question 11: Express an opinion

**Directions:** In this part of the test, you will give your opinion about a specific topic. Be sure to say as much as you can in the time allowed. You will have 45 seconds to prepare. Then you will have 60 seconds to speak.

## Question 11 of 11

Do you agree or disagree with the following statement?
Celebrities should have a sense of responsibility.
Use specific reasons and examples to support your opinions.

| PREPARATION TIME | RESPONSE TIME |
|---|---|
| 00:00:45 | 00:01:00 |

## Questions 8-10 of 11

## Denver Library Events Schedule

| Date | Time | Event | Details |
|---|---|---|---|
| Feb. 25th | 10 a.m. – 12 p.m. | Book Club | Materials provided |
| Mar. 3rd | 1 – 2 p.m. | Writing Class | |
| Mar. 1st | 3 – 5 p.m. | Movie Screening | Ages over 15 |
| Mar. 5th | 1 – 2 p.m. | Poetry Class | |
| Mar. 6th | 3 – 5 p.m. | Literature Workshop | Registration required in advance |

| PREPARATION TIME | RESPONSE TIME |
|---|---|
| 00:00:03 | 00:00:15 |

| PREPARATION TIME | RESPONSE TIME |
|---|---|
| 00:00:03 | 00:00:15 |

| PREPARATION TIME | RESPONSE TIME |
|---|---|
| 00:00:03 | 00:00:30 |

# ACTUAL TEST 16

## TOEIC Speaking

### Speaking Test Directions

This is the TOEIC Speaking Test. This test includes eleven questions that measure different aspects of your speaking ability. The test lasts approximately 20 minutes.

| Question | Task | Evaluation Criteria |
|---|---|---|
| 1-2 | Read a text aloud | • pronunciation<br>• intonation and stress |
| 3-4 | Describe a picture | all of the above, plus<br>• grammar<br>• vocabulary<br>• cohesion |
| 5-7 | Respond to questions | all of the above, plus<br>• relevance of content<br>• completeness of content |
| 8-10 | Respond to questions using information provided | all of the above |
| 11 | Express an opinion | all of the above |

## TOEIC Speaking

### Questions 1-2: Read a text aloud

**Directions:** In this part of the test, you will read aloud the text on the screen. You will have 45 seconds to prepare. Then you will have 45 seconds to read the text aloud.

---

## TOEIC Speaking

Actual Test 16

### Question 1 of 11

Have you ever flown with Asia Airlines? Give it a try. You're in for an amazing experience traveling abroad! Enjoy the warm hospitality of our friendly flight attendants, savor our delicious in-flight meals, and relax in our comfortable seating. Plus, our wide selection of in-flight movies will keep you entertained throughout the journey. Feel free to book your next flight with Asia Airlines on our website anytime.

PREPARATION TIME 00:00:45
RESPONSE TIME 00:00:45

## TOEIC Speaking

Actual Test 16

### Question 2 of 11

Welcome to the Employee Orientation at Jade Café! In this session, we will introduce important information that every employee should know, including our signature recipes, company policies, and the customer service manual. After completing the orientation, please fill out the form to register for the new employee training session scheduled for next month.

PREPARATION TIME 00:00:45
RESPONSE TIME 00:00:45

## Questions 3-4: Describe a picture

**Directions:** In this part of the test, you will describe the picture on the screen in as much detail as you can. You will have 45 seconds to prepare your response. Then you will have 30 seconds to read to speak about the picture.

### Question 3 of 11

PREPARATION TIME 00:00:45
RESPONSE TIME 00:00:30

### Question 4 of 11

PREPARATION TIME 00:00:45
RESPONSE TIME 00:00:30

## Questions 5-7: Respond to questions

**Directions:** In this part of the test, you will answer three questions. You will have three seconds to prepare after you hear each question. You will have 15 seconds to respond to Questions 5 and 6 and 30 seconds to respond to Question 7.

---

**Question 5 of 11**

Imagine that a British marketing firm is doing research in your area. You have agreed to participate in a telephone interview about indoor climbing.

Do you often enjoy indoor climbing? Why or why not?

| PREPARATION TIME | RESPONSE TIME |
|---|---|
| 00:00:03 | 00:00:15 |

---

**Question 6 of 11**

Imagine that a British marketing firm is doing research in your area. You have agreed to participate in a telephone interview about indoor climbing.

If you were to try indoor climbing, do you think it would be better to do it in the morning or in the evening? Why?

| PREPARATION TIME | RESPONSE TIME |
|---|---|
| 00:00:03 | 00:00:15 |

---

**Question 7 of 11**

Imagine that a British marketing firm is doing research in your area. You have agreed to participate in a telephone interview about indoor climbing.

If you were to take an indoor climbing lesson, which of the following would you consider most important, and why?

- How safe the facility is
- The instructor's level of expertise
- Learning with students of a similar skill level

| PREPARATION TIME | RESPONSE TIME |
|---|---|
| 00:00:03 | 00:00:30 |

## Questions 8-10: Respond to questions using information provided

**Directions:** In this part of the test, you will answer three questions based on the information provided. You will have 45 seconds to read the information before the questions begin. You will have three seconds to prepare and 15 seconds to respond to Questions 8 and 9. You will hear Question 10 two times. You will have three seconds to prepare and 30 seconds to respond to Question 10.

## Jasper Music Academy Summer Session

Program Duration: May 6 – July 28
Jasper Music Center Class Schedule

| Class Name | Days | Time | Level |
|---|---|---|---|
| Flute Foundations | Mondays | 4:00 p.m. – 5:00 p.m. | Beginner |
| Clarinet Studio | Tuesdays | 5:30 p.m. – 6:30 p.m. | Intermediate |
| Saxophone Style | Saturdays | 1:00 p.m. – 2:00 p.m. | Advanced |
| Piano Basics | Tuesdays | 3:00 p.m. – 4:00 p.m. | Beginner |
| Guitar Jam | Wednesdays | 4:30 p.m. – 5:30 p.m. | Intermediate |
| Choir Class | Sundays | 2:00 p.m. – 3:30 p.m. | Advanced |

- Standard Fee: $150 per class
- Discounted Fee: $100 per class (Discounts available for students)

PREPARTION TIME
00:00:45

## Question 11: Express an opinion

**Directions:** In this part of the test, you will give your opinion about a specific topic. Be sure to say as much as you can in the time allowed. You will have 45 seconds to prepare. Then you will have 60 seconds to speak.

### Question 11 of 11

In your opinion, should the government invest more in clean energy, health care services, or digital infrastructer? Why?
Use specific reasons and examples to support your opinion.

| PREPARATION TIME | RESPONSE TIME |
| --- | --- |
| 00:00:45 | 00:01:00 |

## Jasper Music Academy Summer Session

Program Duration: May 6 – July 28
Jasper Music Center Class Schedule

| Class Name | Days | Time | Level |
| --- | --- | --- | --- |
| Flute Foundations | Mondays | 4:00 p.m. – 5:00 p.m. | Beginner |
| Clarinet Studio | Tuesdays | 5:30 p.m. – 6:30 p.m. | Intermediate |
| Saxophone Style | Saturdays | 1:00 p.m. – 2:00 p.m. | Advanced |
| Piano Basics | Tuesdays | 3:00 p.m. – 4:00 p.m. | Beginner |
| Guitar Jam | Wednesdays | 4:30 p.m. – 5:30 p.m. | Intermediate |
| Choir Class | Sundays | 2:00 p.m. – 3:30 p.m. | Advanced |

- Standard Fee: $150 per class
- Discounted Fee: $100 per class (Discounts available for students)

| PREPARATION TIME | RESPONSE TIME |
| --- | --- |
| 00:00:03 | 00:00:15 |

| PREPARATION TIME | RESPONSE TIME |
| --- | --- |
| 00:00:03 | 00:00:15 |

| PREPARATION TIME | RESPONSE TIME |
| --- | --- |
| 00:00:03 | 00:00:30 |

# ACTUAL TEST 17

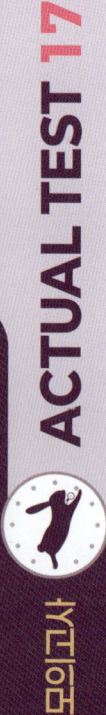

**TOEIC Speaking**

## Speaking Test Directions

This is the TOEIC Speaking Test. This test includes eleven questions that measure different aspects of your speaking ability. The test lasts approximately 20 minutes.

| Question | Task | Evaluation Criteria |
|---|---|---|
| 1 - 2 | Read a text aloud | • pronunciation<br>• intonation and stress |
| 3 - 4 | Describe a picture | all of the above, plus<br>• grammar<br>• vocabulary<br>• cohesion |
| 5 - 7 | Respond to questions | all of the above, plus<br>• relevance of content<br>• completeness of content |
| 8 - 10 | Respond to questions using information provided | all of the above |
| 11 | Express an opinion | all of the above |

**TOEIC Speaking**

## Questions 1-2: Read a text aloud

**Directions:** In this part of the test, you will read aloud the text on the screen. You will have 45 seconds to prepare. Then you will have 45 seconds to read the text aloud.

---

**TOEIC Speaking**

**Actual Test 17**

### Question 1 of 11

Black Friday is coming up, and we are offering a 30% discount on all our products. Visit our store and check out this great deal. Hundreds of new items, including fabric sofas, queen-sized beds, and sophisticated wooden tables, will be on offer. If you buy two pieces of furniture together, you will get an additional 10% discount.

| PREPARATION TIME | RESPONSE TIME |
|---|---|
| 00:00:45 | 00:00:45 |

**TOEIC Speaking**

**Actual Test 17**

### Question 2 of 11

Tonight, we are interviewing one of the most renowned writers in our country. He has been writing fascinating novels and doesn't stick to a single genre. His novels fall into categories such as mystery, historical fiction, and comedy. He is known for his creativity and ability to write in many different styles as a writer. Please welcome tonight's guest, Jean Polo!

| PREPARATION TIME | RESPONSE TIME |
|---|---|
| 00:00:45 | 00:00:45 |

## Questions 3-4: Describe a picture

**Directions:** In this part of the test, you will describe the picture on the screen in as much detail as you can. You will have 45 seconds to prepare your response. Then you will have 30 seconds to read to speak about the picture.

### Question 3 of 11

PREPARATION TIME 00:00:45
RESPONSE TIME 00:00:30

### Question 4 of 11

PREPARATION TIME 00:00:45
RESPONSE TIME 00:00:30

TOEIC Speaking

## Questions 5-7: Respond to questions

**Directions:** In this part of the test, you will answer three questions. You will have three seconds to prepare after you hear each question. You will have 15 seconds to respond to Questions 5 and 6 and 30 seconds to respond to Question 7.

---

Actual Test 17 | Question 5 of 11 | TOEIC Speaking

Imagine that a lifestyle magazine is doing research in your area. You have agreed to participate in a telephone interview about board games.

When was the last time you played a board game, and what was the name of the game?

PREPARATION TIME 00:00:03 | RESPONSE TIME 00:00:15

---

Actual Test 17 | Question 6 of 11 | TOEIC Speaking

Imagine that a lifestyle magazine is doing research in your area. You have agreed to participate in a telephone interview about board games.

What is one advantage that board games have compared to mobile games?

PREPARATION TIME 00:00:03 | RESPONSE TIME 00:00:15

---

Actual Test 17 | Question 7 of 11 | TOEIC Speaking

Imagine that a lifestyle magazine is doing research in your area. You have agreed to participate in a telephone interview about board games.

When buying a board game, which of the following is most important to you?

- The number of players
- How fun it is
- How difficult it is

PREPARATION TIME 00:00:03 | RESPONSE TIME 00:00:30

## Questions 8-10: Respond to questions using information provided

**Directions:** In this part of the test, you will answer three questions based on the information provided. You will have 45 seconds to read the information before the questions begin. You will have three seconds to prepare and 15 seconds to respond to Questions 8 and 9. You will hear Question 10 two times. You will have three seconds to prepare and 30 seconds to respond to Question 10.

## Future Stars Sports Camp

Program Duration: May 6 – July 28
Location: Star Athletics Community Center

| Date | Class Name | Time | Age Group |
| --- | --- | --- | --- |
| May 8 (Wed.) | Mini Soccer Skills | 4:00 p.m. – 5:00 p.m. | Ages 6 – 8 |
| May 11 (Sat.) | Junior Basketball | 2:00 p.m. – 3:30 p.m. | Ages 15 – 19 |
| May 15 (Wed.) | Table Tennis Fun | 4:00 p.m. – 5:00 p.m. | Ages 10 and up |
| May 18 (Sat.) | Kids' Baseball Intro | 1:30 p.m. – 2:30 p.m. | Ages 7 – 9 |
| May 22 (Wed.) | Youth Volleyball | 5:30 p.m. – 6:30 p.m. | Ages 15 – 19 |
| May 25 (Sat.) | Badminton for Teens | 3:30 p.m. – 4:30 p.m. | Ages 13 – 15 |

- Equipment Notice: All necessary sports equipment will be provided on site.
- Participants only need to bring comfortable sportswear.

PREPARTION TIME
00:00:45

## Question 11: Express an opinion

**Directions:** In this part of the test, you will give your opinion about a specific topic. Be sure to say as much as you can in the time allowed. You will have 45 seconds to prepare. Then you will have 60 seconds to speak.

### Question 11 of 11

Do you think it is a good idea for parents to frequently give positive feedback for small achievements or good behavior? Why or why not? Use specific reasons and examples to support your opinion.

PREPARATION TIME 00:00:45
RESPONSE TIME 00:01:00

---

### Questions 8-10 of 11

## Future Stars Sports Camp

Program Duration: May 6 – July 28
Location: Star Athletics Community Center

| Date | Class Name | Time | Age Group |
|---|---|---|---|
| May 8 (Wed.) | Mini Soccer Skills | 4:00 p.m. – 5:00 p.m. | Ages 6 – 8 |
| May 11 (Sat.) | Junior Basketball | 2:00 p.m. – 3:30 p.m. | Ages 15 – 19 |
| May 15 (Wed.) | Table Tennis Fun | 4:00 p.m. – 5:30 p.m. | Ages 10 and up |
| May 18 (Sat.) | Kids' Baseball Intro | 1:30 p.m. – 2:30 p.m. | Ages 7 – 9 |
| May 22 (Wed.) | Youth Volleyball | 5:30 p.m. – 6:30 p.m. | Ages 15 – 19 |
| May 25 (Sat.) | Badminton for Teens | 3:30 p.m. – 4:30 p.m. | Ages 13 – 15 |

- Equipment Notice: All necessary sports equipment will be provided on site.
- Participants only need to bring comfortable sportswear.

PREPARATION TIME 00:00:03  RESPONSE TIME 00:00:15
PREPARATION TIME 00:00:03  RESPONSE TIME 00:00:15
PREPARATION TIME 00:00:03  RESPONSE TIME 00:00:30

# ACTUAL TEST 18

**TOEIC Speaking**

## Speaking Test Directions

This is the TOEIC Speaking Test. This test includes eleven questions that measure different aspects of your speaking ability. The test lasts approximately 20 minutes.

| Question | Task | Evaluation Criteria |
| --- | --- | --- |
| 1 - 2 | Read a text aloud | • pronunciation<br>• intonation and stress |
| 3 - 4 | Describe a picture | all of the above, plus<br>• grammar<br>• vocabulary<br>• cohesion |
| 5 - 7 | Respond to questions | all of the above, plus<br>• relevance of content<br>• completeness of content |
| 8 - 10 | Respond to questions using information provided | all of the above |
| 11 | Express an opinion | all of the above |

**TOEIC Speaking**

## Questions 1-2: Read a text aloud

**Directions:** In this part of the test, you will read aloud the text on the screen. You will have 45 seconds to prepare. Then you will have 45 seconds to read the text aloud.

---

**TOEIC Speaking**

**Actual Test 18** — **Question 1 of 11** — **TOEIC Speaking**

Attention, residents of Parsonsville! Due to ongoing construction on 21st Avenue, heavy traffic congestion is expected throughout the weekend. To help ease rush-hour traffic, all vehicles using 21st Avenue will be rerouted. We kindly ask residents to use the designated detour routes via Maple Street, Lincoln Road, and Oakwood Avenue instead. Thank you for your understanding and cooperation.

| PREPARATION TIME | RESPONSE TIME |
| --- | --- |
| 00:00:45 | 00:00:45 |

---

**Actual Test 18** — **Question 2 of 11** — **TOEIC Speaking**

The World Youth Union has announced plans to hold a global event, the Teen Festival, at a location in Europe. Several member countries, including France, Germany, and Italy, are currently being considered as possible venues. This event will be a valuable opportunity for teenagers from around the world to explore and experience the rich and diverse cultures of Europe. It is expected to promote global friendship and cultural exchange among the youth.

| PREPARATION TIME | RESPONSE TIME |
| --- | --- |
| 00:00:45 | 00:00:45 |

## Questions 3-4: Describe a picture

**Directions:** In this part of the test, you will describe the picture on the screen in as much detail as you can. You will have 45 seconds to prepare your response. Then you will have 30 seconds to read to speak about the picture.

### Question 3 of 11

PREPARATION TIME 00:00:45
RESPONSE TIME 00:00:30

### Question 4 of 11

PREPARATION TIME 00:00:45
RESPONSE TIME 00:00:30

## Questions 5-7: Respond to questions

**Directions:** In this part of the test, you will answer three questions. You will have three seconds to prepare after you hear each question. You will have 15 seconds to respond to Questions 5 and 6 and 30 seconds to respond to Question 7.

### Question 5 of 11

Imagine you are talking to a friend on the phone, and you're having a conversation about walking.

When was the last time you went for a walk? Do you enjoy walking?

PREPARATION TIME 00:00:03
RESPONSE TIME 00:00:15

### Question 6 of 11

Imagine you are talking to a friend on the phone, and you're having a conversation about walking.

Which do you prefer: walking on a treadmill at a gym or taking a walk in the park?

PREPARATION TIME 00:00:03
RESPONSE TIME 00:00:15

### Question 7 of 11

Imagine you are talking to a friend on the phone, and you're having a conversation about walking.

What are the benefits of walking with a running crew or walking group?

PREPARATION TIME 00:00:03
RESPONSE TIME 00:00:30

## Questions 8-10: Respond to questions using information provided

**Directions:** In this part of the test, you will answer three questions based on the information provided. You will have 45 seconds to read the information before the questions begin. You will have three seconds to prepare and 15 seconds to respond to Questions 8 and 9. You will hear Question 10 two times. You will have three seconds to prepare and 30 seconds to respond to Question 10.

## Brown Stationery Shop

Business Hours: Mon. - Fri., 10:00 a.m. – 7:00 p.m.
Location: 1001 New York Street

| Item | Quantity | Price |
| --- | --- | --- |
| Notebook | 2 | $4.00 |
| Mechanical Pencil | 1 | $1.50 |
| Eraser | 3 | $0.90 |
| Highlighter Set | 1 | $3.20 |

Total: $9.60 (Unpaid)

PREPARTION TIME
00:00:45

**TOEIC Speaking**

Actual Test 18

## Question 11: Express an opinion

**Directions:** In this part of the test, you will give your opinion about a specific topic. Be sure to say as much as you can in the time allowed. You will have 45 seconds to prepare. Then you will have 60 seconds to speak.

---

**TOEIC Speaking**

Actual Test 18

## Question 11 of 11

Some people say leadership is a personality trait, while others believe it can be developed through training. Do you think leadership can be learned?
Use specific reasons and examples to support your opinion.

| PREPARATION TIME | RESPONSE TIME |
|---|---|
| 00:00:45 | 00:01:00 |

---

**TOEIC Speaking**

Actual Test 18

## Questions 8-10 of 11

### Brown Stationery Shop

Business Hours: Mon. - Fri., 10:00 a.m. – 7:00 p.m.
Location: 1001 New York Street

| Item | Quantity | Price |
|---|---|---|
| Notebook | 2 | $4.00 |
| Mechanical Pencil | 1 | $1.50 |
| Eraser | 3 | $0.90 |
| Highlighter Set | 1 | $3.20 |

Total: $9.60 (Unpaid)

| PREPARATION TIME | RESPONSE TIME |
|---|---|
| 00:00:03 | 00:00:15 |

| PREPARATION TIME | RESPONSE TIME |
|---|---|
| 00:00:03 | 00:00:15 |

| PREPARATION TIME | RESPONSE TIME |
|---|---|
| 00:00:03 | 00:00:30 |

# ACTUAL TEST 19

## TOEIC Speaking

### Speaking Test Directions

This is the TOEIC Speaking Test. This test includes eleven questions that measure different aspects of your speaking ability. The test lasts approximately 20 minutes.

| Question | Task | Evaluation Criteria |
|---|---|---|
| 1-2 | Read a text aloud | - pronunciation<br>- intonation and stress |
| 3-4 | Describe a picture | all of the above, plus<br>- grammar<br>- vocabulary<br>- cohesion |
| 5-7 | Respond to questions | all of the above, plus<br>- relevance of content<br>- completeness of content |
| 8-10 | Respond to questions using information provided | all of the above |
| 11 | Express an opinion | all of the above |

## Questions 1-2: Read a text aloud

**Directions:** In this part of the test, you will read aloud the text on the screen. You will have 45 seconds to prepare. Then you will have 45 seconds to read the text aloud.

---

**Actual Test 19** — **TOEIC Speaking**

### Question 1 of 11

Welcome to the Southeast Reindeer Park. We are home to a large reindeer population, thanks to our favorable climate and rich soil. You can enjoy observing various species of reindeer and other animals. Visitors are not allowed to take pictures, feed the animals, or make loud noises. Take your time and enjoy the natural beauty of Southeast Reindeer Park.

PREPARATION TIME 00:00:45
RESPONSE TIME 00:00:45

---

**Actual Test 19** — **TOEIC Speaking**

### Question 2 of 11

Here's your latest weather report. There is a chance of rain throughout the day, so make sure to bring your umbrella if you're planning any outdoor activities. By early tomorrow, the rain is expected to clear, and colder weather will set in for the rest of the week. With temperatures dropping, be careful not to catch a cold.

PREPARATION TIME 00:00:45
RESPONSE TIME 00:00:45

## Questions 3-4: Describe a picture

**Directions:** In this part of the test, you will describe the picture on the screen in as much detail as you can. You will have 45 seconds to prepare your response. Then you will have 30 seconds to read to speak about the picture.

### Question 3 of 11

PREPARATION TIME 00:00:45

RESPONSE TIME 00:00:30

### Question 4 of 11

PREPARATION TIME 00:00:45

RESPONSE TIME 00:00:30

# Questions 5-7: Respond to questions

**Directions:** In this part of the test, you will answer three questions. You will have three seconds to prepare after you hear each question. You will have 15 seconds to respond to Questions 5 and 6 and 30 seconds to respond to Question 7.

## Question 5 of 11

Imagine that a lifestyle magazine is doing research in your area. You have agreed to participate in a telephone interview about meeting people online.

When was the last time you made a new friend? How did you meet that person?

PREPARATION TIME 00:00:03
RESPONSE TIME 00:00:15

## Question 6 of 11

Imagine that a lifestyle magazine is doing research in your area. You have agreed to participate in a telephone interview about meeting people online.

Do you think it's easier to make friends online or in person? Why?

PREPARATION TIME 00:00:03
RESPONSE TIME 00:00:15

## Question 7 of 11

Imagine that a lifestyle magazine is doing research in your area. You have agreed to participate in a telephone interview about meeting people online.

Which of the following do you think is the biggest advantage of communicating with friends online?

- Staying in touch more often
- Feeling less pressure when talking
- Sharing things more easily, like photos and links

PREPARATION TIME 00:00:03
RESPONSE TIME 00:00:30

## Creative Tech Design Seminar Schedule

Location: Harmony Convention Center (Room B)
Date: June 12th (Wednesday)

| Time | Event | Speaker / Details |
| --- | --- | --- |
| 9:00 – 9:30 a.m. | Registration | Check-in at the front desk |
| 9:30 – 11:00 a.m. | Workshop: Design Thinking | Emily Park, UX Consultant |
| 11:00 a.m. – 12:00 p.m. | Software Demonstrations | David Kim, Lead Developer |
| 12:00 – 1:00 p.m. | Buffet Lunch | Fee: $10 per person |
| 1:00 – 2:00 p.m. | Discussion: Creative Tools in Teams | Panels: Emily Park & Jacob Lee |
| 2:00 – 3:00 p.m. | Software Showcase | Jacob Lee, Product Manager at Creativio |

PREPARTION TIME
00:00:45

## Questions 8-10: Respond to questions using information provided

**Directions:** In this part of the test, you will answer three questions based on the information provided. You will have 45 seconds to read the information before the questions begin. You will have three seconds to prepare and 15 seconds to respond to Questions 8 and 9. You will hear Question 10 two times. You will have three seconds to prepare and 30 seconds to respond to Question 10.

Actual Test 19 | Question 11 of 11 | TOEIC Speaking

## Question 11: Express an opinion

**Directions:** In this part of the test, you will give your opinion about a specific topic. Be sure to say as much as you can in the time allowed. You will have 45 seconds to prepare. Then you will have 60 seconds to speak.

### Question 11 of 11

Do you agree or disagree with the following statement:
Using social media every day does more harm than good.
Use specific reasons and examples to support your opinion.

| PREPARATION TIME | RESPONSE TIME |
|---|---|
| 00:00:45 | 00:01:00 |

---

Actual Test 19 | Questions 8-10 of 11 | TOEIC Speaking

## Creative Tech Design Seminar Schedule

Location: Harmony Convention Center (Room B)
Date: June 12th (Wednesday)

| Time | Event | Speaker / Details |
|---|---|---|
| 9:00 – 9:30 a.m. | Registration | Check-in at the front desk |
| 9:30 – 11:00 a.m. | Workshop: Design Thinking | Emily Park, UX Consultant |
| 11:00 a.m. – 12:00 p.m. | Software Demonstrations | David Kim, Lead Developer |
| 12:00 – 1:00 p.m. | Buffet Lunch | Fee: $10 per person |
| 1:00 – 2:00 p.m. | Discussion: Creative Tools in Teams | Panels: Emily Park & Jacob Lee |
| 2:00 – 3:00 p.m. | Software Showcase | Jacob Lee, Product Manager at Creativio |

| PREPARATION TIME | RESPONSE TIME |
|---|---|
| 00:00:03 | 00:00:15 |
| 00:00:03 | 00:00:15 |
| 00:00:03 | 00:00:30 |

# ACTUAL TEST 20

## TOEIC Speaking

### Speaking Test Directions

This is the TOEIC Speaking Test. This test includes eleven questions that measure different aspects of your speaking ability. The test lasts approximately 20 minutes.

| Question | Task | Evaluation Criteria |
|---|---|---|
| 1 - 2 | Read a text aloud | • pronunciation<br>• intonation and stress |
| 3 - 4 | Describe a picture | all of the above, plus<br>• grammar<br>• vocabulary<br>• cohesion |
| 5 - 7 | Respond to questions | all of the above, plus<br>• relevance of content<br>• completeness of content |
| 8 - 10 | Respond to questions using information provided | all of the above |
| 11 | Express an opinion | all of the above |

## TOEIC Speaking

### Questions 1-2: Read a text aloud

**Directions:** In this part of the test, you will read aloud the text on the screen. You will have 45 seconds to prepare. Then you will have 45 seconds to read the text aloud.

---

## TOEIC Speaking

### Question 1 of 11

**Actual Test 20**

Welcome to today's Pilates session. In this video, we'll go through a variety of Pilates techniques that help strengthen your arms, legs, and core. The session will last about 50 minutes. Make sure you have a yoga mat, comfortable clothes, and enough space to move around freely at home. Before we get started, please take a moment to review the safety guidelines.

| PREPARATION TIME | RESPONSE TIME |
|---|---|
| 00:00:45 | 00:00:45 |

## TOEIC Speaking

### Question 2 of 11

**Actual Test 20**

Now, let me introduce today's speaker, Johnny Wilson. He is the co-founder of High Tech Motors, a company well-known for its innovative, eco-friendly, and safe electric vehicles. High Tech cars also feature a self-driving system that improves the overall driving experience. I'm sure his insights and advice will be valuable as you think about a future in the automotive industry.

| PREPARATION TIME | RESPONSE TIME |
|---|---|
| 00:00:45 | 00:00:45 |

## Questions 3-4: Describe a picture

**Directions:** In this part of the test, you will describe the picture on the screen in as much detail as you can. You will have 45 seconds to prepare your response. Then you will have 30 seconds to read to speak about the picture.

### Question 3 of 11

### Question 4 of 11

## Questions 5-7: Respond to questions

**Directions:** In this part of the test, you will answer three questions. You will have three seconds to prepare after you hear each question. You will have 15 seconds to respond to Questions 5 and 6 and 30 seconds to respond to Question 7.

### Question 5 of 11

Imagine that a Canadian marketing firm is doing research in your country. You have agreed to participate in a telephone interview about art classes.

Have you ever taken an art class before? How did you like it?

PREPARATION TIME 00:00:03
RESPONSE TIME 00:00:15

### Question 6 of 11

Imagine that a Canadian marketing firm is doing research in your country. You have agreed to participate in a telephone interview about art classes.

Would you consider choosing a digital illustration class if you could take an art class?

PREPARATION TIME 00:00:03
RESPONSE TIME 00:00:15

### Question 7 of 11

Imagine that a Canadian marketing firm is doing research in your country. You have agreed to participate in a telephone interview about art classes.

Do you prefer learning art by watching videos or by taking in-person classes? Why?

PREPARATION TIME 00:00:03
RESPONSE TIME 00:00:30

## Questions 8-10: Respond to questions using information provided

**Directions:** In this part of the test, you will answer three questions based on the information provided. You will have 45 seconds to read the information before the questions begin. You will have three seconds to prepare and 15 seconds to respond to Questions 8 and 9. You will hear Question 10 two times. You will have three seconds to prepare and 30 seconds to respond to Question 10.

## PixelCore Interview Schedule

Date: April 10th

Location: Conference Room B

| Time | Applicant Name | Desired Position | Current Employer |
|---|---|---|---|
| 1:00 – 1:30 p.m. | Ethan Park | UX Designer | ByteLabs |
| 1:30 – 2:00 p.m. | Lily Nguyen | QA Tester | SmartPath |
| 2:00 – 2:30 p.m. | Jason Lee | Front-End Developer | CodePeak |
| 2:30 – 3:00 p.m. | ~~Chloe Martin~~ | ~~QA Tester~~ (canceled) | ~~SoftVerse~~ |
| 3:30 – 4:00 p.m. | Noah Kim | Front-End Developer | Innovize Tech |
| 4:00 – 4:30 p.m. | Ava Thompson | Project Manager | AgileWorks |

PREPARTION TIME
00:00:45

## Question 11: Express an opinion

**Directions:** In this part of the test, you will give your opinion about a specific topic. Be sure to say as much as you can in the time allowed. You will have 45 seconds to prepare. Then you will have 60 seconds to speak.

## Question 11 of 11

Which of the following do you think is the most important benefit a company can offer to its employees?

- Casual dress code
- Free office meals
- Mental health support

Use specific reasons and examples to support your opinion.

| PREPARATION TIME | RESPONSE TIME |
|---|---|
| 00:00:45 | 00:01:00 |

## PixelCore Interview Schedule

Date: April 10th
Location: Conference Room B

| Time | Applicant Name | Desired Position | Current Employer |
|---|---|---|---|
| 1:00 – 1:30 p.m. | Ethan Park | UX Designer | ByteLabs |
| 1:30 – 2:00 p.m. | Lily Nguyen | QA Tester | SmartPath |
| 2:00 – 2:30 p.m. | Jason Lee | Front-End Developer | CodePeak |
| 2:30 – 3:00 p.m. | ~~Chloe Martin~~ | ~~QA Tester~~ (canceled) | ~~SoftVerse~~ |
| 3:30 – 4:00 p.m. | Noah Kim | Front-End Developer | Innovize Tech |
| 4:00 – 4:30 p.m. | Ava Thompson | Project Manager | AgileWorks |

| PREPARATION TIME | RESPONSE TIME |
|---|---|
| 00:00:03 | 00:00:15 |

| PREPARATION TIME | RESPONSE TIME |
|---|---|
| 00:00:03 | 00:00:15 |

| PREPARATION TIME | RESPONSE TIME |
|---|---|
| 00:00:03 | 00:00:30 |

# ACTUAL TEST 21

## Speaking Test Directions

This is the TOEIC Speaking Test. This test includes eleven questions that measure different aspects of your speaking ability. The test lasts approximately 20 minutes.

| Question | Task | Evaluation Criteria |
|---|---|---|
| 1 - 2 | Read a text aloud | • pronunciation<br>• intonation and stress |
| 3 - 4 | Describe a picture | all of the above, plus<br>• grammar<br>• vocabulary<br>• cohesion |
| 5 - 7 | Respond to questions | all of the above, plus<br>• relevance of content<br>• completeness of content |
| 8 - 10 | Respond to questions using information provided | all of the above |
| 11 | Express an opinion | all of the above |

## Questions 1-2: Read a text aloud

**Directions:** In this part of the test, you will read aloud the text on the screen. You will have 45 seconds to prepare. Then you will have 45 seconds to read the text aloud.

---

**Actual Test 21** — **Question 1 of 11**

Planning a relaxing trip with your loved ones? Stay at the Crystal Hotel where you can enjoy ocean views while relaxing in a cozy room. As you sip your morning coffee, take in the beautiful sunrise, the sound of the waves, and the fresh breeze from your balcony. Our weekend spa packages which include massage, sauna, and aromatherapy services are available at discounted prices. Make your reservation today through our website and enjoy a memorable getaway!

PREPARATION TIME 00:00:45
RESPONSE TIME 00:00:45

---

**Actual Test 21** — **Question 2 of 11**

Welcome back to our show. Today, we'll be interviewing Olivia Bennett, a Canadian actress who made her debut in 2012. She has appeared in a wide range of films, including dramas, fantasy films, and mysteries. She is set to star in the upcoming blockbuster *Echoes*, which is scheduled for release next year.

PREPARATION TIME 00:00:45
RESPONSE TIME 00:00:45

104

# Questions 3-4: Describe a picture

**Directions:** In this part of the test, you will describe the picture on the screen in as much detail as you can. You will have 45 seconds to prepare your response. Then you will have 30 seconds to read to speak about the picture.

## Question 3 of 11

PREPARATION TIME 00:00:45

RESPONSE TIME 00:00:30

## Question 4 of 11

PREPARATION TIME 00:00:45

RESPONSE TIME 00:00:30

TOEIC Speaking

## Questions 5-7: Respond to questions

**Directions:** In this part of the test, you will answer three questions. You will have three seconds to prepare after you hear each question. You will have 15 seconds to respond to Questions 5 and 6 and 30 seconds to respond to Question 7.

---

Actual Test 21 — Question 5 of 11 — TOEIC Speaking

Imagine that a lifestyle magazine is preparing an article. You have agreed to participate in a telephone interview about online news.

How often do you read news online, and what is your favorite news site?

PREPARATION TIME 00:00:03
RESPONSE TIME 00:00:15

---

Actual Test 21 — Question 6 of 11 — TOEIC Speaking

Imagine that a lifestyle magazine is preparing an article. You have agreed to participate in a telephone interview about online news.

Do you prefer to check online news at home or in public places like cafés or schools?

PREPARATION TIME 00:00:03
RESPONSE TIME 00:00:15

---

Actual Test 21 — Question 7 of 11 — TOEIC Speaking

Imagine that a lifestyle magazine is preparing an article. You have agreed to participate in a telephone interview about online news.

Which of the following reasons best describes why you visit online news sites? And why?

- To stay updated on current events
- To find topics for conversation
- To enjoy entertainment news or lifestyle articles

PREPARATION TIME 00:00:03
RESPONSE TIME 00:00:30

## Questions 8-10: Respond to questions using information provided

**Directions:** In this part of the test, you will answer three questions based on the information provided. You will have 45 seconds to read the information before the questions begin. You will have three seconds to prepare and 15 seconds to respond to Questions 8 and 9. You will hear Question 10 two times. You will have three seconds to prepare and 30 seconds to respond to Question 10.

# New Employee Training Program

Schedule for Monday, May 5th

| Time | Schedule |
| --- | --- |
| 9:00 – 10:00 a.m. | Lecture: Effective Video Conferencing and Conference Calls |
| 10:00 – 11:00 a.m. | Workshop: Team-Based Approaches to Communication |
| 11:00 a.m. – noon | Social Lunch for New Employees |
| 1:00 – 2:00 p.m. | Team Meetings for New Employees |
| 2:00 – 3:00 p.m. | Actual Video Conference: New Company Policies and Regulations |
| 3:00 – 4:00 p.m. | Talk: Building Trust in a Team |

PREPARTION TIME
00:00:45

## Question 11: Express an opinion

**Directions:** In this part of the test, you will give your opinion about a specific topic. Be sure to say as much as you can in the time allowed. You will have 45 seconds to prepare. Then you will have 60 seconds to speak.

### Question 11 of 11

Do you agree or disagree with the following statement:

Schools should stop using letter grades like A, B, or C and give students written comments instead.

Use specific reasons and examples to support your opinion.

| PREPARATION TIME | RESPONSE TIME |
| --- | --- |
| 00:00:45 | 00:01:00 |

## Questions 8-10 of 11

### New Employee Training Program

Schedule for Monday, May 5th

| Time | Schedule |
| --- | --- |
| 9:00 – 10:00 a.m. | Lecture: Effective Video Conferencing and Conference Calls |
| 10:00 – 11:00 a.m. | Workshop: Team-Based Approaches to Communication |
| 11:00 a.m. – noon | Social Lunch for New Employees |
| 1:00 – 2:00 p.m. | Team Meetings for New Employees |
| 2:00 – 3:00 p.m. | Actual Video Conference: New Company Policies and Regulations |
| 3:00 – 4:00 p.m. | Talk: Building Trust in a Team |

| PREPARATION TIME | RESPONSE TIME |
| --- | --- |
| 00:00:03 | 00:00:15 |
| 00:00:03 | 00:00:15 |
| 00:00:03 | 00:00:30 |

# ACTUAL TEST 22

## TOEIC Speaking

### Speaking Test Directions

This is the TOEIC Speaking Test. This test includes eleven questions that measure different aspects of your speaking ability. The test lasts approximately 20 minutes.

| Question | Task | Evaluation Criteria |
|---|---|---|
| 1 - 2 | Read a text aloud | • pronunciation<br>• intonation and stress |
| 3 - 4 | Describe a picture | all of the above, plus<br>• grammar<br>• vocabulary<br>• cohesion |
| 5 - 7 | Respond to questions | all of the above, plus<br>• relevance of content<br>• completeness of content |
| 8 - 10 | Respond to questions using information provided | all of the above |
| 11 | Express an opinion | all of the above |

## TOEIC Speaking

### Questions 1-2: Read a text aloud

**Directions:** In this part of the test, you will read aloud the text on the screen. You will have 45 seconds to prepare. Then you will have 45 seconds to read the text aloud.

---

**Actual Test 22**                                    TOEIC Speaking

### Question 1 of 11

Welcome to this week's episode of Academic Voices. Today, we are honored to introduce Dr. Michael Lee, a renowned professor of environmental science. Dr. Lee has been recognized for his research on climate change adaptation, urban sustainability, and renewable energy. He currently teaches at Green Valley University. Stay tuned as we discuss his groundbreaking work and insights on future environmental policies.

PREPARATION TIME 00:00:45    RESPONSE TIME 00:00:45

---

**Actual Test 22**                                    TOEIC Speaking

### Question 2 of 11

Welcome everyone, and thank you for joining us today. This event was prepared to show our appreciation for the employees who have contributed to the company's growth and success. We will begin with a short award ceremony to recognize several outstanding team members. After the ceremony, please enjoy the buffet we've prepared for you. We hope you have a great time, and thank you again for your hard work.

PREPARATION TIME 00:00:45    RESPONSE TIME 00:00:45

## Questions 3-4: Describe a picture

**Directions:** In this part of the test, you will describe the picture on the screen in as much detail as you can. You will have 45 seconds to prepare your response. Then you will have 30 seconds to read to speak about the picture.

### Question 3 of 11

PREPARATION TIME 00:00:45
RESPONSE TIME 00:00:30

### Question 4 of 11

PREPARATION TIME 00:00:45
RESPONSE TIME 00:00:30

## Questions 5-7: Respond to questions

**Directions:** In this part of the test, you will answer three questions. You will have three seconds to prepare after you hear each question. You will have 15 seconds to respond to Questions 5 and 6 and 30 seconds to respond to Question 7.

### Question 5 of 11

Imagine that a marketing company is doing research in your country. You have agreed to participate in a telephone interview about washing clothes.

How often do you wash your clothes? What time of the day do you usually wash your clothes?

PREPARATION TIME 00:00:03
RESPONSE TIME 00:00:15

### Question 6 of 11

Imagine that a marketing company is doing research in your country. You have agreed to participate in a telephone interview about washing clothes.

Do you prefer to wash clothes in a washing machine or by hand?

PREPARATION TIME 00:00:03
RESPONSE TIME 00:00:15

### Question 7 of 11

Imagine that a marketing company is doing research in your country. You have agreed to participate in a telephone interview about washing clothes.

When you purchase a washing machine, which of the following do you consider the most?

- Whether it is easy to use
- Capacity
- Eco-friendliness

PREPARATION TIME 00:00:03
RESPONSE TIME 00:00:30

## Questions 8-10: Respond to questions using information provided

**Directions:** In this part of the test, you will answer three questions based on the information provided. You will have 45 seconds to read the information before the questions begin. You will have three seconds to prepare and 15 seconds to respond to Questions 8 and 9. You will hear Question 10 two times. You will have three seconds to prepare and 30 seconds to respond to Question 10.

## Sullivan Company Interview Schedule
### Conference Room 105

| Time | Applicants | Position sought | Current employer |
|---|---|---|---|
| 9:00 – 9:20 a.m. | Aidan Butler | Sales representative | Medi International |
| 9:30 – 9:50 a.m. | Eli Bennett | Business analyst | Business Focus |
| 10:00 – 10:20 a.m. | Adiran Murphy | Accountant | Prime Accounting |
| 10:30 – 10:50 a.m. | Scott Gomez | Customer service representative | JK International |
| ~~11:00 – 11:20 a.m.~~ | ~~Luna Matthews~~ | ~~Sales representative~~ | ~~Wellness-Food~~ |
| 11:30 – 11:50 a.m. | Gloria Bell | Accountant | Business Focus |

PREPARTION TIME
00:00:45

## Question 11: Express an opinion

**Directions:** In this part of the test, you will give your opinion about a specific topic. Be sure to say as much as you can in the time allowed. You will have 45 seconds to prepare. Then you will have 60 seconds to speak.

### Question 11 of 11

Do you agree or disagree with the following statement:

Employees should be allowed to listen to music while working.

Use specific reasons and examples to support your opinion.

| PREPARATION TIME | RESPONSE TIME |
|---|---|
| 00:00:45 | 00:01:00 |

## Sullivan Company Interview Schedule

Conference Room 105

| Time | Applicants | Position sought | Current employer |
|---|---|---|---|
| 9:00 – 9:20 a.m. | Aidan Butler | Sales representative | Medi International |
| 9:30 – 9:50 a.m. | Eli Bennett | Business analyst | Business Focus |
| 10:00 – 10:20 a.m. | Adiran Murphy | Accountant | Prime Accounting |
| 10:30 – 10:50 a.m. | Scott Gomez | Customer service representative | JK International |
| 11:00 – 11:20 a.m. | Luna Matthews | Sales representative | Wellness Food |
| 11:30 – 11:50 a.m. | Gloria Bell | Accountant | Business Focus |

| PREPARATION TIME | RESPONSE TIME |
|---|---|
| 00:00:03 | 00:00:15 |

| PREPARATION TIME | RESPONSE TIME |
|---|---|
| 00:00:03 | 00:00:15 |

| PREPARATION TIME | RESPONSE TIME |
|---|---|
| 00:00:03 | 00:00:30 |

# ACTUAL TEST 23

**TOEIC Speaking**

## Speaking Test Directions

This is the TOEIC Speaking Test. This test includes eleven questions that measure different aspects of your speaking ability. The test lasts approximately 20 minutes.

| Question | Task | Evaluation Criteria |
| --- | --- | --- |
| 1 - 2 | Read a text aloud | • pronunciation<br>• intonation and stress |
| 3 - 4 | Describe a picture | all of the above, plus<br>• grammar<br>• vocabulary<br>• cohesion |
| 5 - 7 | Respond to questions | all of the above, plus<br>• relevance of content<br>• completeness of content |
| 8 - 10 | Respond to questions using information provided | all of the above |
| 11 | Express an opinion | all of the above |

**TOEIC Speaking**

## Questions 1-2: Read a text aloud

**Directions:** In this part of the test, you will read aloud the text on the screen. You will have 45 seconds to prepare. Then you will have 45 seconds to read the text aloud.

**TOEIC Speaking**

**Actual Test 23**   Question 1 of 11

Good morning. This is today's traffic report. There will be congestion on Route Two, so we expect some delays in West Victoria. Drivers are advised to detour through City Downtown, East Boulevard, or Highway Three. For more updates on your commute, please stay tuned.

| PREPARATION TIME | RESPONSE TIME |
| --- | --- |
| 00:00:45 | 00:00:45 |

**TOEIC Speaking**

**Actual Test 23**   Question 2 of 11

Welcome to the Sports Competition at Lincoln Park! The park offers excellent sports facilities for all visitors. Games will be held on the basketball court, the tennis court, and the baseball field throughout the day. The basketball game will start in just a minute. Let's give a big round of applause for the players!

| PREPARATION TIME | RESPONSE TIME |
| --- | --- |
| 00:00:45 | 00:00:45 |

## Questions 3-4: Describe a picture

**Directions:** In this part of the test, you will describe the picture on the screen in as much detail as you can. You will have 45 seconds to prepare your response. Then you will have 30 seconds to read to speak about the picture.

## Questions 5-7: Respond to questions

**Directions:** In this part of the test, you will answer three questions. You will have three seconds to prepare after you hear each question. You will have 15 seconds to respond to Questions 5 and 6 and 30 seconds to respond to Question 7.

### Question 5 of 11

Imagine that a lifestyle magazine is preparing an article. You have agreed to participate in a telephone interview about gardening.

Do you enjoy gardening or taking care of plants? Why or why not?

PREPARATION TIME 00:00:03
RESPONSE TIME 00:00:15

### Question 6 of 11

Imagine that a lifestyle magazine is preparing an article. You have agreed to participate in a telephone interview about gardening.

Do you prefer growing flowers or vegetables in your garden?

PREPARATION TIME 00:00:03
RESPONSE TIME 00:00:15

### Question 7 of 11

Imagine that a lifestyle magazine is preparing an article. You have agreed to participate in a telephone interview about gardening.

Should apartment buildings offer shared garden spaces for residents?

PREPARATION TIME 00:00:03
RESPONSE TIME 00:00:30

## Questions 8-10: Respond to questions using information provided

**Directions:** In this part of the test, you will answer three questions based on the information provided. You will have 45 seconds to read the information before the questions begin. You will have three seconds to prepare and 15 seconds to respond to Questions 8 and 9. You will hear Question 10 two times. You will have three seconds to prepare and 30 seconds to respond to Question 10.

## Technology Seminar for New Employees

Location: Conference Room B
Date: June 20th

| Time | Session | Presenter |
|---|---|---|
| 9:00 – 10:00 a.m. | How to Use Video Editing Software | Jennie Frank |
| 10:00 – 11:00 a.m. | A Better Use of a Word Processor | Austin Bennett |
| 11:00 a.m. – noon | Advanced Functions of Video Editing Software | Shelly Brad |
| noon – 1:00 p.m. | Lunch | |
| 1:00 – 2:00 p.m. | Creating a Great PowerPoint | Natalie Steven |
| 2:00 – 3:00 p.m. | Planning Your Day with Organizer Apps | Fred Barron |
| 3:00 – 4:00 p.m. | Useful Tips for Windows Users | Jannet Morris |

PREPARTION TIME
00:00:45

TOEIC Speaking

## Question 11: Express an opinion

**Directions:** In this part of the test, you will give your opinion about a specific topic. Be sure to say as much as you can in the time allowed. You will have 45 seconds to prepare. Then you will have 60 seconds to speak.

### Question 11 of 11

What are the disadvantages of being a leader of a team?
Use specific reasons and examples to support your opinion.

| PREPARATION TIME | RESPONSE TIME |
|---|---|
| 00:00:45 | 00:01:00 |

---

### Questions 8-10 of 11

## Technology Seminar for New Employees

Location: Conference Room B
Date: June 20th

| Time | Session | Presenter |
|---|---|---|
| 9:00 – 10:00 a.m. | How to Use Video Editing Software | Jennie Frank |
| 10:00 – 11:00 a.m. | A Better Use of a Word Processor | Austin Bennett |
| 11:00 a.m. – noon | Advanced Functions of Video Editing Software | Shelly Brad |
| noon – 1:00 p.m. | Lunch | |
| 1:00 – 2:00 p.m. | Creating a Great PowerPoint | Natalie Steven |
| 2:00 – 3:00 p.m. | Planning Your Day with Organizer Apps | Fred Barron |
| 3:00 – 4:00 p.m. | Useful Tips for Windows Users | Jannet Morris |

| PREPARATION TIME | RESPONSE TIME |
|---|---|
| 00:00:03 | 00:00:15 |

| PREPARATION TIME | RESPONSE TIME |
|---|---|
| 00:00:03 | 00:00:15 |

| PREPARATION TIME | RESPONSE TIME |
|---|---|
| 00:00:03 | 00:00:30 |

# ACTUAL TEST 24

## Speaking Test Directions

This is the TOEIC Speaking Test. This test includes eleven questions that measure different aspects of your speaking ability. The test lasts approximately 20 minutes.

| Question | Task | Evaluation Criteria |
| --- | --- | --- |
| 1 - 2 | Read a text aloud | • pronunciation<br>• intonation and stress |
| 3 - 4 | Describe a picture | all of the above, plus<br>• grammar<br>• vocabulary<br>• cohesion |
| 5 - 7 | Respond to questions | all of the above, plus<br>• relevance of content<br>• completeness of content |
| 8 - 10 | Respond to questions using information provided | all of the above |
| 11 | Express an opinion | all of the above |

## Questions 1-2: Read a text aloud

**Directions:** In this part of the test, you will read aloud the text on the screen. You will have 45 seconds to prepare. Then you will have 45 seconds to read the text aloud.

---

**Actual Test 24** — **Question 1 of 11**

Attention all visitors. The museum will be closing early today due to maintenance. The main exhibition hall, the gift shop, and the information desk will close at 5 p.m. Please make sure to finish your visit before then, and don't forget to take all your belongings with you. We apologize for the inconvenience and appreciate your understanding.

PREPARATION TIME 00:00:45 | RESPONSE TIME 00:00:45

---

**Actual Test 24** — **Question 2 of 11**

Looking for a new phone? Check out the latest model at Sunrise Electronics. With a sleek design, advanced camera, and long battery life, it's the perfect choice for you. Visit your nearest store today and get a special discount this weekend only. Online orders also qualify for free same-day delivery in select areas.

PREPARATION TIME 00:00:45 | RESPONSE TIME 00:00:45

## Questions 3-4: Describe a picture

**Directions:** In this part of the test, you will describe the picture on the screen in as much detail as you can. You will have 45 seconds to prepare your response. Then you will have 30 seconds to read to speak about the picture.

## Questions 5-7: Respond to questions

**Directions:** In this part of the test, you will answer three questions. You will have three seconds to prepare after you hear each question. You will have 15 seconds to respond to Questions 5 and 6 and 30 seconds to respond to Question 7.

---

**Actual Test 24** — Question 5 of 11 — TOEIC Speaking

Imagine that you are talking on the telephone with your friend. You are having a conversation about a study group.

When was the last time you had to finish an assignment or project outside your home? Where did you go?

PREPARATION TIME 00:00:03 | RESPONSE TIME 00:00:15

---

**Actual Test 24** — Question 6 of 11 — TOEIC Speaking

Imagine that you are talking on the telephone with your friend. You are having a conversation about a study group.

If you had to study for an exam that requires complete concentration, would you choose a small, quiet café or a study room in a public library? Why?

PREPARATION TIME 00:00:03 | RESPONSE TIME 00:00:15

---

**Actual Test 24** — Question 7 of 11 — TOEIC Speaking

Imagine that you are talking on the telephone with your friend. You are having a conversation about a study group.

When studying in a group, which of the following is a better option for you?
- Meeting often to study together
- Studying alone and only meeting sometimes to check your progress

PREPARATION TIME 00:00:03 | RESPONSE TIME 00:00:30

# TOEIC Speaking

## Questions 8-10: Respond to questions using information provided

**Directions:** In this part of the test, you will answer three questions based on the information provided. You will have 45 seconds to read the information before the questions begin. You will have three seconds to prepare and 15 seconds to respond to Questions 8 and 9. You will hear Question 10 two times. You will have three seconds to prepare and 30 seconds to respond to Question 10.

## Questions 8-10 of 11

### Public Lecture Schedule

Location: Maxwell Lecture Hall
Date: June 13th

| Time | Lecture Topic | Target Audience |
| --- | --- | --- |
| 10:00 – 11:00 a.m. | How to Focus Better When Studying | Students (Ages 13 – 18) |
| 11:00 a.m. – noon | Healthy Habits for Busy Adults | Adults |
| noon – 1:00 p.m. | Lunch Break | |
| 1:00 – 2:00 p.m. | How to Use AI Tools in Everyday Life | Students (Ages 17 – 19) |
| 2:00 – 3:00 p.m. | Smart Money Tips for Young People | Students (Ages 16 – 22) |
| 3:00 – 4:00 p.m. | Time Management for Working Professionals | Adults |

- You can register online at our website: www.maxwelllectures.org
- Full-day registration fee: $25 (Lunch is not included.)

PREPARATION TIME
00:00:45

## Question 11: Express an opinion

**Directions:** In this part of the test, you will give your opinion about a specific topic. Be sure to say as much as you can in the time allowed. You will have 45 seconds to prepare. Then you will have 60 seconds to speak.

### Question 11 of 11

Do you think handwritten letters are still meaningful in today's digital world? Why or why not?
Use specific reasons and examples to support your opinion.

| PREPARATION TIME | RESPONSE TIME |
|---|---|
| 00:00:45 | 00:01:00 |

### Questions 8-10 of 11

## Public Lecture Schedule

Location: Maxwell Lecture Hall
Date: June 13th

| Time | Lecture Topic | Target Audience |
|---|---|---|
| 10:00 – 11:00 a.m. | How to Focus Better When Studying | Students (Ages 13 – 18) |
| 11:00 a.m. – noon | Healthy Habits for Busy Adults | Adults |
| noon – 1:00 p.m. | Lunch Break | |
| 1:00 – 2:00 p.m. | How to Use AI Tools in Everyday Life | Students (Ages 17 – 19) |
| 2:00 – 3:00 p.m. | Smart Money Tips for Young People | Students (Ages 16 – 22) |
| 3:00 – 4:00 p.m. | Time Management for Working Professionals | Adults |

- You can register online at our website: www.maxwelllectures.org
- Full-day registration fee: $25 (Lunch is not included.)

| PREPARATION TIME | RESPONSE TIME |
|---|---|
| 00:00:03 | 00:00:15 |

| PREPARATION TIME | RESPONSE TIME |
|---|---|
| 00:00:03 | 00:00:15 |

| PREPARATION TIME | RESPONSE TIME |
|---|---|
| 00:00:03 | 00:00:30 |

# ACTUAL TEST 25

## TOEIC Speaking

### Speaking Test Directions

This is the TOEIC Speaking Test. This test includes eleven questions that measure different aspects of your speaking ability. The test lasts approximately 20 minutes.

| Question | Task | Evaluation Criteria |
| --- | --- | --- |
| 1 - 2 | Read a text aloud | • pronunciation<br>• intonation and stress |
| 3 - 4 | Describe a picture | all of the above, plus<br>• grammar<br>• vocabulary<br>• cohesion |
| 5 - 7 | Respond to questions | all of the above, plus<br>• relevance of content<br>• completeness of content |
| 8 - 10 | Respond to questions using information provided | all of the above |
| 11 | Express an opinion | all of the above |

## Questions 1-2: Read a text aloud

**Directions:** In this part of the test, you will read aloud the text on the screen. You will have 45 seconds to prepare. Then you will have 45 seconds to read the text aloud.

---

**Actual Test 25**  **Question 1 of 11**  TOEIC Speaking

Looking to refresh your home with smart and budget-friendly gadgets? Come visit BrightNest Electronics today. Conveniently located just around the corner, we offer a wide variety of must-have items including smart vacuum cleaners, energy-saving fans, and high-performance blenders. Discover our latest arrivals and enjoy unbeatable launch prices. Give your home the upgrade it deserves today!

PREPARATION TIME 00:00:45    RESPONSE TIME 00:00:45

---

**Actual Test 25**  **Question 2 of 11**  TOEIC Speaking

Attention all guests, just a quick reminder that our store will be closing in 30 minutes. We've truly enjoyed sharing our collection with you today, including gripping thrillers, inspiring biographies, and the latest fashion magazines. Before you leave, please make sure you have all your personal belongings with you. We sincerely appreciate your visit this weekend and hope to see you again soon. Thank you!

PREPARATION TIME 00:00:45    RESPONSE TIME 00:00:45

# Questions 3-4: Describe a picture

**Directions:** In this part of the test, you will describe the picture on the screen in as much detail as you can. You will have 45 seconds to prepare your response. Then you will have 30 seconds to read to speak about the picture.

## Question 3 of 11

PREPARATION TIME 00:00:45
RESPONSE TIME 00:00:30

## Question 4 of 11

PREPARATION TIME 00:00:45
RESPONSE TIME 00:00:30

## Questions 5-7: Respond to questions

**Directions:** In this part of the test, you will answer three questions. You will have three seconds to prepare after you hear each question. You will have 15 seconds to respond to Questions 5 and 6 and 30 seconds to respond to Question 7.

---

**Question 5 of 11**

Imagine that a British marketing firm is doing research in your country. You have agreed to participate in a telephone interview about fashion.

When was the last time you watched fashion videos and online content? What was it about?

PREPARATION TIME 00:00:03
RESPONSE TIME 00:00:15

---

**Question 6 of 11**

Imagine that a British marketing firm is doing research in your country. You have agreed to participate in a telephone interview about fashion.

Do you usually check fashion videos or online content for ideas before deciding what to buy?

PREPARATION TIME 00:00:03
RESPONSE TIME 00:00:15

---

**Question 7 of 11**

Imagine that a British marketing firm is doing research in your country. You have agreed to participate in a telephone interview about fashion.

Which of the following do you usually go to for fashion inspiration?
- Follow social media influencers
- Ask fashion savvy friends for advice
- Visit popular offline stores and go window shopping

PREPARATION TIME 00:00:03
RESPONSE TIME 00:00:30

## Questions 8-10: Respond to questions using information provided

**Directions:** In this part of the test, you will answer three questions based on the information provided. You will have 45 seconds to read the information before the questions begin. You will have three seconds to prepare and 15 seconds to respond to Questions 8 and 9. You will hear Question 10 two times. You will have three seconds to prepare and 30 seconds to respond to Question 10.

### City Musical Showcase

Date: July 20th
Location: Grand City Theater

| Time | Musical Title | Genre | Hall |
|---|---|---|---|
| 10:00 – 11:30 a.m. | Dancing on Air | Romance | Aurora Hall |
| 12:00 – 1:30 p.m. | Shadows & Light | Thriller | Orion Hall |
| 2:00 – 3:30 p.m. | Voices of Spring | Family | Stella Hall |
| 4:00 – 5:30 p.m. | The Last Symphony | Drama | Central Hall |
| 6:00 – 7:30 p.m. | Keep Going | Family | Phoenix Hall |

- Ticket Price: $35 for all performances
- Early Registration: Get $5 off per ticket if you register before July 10th.

PREPARTION TIME
00:00:45

## Questions 8-10 of 11

### City Musical Showcase

Date: July 20th
Location: Grand City Theater

| Time | Musical Title | Genre | Hall |
|---|---|---|---|
| 10:00 – 11:30 a.m. | Dancing on Air | Romance | Aurora Hall |
| 12:00 – 1:30 p.m. | Shadows & Light | Thriller | Orion Hall |
| 2:00 – 3:30 p.m. | Voices of Spring | Family | Stella Hall |
| 4:00 – 5:30 p.m. | The Last Symphony | Drama | Central Hall |
| 6:00 – 7:30 p.m. | Keep Going | Family | Phoenix Hall |

- Ticket Price: $35 for all performances
- Early Registration: Get $5 off per ticket if you register before July 10th.

| PREPARATION TIME 00:00:03 | RESPONSE TIME 00:00:15 |
| PREPARATION TIME 00:00:03 | RESPONSE TIME 00:00:15 |
| PREPARATION TIME 00:00:03 | RESPONSE TIME 00:00:30 |

## Question 11: Express an opinion

**Directions:** In this part of the test, you will give your opinion about a specific topic. Be sure to say as much as you can in the time allowed. You will have 45 seconds to prepare. Then you will have 60 seconds to speak.

### Question 11 of 11

If your school decided to switch all textbooks to e-Books, would you support the change? Why or why not?
Use specific reasons and examples to support your opinion.

| PREPARATION TIME 00:00:45 | RESPONSE TIME 00:01:00 |

만능문장으로 끝내는
**토익스피킹**
실전모의고사 25회
# 문제집

수천 개의 후기로 검증된 벼락치기 플랜!

# 단기 완성 커리큘럼

시계토끼 토익스피킹의 목표는
빠르고 정확한 목표 점수 달성입니다.

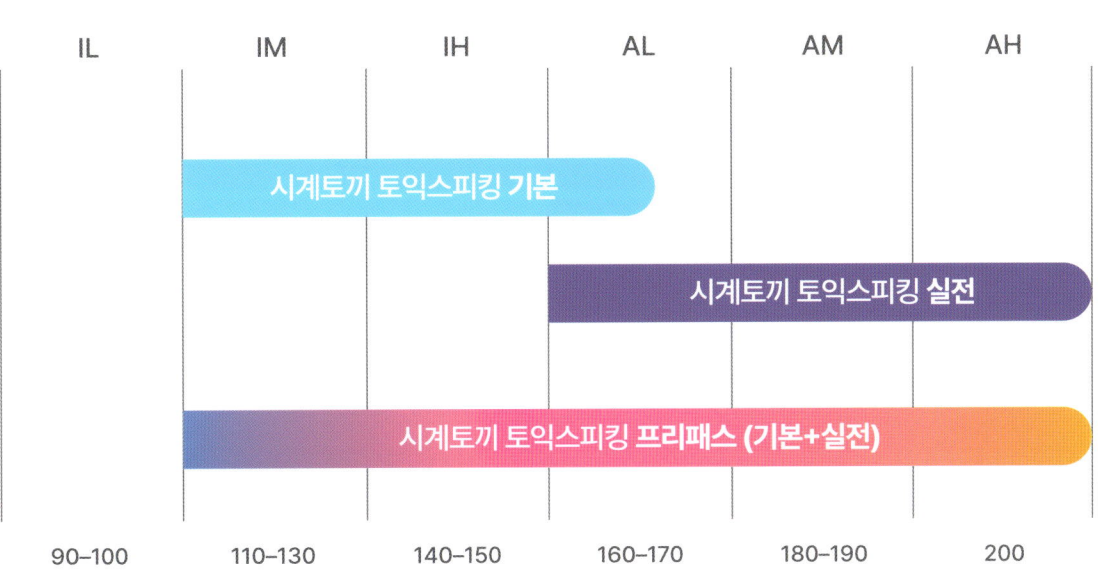

기본서 + 실전서

째깍 째깍...
# 시간은 한정되어 있고, 점수는 올라야 하니까.

## 실전은 달라야 합니다,

출제 경향을 꿰뚫은 핵심 이론,
어떤 문제에도 적용 가능한 만능문장,
최신 기출 트렌드를 100% 반영한 25회의 실전모의고사와
수천 개의 후기가 증명한 무료강의까지.

이제, 당신의 실력을 점수로 증명할 차례입니다.

**유튜브** 시계토끼 제니쌤    **공식홈페이지** rabbitjenny.com

값 26,000원
ISBN 979-11-988438-2-1

댓글 후기가 증명하는
**11만 구독자의 선택**

초보 독학러도 쉽게 이해하는
**유튜브 무료 강의** 제공

## 교재 독학자/ 강의 구매자의 토스 준비과정 들여다보기
# 시계토끼 전용강의와 함께라면!

**IH-만점 목표**

프리패스 토익스피 온라인스쿨
왕초보에서 고득점 레벨까지 한번에!

**만능문장을 자유자재로 활용하는 진짜 비법, 프리패스에 있습니다!**

24시간 내 답변, 질문 무제한!
발음 교정 수업으로 점수 UP!
**제니쌤만의 비밀 AI 레시피**

 **교재 독학과 강의 독학의 과정 차이**

| | 교재 독학자 | 강의 독학자 |
|---|---|---|
| 교재 탐독 | 교재의 구성을 이해하는 데 시간 필요 아직까진 할 만한 것 같음 | 교재 구성을 소개하는 영상을 활용 보다 빨리 학습 준비에 들어감 |
| 학습 준비 | 학습 일정을 짜면서 수정을 많이 거침 피로도가 누적됨 | 제니쌤이 직접 짜준 퍼스널 스터디 플래너로 맞춤형 플랜 준비 |
| 학습시작 | 문제풀이나 적용법이 부족하고. 파트 3과 5는 답변이 어려움 | 내게 꼭 맞는 스터디 플랜으로 모든 섹션을 빠짐없이 학습 |
| 학습 도중 | 잘 풀리지 않는 구간은 무한 반복 학습으로 해결. 시간이 많이 소요됨 | 어려운 구간은 제니쌤에게 질문, 학습법이나 시험 팁을 배워감 |
| 모의고사 | 부족한 모의고사 양으로 충분한 대비를 하지 못함. 불안감 누적 | 충분한 모의고사로 출제 방식을 이해. 실전에 완벽히 대비함 |
| 실전 | 기본적으로 목표하던 성과에 그침 학습 방식의 무엇이 문제였는지 모름 다시 학습 단계로 롤백 | **원하던 점수 이상을 얻어냄** 부족했던 부분은 제니쌤에게 질문 추후 시험까지 완벽 대비 |

# 시험장에 데려가는
# 시계토끼 만능문장

## ······· 포켓북 활용법

시계토끼 만능문장
유튜브 영상 바로가기 | 교재 MP3
들으러 가기

토익스피킹은 준비 시간이 매우 짧기 때문에 몇 초 안에 아이디어를 떠올리고, 그것을 영어로 바로 바꿔서 말하기가 쉽지 않습니다. 이런 고민을 해결하기 위해 만들어진 것이 바로 '만능문장'입니다.

이 포켓북에 수록된 만능문장들은 지난 10년간의 토익스피킹 시험 기출 문제를 철저히 분석해, 시험장에서 바로 적용할 수 있도록 엄선된 문장들입니다.

언제 어디서든 자투리 시간을 활용하여 효과적으로 문장들을 학습할 수 있는데요. 위의 QR코드로 연결되는 영상과 MP3를 이용해서 문장들을 익혀보세요!

영상은 '암기 모드'와 '테스트 모드'로 구성되어 있어, 문장을 반복적으로 듣고 말하며 익숙해질 수 있게 도와줍니다.

## ······· 만능문장 4단계 학습법

### ① 문장 이해하기
한국어 뜻을 먼저 보고 문장의 의미를 정확히 파악합니다.

### ② 따라 말하며 익숙해지기
소리 내어 영어 문장을 여러 번 반복해서 말합니다.

### ③ 스스로 말해보기
한국어 뜻만 보고 영어 문장을 직접 말해보며 스스로를 테스트합니다.

### ④ 집중 복습 및 실전 연습
틀린 문장을 체크해 두었다가 반드시 복습하고, 모의고사 문제를 풀어보면서
실제 시험 문제에 적용해 연습합니다.

시험장에 데려가는

# 시계토끼 만능문장 포켓북

# 지문 읽기

## 필수 어휘

🎧 MP3 S01

**PART 1 | Questions 1-2**

| 빈출 단어, 표현 | 의미 | 빈출 단어, 표현 | 의미 |
|---|---|---|---|
| 1. Please press one. | 1번을 눌러주세요. | 22. experience / experienced | 경험 / 경험 있는 |
| 2. affordable | 값 수 있는, 가격이 알맞은 | 23. client | 고객 |
| 3. furnish | 가구를 들여놓다 | 24. customer | 고객 |
| 4. occasional | 가끔의 | 25. public | 공공의 |
| 5. potential | 가능성 있는, 잠재적인 | 26. community | 공동체 |
| 6. appliance | 가전제품 | 27. official | 공식적인 / 공무원 |
| 7. degree | 도 (각도 단위 / 온도 단위) / 학위 | 28. construction | 공사 |
| 8. thank you for ~ | ~에 감사하다 | 29. performance | 공연 |
| 9. appreciate | 감사하다 | 30. administration | 관리직, 행정부 |
| 10. rainfall | 강수량 | 31. perspective | 관점 |
| 11. course | 강좌, 과정 | 32. alternate | 교체하다 / 교체 |
| 12. improve | 개선하다 | 33. transportation | 교통 |
| 13. personalized | 개인의 요구하는 대로 할 수 있는 | 34. purchase | 구매하다 |
| 14. enormous | 거대한 | 35. district | 구역 |
| 15. deal | 거래, 매매 | 36. domestic | 국내의 |
| 16. property | 건물, 부동산, 구내 | 37. international | 국제적인 |
| 17. route | 경로 | 38. valuable | 가치있는 |
| 18. executive | 경영 간부 | 39. regulation | 규제 |
| 19. management | 경영, 경영진 | 40. portray | 그리다, 나타내다 |
| 20. competition / competitive | 경쟁 / 경쟁력 있는 | 41. extremely | 극단적으로 |
| 21. economy | 경제 | 42. session | 기간 |

| | | |
|---|---|---|
| ☐ 43. expect | 기대하다 | |
| ☐ 44. record | 기록하다 / 기록 | |
| ☐ 45. pleasure | 기쁨 | |
| ☐ 46. technology | 기술 | |
| ☐ 47. corporation | 기업 | |
| ☐ 48. temperature | 기온 | |
| ☐ 49. press conference | 기자 회견 | |
| ☐ 50. opportunity | 기회 | |
| ☐ 51. quite | 꽤 | |
| ☐ 52. remain | 남다 | |
| ☐ 53. Mr. | 남자의 성명 앞에 붙이는 경칭 | |
| ☐ 54. interior | 내부의 | |
| ☐ 55. content | 내용 | |
| ☐ 56. spacious | 널찍한 | |
| ☐ 57. refreshment | 다과 | |
| ☐ 58. variety | 다양한 | |
| ☐ 59. closed | 닫힌 | |
| ☐ 60. extensive | 대규모의, 광범위한 | |
| ☐ 61. approximately | 대략적으로 | |
| ☐ 62. representative | 대표자, 대리인 | |
| ☐ 63. contest | 대회 | |
| ☐ 64. resurface | 도로 재포장하다 | |
| ☐ 65. avenue | 길 (도로명 앞에 쓰인다) | |
| ☐ 66. throughout | 도처에, ~ 동안, 내내 | |
| ☐ 67. return | 돌아오다, 회복하다 | |
| ☐ 68. design | 디자인 | |
| ☐ 69. dessert | 디저트 | |
| ☐ 70. rush hour | 러시아워 | |
| ☐ 71. restaurant | 식당 | |
| ☐ 72. on behalf of | ~를 대신하여 | |
| ☐ 73. deadline | 마감일 | |
| ☐ 74. create | 만들다 | |
| ☐ 75. plenty | 많음, 풍부함 | |
| ☐ 76. hesitate | 망설이다 | |
| ☐ 77. encounter | 맞닥뜨리다, 조우하다 | |
| ☐ 78. attractive | 매력적인 | |
| ☐ 79. sale | 매출 | |
| ☐ 80. message | 메시지 | |
| ☐ 81. reputation | 명성, 평판 | |
| ☐ 82. several | 몇몇의 | |
| ☐ 83. fundraising | 모금 활동, 자금 조달 | |
| ☐ 84. assemble / assembly | 모이다 / 조회 | |
| ☐ 85. aim | 목적 / 겨냥하다 | |
| ☐ 86. document | 문서 | |
| ☐ 87. culture / cultural | 문화 / 문화의 | |
| ☐ 88. item | 물품 | |

4

| | | | | | |
|---|---|---|---|---|---|
| ☐ | 89. merchandise | 상품, 물품 | ☐ | 112. department | 부서 |
| ☐ | 90. reliable | 믿을 만한 | ☐ | 113. quarter / quarterly | 분기 / 분기별의 |
| ☐ | 91. floor | 바닥, 층 | ☐ | 114. field | 분야 |
| ☐ | 92. museum | 박물관 | ☐ | 115. atmosphere | 분위기 |
| ☐ | 93. applause | 박수 갈채 | ☐ | 116. pour | 붓다 |
| ☐ | 94. receive | 받다 | ☐ | 117. expense | 비용 |
| ☐ | 95. release | 발매하다, 출시하다, 개봉하다 | ☐ | 118. business | 비즈니스 |
| ☐ | 96. generate | 발생시키다 | ☐ | 119. borrow | 빌리다 |
| ☐ | 97. announcement | 발표, 공시 | ☐ | 120. apologize | 사과하다 |
| ☐ | 98. visit | 방문하다 | ☐ | 121. photo | 사진 |
| ☐ | 99. broadcast | 방송 / 방송하다 | ☐ | 122. thirty | 30 |
| ☐ | 100. disturb | 방해하다 | ☐ | 123. prize | 상 |
| ☐ | 101. delivery | 배달 | ☐ | 124. significant / significantly | 상당한 / 상당히 |
| ☐ | 102. learn | 배우다 | ☐ | 125. commercial | 상업적인 |
| ☐ | 103. attorney | 변호사 | ☐ | 126. voucher | 상품권, 할인권 |
| ☐ | 104. report | 보고서, 보고 / 알리다 | ☐ | 127. situation | 상황 |
| ☐ | 105. reward | 보상 / 보상해 주다 | ☐ | 128. salad | 샐러드 |
| ☐ | 106. guarantee | 보장하다 | ☐ | 129. productive / productively | 생산적인 / 생산적으로 |
| ☐ | 107. moderate | 보통의 | ☐ | 130. service | 서비스 |
| ☐ | 108. pedestrian | 보행자 | ☐ | 131. option | 선택권 |
| ☐ | 109. complex | 복잡한 / 복합 건물 | ☐ | 132. select / selection | 선택하다 / 선정, 선발 |
| ☐ | 110. accessory | 부대 용품, 액세서리 | ☐ | 133. instruction | 설명 |
| ☐ | 111. real estate | 부동산 | ☐ | 134. survey | 설문 조사 |

5

| # | Word | Meaning |
|---|---|---|
| 135 | install | 설치하다 |
| 136 | success | 성공 |
| 137 | growth | 성장 |
| 138 | present | 증개하다 / 간단 |
| 139 | communicate / communication | 소통하다 / 소통 |
| 140 | software | 소프트웨어 |
| 141 | compact | 소형의, 간편한 |
| 142 | shopper | 쇼핑객 |
| 143 | repair | 수리 |
| 144 | revenue | 수익, 수입 |
| 145 | accommodation | 숙박 시설 |
| 146 | schedule | 스케줄 |
| 147 | streaming | 스트리밍 |
| 148 | advance | 진전하다 / 사전의 |
| 149 | humid / humidity | 습한 / 습기 / 습도 |
| 150 | crew | 승무원 전원 |
| 151 | promotion | 승진, 홍보 활동 |
| 152 | visual | 시각적인 |
| 153 | begin | 시작하다 |
| 154 | launch | 시작하다, 출시하다 |
| 155 | grocery | 식료품 |
| 156 | ladies and gentlemen | 신사 숙녀 여러분 |
| 157 | amateur | 아마추어 |
| 158 | apartment | 아파트 |
| 159 | instrument | 악기 |
| 160 | unfortunately | 안타깝게도 |
| 161 | tremendous | 엄청난 |
| 162 | industry | 업계 |
| 163 | Ms. | 결혼 여부에 관계 없이 붙이는 것이 |
| 164 | trip | 여행 |
| 165 | travel / traveler | 여행하다 / 여행객 |
| 166 | historical | 역사적인 |
| 167 | contact | 연락하다 |
| 168 | inspiration | 영감 |
| 169 | honor | 영광 |
| 170 | nutritious | 영양가 있는 |
| 171 | affect | 영향을 주다 |
| 172 | reservation | 예약 |
| 173 | online | 온라인의 / 온라인 |
| 174 | complete | 완료하다 / 완전한 |
| 175 | relieve | 안심하다 |
| 176 | exterior | 외부의 |
| 177 | cuisine | 요리 |
| 178 | monthly | 월간의 |
| 179 | website | 웹사이트 |
| 180 | located / location | 위치한 / 위치 |

| □ 181. maintenance | 유지, 보수 |
| □ 182. profit | 이윤 |
| □ 183. commission | 위임하다, 주문하다 / 위원회, 수수료 |
| □ 184. clothing, clothes | 의류, 옷 |
| □ 185. costume | 의상 |
| □ 186. awareness | 의식 |
| □ 187. ceremony | 의식, 식 |
| □ 188. exotic | 이국적인 |
| □ 189. resume | 이력서 |
| □ 190. director | 이사 |
| □ 191. available | 이용 가능한 |
| □ 192. benefit | 이익 |
| □ 193. impressive | 인상 깊은 |
| □ 194. weather forecast | 일기 예보 |
| □ 195. temporary / temporarily | 일시적인 / 일시적으로 |
| □ 196. lodging | 임시 숙소 |
| □ 197. random | 임의의 |
| □ 198. entry | 입장 |
| □ 199. unforgettable | 잊지 못할 |
| □ 200. detailed | 자세한 |
| □ 201. confident | 자신 있는 |
| □ 202. volunteer | 자원봉사자 / 자원하다 |
| □ 203. renowned | 잘 알려진 |

| □ 204. ingredient | 재료 |
| □ 205. appropriate | 적절한 |
| □ 206. dedicated | 전념하는, 헌신적인 |
| □ 207. strategy | 전략 |
| □ 208. display | 전시하다 |
| □ 209. exhibit | 전시하다 / 전시품 |
| □ 210. traditional | 전통의 |
| □ 211. procedure | 절차 |
| □ 212. regular | 정기적인 / 단골손님 |
| □ 213. organize / organization | 정리하다, 조직하다 / 조직, 기관 |
| □ 214. information | 정보 |
| □ 215. informative | 정보를 주는 |
| □ 216. government | 정부 |
| □ 217. normal | 정상인 |
| □ 218. distracting / distracted | 정신 산만하게 하는 / 정신을 못 차리는 |
| □ 219. accurate / inaccurate | 정확한 / 부정확한 |
| □ 220. provide | 제공하다 |
| □ 221. offer | 제공하다 |
| □ 222. serve | 제공하다 |
| □ 223. proposal | 제안, 제의 |
| □ 224. product | 제품 |
| □ 225. restriction | 제한 |
| □ 226. associate | 제휴하다 / 동료 / 연상하다 |

7

| □ 227. sculpture | 조각품 | □ 250. creative | 창의적인 |
| --- | --- | --- | --- |
| □ 228. recipe | 조리법 | □ 251. Stay tuned. | 채널 고정하세요. |
| □ 229. respectful | 예의 바른, 공손한 | □ 252. recruit | 채용하다 |
| □ 230. destination | 목적지 | □ 253. attachment | 첨부 파일 |
| □ 231. resident | 주민 | □ 254. update | 최신 뉴스 / 최근의 소식 / 최신 정보를 알려주다 |
| □ 232. attention | 주의, 주목 | □ 255. latest | 최신의 |
| □ 233. prepare | 준비하다 | □ 256. final | 최종의 |
| □ 234. immediate / immediately | 즉각적인 / 즉시 | □ 257. additional | 추가적인 |
| □ 235. enjoy | 즐기다 | □ 258. recommend | 추천하다 |
| □ 236. increase | 증가하다 | □ 259. congratulation | 축하 |
| □ 237. branch | 지사, 지부 | □ 260. cashier | 출납원 |
| □ 238. area | 구역, 지역 | □ 261. departure | 출발 |
| □ 239. local | 지역의 | □ 262. coupon | 쿠폰 |
| □ 240. region | 지역, 지방 | □ 263. large | 큰 |
| □ 241. delay | 지연 | □ 264. commuter | 통근자 |
| □ 242. support | 지지하다, 지원하다 | □ 265. network | 통신망, 방송망, 사람·기업 등의 인적 네트워크 |
| □ 243. employee | 직원 | □ 266. insight | 통찰력 |
| □ 244. progress | 진전, 진척 | □ 267. tour | 투어 |
| □ 245. focus | 집중하다 | □ 268. investment | 투자 |
| □ 246. vehicle | 차량 | □ 269. feature | 특징, 기능 |
| □ 247. lane | 차선 | □ 270. quality | 품질, 품질 |
| □ 248. attendee | 참석자 | □ 271. ticket | 티켓 |
| □ 249. founder | 창립자 | □ 272. percent | 퍼센트 |

- 273. comfortable  편안한
- 274. convenient / convenience / conveniently  편리한 / 편의 / 편리하게
- 275. average  평균
- 276. storm  폭풍우
- 277. express  표현하다
- 278. program  프로그램
- 279. project  프로젝트
- 280. front desk  프론트 데스크
- 281. avoid  피하다
- 282. discount  할인
- 283. reasonable  합리적인
- 284. airline  항공사
- 285. commitment  헌신
- 286. innovative  혁신적인
- 287. modern  현대의
- 288. contemporary  현대의
- 289. currently  현재, 지금
- 290. cooperation  협조
- 291. expand  확장하다
- 292. environment / environmental  환경 / 환경의
- 293. refund  환불
- 294. welcome  환영하다
- 295. reception  환영회, 총영 파티
- 296. efficient / efficiently  효율적인 / 효율적으로
- 297. sponsor  후원하다 / 후원자
- 298. interested / interesting  흥미를 느끼는 / 흥미 있는
- 299. You have reached ABC company.  ABC 회사입니다.
- 300. skies  sky(하늘)의 복수형

# 사진 묘사하기

**PART 2 | Questions 3-4**

## 빈출표현

| 서론 | This is a picture taken at / in 장소.<br>이것은 장소에서 찍힌 사진입니다.<br><br>This is a picture taken **indoors / outdoors**.<br>이것은 **실내 / 실외**에서 찍힌 사진입니다.<br><br>**ex** This is a picture taken at an office. |
|---|---|
| 전체 묘사<br>(첫째 가는) | 이 사진에서 가장 먼저 보이는 것은 대표적인 사물 / 사람입니다.<br>The first thing I can see from this picture is 대표적인 사물 / 사람.<br><br>**ex** The first thing I can see from this picture is a woman. |
| 세부 사항 | 사진의 앞쪽에는 사물이 있습니다.<br>In the foreground of the picture, there is 문수 명사.<br>In the foreground of the picture, there are 복수 명사.<br>In the foreground of the picture, I can see 단 / 복수 명사.<br><br>사진의 배경에는 사람이 있습니다.<br>In the background of the picture, there is / are 사람 / 사물.<br>In the background of the picture, I can see 단 / 복수 명사.<br><br>**ex** In the foreground of the picture, I can see a lot of equipment.<br>In the background of the picture, I can see three people.<br><br>사진의 중앙에는 사람이 있습니다.<br>In the **middle** of the picture, there is / are 사람.<br><br>사진의 왼쪽에는 사람이 있습니다.<br>On the **left side** of the picture, there is / are 사람.<br><br>사진의 오른쪽에는 사람이 있습니다.<br>On the **right side** of the picture, there is / are 사람.<br><br>**ex** On the right side of the picture, I can see a man sitting on a chair. |
| 마무리<br>(총괄 사항) | 전체적으로, 추어가 동사하는 것 같습니다.<br>Overall, it seems / looks like 주어 + 동사. |

10

# 파트 2 만능응답장

🎧 MP3 S02

- [ ] 1. 이 사진은 공원에서 찍힌 사진이다. — This is a picture taken at a park.
- [ ] 2. 이 사진은 사무실에서 찍힌 사진이다. — This is a picture taken at an office.
- [ ] 3. 이 사진은 식당에서 찍힌 사진이다. — This is a picture taken at a restaurant.
- [ ] 4. 이 사진은 도서관에서 찍힌 사진이다. — This is a picture taken at a library.
- [ ] 5. 이 사진은 실내에서 찍힌 사진이다. — This is a picture taken indoors.
- [ ] 6. 이 사진은 실외에서 찍힌 사진이다. — This is a picture taken outdoors.
- [ ] 7. 이 사진은 실험실에서 찍힌 사진이다. — This is a picture taken at a laboratory.
- [ ] 8. 이 사진은 옷 가게에서 찍힌 사진이다. — This is a picture taken at a clothing store.
- [ ] 9. 이 사진은 창고에서 찍힌 사진이다. — This is a picture taken at a warehouse.
- [ ] 10. 이 사진은 카페에서 찍힌 사진이다. — This is a picture taken at a café.
- [ ] 11. 이 사진은 구내 식당에서 찍힌 사진이다. — This is a picture taken at a cafeteria.
- [ ] 12. 이 사진은 길 위에서 찍힌 사진이다. — This is a picture taken on the street.
- [ ] 13. 이 사진은 공사장에서 찍힌 사진이다. — This is a picture taken at a construction site.
- [ ] 14. 이 사진에서 가장 먼저 보이는 것은 두 여자이다. — The first thing I can see from this picture is two women.

11

- 15. 이 사진에서 가장 먼저 보이는 것은 세 명이다.
  The first thing I can see from this picture is three men.
- 16. 사진의 앞쪽에는 책상 위에 많은 사무용품이 보인다.
  In the foreground of the picture, I can see a lot of office supplies on the desk.
- 17. 사진의 중앙에는 분수대가 있다.
  In the middle of the picture, there is a fountain.
- 18. 사진의 왼쪽에는 인도가 있다.
  On the left side of the picture, there is a sidewalk.
- 19. 사진의 오른쪽에는 큰 창문이 있다.
  On the right side of the picture, there is a large window.
- 20. 사진의 배경에는 많은 건물들과 나무들이 보인다.
  In the background of the picture, I can see many buildings and trees.
- 21. 그녀의 옆에는 또 다른 여자가 있다.
  Next to her, there is another woman.
- 22. 그녀의 뒤에는 서 있는 두 명의 남성들을 볼 수 있다.
  Behind her, I can see two men standing.
- 23. 그들 중 대부분은 정장을 입고 있다.
  Most of them are wearing formal clothes.
- 24. 그들 중 일부는 캐주얼한 의상을 입고 있다.
  Some of them are wearing casual clothes.
- 25. 사진을 찍고 있는 남자가 있다.
  There is a man taking a picture.
- 26. 그녀는 가방 안을 들여다보고 있다.
  She is looking into a bag.
- 27. 그는 고객들을 돕고 있다.
  He is helping customers.
- 28. 그녀는 개를 산책시키고 있다.
  She is walking a dog.

| | | |
|---|---|---|
| ☐ 29. 그는 무언가를 들고 있다. | | He is holding something. |
| ☐ 30. 그녀는 메뉴판을 보고 있다. | | She is looking at a menu. |
| ☐ 31. 그는 무언가를 쓰고 있다. | | He is writing something down. |
| ☐ 32. 그녀는 서류를 들고 있다. | | She is holding a document. |
| ☐ 33. 그는 무언가를 찾고 있다. | | He is looking for something. |
| ☐ 34. 그녀는 쇼핑백을 들고 있다. | | She is holding a shopping bag. |
| ☐ 35. 그는 물건을 잡으려 손을 뻗고 있다. | | He is reaching for an item. |
| ☐ 36. 그녀는 스마트폰을 보고 있다. | | She is looking at a smartphone. |
| ☐ 37. 그는 물을 마시고 있다. | | He is drinking some water. |
| ☐ 38. 그녀는 요리를 하고 있다. | | She is cooking. |
| ☐ 39. 그는 바닥에 누워 있다. | | He is lying on the ground. |
| ☐ 40. 그녀는 유모차를 밀고 있다. | | She is pushing a baby stroller. |
| ☐ 41. 그는 발표를 하고 있다. | | He is making a presentation. |
| ☐ 42. 그녀는 고객들에게 음식을 서빙하고 있다. | | She is serving food to customers. |

- [ ] 43. 그는 비닐봉지를 들고 있다. — He is holding a plastic bag.
- [ ] 44. 그녀는 종이 한 장을 줍고 있다. — She is picking up a piece of paper.
- [ ] 45. 그는 신용 카드를 건네주고 있다. — He is handing over a credit card.
- [ ] 46. 그는 태블릿 PC를 사용하고 있다. — He is using a tablet PC.
- [ ] 47. 그는 옷걸이에 옷을 걸고 있다. — He is hanging his clothes on a rack.
- [ ] 48. 그녀는 컵을 들고 있다. — She is holding a cup.
- [ ] 49. 그녀는 핸드백을 들고 있다. — She is holding a purse.
- [ ] 50. 그는 음식을 전자레인지에 넣고 있다. — He is putting some food into a microwave.
- [ ] 51. 그녀는 음식을 먹고 있다. — She is eating some food.
- [ ] 52. 그는 자전거를 타고 있다. — He is riding a bicycle.
- [ ] 53. 그녀는 통화를 하고 있다. — She is talking on the phone.
- [ ] 54. 그는 재킷을 입고 있다. — He is wearing a jacket.
- [ ] 55. 그녀는 어깨에 핸드백을 메고 있다. — She has her purse on her shoulder.
- [ ] 56. 그는 주문을 받고 있다. — He is taking an order.

| | | |
|---|---|---|
| ☐ 57. | 그녀는 컴퓨터로 일하고 있다. | She is working on a computer. |
| ☐ 58. | 그는 노트북으로 일하고 있다. | He is working on a laptop. |
| ☐ 59. | 그는 게시판에 뭔가를 붙이고 있다. | He is putting something on the bulletin board. |
| ☐ 60. | 그들은 배낭을 메고 있다. | They are wearing backpacks. |
| ☐ 61. | 그는 보트를 타고 있다. | He is riding a boat. |
| ☐ 62. | 그는 트럭에 박스를 싣고 있다. | He is loading a box into a truck. |
| ☐ 63. | 그는 남색 티셔츠를 입고 있다. | He is wearing a navy T-shirt. |
| ☐ 64. | 그는 패딩을 입고 있다. | He is wearing a padded jumper. |
| ☐ 65. | 그는 손을 들고 있다. | He is raising his hand. |
| ☐ 66. | 그는 청소기로 청소를 하고 있다. | He is cleaning with a vacuum. |
| ☐ 67. | 그는 카트를 밀고 있다. | He is pushing / carrying a cart. |
| ☐ 68. | 그는 갈색 코트를 입고 있다. | He is wearing a brown coat. |
| ☐ 69. | 그는 제품을 보고 있다. | He is looking at a product. |
| ☐ 70. | 그는 해변용 의자에서 쉬고 있다. | He is relaxing on a beach chair. |

| | | |
|---|---|---|
| ☐ 71. 그들은 계단을 내려오고 있다. | | They are walking down the stairs. |
| ☐ 72. 그들은 계산대에 서 있다. | | They are standing at the cashier. |
| ☐ 73. 그들은 공연하고 있다. | | They are performing. |
| ☐ 74. 그들은 공연을 관람하고 있다. | | They are watching the performance. |
| ☐ 75. 그들은 줄 서서 기다리고 있다. | | They are waiting in line. |
| ☐ 76. 그들은 길을 건너고 있다. | | They are crossing the street. |
| ☐ 77. 그들은 길을 걸어가고 있다. | | They are walking on the street. |
| ☐ 78. 그들은 대화를 하고 있다. | | They are having a conversation. |
| ☐ 79. 그들은 문서를 읽고 있다. | | They are reading a document. |
| ☐ 80. 그들은 물건을 정리하고 있다. | | They are arranging items. |
| ☐ 81. 그들은 발표자의 발표를 듣고 있다. | | They are listening to the presenter. |
| ☐ 82. 그들은 벤치에 앉아 있다. | | They are sitting on a bench. |
| ☐ 83. 그들은 복사기를 이용하고 있다. | | They are using a copy machine. |
| ☐ 84. 그들은 서로 이야기하고 있다. | | They are talking to each other. |

| | | |
|---|---|---|
| 85. | 그들은 악기를 연주하고 있다. | They are playing musical instruments. |
| 86. | 그들은 오토바이를 타고 있다. | They are riding a motorcycle. |
| 87. | 그들은 유니폼을 입고 있다. | They are wearing uniforms. |
| 88. | 그들은 일하고 있다. | They are working. |
| 89. | 그들은 잔디 위에 앉아 있다. | They are sitting on the grass. |
| 90. | 그들은 쉬고 있다. | They are relaxing. |
| 91. | 그들은 지하철에 타고 있다. | They are getting on the subway. |
| 92. | 그들은 카운터에 서 있다. | They are standing at the counter. |
| 93. | 그들은 컴퓨터를 사용하고 있다. | They are using computers. |
| 94. | 그들은 테이블에 앉아 있다. | They are sitting at a table. |
| 95. | 그들은 해변에서 수영하고 있다. | They are swimming at the beach. |
| 96. | 그들은 헬멧을 쓰고 있다. | They are wearing helmets. |
| 97. | 그들은 화상 회의를 하고 있다. | They are having a video conference. |
| 98. | 그들은 회의를 하고 있다. | They are having a meeting. |

| | | |
|---|---|---|
| ☐ 99. 미소 짓는 여자가 보인다. | I can see a woman smiling. |
| ☐ 100. 그녀는 화면을 가리키고 있다. | She is pointing at the screen. |
| ☐ 101. 그는 상자를 옮기는 중이다. | He is carrying a box. |
| ☐ 102. 그녀는 물건을 받고 있다. | She is receiving an item. |
| ☐ 103. 그들은 파라솔 밑에 앉아 있다. | They are sitting under the parasol. |
| ☐ 104. 그들은 소풍을 하고 있다. | They are having a picnic. |
| ☐ 105. 그는 노를 젓고 있다. | He is paddling a boat. |
| ☐ 106. 그녀는 낚시를 하고 있다. | She is fishing. |
| ☐ 107. 그는 책을 훑어보고 있다. | He is scanning a book. |
| ☐ 108. 그들은 책상에 앉아 있다. | They are sitting at a desk. |
| ☐ 109. 그는 벽에 기대고 있다. | He is leaning against the wall. |
| ☐ 110. 그녀는 곱슬머리를 가지고 있다. | She has curly hair. |
| ☐ 111. 그녀는 흰색 바지를 입고 있다. | She is wearing white pants. |
| ☐ 112. 그녀는 빨간색 스커트를 입고 있다. | She is wearing a red skirt. |

| | | |
|---|---|---|
| ☐ 113. 그녀는 선글라스를 쓰고 있다. | | She is wearing sunglasses. |
| ☐ 114. 그녀는 원피스를 입고 있다. | | She is wearing a dress. |
| ☐ 115. 그녀는 전통 의상을 입고 있다. | | She is wearing traditional clothes. |
| ☐ 116. 그녀는 체크무늬 셔츠를 입고 있다. | | She is wearing a checkered shirt. |
| ☐ 117. 그는 검은색 야구 모자를 쓰고 있다. | | He is wearing a black cap. |
| ☐ 118. 그는 금발이다. | | He has blond hair. |
| ☐ 119. 그는 반바지를 입고 있다. | | He is wearing shorts. |
| ☐ 120. 그는 백발이다. | | He has gray hair. |
| ☐ 121. 그는 손짓을 하고 있다. | | He is gesturing. |
| ☐ 122. 그는 스웨터를 입고 있다. | | He is wearing a sweater. |
| ☐ 123. 그는 안경을 쓰고 있다. | | He is wearing glasses. |
| ☐ 124. 그는 작업복을 입고 있다. | | He is wearing working clothes. |
| ☐ 125. 그는 조끼를 입고 있다. | | He is wearing a vest. |
| ☐ 126. 그는 줄무늬 셔츠를 입고 있다. | | He is wearing a striped shirt. |

| | | |
|---|---|---|
| ☐ 127. | 그는 짧은 머리를 가지고 있다. | He has short hair. |
| ☐ 128. | 그는 청바지를 입고 있다. | He is wearing jeans. |
| ☐ 129. | 제품들이 선반 위에 진열되어 있다. | Products are displayed on the shelves. |
| ☐ 130. | 간판이 보인다. | I can see a signboard. |
| ☐ 131. | 교통 표지판과 신호등이 보인다. | I can see a traffic sign and a traffic light. |
| ☐ 132. | 많은 상자가 쌓여 있는 것이 보인다. | I can see many boxes stacked. |
| ☐ 133. | 주차된 차가 많이 보인다. | I can see a lot of cars parked. |
| ☐ 134. | 몇몇 보트들이 보인다. | I can see some boats. |
| ☐ 135. | 벽에 걸려 있는 그림 몇 점이 보인다. | I can see some pictures on the wall. |
| ☐ 136. | 옷걸이에 걸려 있는 옷들이 보인다. | I can see some clothes hanging on a rack. |
| ☐ 137. | 조명등이 보인다. | I can see some lights. |
| ☐ 138. | 많은 옷이 진열되어 있는 것이 보인다. | I can see a lot of clothes on display. |
| ☐ 139. | 진열된 식료품들이 보인다. | I can see groceries on display. |
| ☐ 140. | 책장에 많은 책들이 보인다. | I can see many books on the bookshelves. |

| | | |
|---|---|---|
| 141. | 컴퓨터 모니터가 있다. | There is a computer monitor. |
| 142. | 화이트보드가 있다. | There is a whiteboard. |
| 143. | 노점상이 있다. | There is a street vendor. |
| 144. | 가로등이 있다. | There is a street light. |
| 145. | 물품들이 선반 위에 정리되어있다. | Items are arranged on the shelves. |
| 146. | 전반적으로 그들은 바쁜 것 같다. | Overall, it seems like they are busy. |
| 147. | 전반적으로 도시의 분주한 날인 것 같다. | Overall, it seems like a busy day in a city. |
| 148. | 전반적으로 아름다운 화창한 날인 것 같다. | Overall, it seems like a beautiful sunny day. |
| 149. | 전반적으로 평화로운 날인 것 같다. | Overall, it seems like a peaceful day. |

# 필공식 답하기

## PART 3 | Questions 5-7

### 인물사 만능패턴
🎧 MP3 S03

## 1. Who

★ 빈출
누구와 ~?
(Who ~?)

Q **Who** do you usually go to with when you go to a café?
A I usually go **with my friend(s)** when I go to a café.
Q 카페에 갈 때 주로 누구와 함께 가시나요?
A 저는 카페에 갈 때 주로 친구(들)와 함께 갑니다.

## 2. Where

★ 빈출
1. 어디서 사나요?
(Where do you buy ~?)

Q **Where** do you usually **buy** clothes?
A I usually buy clothes **on the internet**.
Q 옷을 주로 어디서 구매하시나요?
A 저는 주로 인터넷에서 옷을 삽니다.

★ 빈출
2. 어디서 하나요?
(Where do you usually ~?)

Q **Where** do you usually play mobile games?
A I usually play mobile games **at home** / at school / on the subway.
Q 모바일 게임을 주로 어디서 하시나요?
A 저는 주로 집에서 / 학교에서 / 지하철에서 모바일 게임을 합니다.

★ 빈출
3. 어디서 정보를 얻나요?
(Where do you get information ~?)

Q **Where** do you usually **get information** about where to buy home cleaning products?
A I usually get information about where to buy home cleaning products **on the internet**.
Q 가정용 청소 용품을 어디서 구매할지에 대한 정보를 주로 어디서 얻으시나요?
A 저는 가정용 청소 용품을 어디서 구매할지에 대한 정보를 주로 인터넷에서 얻습니다.

22

## 3. When

**반복** 
1. 주로 언제 ~하나요?
(When do you usually ~?)

- Q When do you usually visit museums?
- A I usually visit museums when I have spare time.
- Q 박물관을 주로 언제 방문하시나요?
- A 저는 주로 시간이 날 때 박물관을 방문합니다.

**반복** 
2. 언제 ~했나요?
(When did you ~?)

- Q When did you buy your shoes?
- A I bought my shoes two weeks ago.
- Q 신발을 언제 구입하셨나요?
- A 저는 2주 전에 신발을 샀습니다.

**반복** 
3. 마지막으로 언제 ~했나요?
(When was the last time you [과거 동사] ~?)
The last time I [과거 동사] was two weeks ago / yesterday / last year.

- Q When was the last time you went to a park?
- A The last time I went to a park was two weeks ago.
- Q 마지막으로 공원에 갔던 게 언제였나요?
- A 저는 마지막으로 공원에 간 게 2주 전이었습니다.

4. 하루 중 언제 ~하나요?
(What time of the day do you usually ~?)

- Q What time of the day do you usually go to the movies?
- A I usually go to the movies in the morning because it's less crowded in the morning.
- Q 하루 중 언제 영화를 주로 가시나요?
- A 저는 아침에 사람이 덜 붐비기 때문에 주로 아침에 영화를 보러 갑니다.

5. 일 년 중 언제 ~하나요?
(What time of the year ~?)

- Q What time of the year do you read books most?
- A I read books in winter most.
- Q 일 년 중 언제 책을 가장 많이 읽으시나요?
- A 저는 겨울에 책을 가장 많이 읽습니다.

23

# 4. How

**★ 빈출**

1. 얼마나 자주 ~하나요?
(How often ~? /
How frequently ~? /
How many times ~?)

Q How often do you shop for clothes?
A I shop for clothes twice a week / almost every day / once in a while.
Q 옷 쇼핑을 얼마나 자주 하시나요?
A 일주일에 두 번 / 거의 매일 / 가끔 옷 쇼핑해요.

**★ 빈출**

2. 얼마나 오래 ~해 왔나요?
(How long have you p.p.
~?)
I have p.p. + for 기간.

Q How long have you lived in your current neighborhood?
A I have lived in my current neighborhood for 3 years.
Q 현재 동네에서 얼마나 오래 거주하셨나요?
A 저는 현재 동네에서 3년째 살고 있습니다.

3. (동사)하는 데 얼마나
걸리나요?
(How long does it take
to 동사 ~?)
It takes 기간 (for 사람)
to [동사].

Q How long does it take you to finish reading a book?
A It takes 3 hours for me to finish reading a book.
Q 책 한 권을 다 읽는 데 얼마나 걸리시나요?
A 저는 책 한 권을 다 읽는 데 3시간이 걸립니다.

**★ 빈출**

4. 얼마나 오랜 시간을
쓰시나요?
(How much time do you
spend ~?)
I spend + 숫자 + minutes
/ hours / days.

Q How much time do you spend surfing the internet every day?
A I spend 3 hours surfing the internet every day.
Q 매일 인터넷 서핑에 얼마나 많은 시간을 소비하시나요?
A 저는 매일 3시간씩 인터넷 서핑을 합니다.

5. 얼마나 멀리 있나요?
(How far ~?)

Q How far is the closest bank from where you live?
A The closest bank from where I live is about 10 minutes away.
Q 당신이 사는 곳에서 가장 가까운 은행이 얼마나 먼가요?
A 제가 사는 곳에서 가장 가까운 은행은 10분 정도 거리에 있습니다.

6. 가격이 얼마인가요?
(How much ~?)

Q How much do you usually spend when you go to a restaurant with your friend?
A I usually spend about 20 dollars when I go to a restaurant with my friends.
Q 친구와 함께 식당에 갈 때 주로 얼마를 쓰시나요?
A 저는 친구들과 식당에 가면 주로 20달러 정도를 씁니다.

24

## 5. What

★ 필수
어떤 종류의 [명사]를 ~하나요?
(**What kind** / type / sort / genre of [명사] do you ~?)

Q **What kind of** music do you like the most?
A I like K-pop the most.
Q 어떤 종류의 음악을 가장 좋아하시요?
A 저는 케이팝을 가장 좋아합니다.

---

## 6. Have you ever?

★ 필수
~해 본 적 있나요?
(**Have you ever** p.p. ~?)
Yes, I have p.p.
No, I haven't p.p.

Q **Have you ever** used a photo-editing software to improve your picture images?
A **Yes, I have used** a photo-editing software to improve my picture images.
Q 사진을 보정하기 위해 사진 편집 소프트웨어를 사용한 적이 있나요?
A 네, 저는 사진을 보정하기 위해 사진 편집 소프트웨어를 사용한 적이 있습니다.

---

## 7. 몇 개인가요?

(**How many** ~?)

Q **How many** bookstores are there in your town?
A There are **two bookstores** in my town.
Q 당신이 사는 동네에는 서점이 몇 개 있나요?
A 저의 동네에는 서점이 두 군데 있습니다.

---

## 8. 어떻게 가나요?

(**How do you get to** ~?)

Q **How do you** usually **get to** school?
A I usually get to school **by bus**.
Q 학교에는 주로 어떻게 가시나요?
A 저는 주로 버스를 타고 학교에 갑니다.

25

## 묻고 답하기 연습 만드는 TIP

★ 만들기
I like / love [명사] very much.

**Q** Who do you usually go with when you shop for clothes? Why?

**A** I usually go with my friends when I shop for clothes because we like shopping very much.

**Q** 옷을 살 때 주로 누구와 함께 가시나요? 왜 그런가요?

**A** 저는 옷을 살 때 주로 친구들과 함께 가는데 그 이유는 우리가 쇼핑을 매우 좋아하기 때문입니다.

★ 만들기
It's very + 형용사.

**Q** Have you ever used a photo-editing software to improve your picture images?

**A** Yes, I have used a photo-editing software to improve my picture images + **because it's very convenient and useful.**

**Q** 사진을 보정하기 위해 사진 편집 소프트웨어를 사용한 적이 있나요?

**A** 네, 저는 사진을 보정하기 위해 사진 편집 소프트웨어를 사용한 적이 있습니다.
+ 왜냐하면 그것은 매우 편리하고 유용하기 때문입니다.

★ 만들기
문장 연결어

| and | 그리고 |
| so | 그래서, 그러므로 |
| because | 왜냐하면 |
| but | 그러나 |
| As you know | 너도 알다시피 |
| First | 첫째로 |
| Also | 또한 |
| That way | 그렇게 하면 |
| Then | 그러면 |
| However | 그러나 |
| In fact | 사실 |

## 파트3 받아쓰기

🎧 MP3 S04

- [ ] 1. 스트레스
It relieves my stress. I'm stressed out these days. So, I need this.
그것은 나의 스트레스를 풀어준다. 나는 요즘 스트레스를 많이 받는다. 그래서 이것이 필요하다.

- [ ] 2. 돈 절약
It's cheaper, so I can save money.
그것은 더 저렴해서 나는 돈을 절약 / 저축할 수 있다.

- [ ] 3. 가격
The price is reasonable.
가격이 적당하다.

- [ ] 4. 시간 절약
It's faster, so I can save time.
그것은 더 빨라서 시간을 절약할 수 있다.

- [ ] 5. 유용한 정보 1
I can get a lot of useful information from my friends.
나는 친구들에게 많은 유용한 정보를 얻을 수 있다.

- [ ] 6. 유용한 정보 2
I can get a lot of useful information from books.
나는 책에서 많은 유용한 정보를 얻을 수 있다.

- [ ] 7. 유용한 정보 3
I can get a lot of useful information on the internet.
나는 인터넷에서 많은 유용한 정보를 얻을 수 있다.

- [ ] 8. 믿을 만한 정보
It's more reliable, so the information is more trustworthy.
그것은 더 믿을 만해서 정보가 더 신뢰가 간다.

- [ ] 9. 언제, 어디서나
I can get information anytime anywhere on my smartphone.
나는 내 스마트폰으로 언제 어디서나 정보를 얻을 수 있다.

- [ ] 10. 대인 관계 1
It is more personal, and builds a closer relationship.
그것은 더 개인적이고, 더 긴밀한 인간관계를 쌓을 수 있다.

- [ ] 11. 대인 관계 2
It causes less misunderstanding.
그것은 오해를 덜 불러일으킨다.

- [ ] 12. 좋아하는 일
It's my favorite thing to do.
그것은 내가 가장 좋아하는 일이다.

- [ ] 13. 행복
It makes me happy, and I can forget about my worries.
그것은 나를 행복하게 해주고, 나는 걱정 근심을 잊을 수 있다.

- [ ] 14. 좋은 시설
It has great facilities.
그것은 좋은 시설들을 갖추고 있다.

- [ ] 15. 핫플레이스
It's a well-liked place, so people love it.
그곳은 인기 있는 곳이라 사람들이 좋아한다.

- [ ] 16. 예산 부족 1
I'm a student, so my budget is tight.
나는 학생이라서 예산이 빠듯하다.

- [ ] 17. 예산 부족 2
I can't afford to buy expensive things.
나는 비싼 것들을 살 여유가 없다.

- [ ] 18. 돈 낭비 1
I don't want to waste too much money on that.
나는 그것에 너무 많은 돈을 낭비하고 싶지 않다.

- [ ] 19. 돈 낭비 2
It's a waste of money.
그것은 돈 낭비다.

- [ ] 20. 시간 부족 1
I'm a student and I'm so busy with my school work.
나는 학생이어서 학업에 매우 바쁘다.

- [ ] 21. 시간 부족 2
I don't have much time.
나는 시간이 많지 않다.

- [ ] 22. 시간 낭비 3
I don't want to waste too much time on that.
나는 그것에 너무 많은 시간을 낭비하고 싶지 않다.

- [ ] 23. 시간 낭비
It's a waste of time.
그것은 시간 낭비다.

- [ ] 24. 재미
It's more fun and entertaining, so I don't get bored.
그것은 더 재미있고 즐거워서 나는 지루해지지 않는다.

- [ ] 25. 함이 1
I think it's more fun to do things in a group.
나는 여럿이 함께 하는 것이 더 재미있다고 생각한다.

- [ ] 26. 함이 2
I can meet new people and make friends.
나는 새로운 사람들을 만나고 친구들을 사귈 수 있다.

- [ ] 27. 혼자 1
I feel more comfortable and I can focus better.
나는 더 편안함을 느끼고 더 잘 집중할 수 있다.

- [ ] 28. 혼자 2
I don't have time waiting for other people.
나는 다른 사람들을 기다리느라 시간을 낭비할 필요가 없다.

- [ ] 29. 집 1
  I feel more comfortable at home.
  나는 집에서 더 편안함을 느낀다.

- [ ] 30. 집 2
  I can save time because I don't have to waste time going out.
  나는 시간을 절약할 수 있는데 밖에 나가느라 시간을 낭비할 필요가 없기 때문이다.

- [ ] 31. 새로운 것 1
  They are too old, so I think it's good to have new ones.
  그것들은 너무 오래되어서 새로운 것이 생기면 좋을 것 같다.

- [ ] 32. 새로운 것 2
  They are too outdated, so I think it's good to have new ones.
  그것들은 너무 구식이어서 새로운 것이 있으면 더 좋을 것 같다.

- [ ] 33. 새로운 것 3
  If we have more stores here, it would be more convenient.
  여기에 더 많은 가게가 있다면, 더 편리할 것이다.

- [ ] 34. 필요 1
  It's very necessary for me.
  그것은 나에게 매우 필요하다.

- [ ] 35. 필요 2
  I frequently use it.
  나는 그것을 자주 이용한다.

- [ ] 36. 좋은 경험 1
  It makes me happy and I can have a great experience.
  그것은 나를 행복하게 해주고, 나는 좋은 경험을 할 수 있다.

- [ ] 37. 좋은 경험 2
  They provide a happy environment and a pleasant experience.
  그들은 행복한 환경과 기분 좋은 경험을 제공한다.

- [ ] 38. 믿을 만한 제품
  It's more reliable and I can trust the product.
  그것은 더 믿을 만해서 나는 그 제품을 신뢰할 수 있다.

- [ ] 39. 인기 있는 것
  It's a popular item, so people will love it.
  그것은 인기 있는 아이템이라서 사람들이 좋아할 것이다.

- [ ] 40. 선물 1
  It has sentimental value.
  그것은 감성적인 가치가 있다.

- [ ] 41. 선물
  I like to try new things.
  나는 새로운 것을 시도해 보는 것을 좋아한다.

- [ ] 42. 선물 2
  It's a good gift.
  그것은 좋은 선물이다.

| | | |
|---|---|---|
| ☐ 43. 루틴 1 | It's part of my routine. | 그것은 내 일상의 일부다. |
| ☐ 44. 루틴 2 | It's my habit. | 그것은 내 습관이다. |
| ☐ 45. 좋아하다 1 | I really liked it. | 더 그거이 정말 좋았다. |
| ☐ 46. 좋아하다 2 | It was great. | 그것은 훌륭했다. |
| ☐ 47. 좋아하다 3 | It was awesome. | 그것은 근사했다. |
| ☐ 48. 장점 1 | It's cheaper and faster. | 그것은 더 싸고 더 빠르다. |
| ☐ 49. 장점 2 | It's very convenient and useful. | 그것은 매우 편리하고 유용하다. |
| ☐ 50. 장점 3 | It's very helpful for me. | 그것은 나에게 매우 도움이 된다. |

## 파트4 안동영상

🎧 MP3 S05

### 1. 일정표

It(행사) will be held + 시간 / 장소.

☐ 1. 시간 / 장소
    ex The conference will be held on June 20th at Hilton Hotel.
    컨퍼런스가 6월 20일 힐튼 호텔에서 개최될 예정입니다.

It(행사) will start at 시간 / on 날짜.

☐ 2. 날짜, 시작 시간
    ex The meeting will start at 9:00 a.m.
    미팅은 오전 9시에 시작될 것입니다.

It(행사) will finish at 시간 / on 날짜.

☐ 3. 종료 시간
    ex The seminar will finish at 5:00 p.m.
    세미나는 오후 5시에 끝날 것입니다.

No, I'm afraid that you have the wrong information.
Actually, + 옳은 정보.

☐ 4. 잘못된 정보 정정
    ex No, I'm afraid that you have the wrong information.
    Actually, the registration and coffee session will start at 9:00 a.m.
    아니요, 잘못된 정보를 알고 계십니다.
    사실, 등록 및 커피 타임은 오전 9시에 시작될 것입니다.

There are _____ sessions.
First / Next / Finally, there is 일정 on 주제 by 사람. (is 대신 will be도 가능)

    ex There are two sessions.
    First, at 1 p.m., there is a workshop on Social Media Marketing by Ray Kingston.
    Next, at 2:30 p.m., there is a discussion on Appealing to Sports Fans through Marketing by Kevin Delmont.

☐ 5. 전체 일정 안내
    두 개의 세션이 있습니다.
    먼저, 오후 1시에는 레이 킹스턴의 소셜 미디어 마케팅에 관한 워크숍이 있습니다.
    다음으로, 오후 2시 30분에는 케빈 델몬트에 의해 마케팅을 통해 스포츠 팬들에게 어필하기에 대한 케빈 델몬트의 토론이 있습니다.

## 2. 개인 일정표

| | You will depart from 출발지. |
|---|---|
| ☐ 6. 주어 will 동사 1 | ex You will depart from San Francisco at 10 a.m. on American Air 105.<br>당신은 오전 10시에 아메리칸 에어 105기를 타고 샌프란시스코에서 출발할 것입니다. |
| | You will arrive in 도착지. |
| ☐ 7. 주어 will 동사 2 | ex You will arrive in Los Angeles at 3 p.m.<br>당신은 로스앤젤레스에 오후 3시에 도착할 것입니다. |
| | You will take 교통편. |
| ☐ 8. 주어 will 동사 3 | ex You will take Korean Air 105.<br>당신은 대한항공 105기를 탈 것입니다. |
| | You will stay at 숙소. |
| ☐ 9. 주어 will 동사 4 | ex You will stay at Glen Hotel.<br>당신은 글렌 호텔에 머무를 것입니다. |
| ☐ 10. 주어 will 동사 5 | ex You will have lunch / dinner / a meeting.<br>당신은 점심 식사 / 저녁 식사 / 회의를 할 것입니다. |
| ☐ 11. 주어 will 동사 6 | ex You will give a speech / lecture / presentation.<br>당신은 연설 / 강의 / 발표를 할 것입니다. |
| ☐ 12. 일정 변경 1<br>취소 / 연기 | There was supposed to be 일정, but it has been canceled.<br>[일정]이 있기로 되어 있었으나 취소되었습니다. |
| ☐ 13. 일정 변경 2<br>취소 / 연기 | There was supposed to be 일정, but it has been postponed.<br>[일정]이 있기로 되어 있었으나 연기되었습니다. |
| | There was supposed to be 일정, but it has been rescheduled to 바뀐 일정.<br>[일정]이 있기로 되어 있었으나 [바뀐 일정]로 조정되었습니다. |
| ☐ 14. 일정 변경 3<br>취소 / 연기 | ex No, actually, there was supposed to be a meeting with Jane White at 2 p.m. on Tuesday, but it has been canceled / postponed / rescheduled to Friday.<br>아니요, 사실상 화요일 오후 2시에 제인 화이트 씨와의 회의가 있기로 되어 있었으나 취소 / 연기 / 금요일로 변경되었습니다. |

32

## 3. 이력서

| | |
|---|---|
| ☐ 15. 학위 | He / She got a bachelor's degree(학사) / master's degree(석사) in 전공 from 학교 in 연도.<br>ex She got a master's degree in Design from Vancouver Art University in 2010.<br>그녀는 2010년에 밴쿠버 예술 대학교에서 디자인 전공으로 석사 학위를 취득했습니다. |
| ☐ 16. 경력 1 | From 시작일 to 종료일, he / she worked at 회사명 as 직책.<br>ex First, from 2015 to 2017, she worked at Jasper Fashion Magazine as a director.<br>첫째, 2015년부터 2017년까지, 그녀는 재스퍼 패션 잡지사에서 이사로 일했습니다. |
| ☐ 17. 경력 2 | From 시작일 up to now, he / she has worked at 회사명 as 직책.<br>(현재까지)<br>ex Next, from 2017 up to now, she has worked at Toronto Fashion Magazine as a chief editor.<br>다음으로, 2017년부터 지금까지, 그녀는 토론토 패션 잡지사에서 편집장으로 일하고 있습니다. |
| ☐ 18. 능력: 자격 요건 | I think he / she is qualified because ~.<br>제 생각에 그 / 그녀는 자격 요건이 충분히 갖춰진입니다, 왜냐하면~. |
| ☐ 19. 능력: 언어 | He / She is fluent in 언어.<br>ex He is fluent in Spanish.<br>그는 스페인어를 유창하게 구사합니다. |
| ☐ 20. 능력: 자격증 | He / She is certified in 자격 / certified by 기관.<br>ex She is certified in Pilates.<br>그녀는 필라테스 자격증이 있습니다. |
| ☐ 21. 능력: 경험 | He / She has experience in 분야.<br>ex He has experience in education.<br>그는 교육 분야에 경험이 있습니다. |

33

## 4. 면접 일정표

You will interview 사람.

- [ ] 22. 면접 일정 1
  ex **You will interview Jessica Anderson at 9:00 a.m.**
  당신은 제시카 앤더슨을 오전 9시에 면접할 것입니다.

- [ ] 23. 면접 일정 2
  There is an interview with 사람 from 회사명 (who is applying for 직책).
  ex **There is an interview with John White from Eco Electronics (who is applying for the marketing director position).**
  (마케팅 부장직에 지원하는) 에코 전자의 존 화이트 씨와의 면접이 있습니다.

- [ ] 24. 경력
  He / She has _____ years of experience.
  ex **She has 5 years of experience.**
  그녀는 5년의 업무 경력이 있습니다.

- [ ] 25. 지원 직책
  He / She is applying for _____ position.
  ex **He is applying for the editor position.**
  그는 편집장직에 지원하고 있습니다.

## 5. 수업 시간표

You have to pay 금액 for 강좌.

- [ ] 26. 금액, 수업 1
  ex **You have to pay 20 dollars for the oil painting class.**
  유화 페인팅 수업으로 20달러를 지불하셔야 합니다.

- [ ] 27. 금액, 수업 2
  It's 금액.
  ex **It's 20 dollars.**
  금액(수업료) 등 20달러입니다.

  You should register by 등록 마감일.
- [ ] 28. 금액, 수업 3
  ex **You should register by January 3rd.**
  1월 3일까지 등록하셔야 됩니다.

  If you ~, it's … dollars.
- [ ] 29. 금액, 수업 4
  ex **If you are a member, it's free. If you are not a member, it's 20 dollars.**
  회원이시라면 무료입니다. 비회원이시라면 20달러입니다.

# 35

| | |
|---|---|
| ☐ 30. 끝에, 들숨 5 | ex **It's free.**<br>무료이다. |
| | It's for 대상자.<br>이것은 대상자. |
| | ex **It's for beginners.**<br>이것은 초보자들을 위한 것입니다. |
| ☐ 31. 끝에, 들숨 6 | ex **It's for intermediate students.**<br>이것은 중급자들을 위한 것입니다. |
| | ex **It's for advanced students.**<br>이것은 고급자들을 위한 것입니다. |
| | There is a 교육명 class / course.<br>수업이 있습니다. |
| ☐ 32. 수업 소개 1 | ex **There is a cooking class.**<br>요리 수업이 있습니다. |
| | 강사 will teach 교육명 class / course.<br>선생님이 수업을 지도할 것입니다. |
| ☐ 33. 수업 소개 2 | ex **Sean Kim will teach the cooking class.**<br>션 김 강사가 요리 수업을 지도할 것입니다. |
| | There is a class on 주제.<br>주제에 관련된 수업이 있습니다. |
| ☐ 34. 수업 소개 3 | ex **There is a class on French Art History.**<br>프랑스 예술사에 관련된 수업이 있습니다. |
| | 강사 will teach a class on 주제.<br>강사가 주제 수업을 지도할 예정입니다. |
| ☐ 35. 수업 소개 4 | ex **Jennifer Huston will teach a class on French Art History.**<br>제니퍼 휴스턴 강사가 프랑스 예술사에 관련된 수업을 지도할 예정입니다. |

# 의견 제시하기

| 서론 | 1) 동의 / 비동의 | I agree / disagree with the statement.<br>저는 그 진술에 동의합니다 / 동의하지 않습니다. |
|---|---|---|
| | 2) 장점 / 단점 | There are some advantages / disadvantages of [명사].<br>[명사]의 장점 / 단점이 몇 가지 있습니다. |
| | 3) 중요 사항 | I think [명사] is the most important.<br>저는 [명사]가 가장 중요하다고 생각합니다. |
| | 4) Do you think<br>주어 + 동사? | I think that 주어 + 동사. / I don't think that 주어 + 동사.<br>저는 ~라고 생각합니다. / 저는 ~라고 생각하지 않습니다. |
| | 5) 선호도 | I prefer A to B. / I prefer A rather than B.<br>저는 A보다 B를 선호합니다. |
| 설명 문장 | | Let me explain why I think this way.<br>제가 이렇게 생각하게 된 이유를 설명해드리겠습니다. |
| 이유 1 | | Most of all, 주어 + 동사 (if / when ~)<br>무엇보다도, ~입니다. (문제대로 하거나 / 문제대로 할 때) |
| 예시 1 | | From my experience, 주어 + 동사.<br>제 경험에 따르면, ~. |
| 이유 2 | | On top of that, 주어 + 동사 (if / when ~)<br>게다가, ~입니다. (문제대로 하거나 / 문제대로 할 때) |
| 예시 2 | | According to a recent news report, the majority of 사람들 in Korea said that 주어 + 동사 (if / when S+V).<br>최근 뉴스 보도에 따르면, 한국 사람들 대다수가 ~라고 말했습니다 (문제대로 할 때). / 문제대로 할 때). |
| 결론 | | Therefore, 서론 문장 반복. |

# 파트 5 만능응용

🎧 MP3 S06

## 1. 장점 / 교육

| | |
|---|---|
| ☐ 1. 그들은 새로운 것들을 배울 수 있다. | They can learn new things. |
| ☐ 2. 그들은 새로운 사람들을 만나고 인맥을 넓힐 수 있다. | They can meet new people and expand their network. |
| ☐ 3. 그들은 많은 (새로운) 경험을 하고 견문을 넓힐 수 있다. | They can have a lot of (new) experience and broaden their perspective. |
| ☐ 4. 그들은 충분히 성숙하지 않아서 좋은 결정을 내릴 수 없다. | They can't make good decisions because they are not mature enough. |

## 2. 집중

| | |
|---|---|
| ☐ 5. 그들은 주의가 산만해질 것이다. | They will be distracted. |
| ☐ 6. 그들은 학업 / 업무에 집중할 수 없다. | They can't focus on their studies / work. |
| ☐ 7. 그들은 학교에서 좋은 성적을 받을 수 없다. | They can't get good grades at school. |
| ☐ 8. 그들은 수업에 뒤처질 것이다. | They will fall behind in class. |
| ☐ 9. 그들은 효율적으로 일할 수 없다. | They can't work efficiently. |

## 3. 돈

1) 절약 / 저축 / 돈의 중요성

| | |
|---|---|
| ☐ 10. 그들은 돈을 절약 / 저축할 수 있다. | They can save money. |
| ☐ 11. 생활비가 너무 비싸다. | The cost of living is too high. |

37

2) 돈의 쓰임

| | | |
|---|---|---|
| ☐ 12. | 그들은 생계를 유지할 수 없다. | They can't make a living. |
| ☐ 13. | 그들은 (더) 높은 월급을 받을 수 있다. | They can get a high(er) salary. |

4. 혼자 vs 같이 (사는 것 vs 일하는 것)

| | | |
|---|---|---|
| ☐ 14. | [명사]의 가격이 너무 비싸다. | The cost of [명사] is too expensive. |
| ☐ 15. | 그것은 돈 낭비다. | It's a waste of money. |
| ☐ 16. | 그것은 생활을 더 낫게 만들어주기 때문에 좋은 투자이다. | That's a good investment because it makes lives better. |

| | | |
|---|---|---|
| ☐ 17. | 그들은 더 잘 집중할 수 있다. | They can focus better. |
| ☐ 18. | 그들은 다른 사람들에게 방해받지 않을 것이다. | They will not be distracted by others. |
| ☐ 19. | 그들은 그들의 스케줄을 정할 수 있다. | They can set their own schedule. |
| ☐ 20. | 그들은 더 자유로울 수 있다. | They can have more freedom. |
| ☐ 21. | 그들은 더 편안함을 느낀다. | They feel more comfortable. |
| ☐ 22. | 그것은 재미있고 즐거움을 준다. | It's fun and entertaining. |
| ☐ 23. | 그들은 정보를 얻고 다른 사람들과 공유할 수 있다. | They can get information and share it with other people. |
| ☐ 24. | 더 가족처럼 느껴진다. | It feels more like a family. |

## 5. 기술

### 1) 기술의 장점

| | | |
|---|---|---|
| ☐ 25. | 그들은 인터넷에서 많은 유용한 / 최신 정보를 얻을 수 있다. | They can get a lot of useful / latest information on the internet. |
| ☐ 26. | 그들은 언제, 어디서나 그들의 스마트폰으로 [동사] 할 수 있다. | They can [동사] anytime anywhere on their smartphones. |
| ☐ 27. | 그것은 더 빠르고 편리하다. | It's faster and convenient. |

### 2) 기술의 단점

| | | |
|---|---|---|
| ☐ 28. | 인터넷에는 부정확한 정보가 많아서 신뢰할 수 없다. | There is a lot of inaccurate information on the internet, so it's not reliable. |
| ☐ 29. | 그것은 학생들에게 집중을 흐트러뜨려서 학생들은 공부에 집중할 수 없다. | It is very distracting for students, so students can't focus on their studies. |
| ☐ 30. | 그것은 돈 낭비이다. | It's a waste of money. |
| ☐ 31. | 그것은 너무 비싸다. | It's too expensive. |

### 3) 아날로그의 장점

| | | |
|---|---|---|
| ☐ 32. | 나는 즉시 답변을 받을 수 있다. | I can get responses right away. |
| ☐ 33. | 나는 화자의 감정을 더 정확하게 이해할 수 있다. | I can understand the feelings of the speaker more accurately. |

39

## 6. 특징

### 1) 타인과 잘 지내는 능력

| □ 34. 그들은 친근한 (업무) 분위기를 만들 수 있다. | They can make a friendly (work) atmosphere. |
| □ 35. 그들은 다른 사람들과 더 원활하게 소통할 수 있다. | They can communicate with others better. |
| □ 36. 그들은 좋은 팀플레이어가 될 수 있고, 다른 사람들과 좋은 관계를 맺을 수 있다. | They can be good team players and make good relationships with others. |

### 2) 좋은 성품과 영향력

| □ 37. 그들은 좋은 평판을 가질 수 있다. | They can have a good reputation. |
| □ 38. 그들은 매우 영향력이 있을 수 있다. | They can be very influential. |
| □ 39. 그들은 다른 사람들에게 동기를 부여해 줄 수 있다. | They can motivate others. |

### 3) 지식 / 능력 / 재능

| □ 40. 모든 것이 항상 변화하고 경쟁이 치열하다. | Everything is always changing and there is a lot of competition. |
| □ 41. 그들은 많은 도전과 어려움에 직면한다. | They face a lot of challenges and difficulties. |
| □ 42. 그는 그의 [업사] 덕분에 다양한 상황에 대처할 수 있다. | He is able to handle a variety of situations due to his [업사]. |

### 4) 조언 구하기

| □ 43. 그들은 많은 경험 / 지식을 가지고 있다. | They have a lot of experience / knowledge. |

# 7. 면담 찬성 / 기업 찬성

## 1) 면담 찬성

| | | |
|---|---|---|
| ☐ 44. | 직원들은 더 효율적이고 생산적으로 일할 수 있다. | Employees can work more efficiently and productively. |
| ☐ 45. | 직원들은 그들의 직업에 더 만족할 수 있다. | Employees can be more satisfied with their jobs. |
| ☐ 46. | 그것은 더 나은 업무 환경을 만들 수 있다. | It can make a better work environment. |
| ☐ 47. | 그들은 프로페셔널하게 보이지 않을 수 있다. | They might appear less professional. |

## 2) 기업 찬성

| | | |
|---|---|---|
| ☐ 48. | 고객들은 만족할 것이고 충성도를 유지할 것이다. | Customers will feel satisfied and remain loyal. |
| ☐ 49. | 그것은 더 많은 고객들을 끌어들일 것이다. | It will attract more customers. |
| ☐ 50. | 업체가 더 성공할 것이다. | The business will be more successful. |

## 3) 효과적인 광고

| | | |
|---|---|---|
| ☐ 51. | 사람들은 [영사]를 자주 이용해서 매우 효과적일 것이다. | People frequently use [영사] so it will be very effective. |

## 8. 스트레스 / 건강

| | |
|---|---|
| ☐ 52. 그것은 그들의 스트레스를 풀어주어 그들은 편안해질 수 있다. | It relieves their stress and they can relax. |
| ☐ 53. 그것은 그들의 (신체적 / 정신적) 건강에 좋다. | It is good for their (physical / mental) health. |
| ☐ 54. 그것은 건강한 / 건강하지 않은 생활 습관을 만들 수 있다. | It can develop healthy / unhealthy habits. |

## 9. 환경

| | |
|---|---|
| ☐ 55. 그것은 환경에 좋다. | It is good for the environment. |
| ☐ 56. 환경 오염은 요즘 심각한 문제다. | Pollution is a serious issue these days. |
| ☐ 57. 그것은 더 깨끗한 환경을 만들 수 있다. | It can make a cleaner environment. |
| ☐ 58. 우리는 환경을 보호할 수 있을 것이다. | We will be able to protect the environment. |

## 10. 과거 현재 비교

| | |
|---|---|
| ☐ 59. 과거와 현재 비교 | 1) Most of all, 이문 문장<br>2) So, 근거 문장에서 현재 상황 말하기<br>3) However in the past, 위의 이유 반대 상황<br>4) So, 근거 문장에서 과거 상황 말하기 |

지리산에 터잡고
사람살이 만듦공동체 조각보

MEMO

**MEMO**